DARK
THE BLOOD ALTAR
MOON
WITH ENHYPEN

INHALT

KAPITEL 1

ERSTE BEGEGNUNG

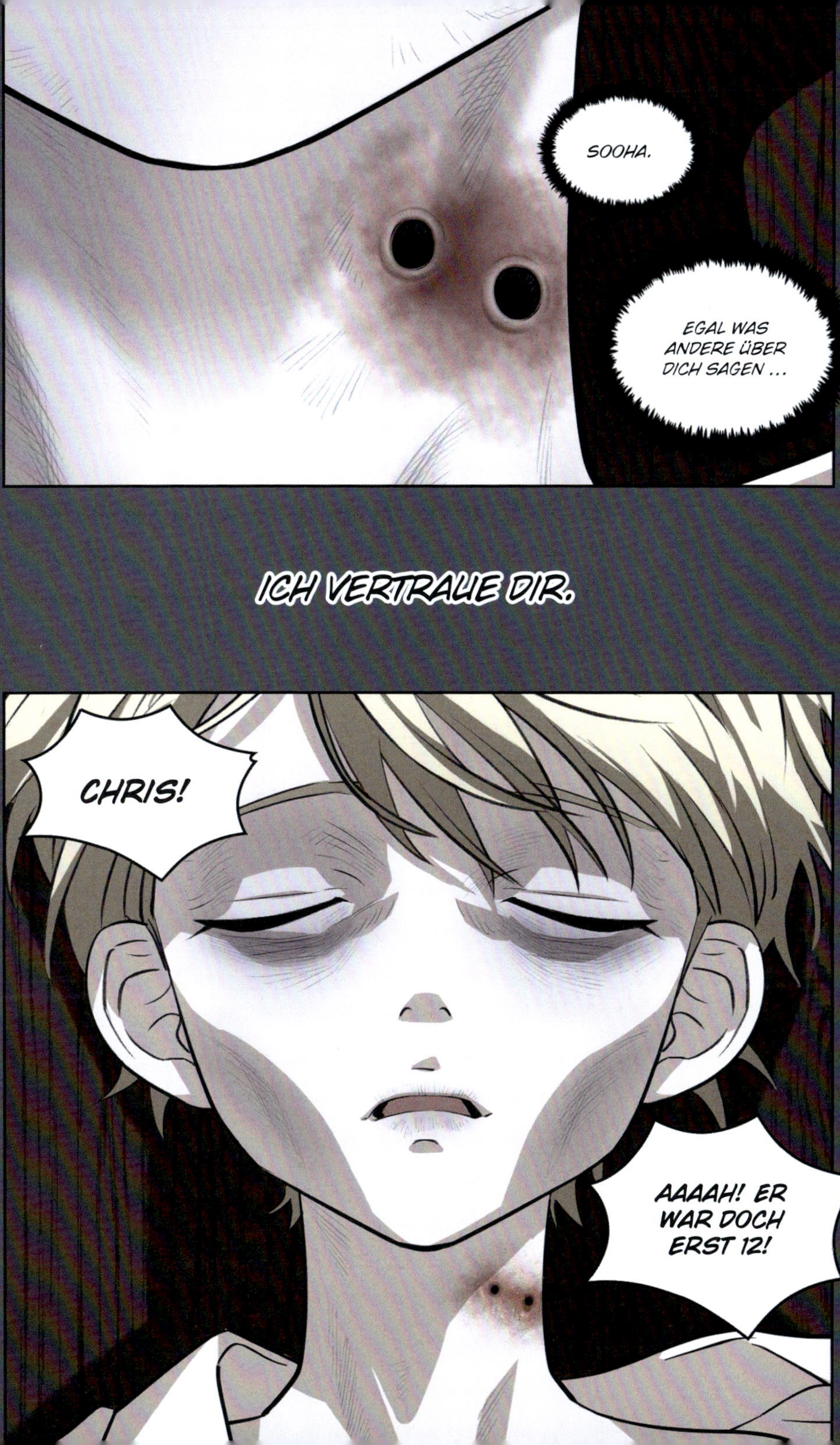
SOOHA.
EGAL WAS ANDERE ÜBER DICH SAGEN ...
ICH VERTRAUE DIR.
CHRIS!
AAAAH! ER WAR DOCH ERST 12!

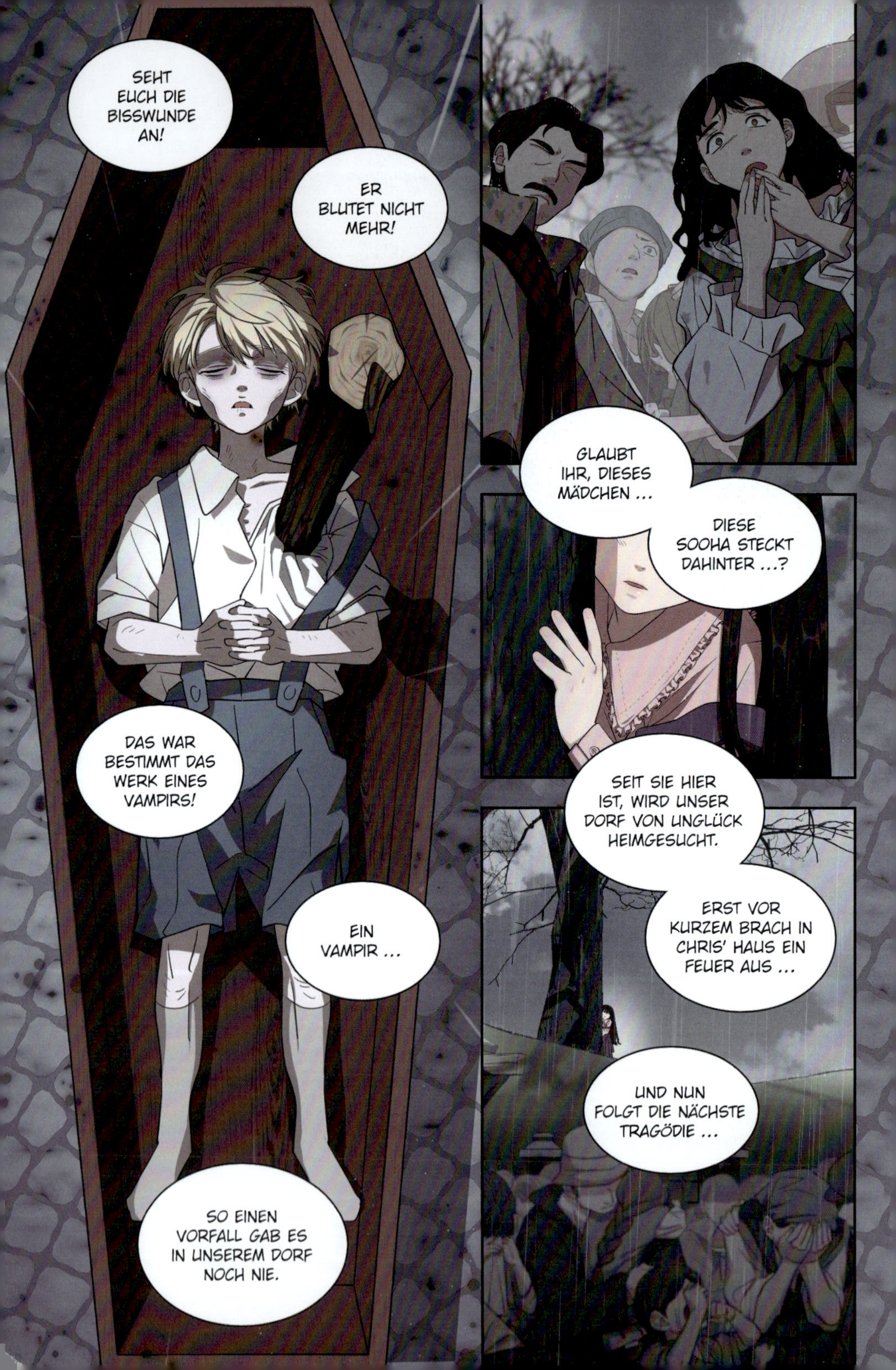
SEHT EUCH DIE BISSWUNDE AN!
ER BLUTET NICHT MEHR!
DAS WAR BESTIMMT DAS WERK EINES VAMPIRS!
EIN VAMPIR …
SO EINEN VORFALL GAB ES IN UNSEREM DORF NOCH NIE.
GLAUBT IHR, DIESES MÄDCHEN …
DIESE SOOHA STECKT DAHINTER …?
SEIT SIE HIER IST, WIRD UNSER DORF VON UNGLÜCK HEIMGESUCHT.
ERST VOR KURZEM BRACH IN CHRIS' HAUS EIN FEUER AUS …
UND NUN FOLGT DIE NÄCHSTE TRAGÖDIE …

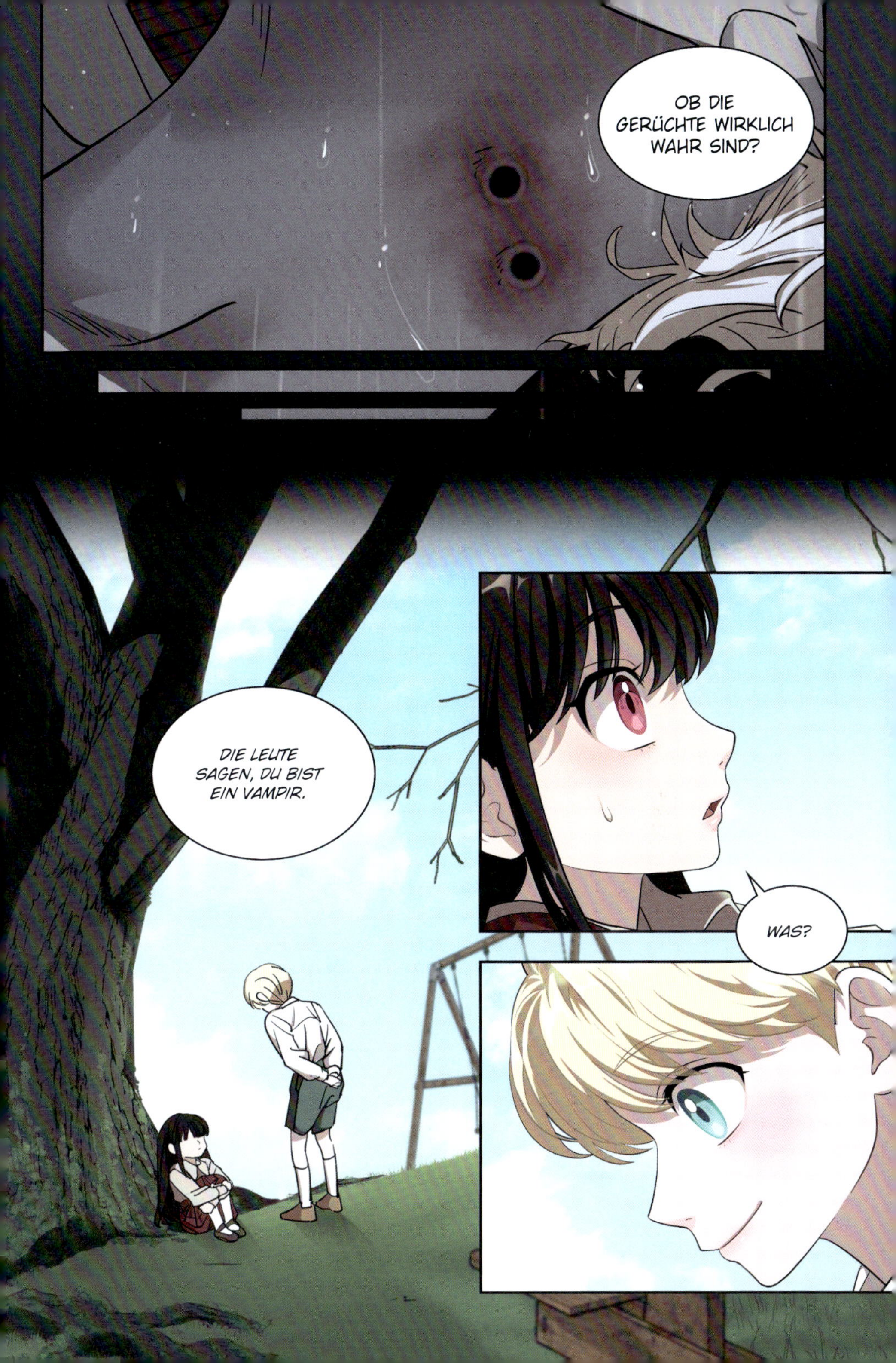
OB DIE GERÜCHTE WIRKLICH WAHR SIND?
DIE LEUTE SAGEN, DU BIST EIN VAMPIR.
WAS?

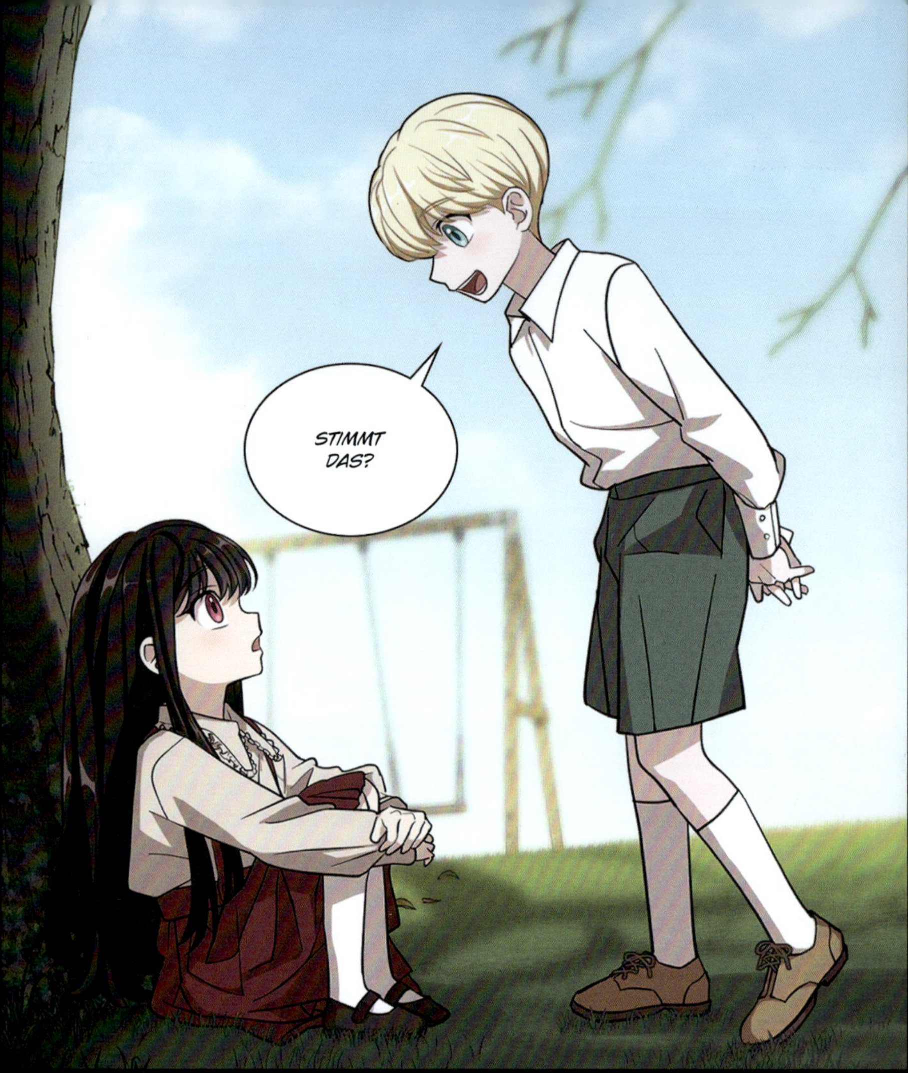
STIMMT DAS?

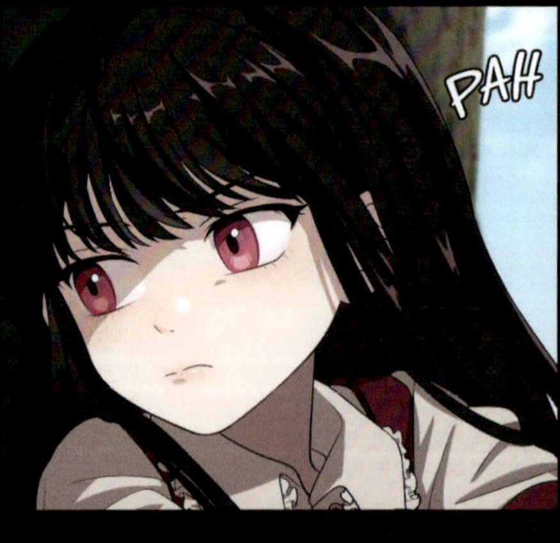
PAH

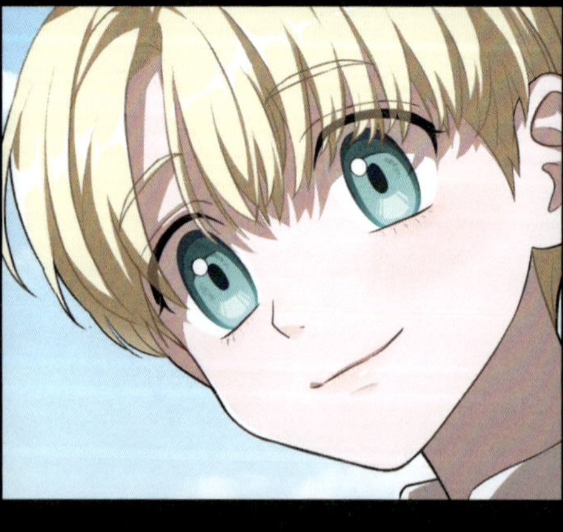

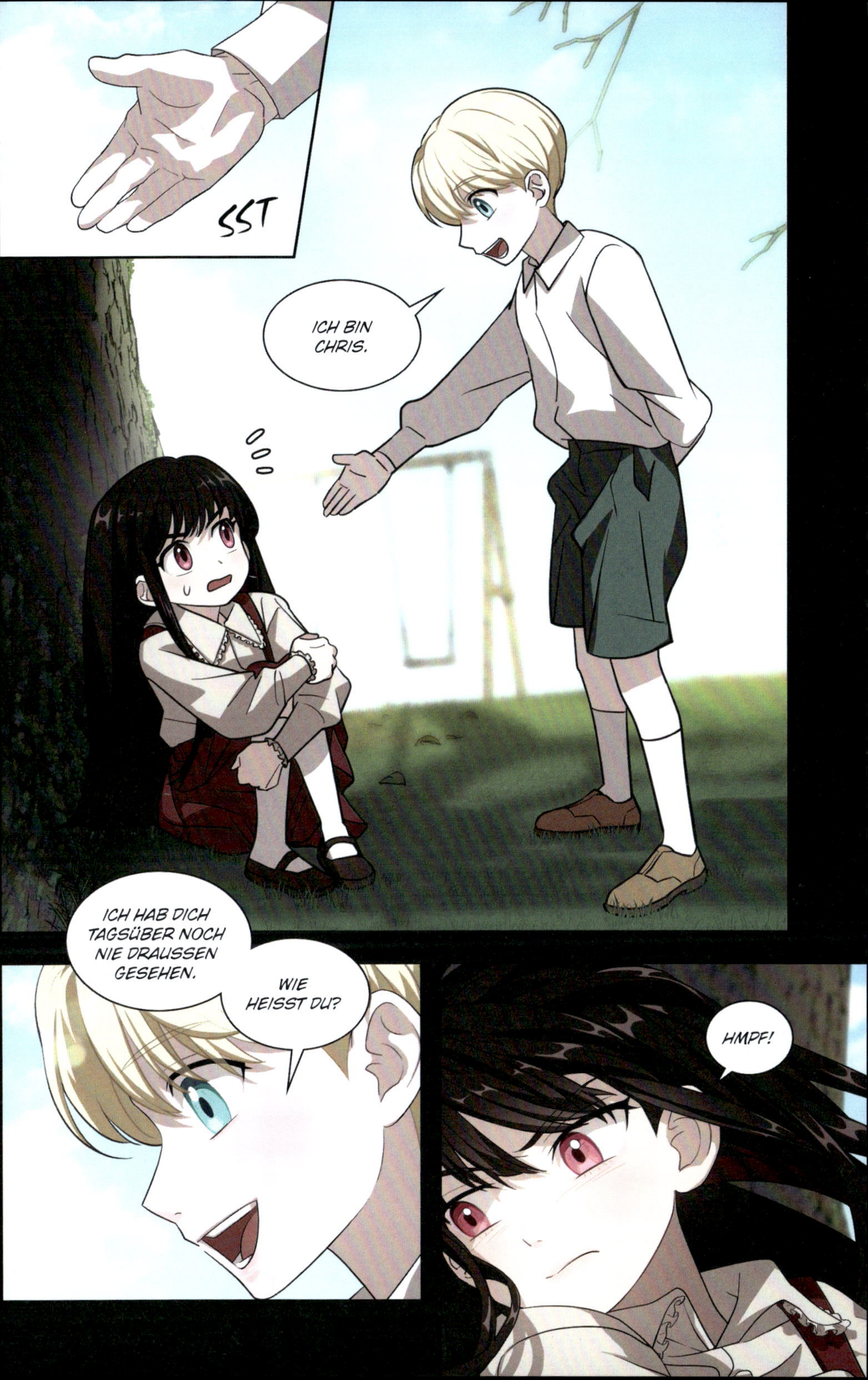
SST
ICH BIN CHRIS.
ICH HAB DICH TAGSÜBER NOCH NIE DRAUSSEN GESEHEN.
WIE HEISST DU?
HMPF!

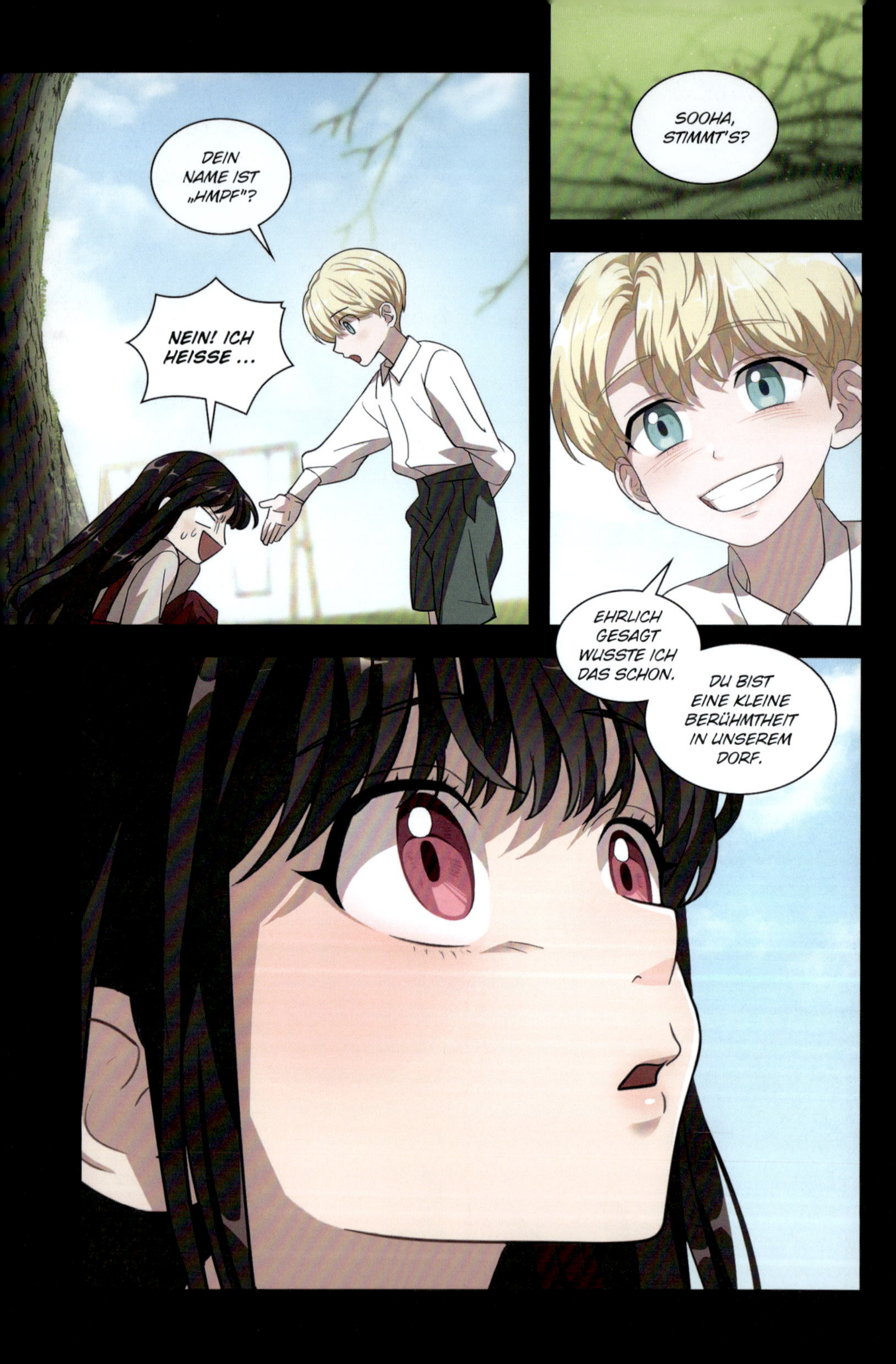
DEIN NAME IST „HMPF"?
NEIN! ICH HEISSE ...
SOOHA, STIMMT'S?
EHRLICH GESAGT WUSSTE ICH DAS SCHON.
DU BIST EINE KLEINE BERÜHMTHEIT IN UNSEREM DORF.

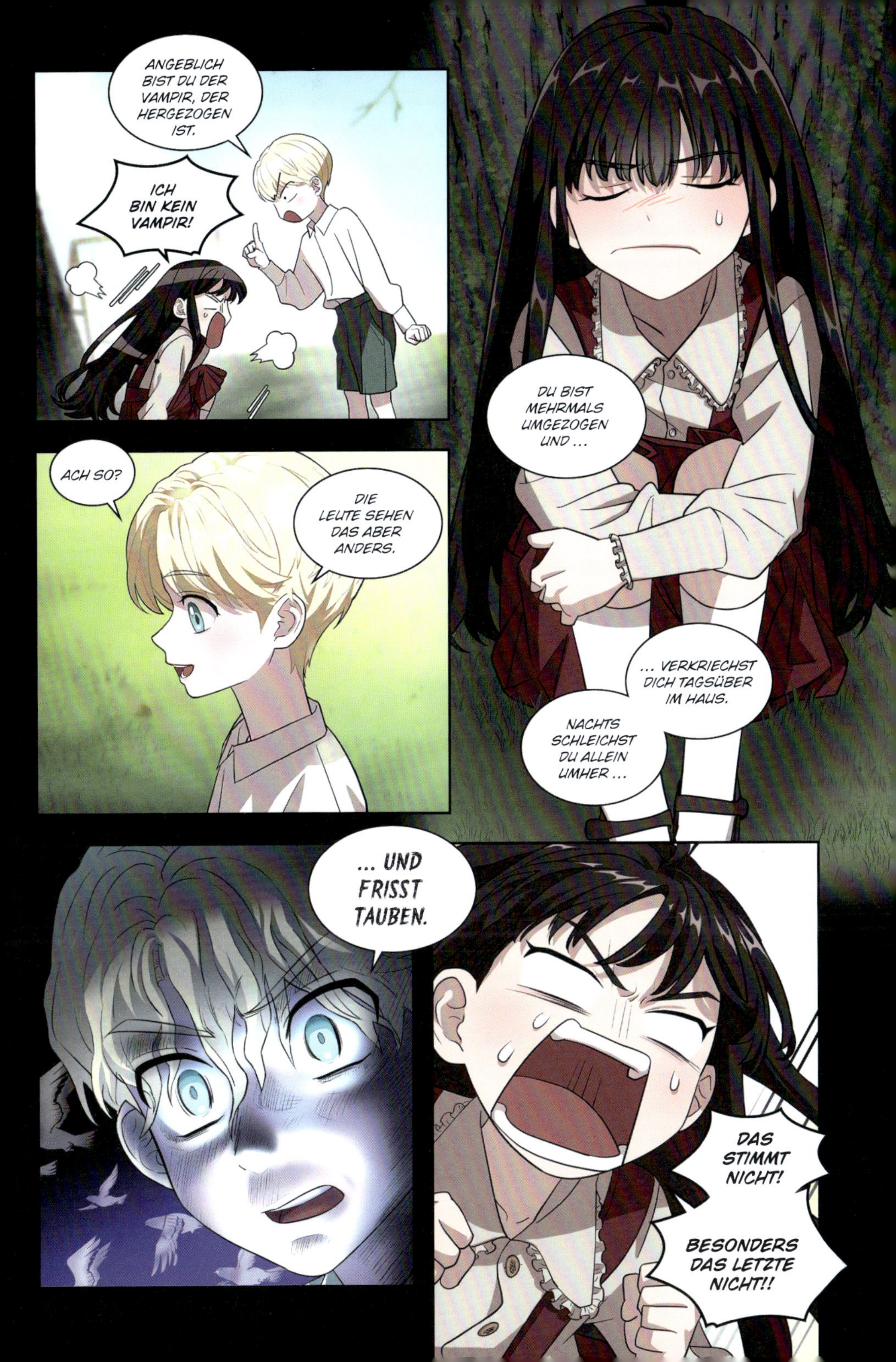
ANGEBLICH BIST DU DER VAMPIR, DER HERGEZOGEN IST.
ICH BIN KEIN VAMPIR!
DU BIST MEHRMALS UMGEZOGEN UND …
ACH SO?
DIE LEUTE SEHEN DAS ABER ANDERS.
… VERKRIECHST DICH TAGSÜBER IM HAUS.
NACHTS SCHLEICHST DU ALLEIN UMHER …
… UND FRISST TAUBEN.
DAS STIMMT NICHT!
BESONDERS DAS LETZTE NICHT!!

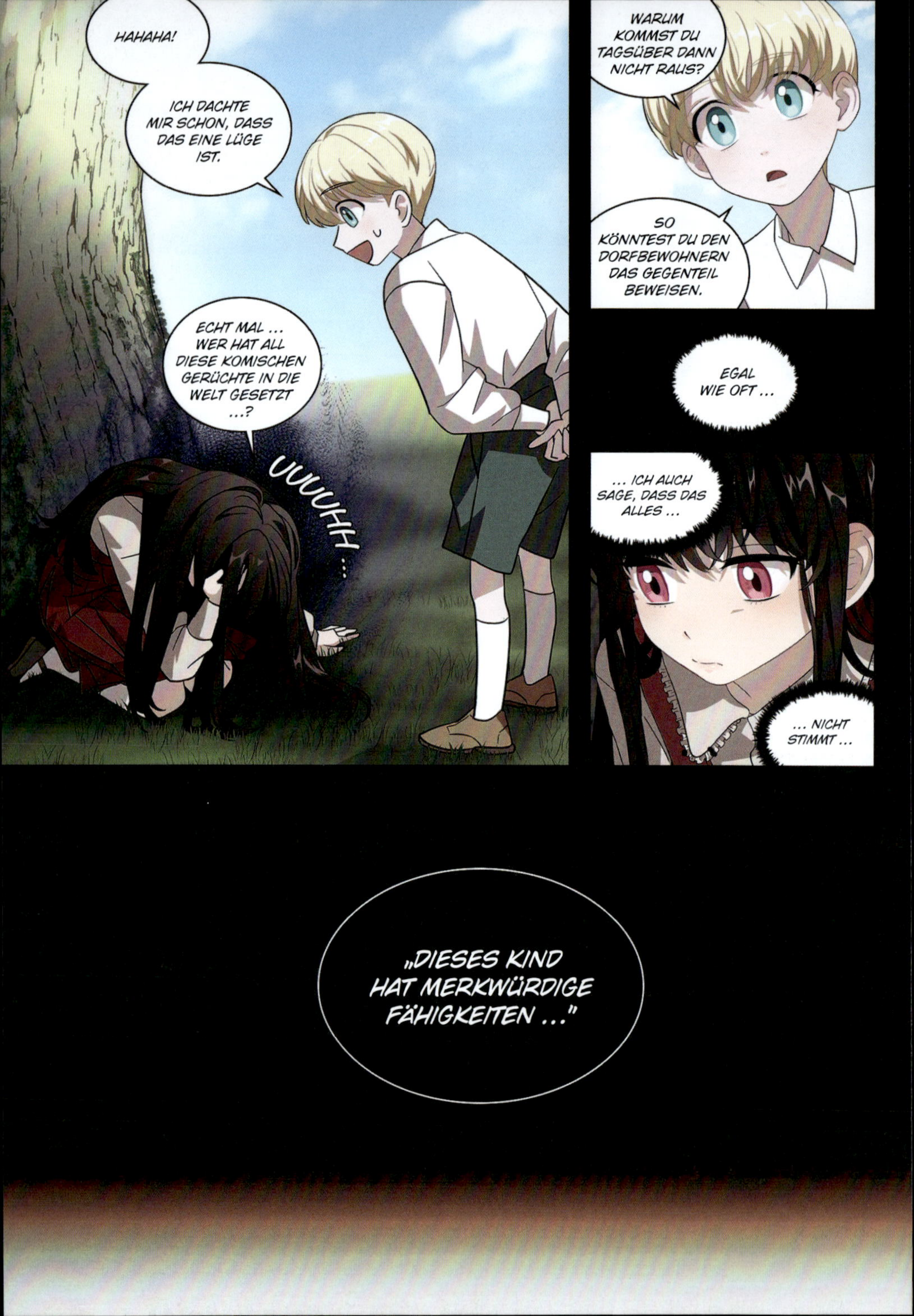
HAHAHA!
ICH DACHTE MIR SCHON, DASS DAS EINE LÜGE IST.
ECHT MAL … WER HAT ALL DIESE KOMISCHEN GERÜCHTE IN DIE WELT GESETZT …?
UUUUHH …
WARUM KOMMST DU TAGSÜBER DANN NICHT RAUS?
SO KÖNNTEST DU DEN DORFBEWOHNERN DAS GEGENTEIL BEWEISEN.
EGAL WIE OFT …
… ICH AUCH SAGE, DASS DAS ALLES …
… NICHT STIMMT …
„DIESES KIND HAT MERKWÜRDIGE FÄHIGKEITEN …"

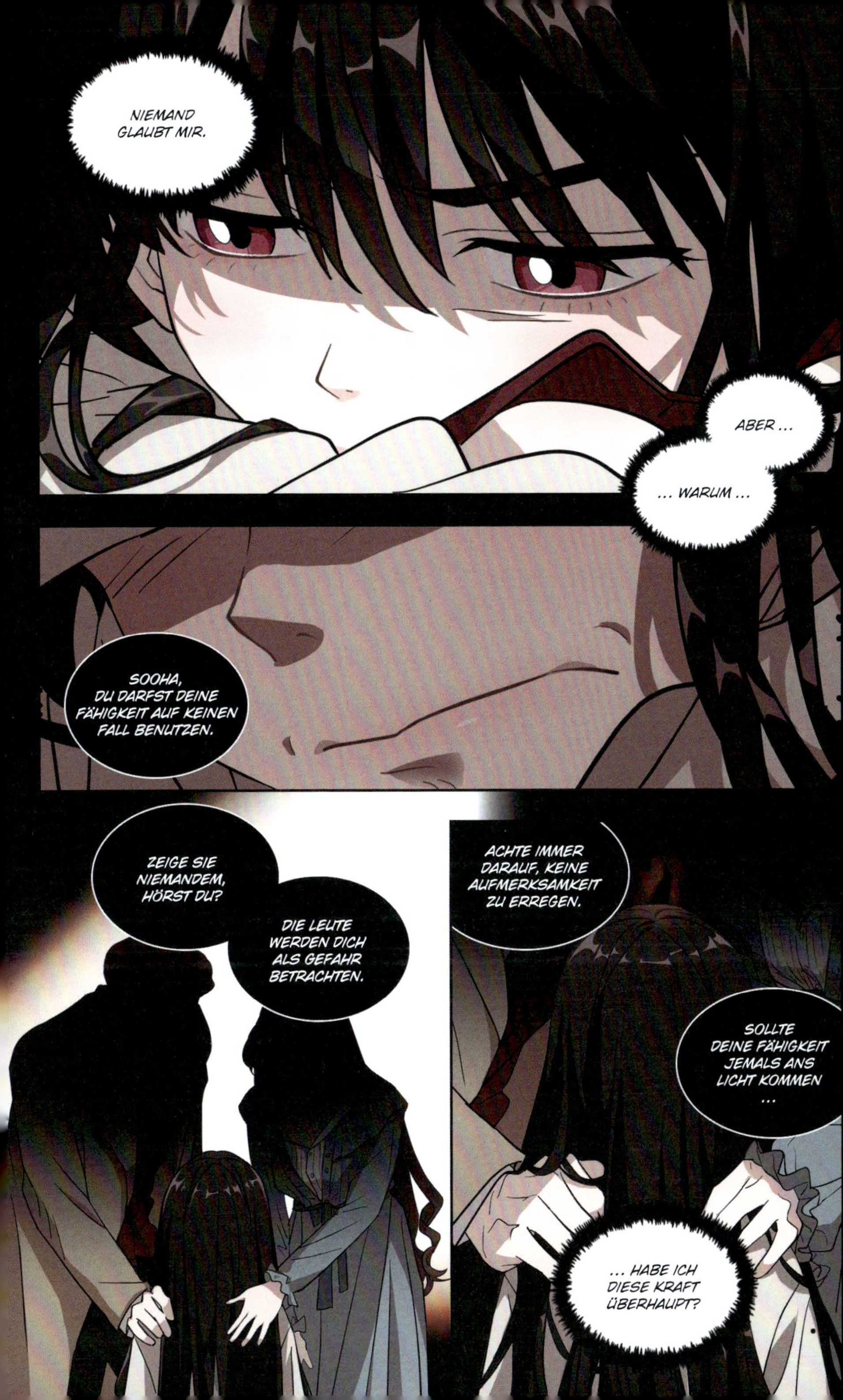
NIEMAND GLAUBT MIR.
ABER …
… WARUM …
SOOHA, DU DARFST DEINE FÄHIGKEIT AUF KEINEN FALL BENUTZEN.
ZEIGE SIE NIEMANDEM, HÖRST DU?
DIE LEUTE WERDEN DICH ALS GEFAHR BETRACHTEN.
ACHTE IMMER DARAUF, KEINE AUFMERKSAMKEIT ZU ERREGEN.
SOLLTE DEINE FÄHIGKEIT JEMALS ANS LICHT KOMMEN …
… HABE ICH DIESE KRAFT ÜBERHAUPT?

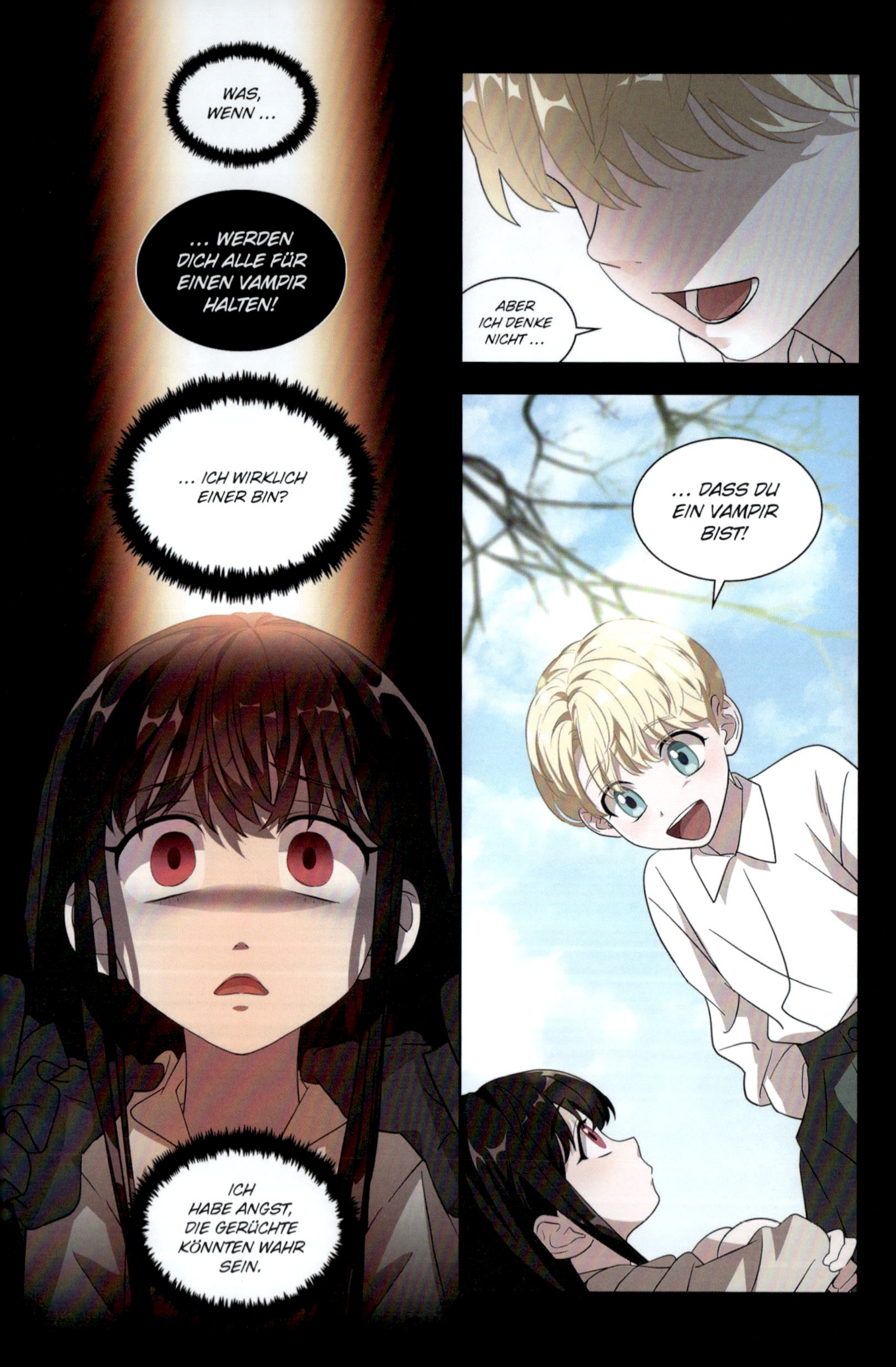
WAS, WENN …
… WERDEN DICH ALLE FÜR EINEN VAMPIR HALTEN!
… ICH WIRKLICH EINER BIN?
ICH HABE ANGST, DIE GERÜCHTE KÖNNTEN WAHR SEIN.
ABER ICH DENKE NICHT …
… DASS DU EIN VAMPIR BIST!

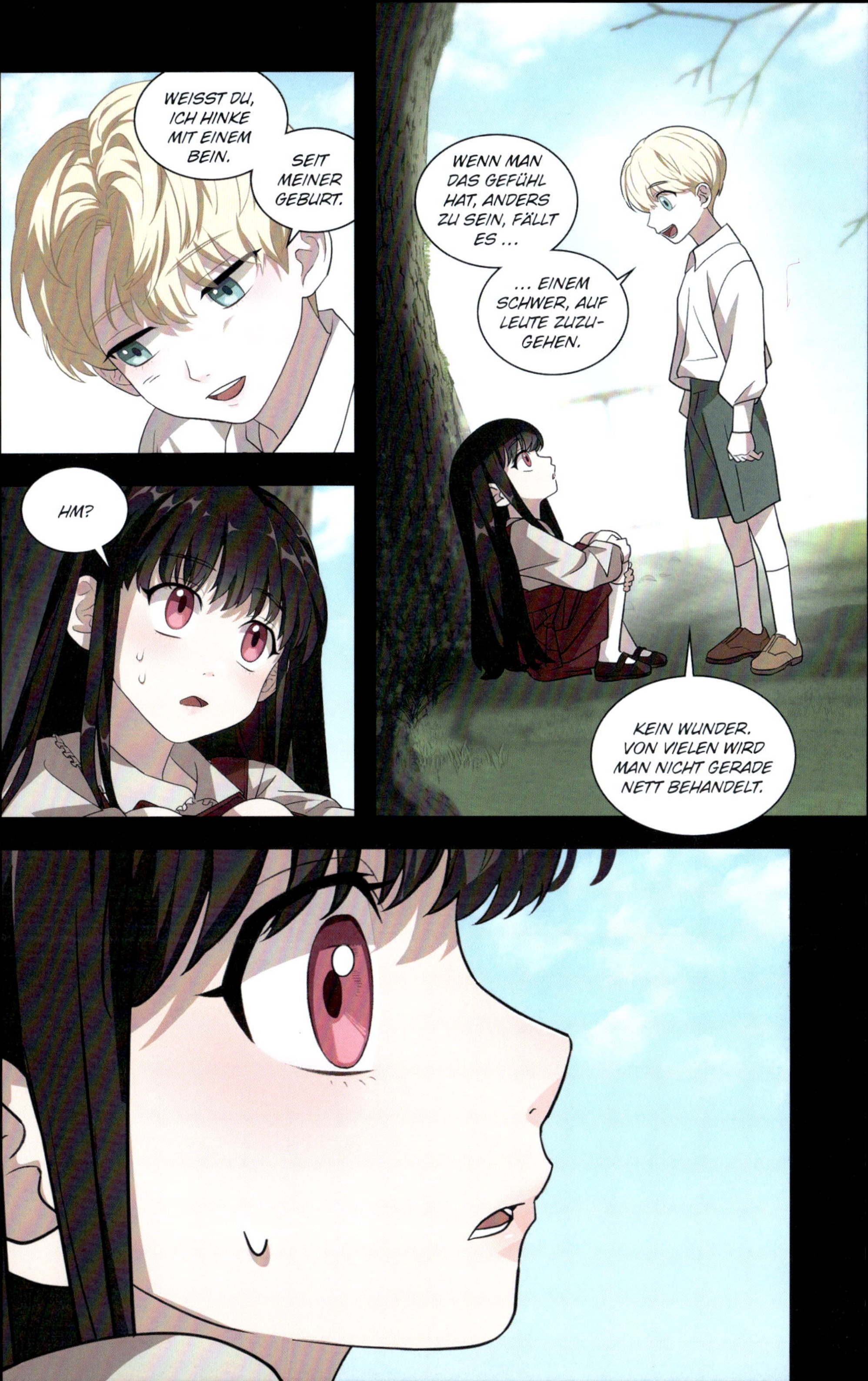
WEISST DU, ICH HINKE MIT EINEM BEIN.
SEIT MEINER GEBURT.
HM?
WENN MAN DAS GEFÜHL HAT, ANDERS ZU SEIN, FÄLLT ES …
… EINEM SCHWER, AUF LEUTE ZUZU-GEHEN.
KEIN WUNDER. VON VIELEN WIRD MAN NICHT GERADE NETT BEHANDELT.

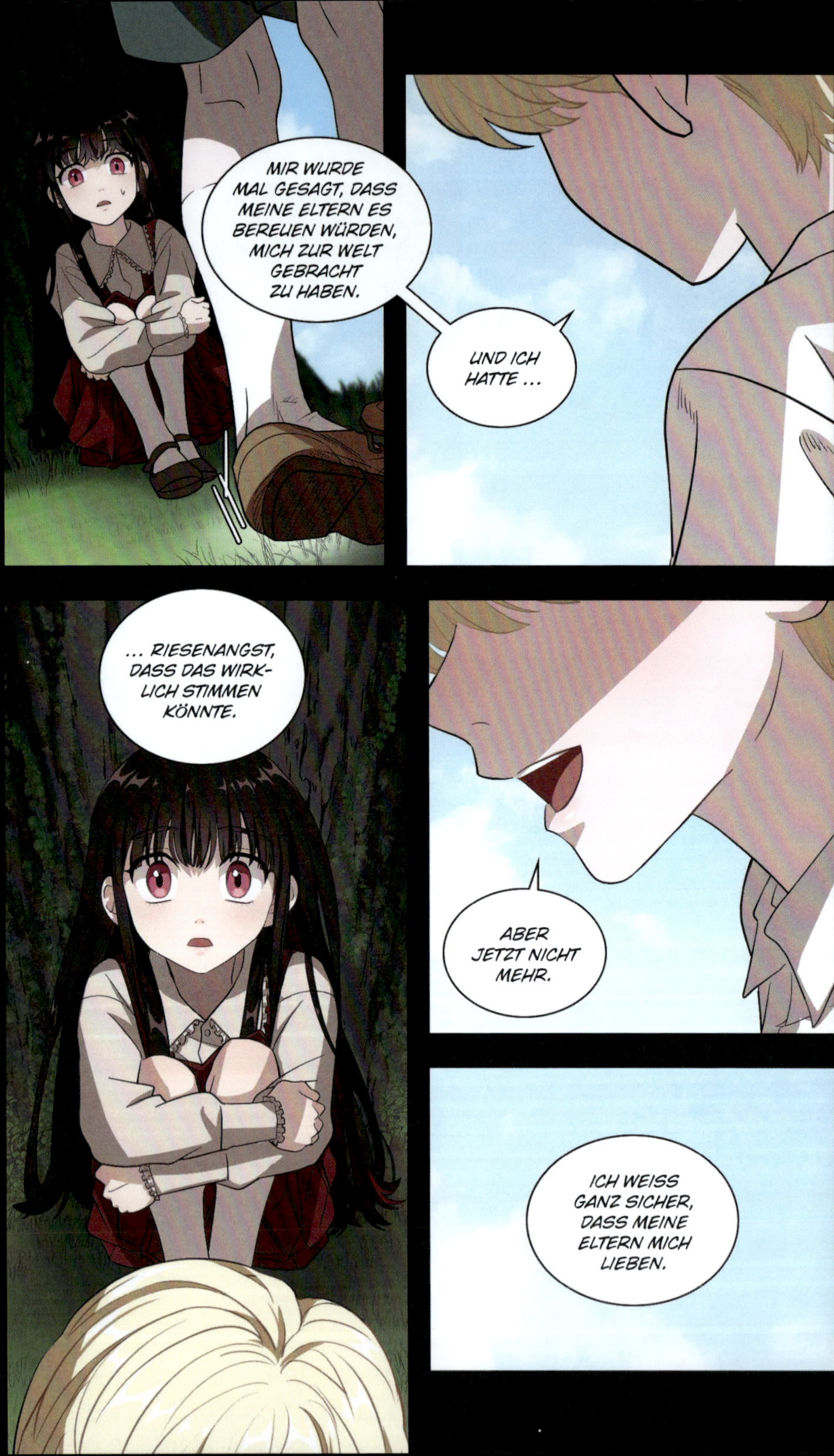
MIR WURDE MAL GESAGT, DASS MEINE ELTERN ES BEREUEN WÜRDEN, MICH ZUR WELT GEBRACHT ZU HABEN.
UND ICH HATTE …
… RIESENANGST, DASS DAS WIRK-LICH STIMMEN KÖNNTE.
ABER JETZT NICHT MEHR.
ICH WEISS GANZ SICHER, DASS MEINE ELTERN MICH LIEBEN.

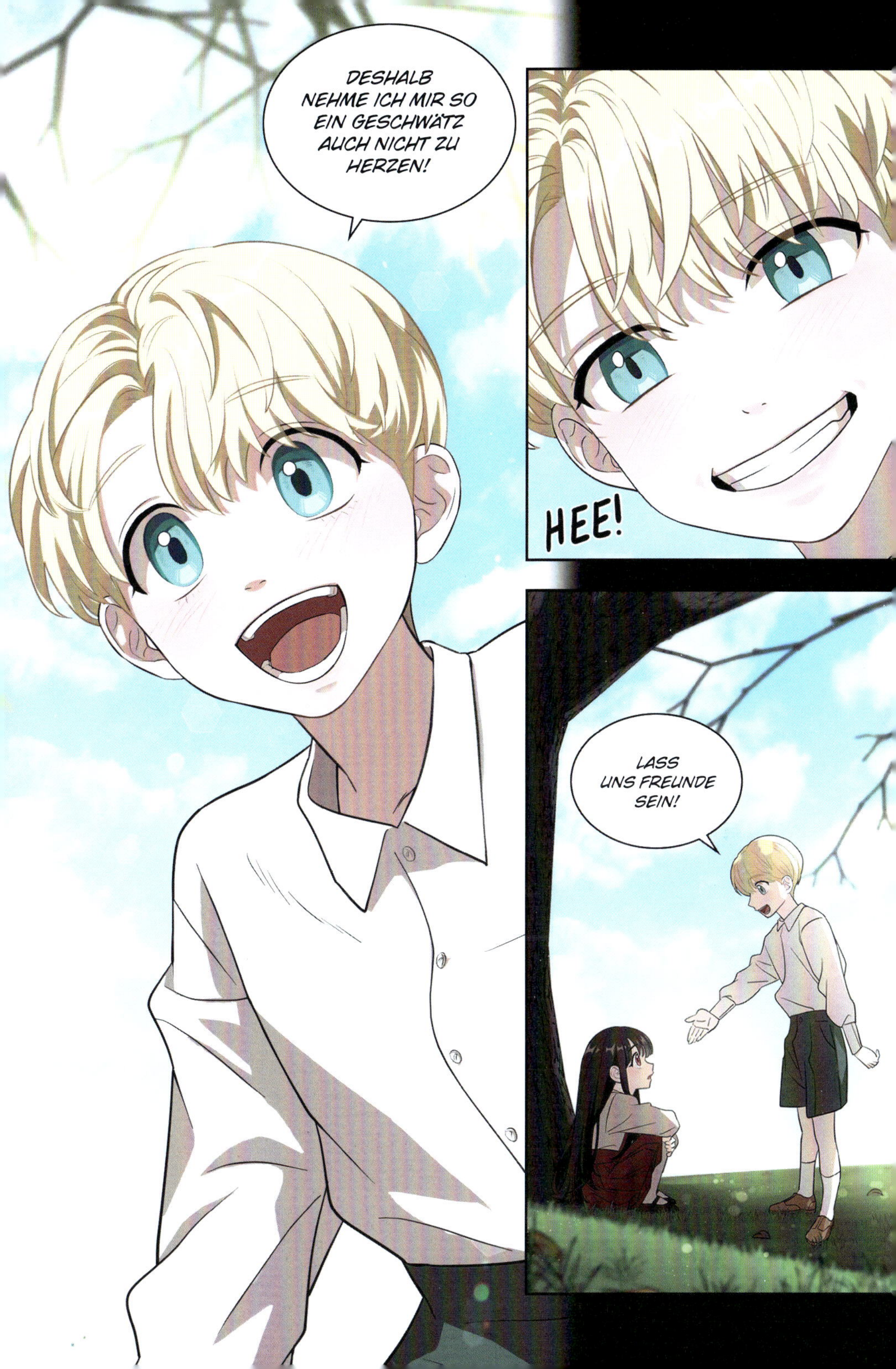
DESHALB NEHME ICH MIR SO EIN GESCHWÄTZ AUCH NICHT ZU HERZEN!
HEE!
LASS UNS FREUNDE SEIN!

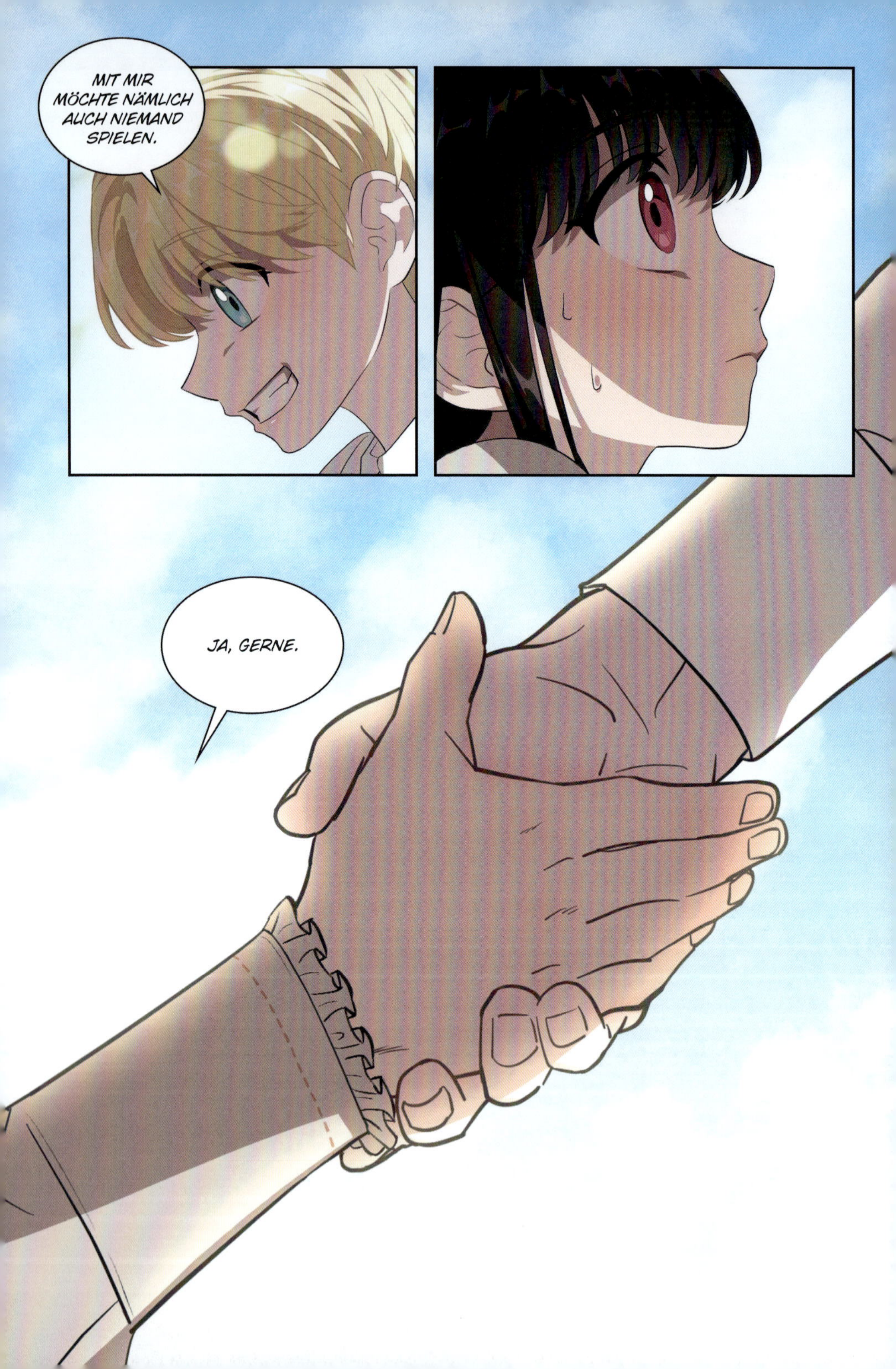
MIT MIR MÖCHTE NÄMLICH AUCH NIEMAND SPIELEN.
JA, GERNE.

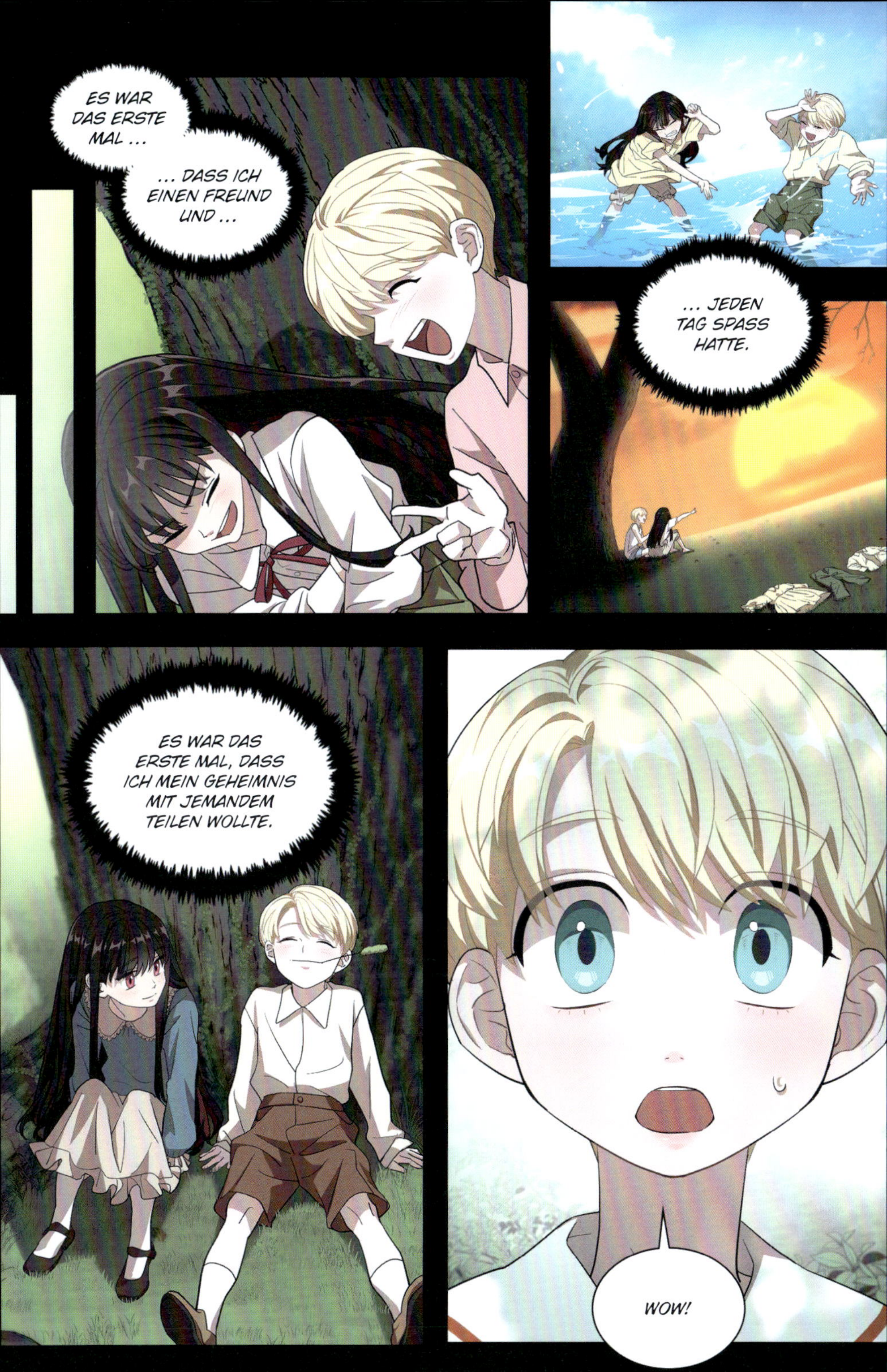
ES WAR DAS ERSTE MAL …
… DASS ICH EINEN FREUND UND …
… JEDEN TAG SPASS HATTE.
ES WAR DAS ERSTE MAL, DASS ICH MEIN GEHEIMNIS MIT JEMANDEM TEILEN WOLLTE.
WOW!

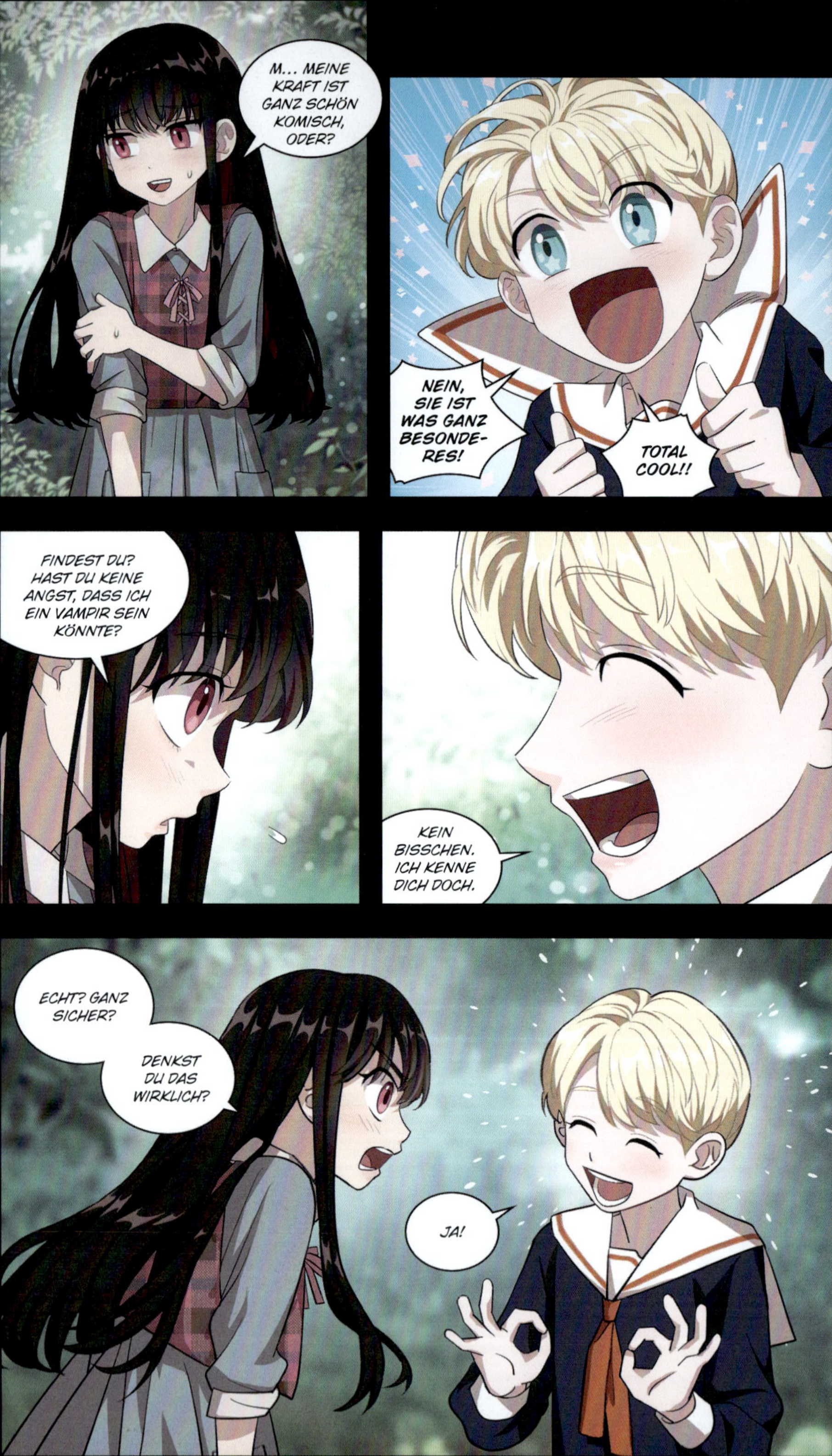
M... MEINE KRAFT IST GANZ SCHÖN KOMISCH, ODER?
NEIN, SIE IST WAS GANZ BESONDERES!
TOTAL COOL!!
FINDEST DU? HAST DU KEINE ANGST, DASS ICH EIN VAMPIR SEIN KÖNNTE?
KEIN BISSCHEN. ICH KENNE DICH DOCH.
ECHT? GANZ SICHER?
DENKST DU DAS WIRKLICH?
JA!

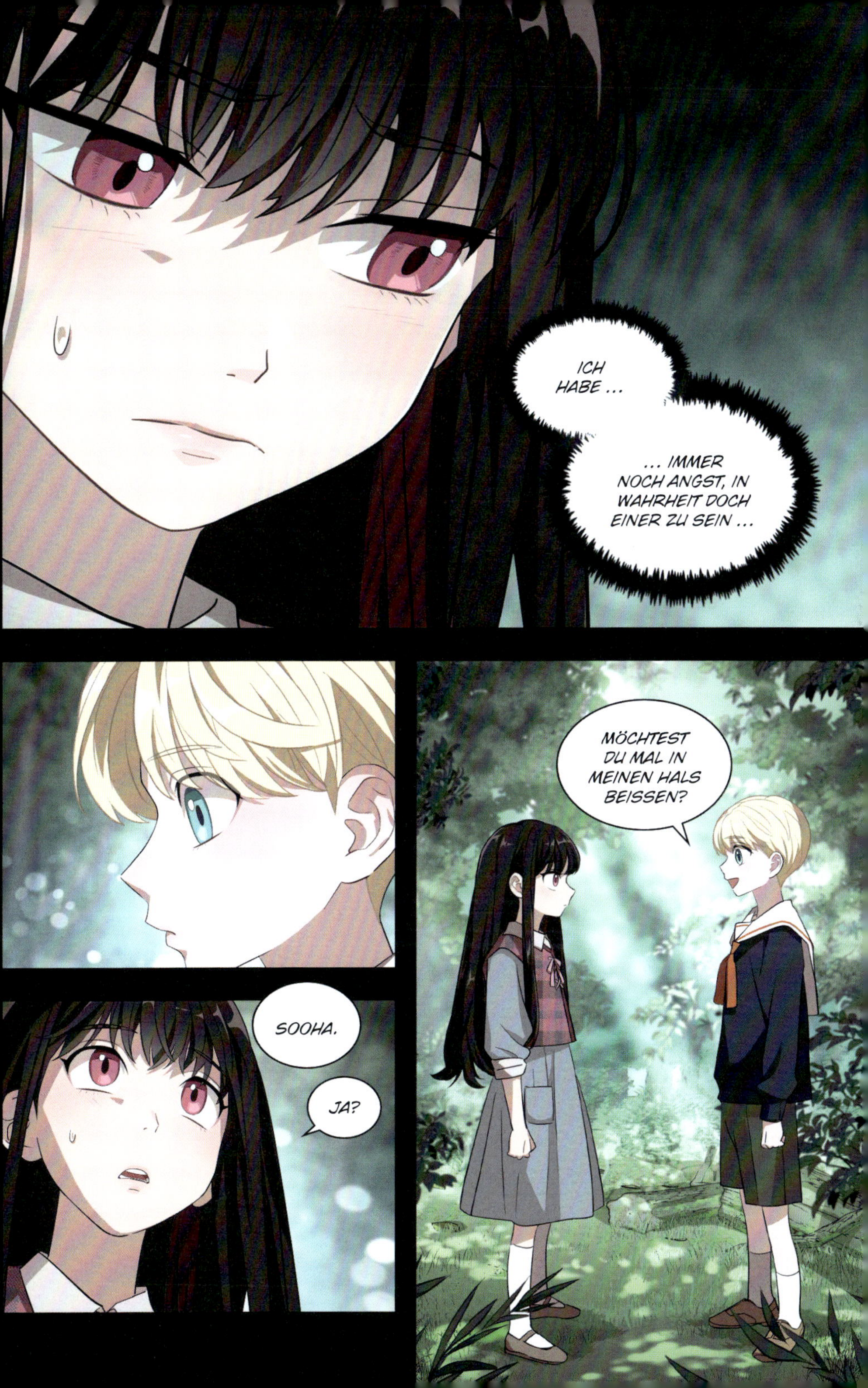

ICH HABE …
… IMMER NOCH ANGST, IN WAHRHEIT DOCH EINER ZU SEIN …
SOOHA.
JA?
MÖCHTEST DU MAL IN MEINEN HALS BEISSEN?

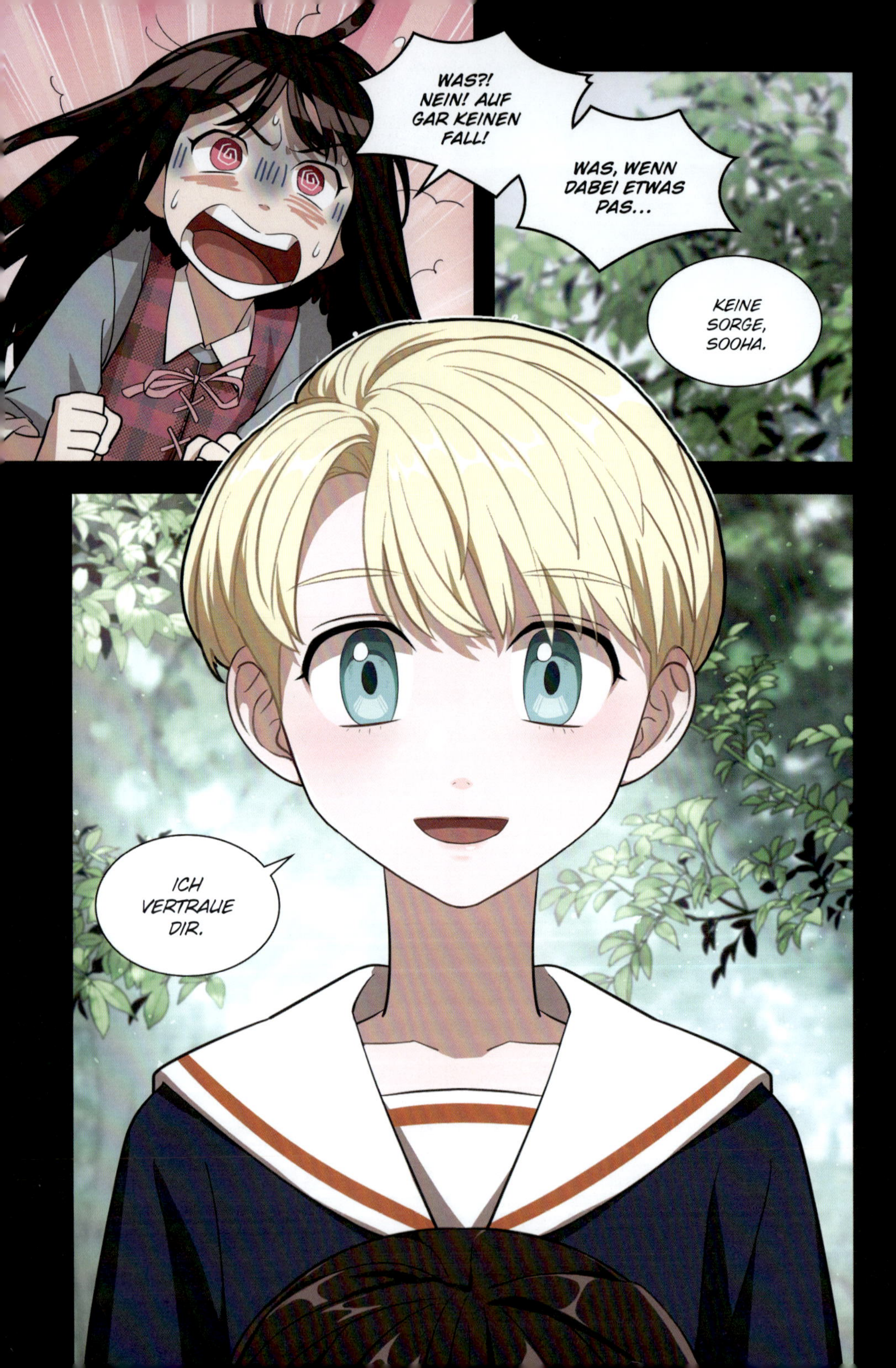
WAS?! NEIN! AUF GAR KEINEN FALL!
WAS, WENN DABEI ETWAS PAS…
KEINE SORGE, SOOHA.
ICH VERTRAUE DIR.

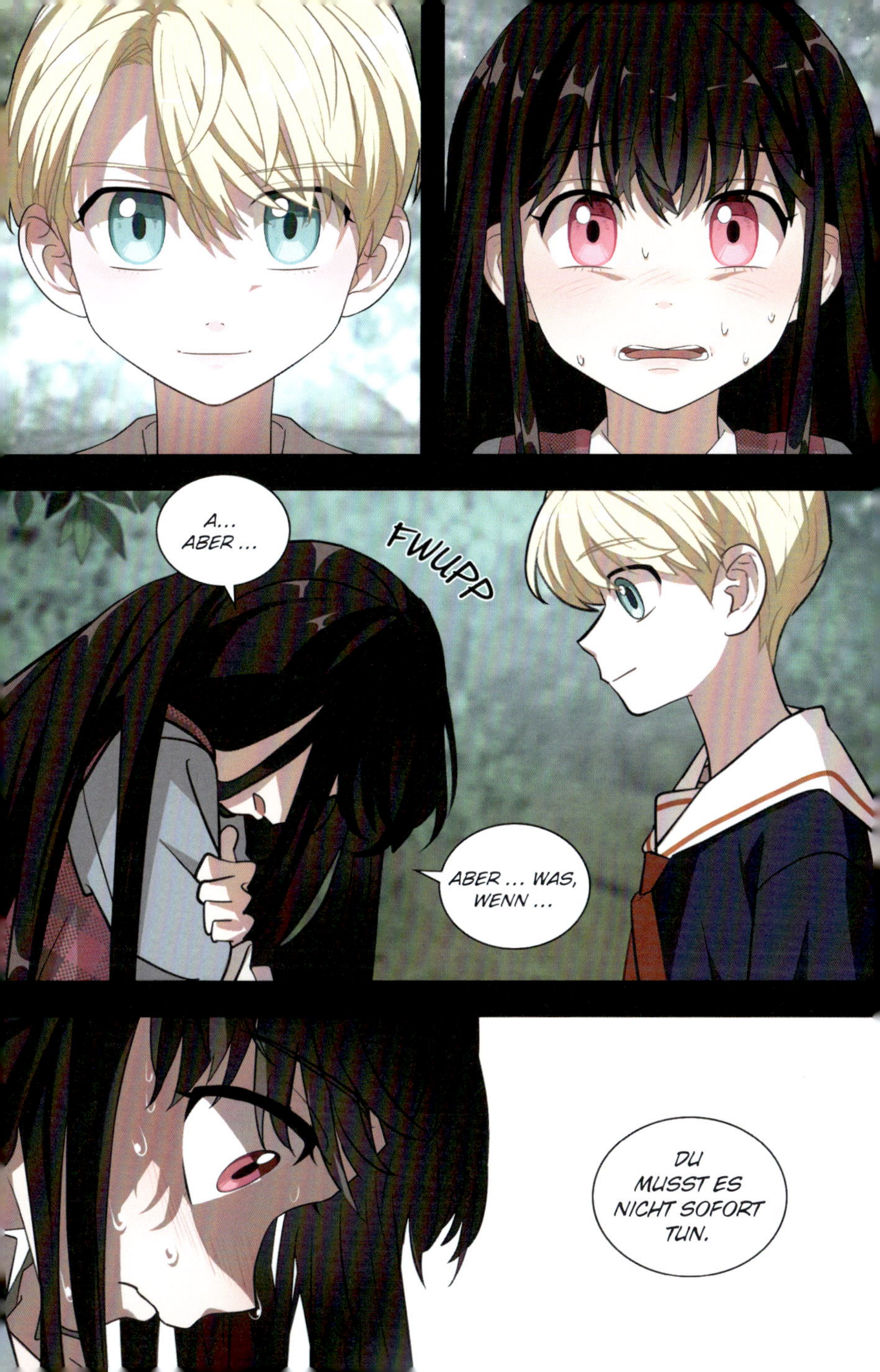
A… ABER …
FWUPP
ABER … WAS, WENN …
DU MUSST ES NICHT SOFORT TUN.

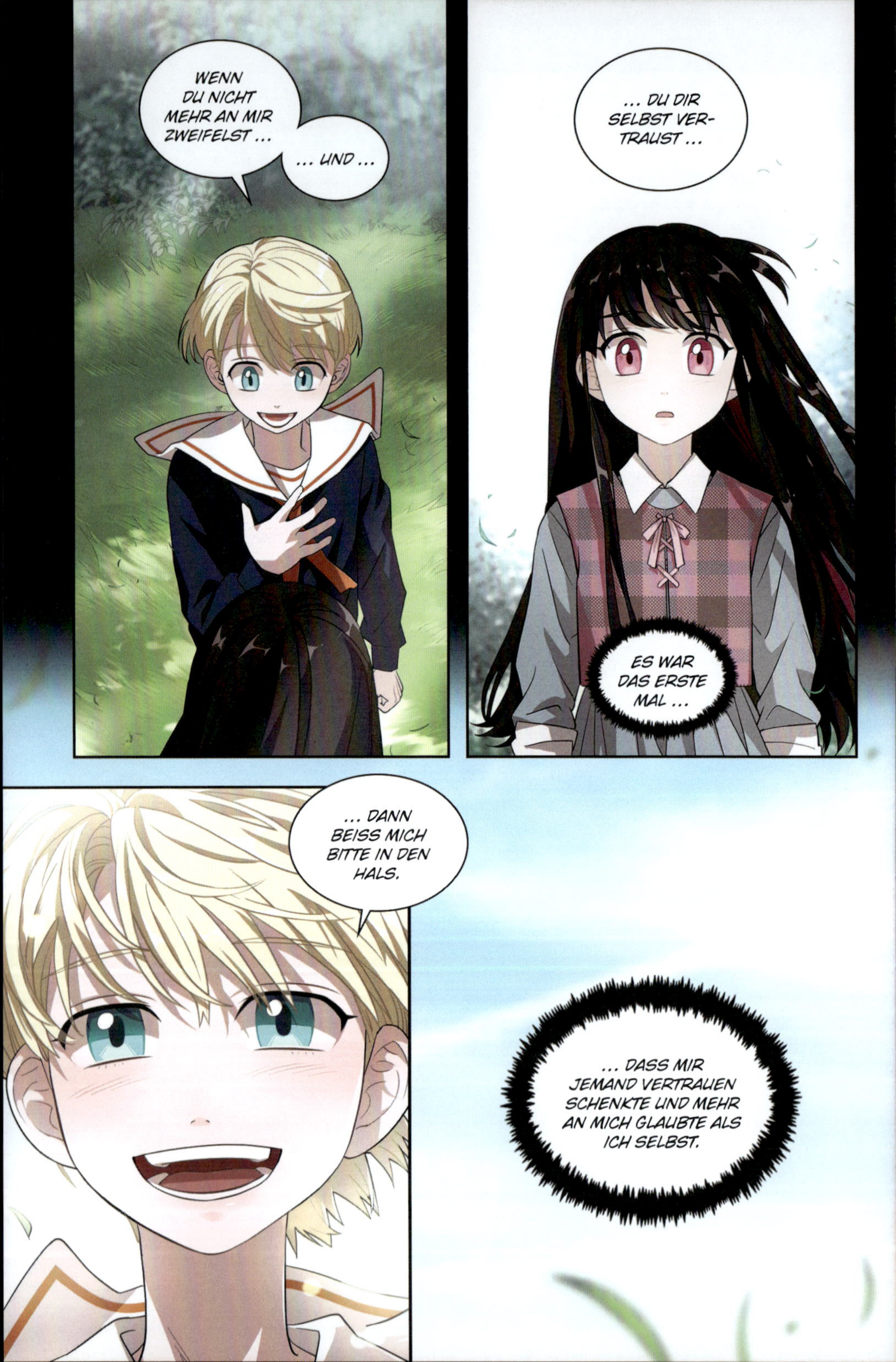
WENN DU NICHT MEHR AN MIR ZWEIFELST …
… UND …
… DU DIR SELBST VER-TRAUST …
ES WAR DAS ERSTE MAL …
… DANN BEISS MICH BITTE IN DEN HALS.
… DASS MIR JEMAND VERTRAUEN SCHENKTE UND MEHR AN MICH GLAUBTE ALS ICH SELBST.

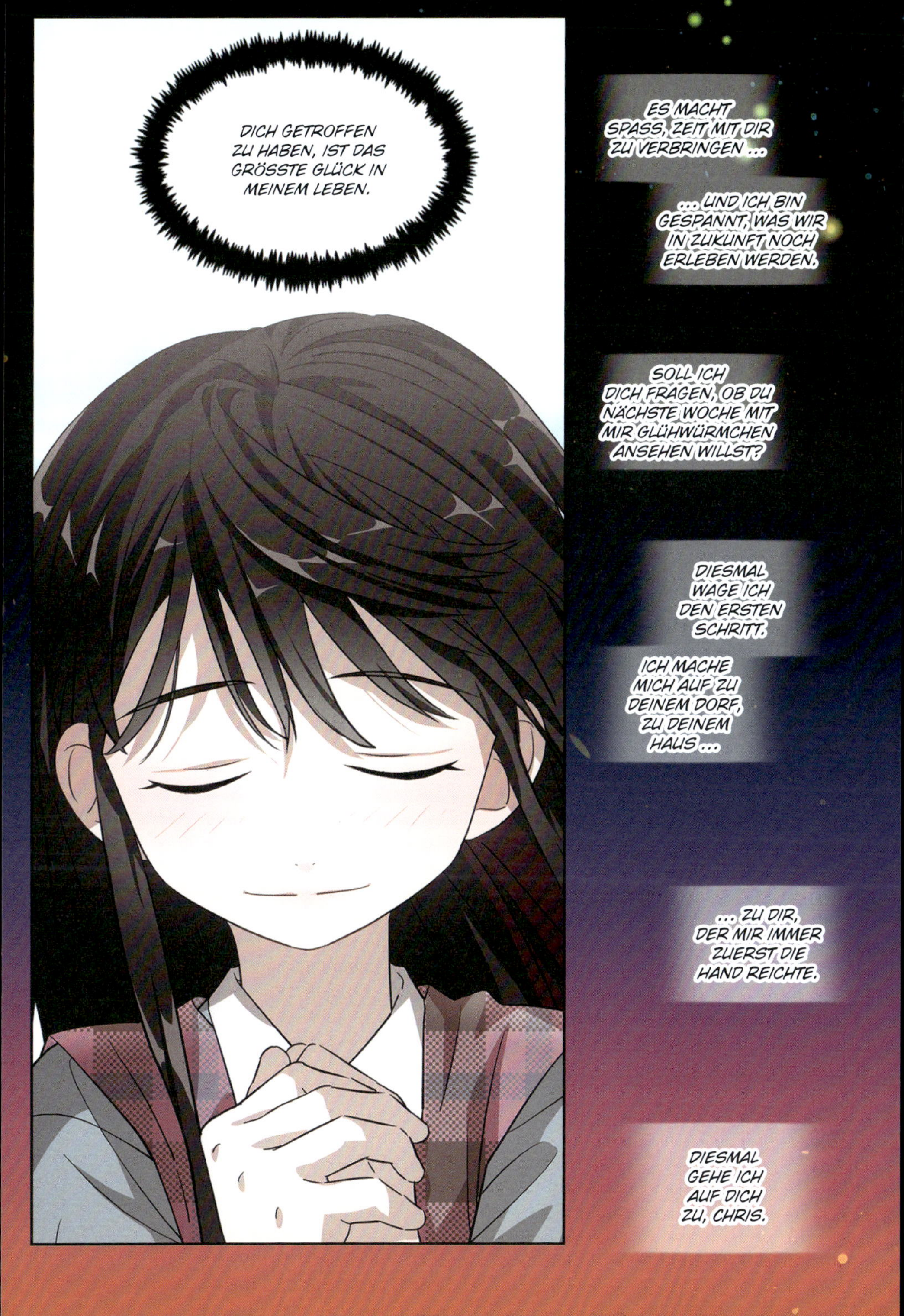
DICH GETROFFEN ZU HABEN, IST DAS GRÖSSTE GLÜCK IN MEINEM LEBEN.
ES MACHT SPASS, ZEIT MIT DIR ZU VERBRINGEN ...
... UND ICH BIN GESPANNT, WAS WIR IN ZUKUNFT NOCH ERLEBEN WERDEN.
SOLL ICH DICH FRAGEN, OB DU NÄCHSTE WOCHE MIT MIR GLÜHWÜRMCHEN ANSEHEN WILLST?
DIESMAL WAGE ICH DEN ERSTEN SCHRITT.
ICH MACHE MICH AUF ZU DEINEM DORF, ZU DEINEM HAUS ...
... ZU DIR, DER MIR IMMER ZUERST DIE HAND REICHTE.
DIESMAL GEHE ICH AUF DICH ZU, CHRIS.

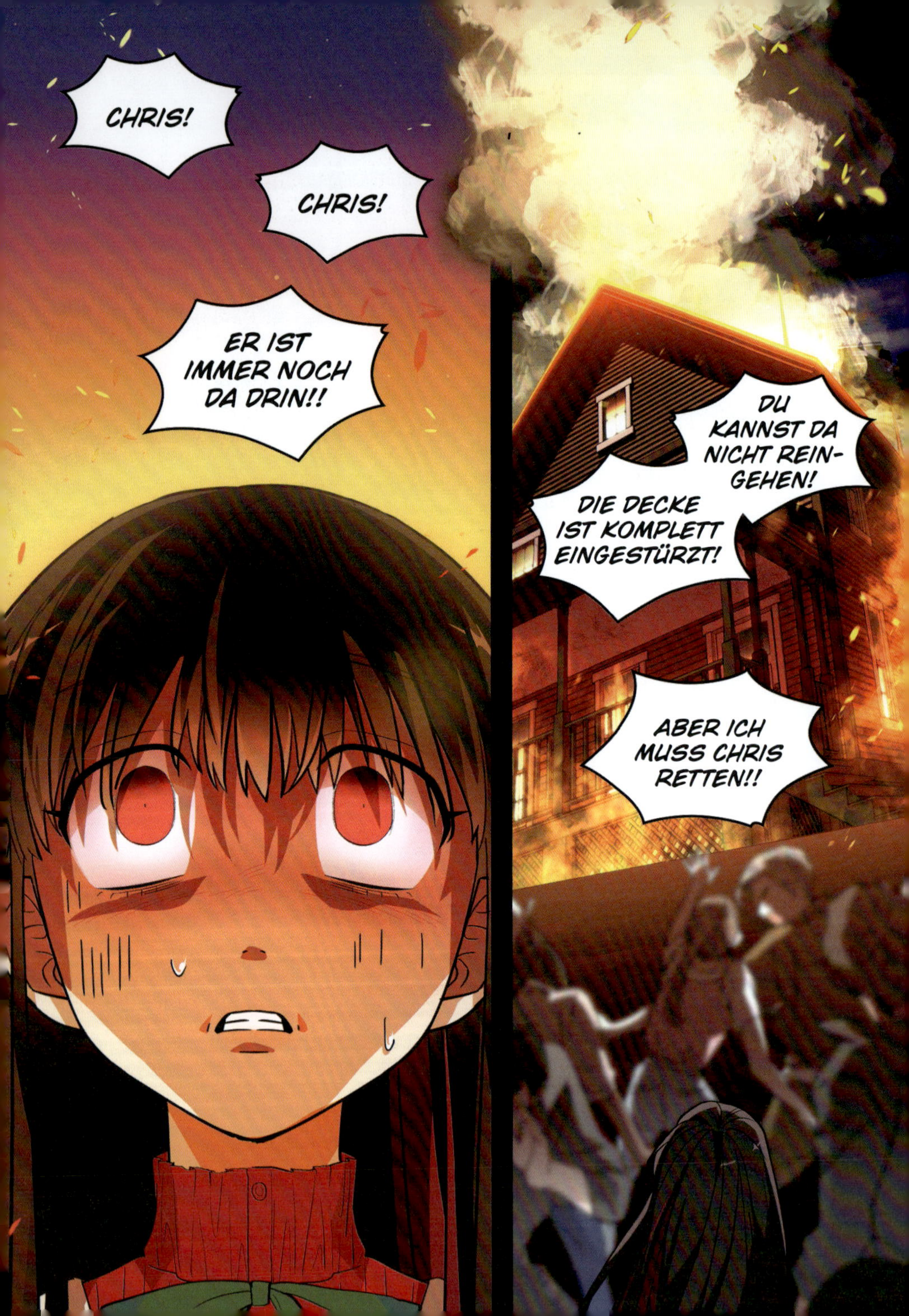
CHRIS!
CHRIS!
ER IST IMMER NOCH DA DRIN!!
DU KANNST DA NICHT REIN-GEHEN!
DIE DECKE IST KOMPLETT EINGESTÜRZT!
ABER ICH MUSS CHRIS RETTEN!!

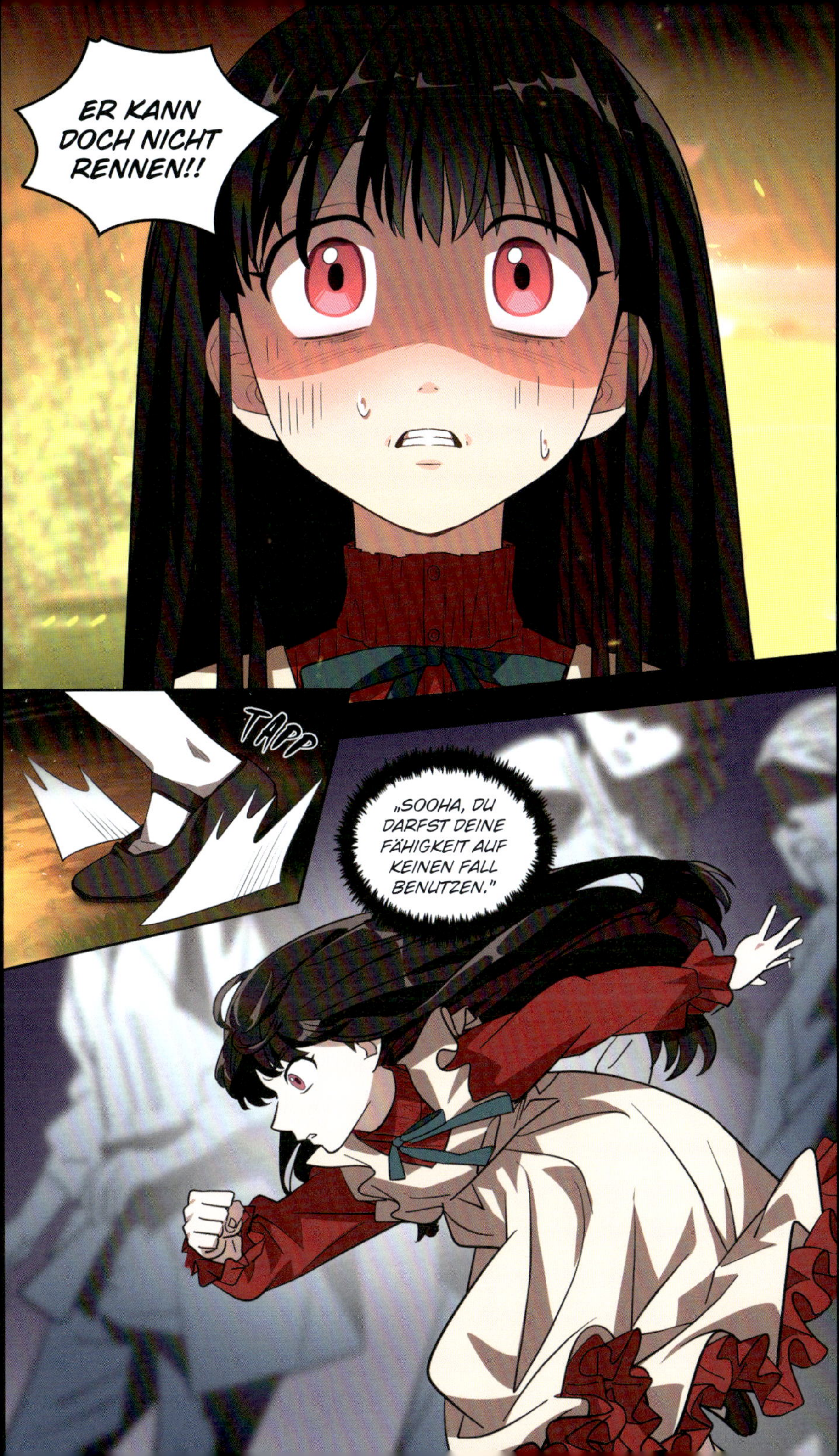
ER KANN DOCH NICHT RENNEN!!
TAPP
„SOOHA, DU DARFST DEINE FÄHIGKEIT AUF KEINEN FALL BENUTZEN."

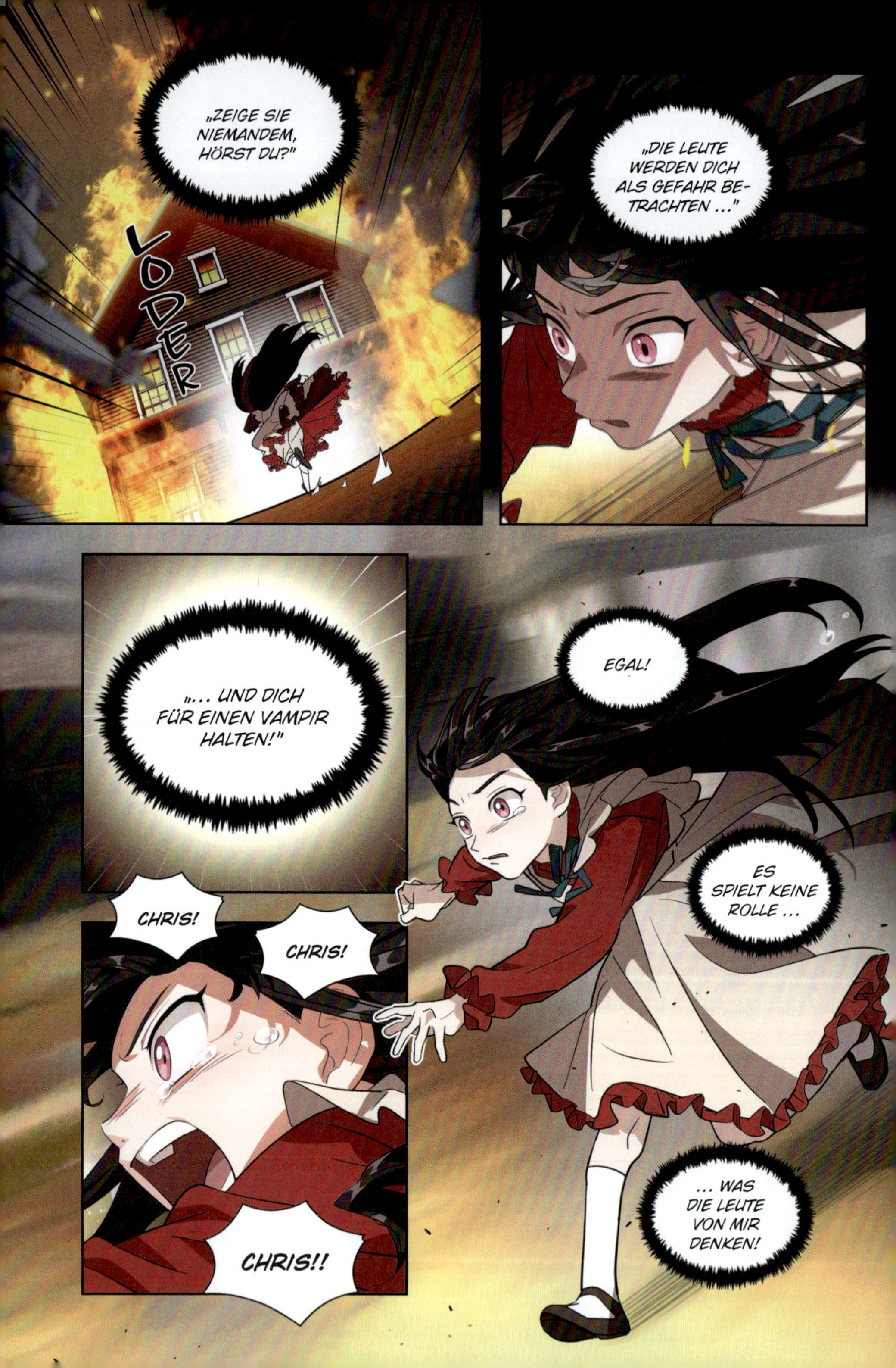
„ZEIGE SIE NIEMANDEM, HÖRST DU?"
LODER
„DIE LEUTE WERDEN DICH ALS GEFAHR BE-TRACHTEN …"
„… UND DICH FÜR EINEN VAMPIR HALTEN!"
EGAL!
ES SPIELT KEINE ROLLE …
… WAS DIE LEUTE VON MIR DENKEN!
CHRIS!
CHRIS!
CHRIS!!

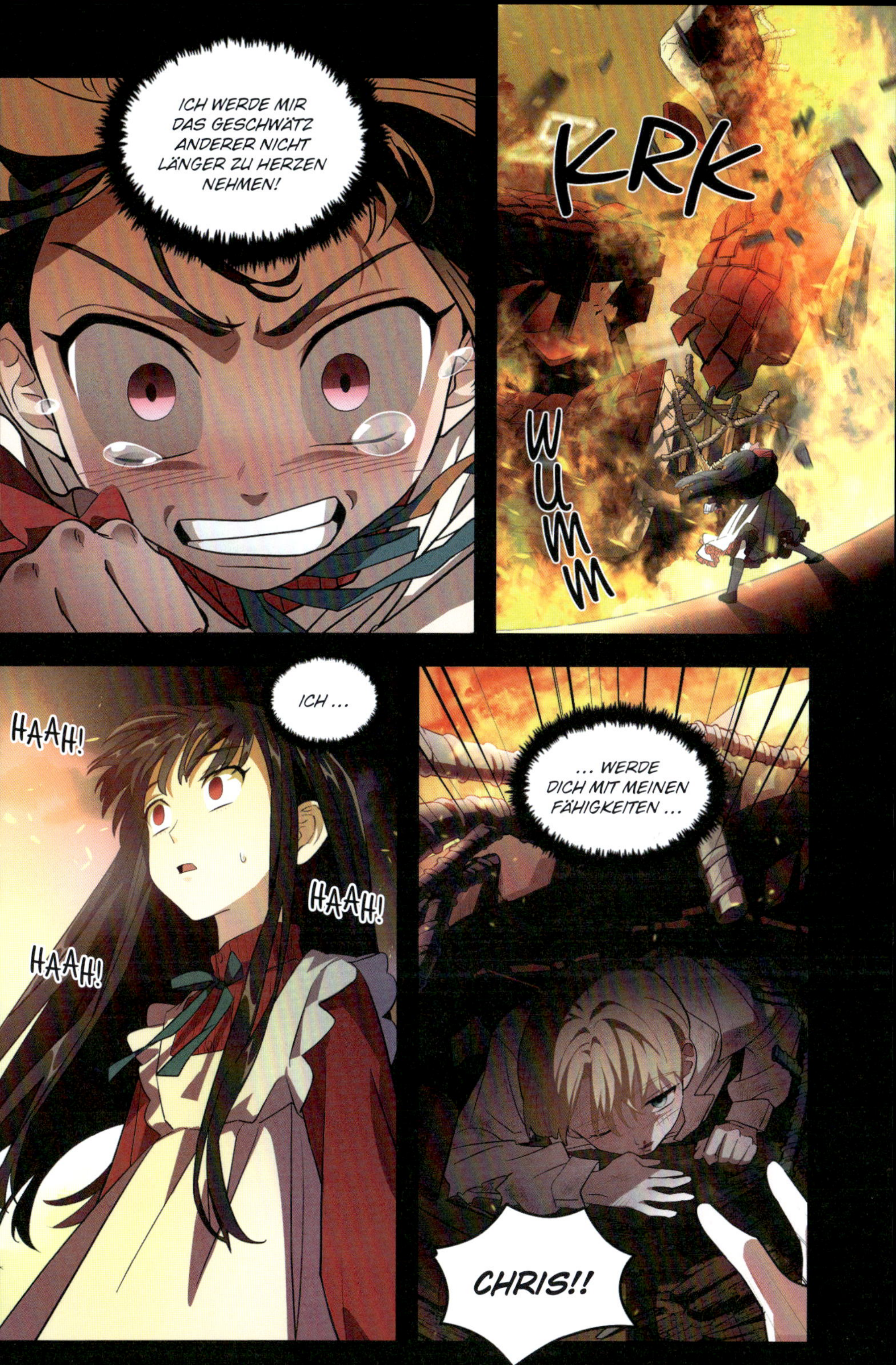
ICH WERDE MIR DAS GESCHWÄTZ ANDERER NICHT LÄNGER ZU HERZEN NEHMEN!
KRK
WUMM
ICH ...
HAAH!
HAAH!
HAAH!
... WERDE DICH MIT MEINEN FÄHIGKEITEN ...
CHRIS!!

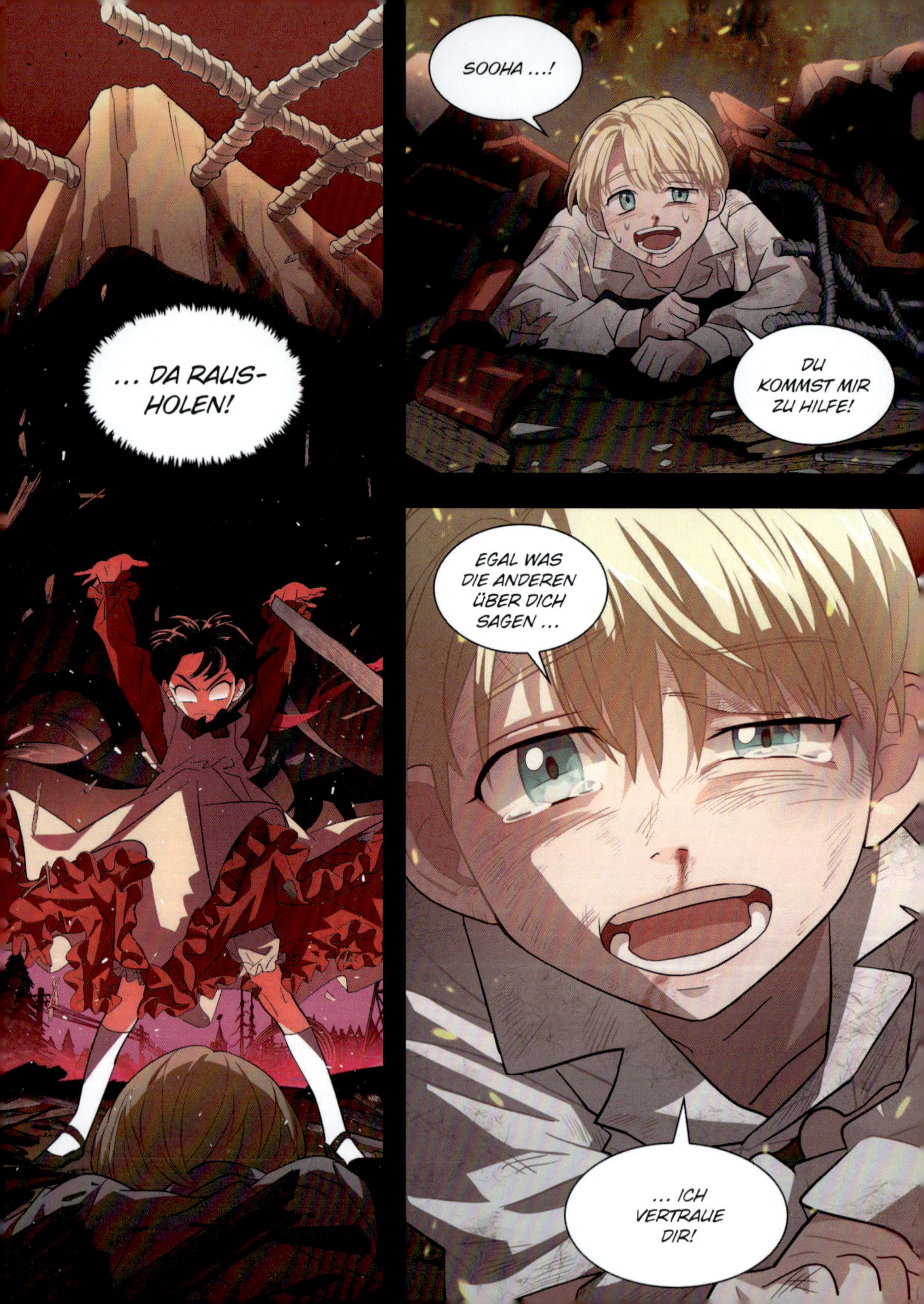
… DA RAUS-
HOLEN!
SOOHA …!
DU KOMMST MIR ZU HILFE!
EGAL WAS DIE ANDEREN ÜBER DICH SAGEN …
… ICH VERTRAUE DIR!

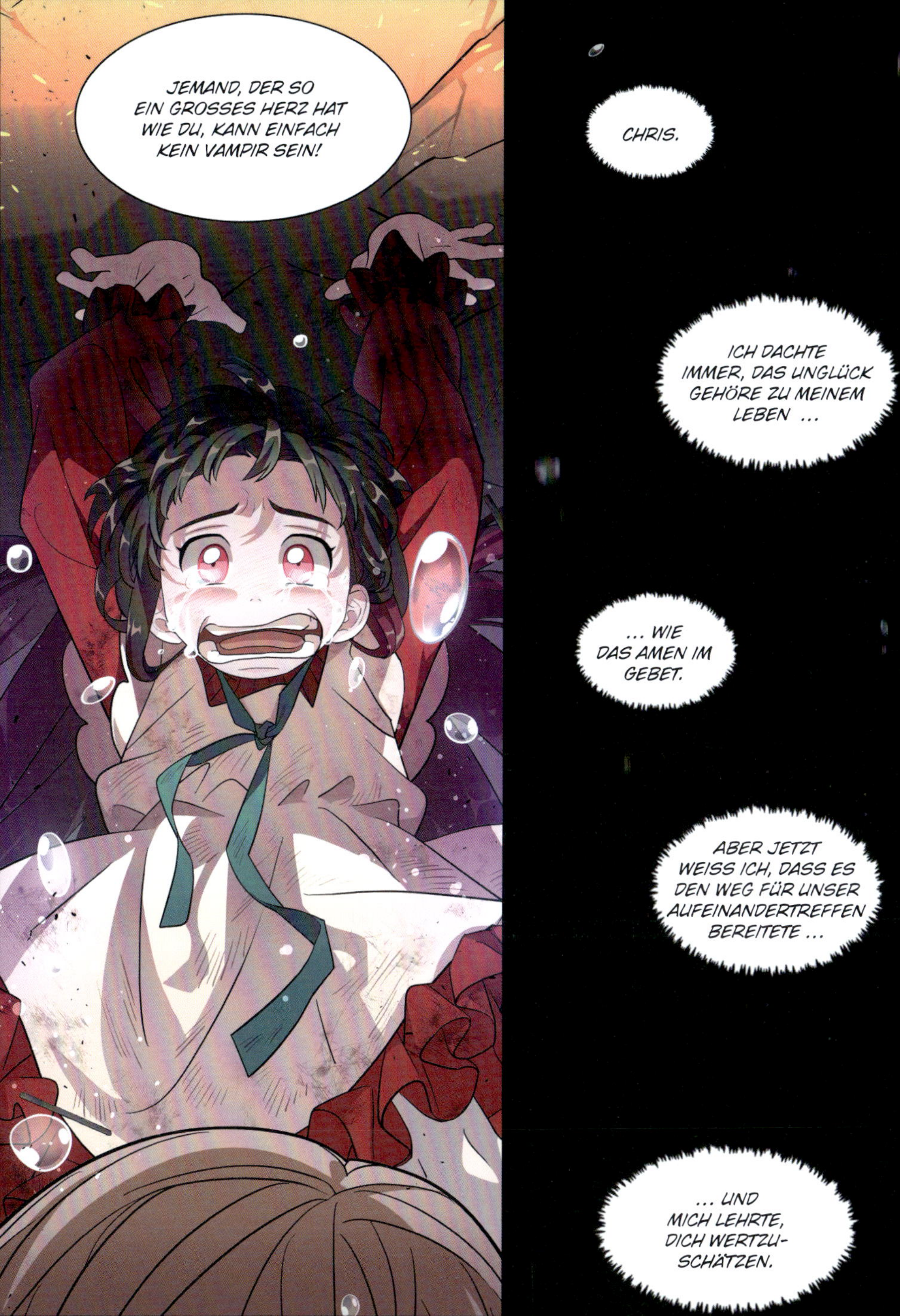
JEMAND, DER SO EIN GROSSES HERZ HAT WIE DU, KANN EINFACH KEIN VAMPIR SEIN!
CHRIS.
ICH DACHTE IMMER, DAS UNGLÜCK GEHÖRE ZU MEINEM LEBEN …
… WIE DAS AMEN IM GEBET.
ABER JETZT WEISS ICH, DASS ES DEN WEG FÜR UNSER AUFEINANDERTREFFEN BEREITETE …
… UND MICH LEHRTE, DICH WERTZU-SCHÄTZEN.

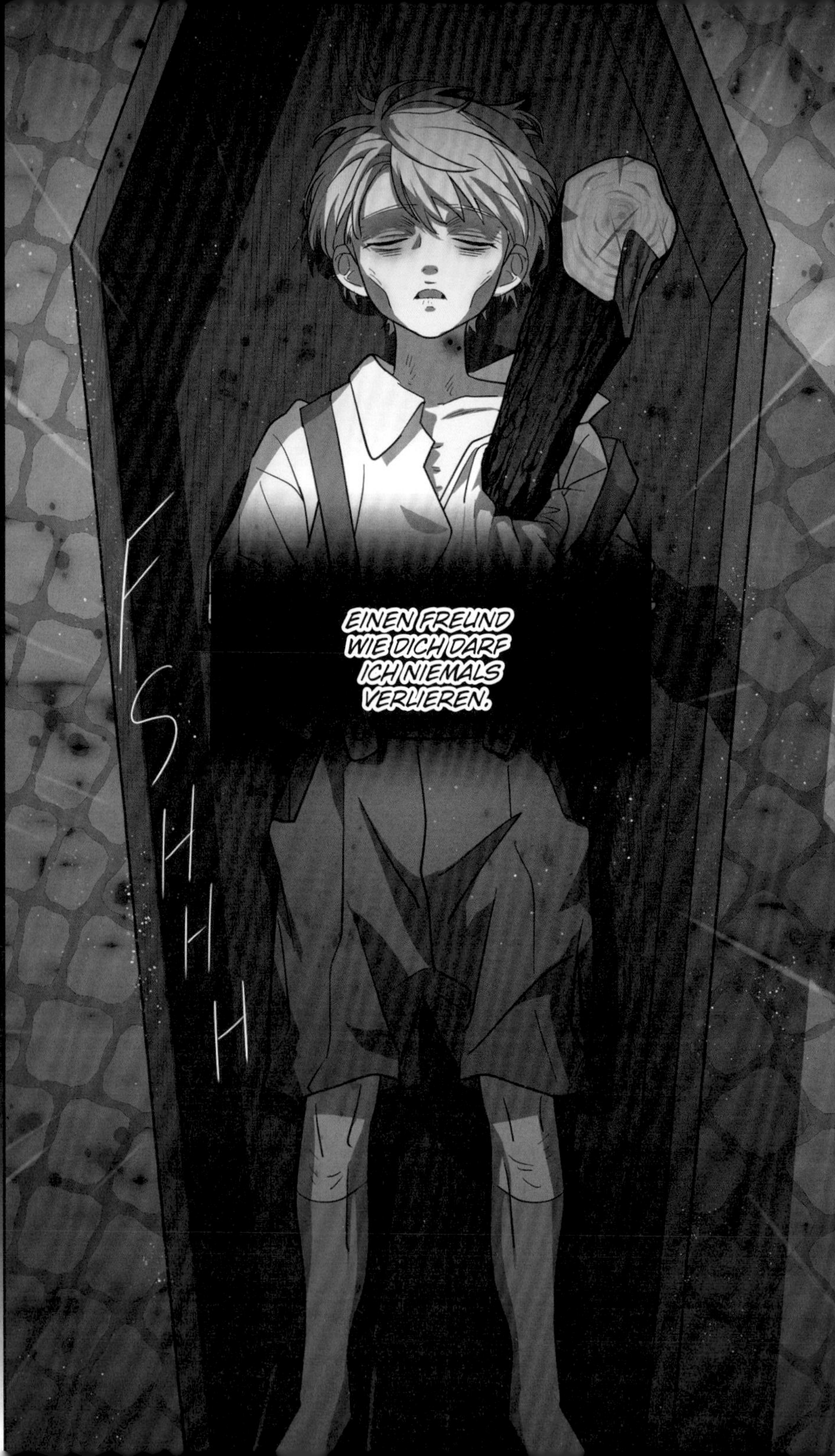
EINEN FREUND WIE DICH DARF ICH NIEMALS VERLIEREN.
FSHHHH

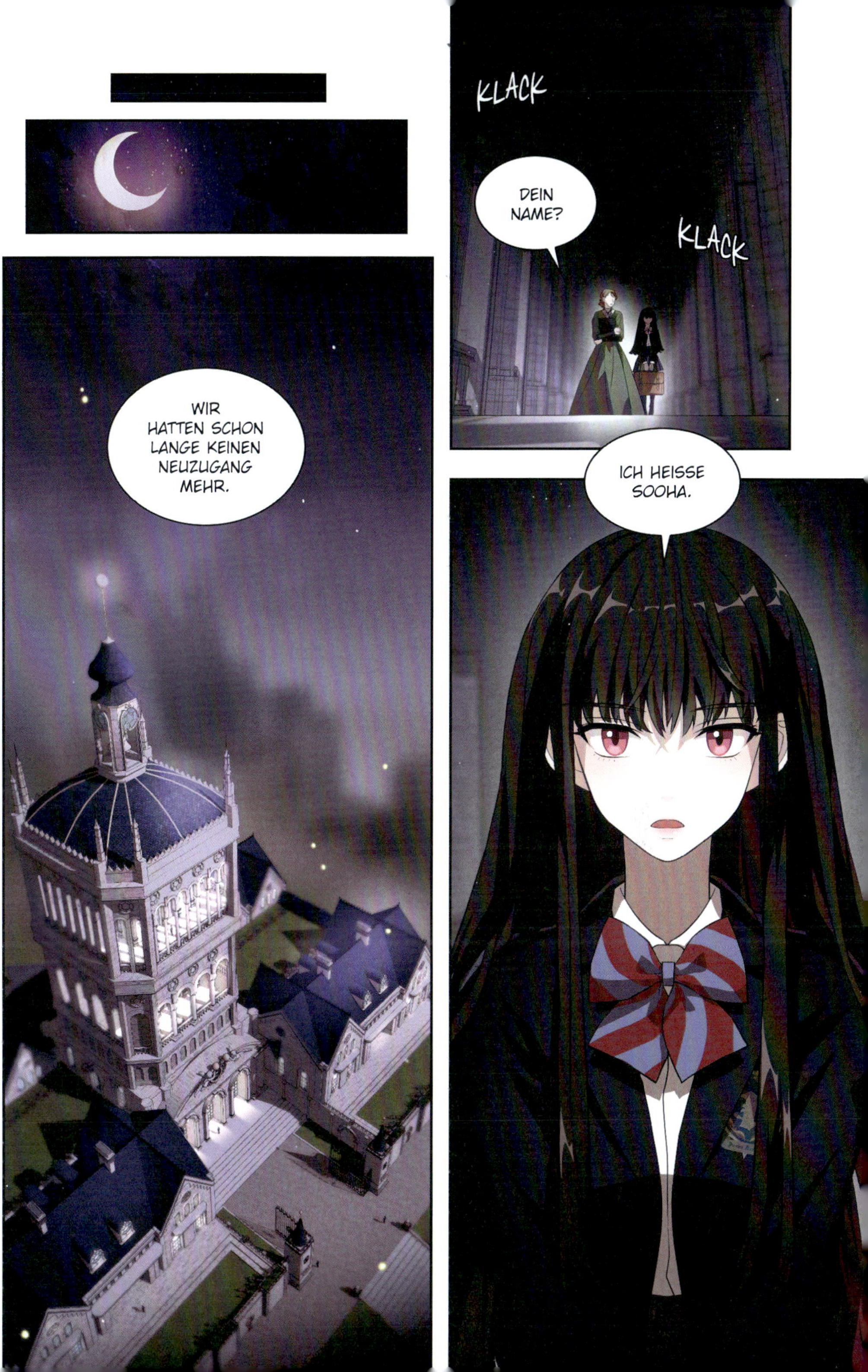
WIR HATTEN SCHON LANGE KEINEN NEUZUGANG MEHR.
KLACK
DEIN NAME?
KLACK
ICH HEISSE SOOHA.

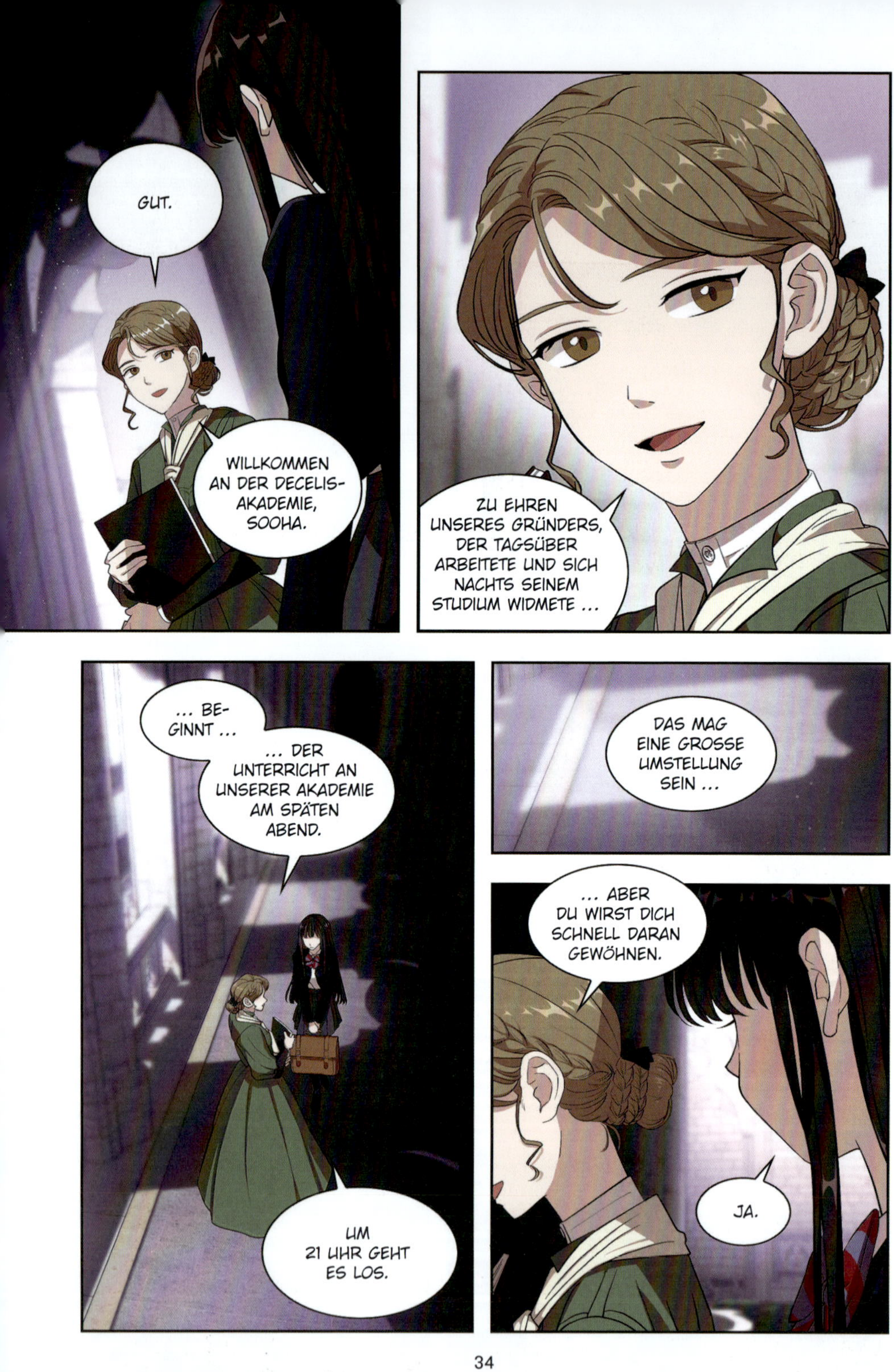
GUT.
WILLKOMMEN AN DER DECELIS-AKADEMIE, SOOHA.
ZU EHREN UNSERES GRÜNDERS, DER TAGSÜBER ARBEITETE UND SICH NACHTS SEINEM STUDIUM WIDMETE ...
... BE-GINNT ...
... DER UNTERRICHT AN UNSERER AKADEMIE AM SPÄTEN ABEND.
UM 21 UHR GEHT ES LOS.
DAS MAG EINE GROSSE UMSTELLUNG SEIN ...
... ABER DU WIRST DICH SCHNELL DARAN GEWÖHNEN.
JA.

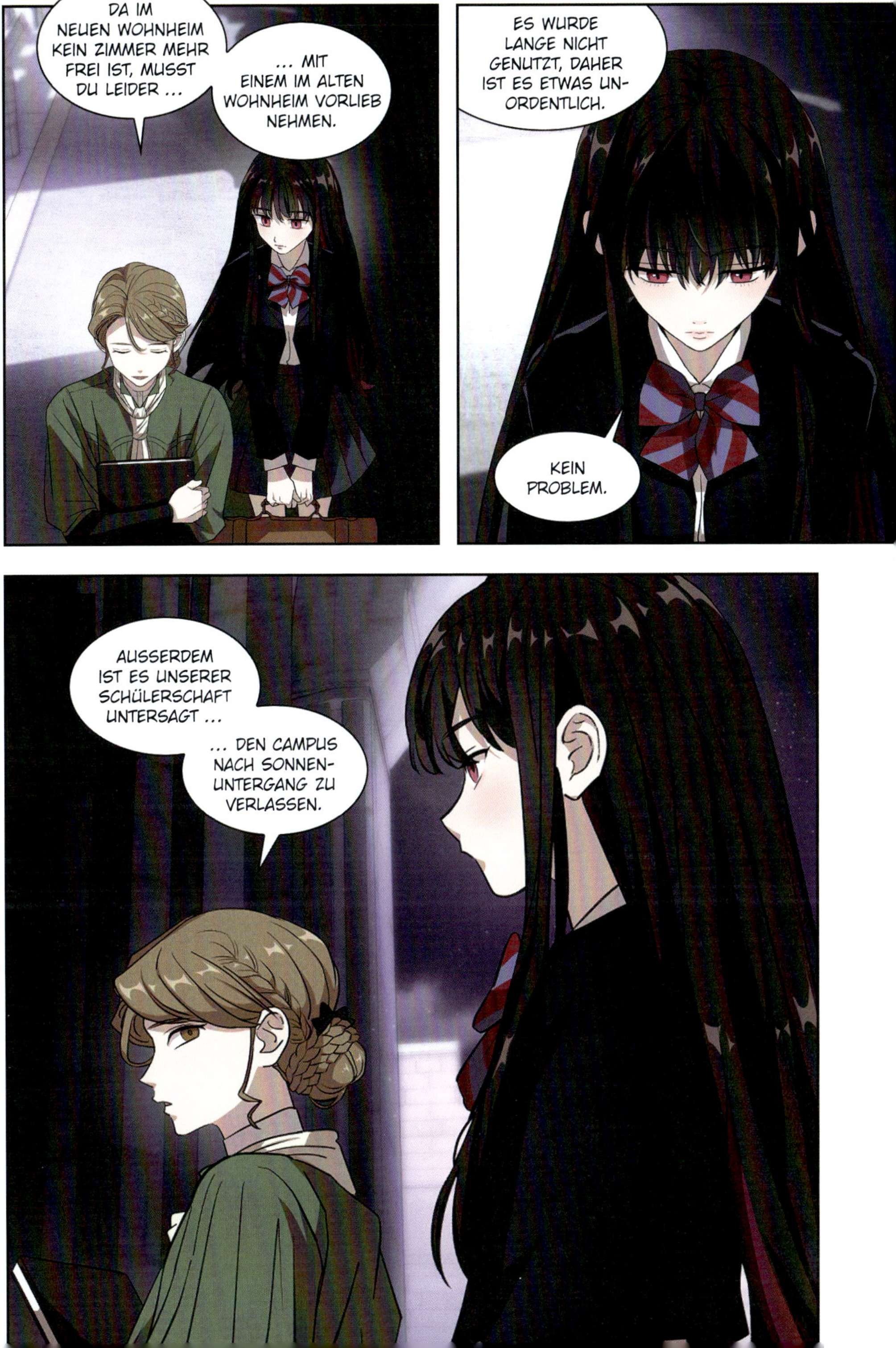
DA IM NEUEN WOHNHEIM KEIN ZIMMER MEHR FREI IST, MUSST DU LEIDER …
… MIT EINEM IM ALTEN WOHNHEIM VORLIEB NEHMEN.
ES WURDE LANGE NICHT GENUTZT, DAHER IST ES ETWAS UN-ORDENTLICH.
KEIN PROBLEM.
AUSSERDEM IST ES UNSERER SCHÜLERSCHAFT UNTERSAGT …
… DEN CAMPUS NACH SONNEN-UNTERGANG ZU VERLASSEN.

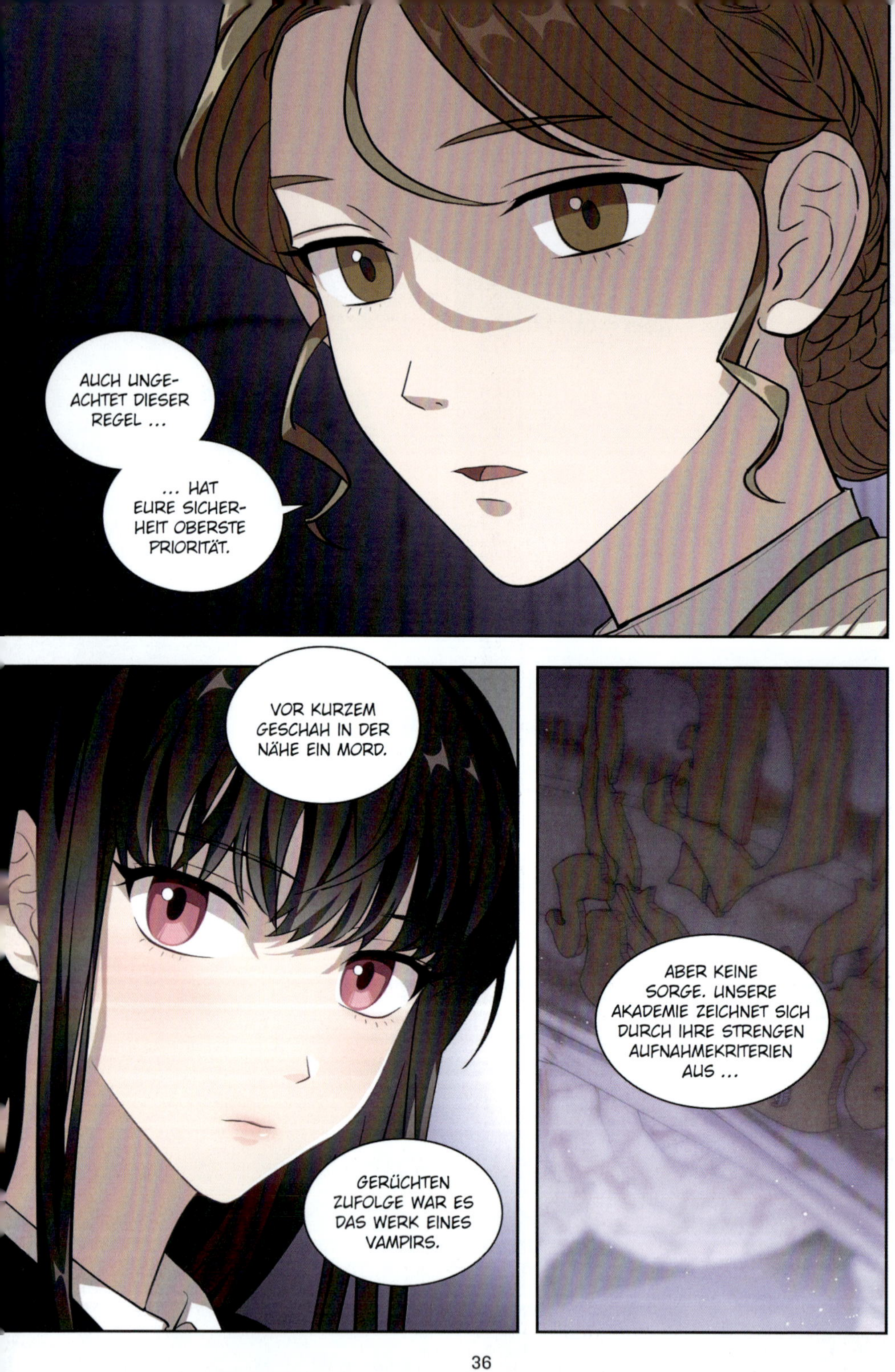
AUCH UNGE-ACHTET DIESER REGEL ...
... HAT EURE SICHER-HEIT OBERSTE PRIORITÄT.
VOR KURZEM GESCHAH IN DER NÄHE EIN MORD.
GERÜCHTEN ZUFOLGE WAR ES DAS WERK EINES VAMPIRS.
ABER KEINE SORGE. UNSERE AKADEMIE ZEICHNET SICH DURCH IHRE STRENGEN AUFNAHMEKRITERIEN AUS ...

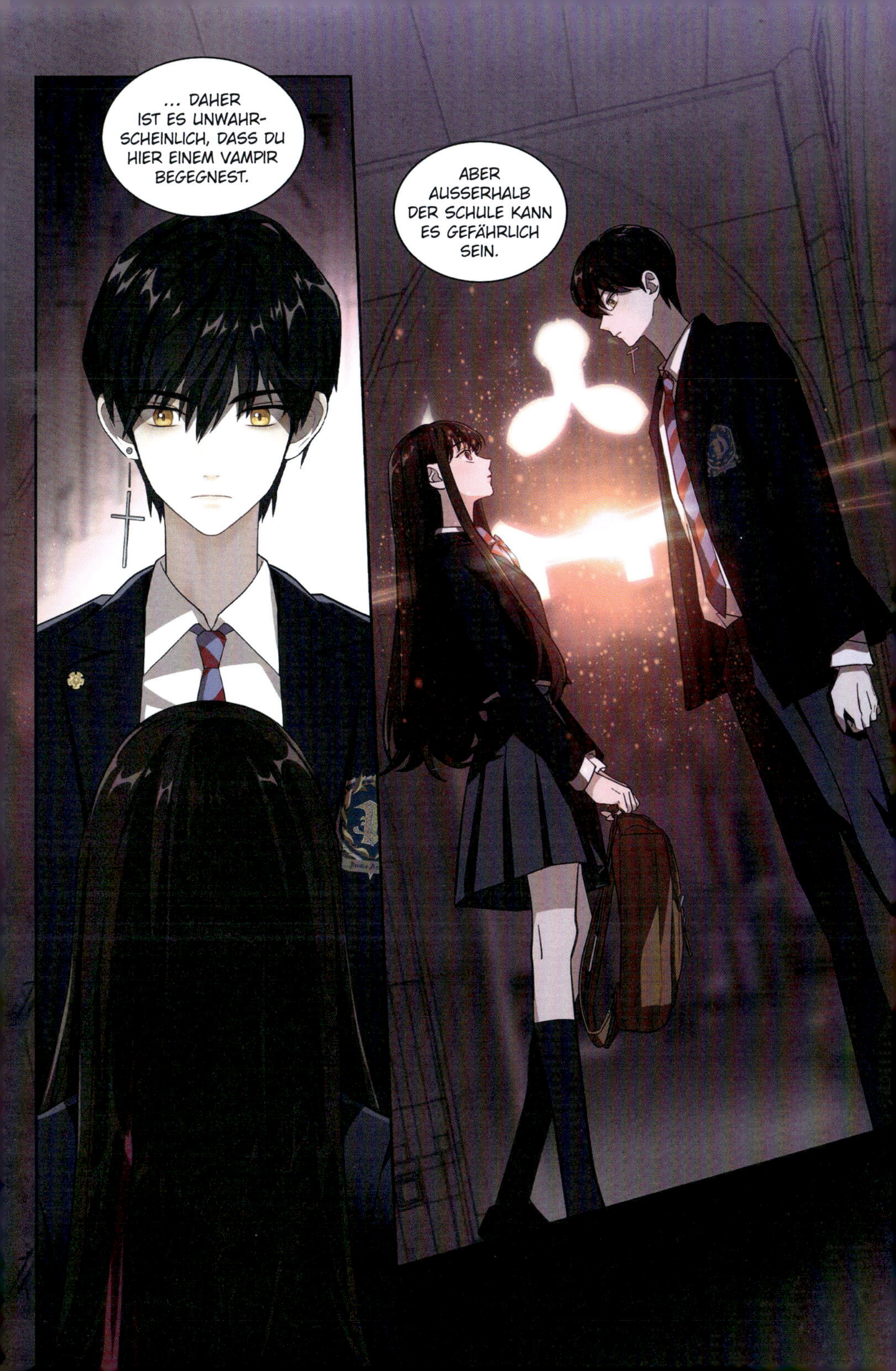
… DAHER IST ES UNWAHRSCHEINLICH, DASS DU HIER EINEM VAMPIR BEGEGNEST.
ABER AUSSERHALB DER SCHULE KANN ES GEFÄHRLICH SEIN.

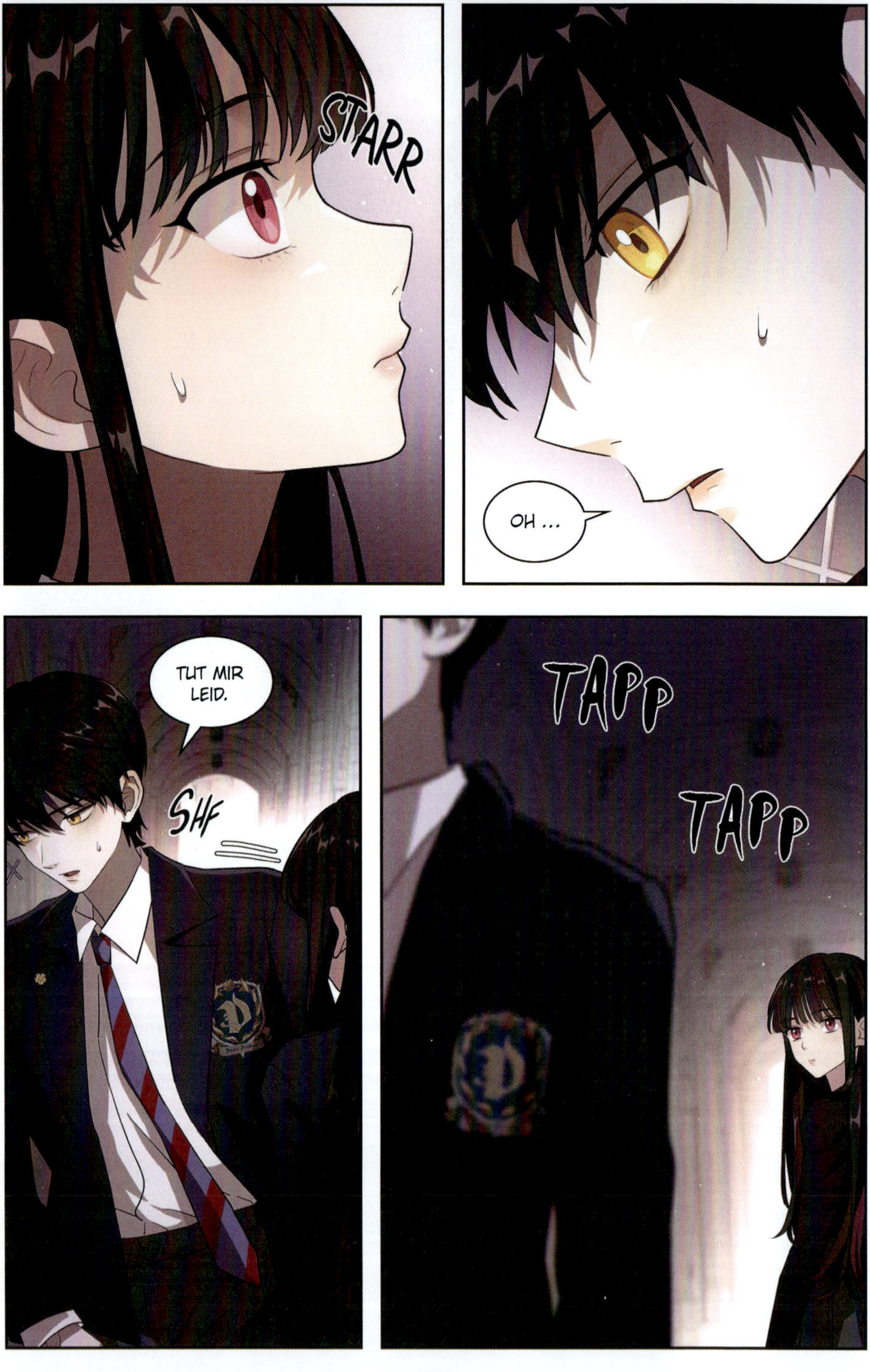
STARR
OH ...
TUT MIR LEID.
SHF
TAPP
TAPP

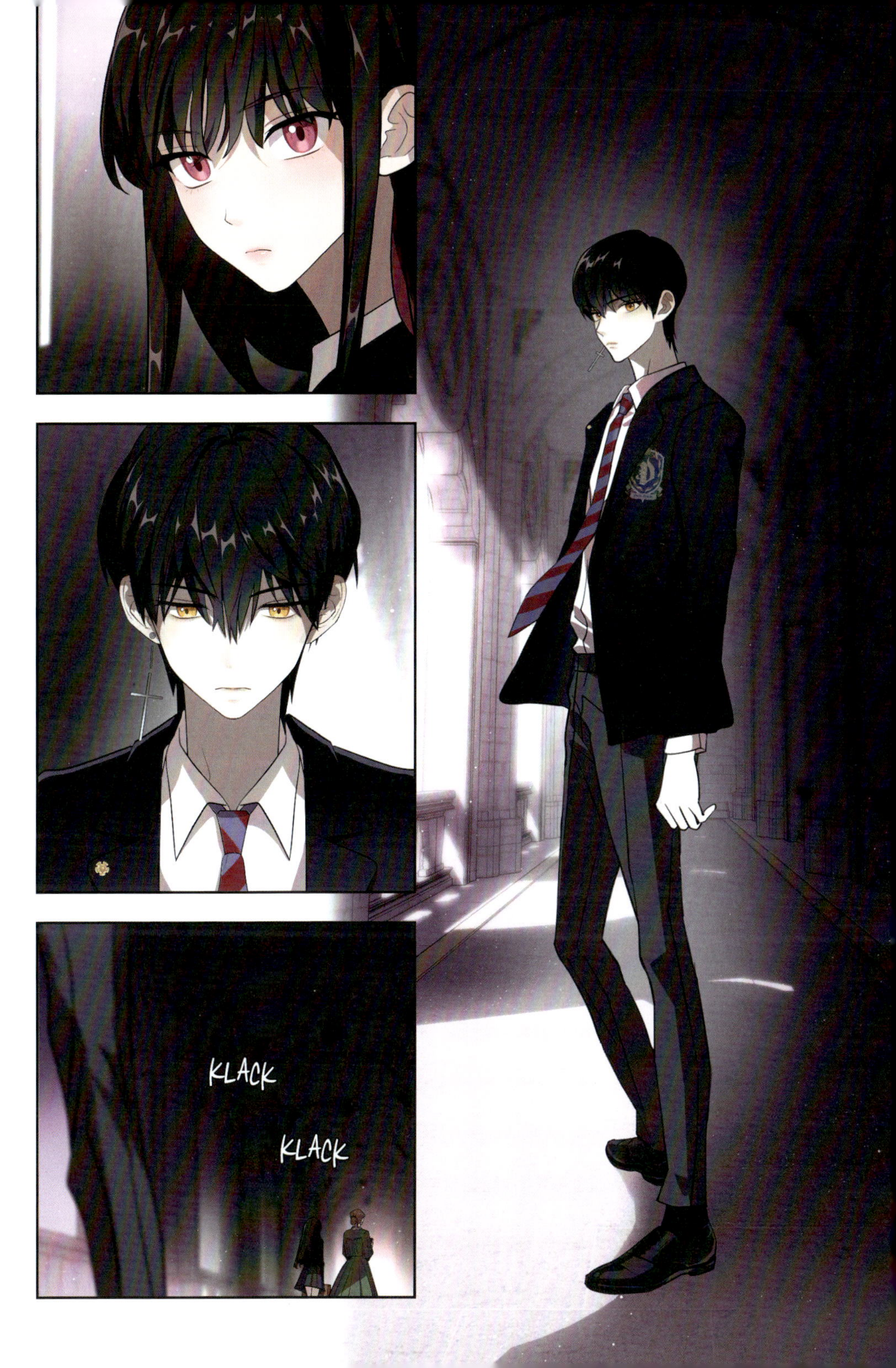
KLACK
KLACK

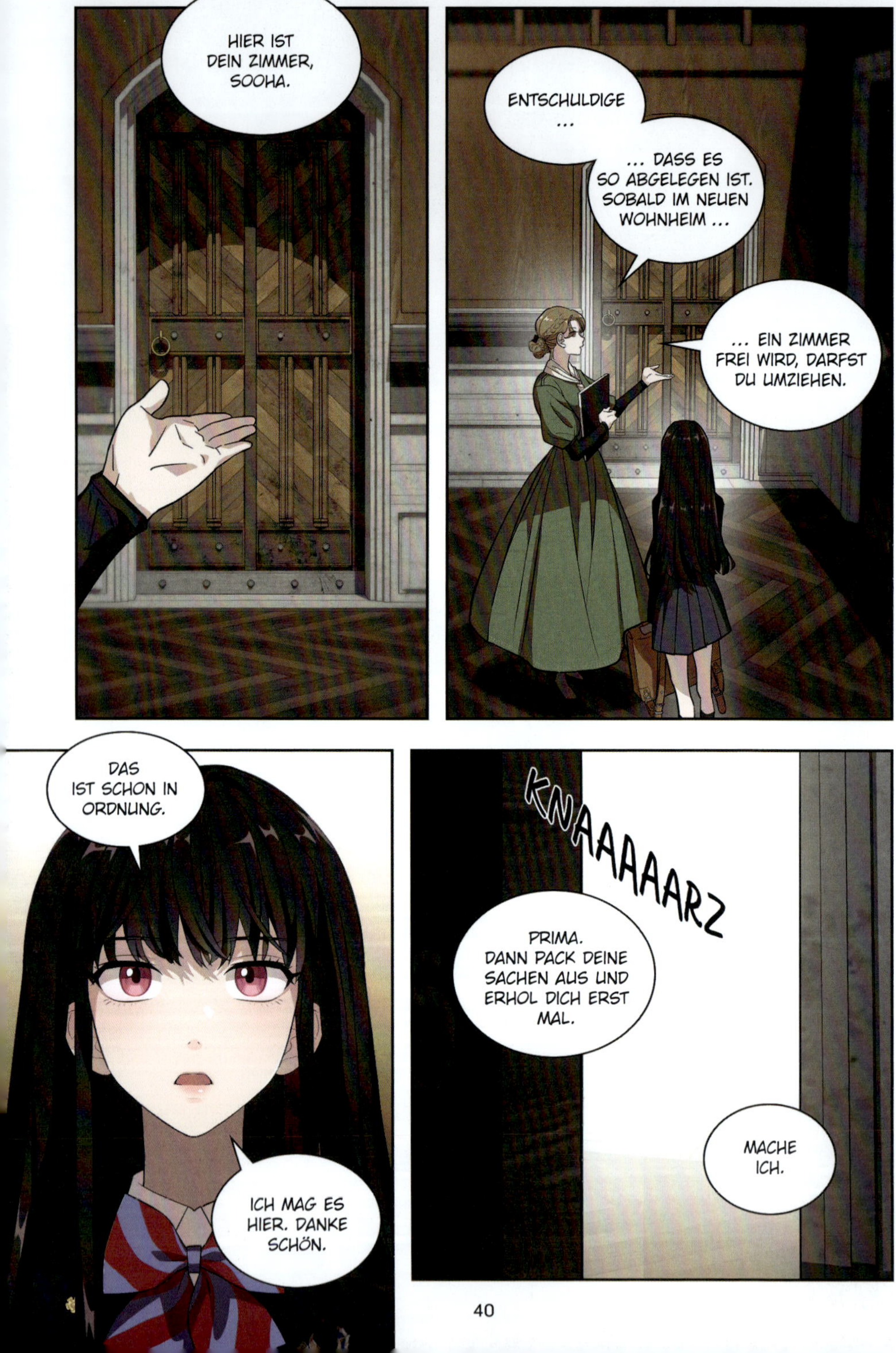
HIER IST DEIN ZIMMER, SOOHA.
ENTSCHULDIGE …
… DASS ES SO ABGELEGEN IST. SOBALD IM NEUEN WOHNHEIM …
… EIN ZIMMER FREI WIRD, DARFST DU UMZIEHEN.
DAS IST SCHON IN ORDNUNG.
ICH MAG ES HIER. DANKE SCHÖN.
KNAAAAAARZ
PRIMA. DANN PACK DEINE SACHEN AUS UND ERHOL DICH ERST MAL.
MACHE ICH.

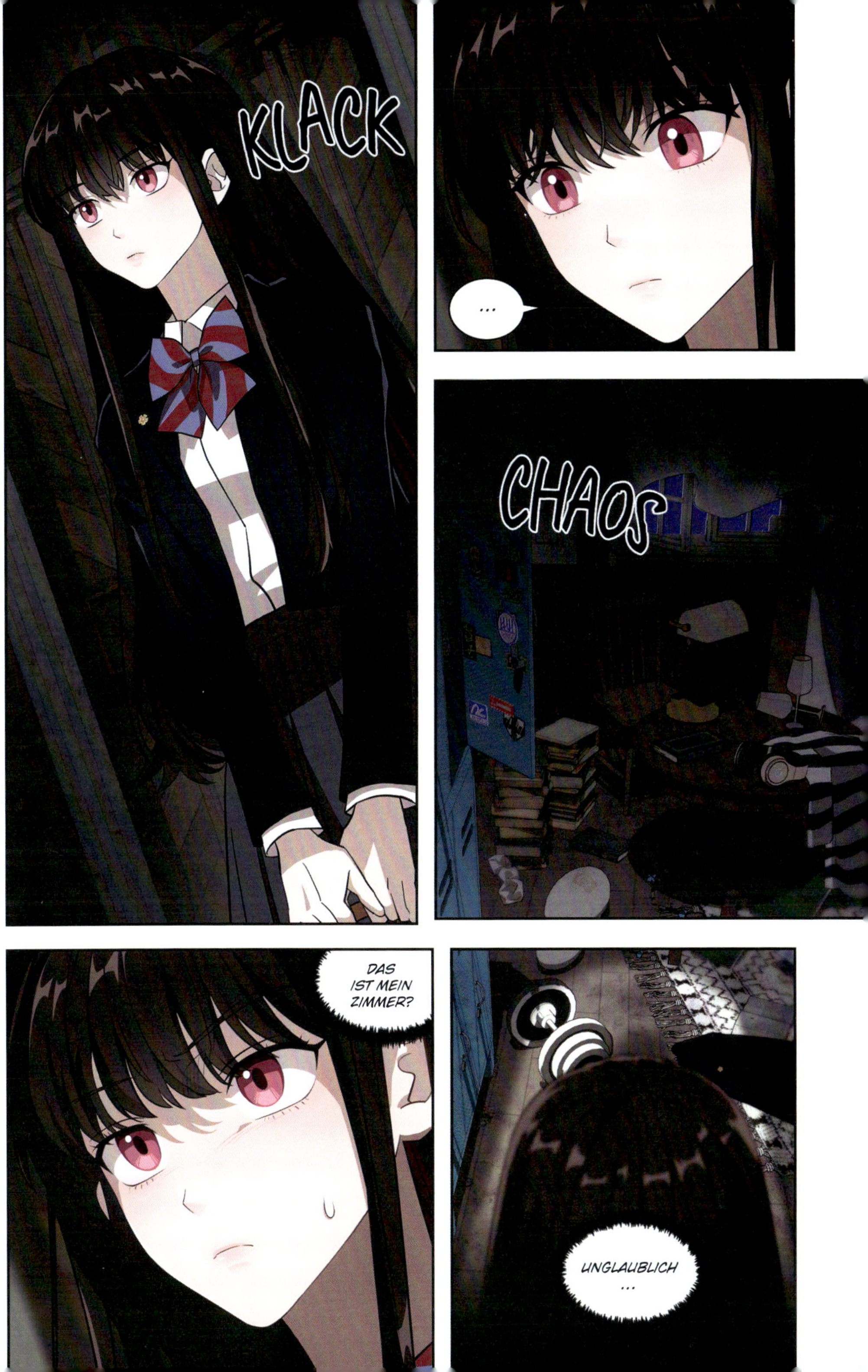
KLACK
...
CHAOS
DAS IST MEIN ZIMMER?
UNGLAUBLICH ...

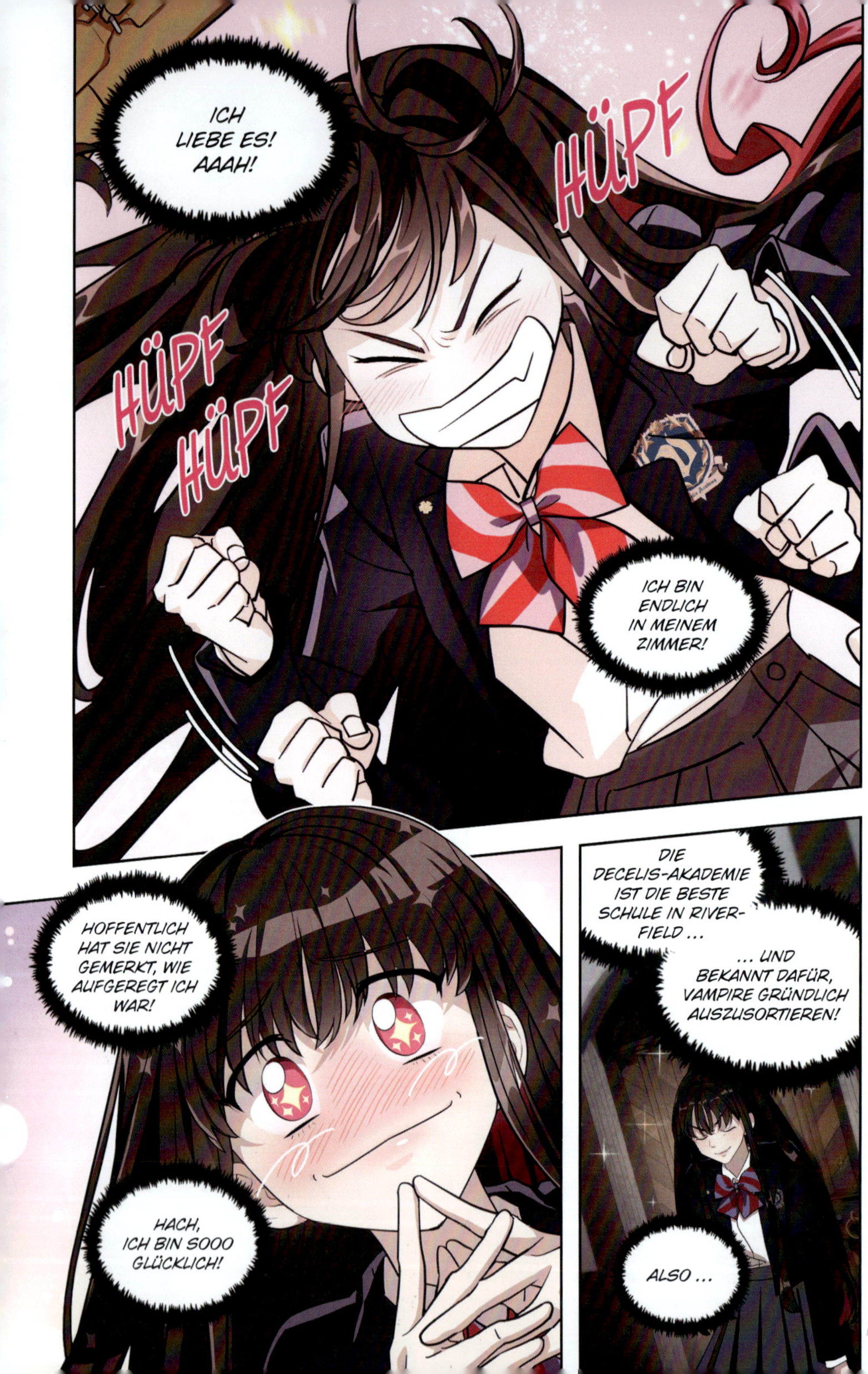
ICH LIEBE ES! AAAH!
HÜPF
HÜPF HÜPF
ICH BIN ENDLICH IN MEINEM ZIMMER!
HOFFENTLICH HAT SIE NICHT GEMERKT, WIE AUFGEREGT ICH WAR!
HACH, ICH BIN SOOO GLÜCKLICH!
DIE DECELIS-AKADEMIE IST DIE BESTE SCHULE IN RIVER-FIELD …
… UND BEKANNT DAFÜR, VAMPIRE GRÜNDLICH AUSZUSORTIEREN!
ALSO …

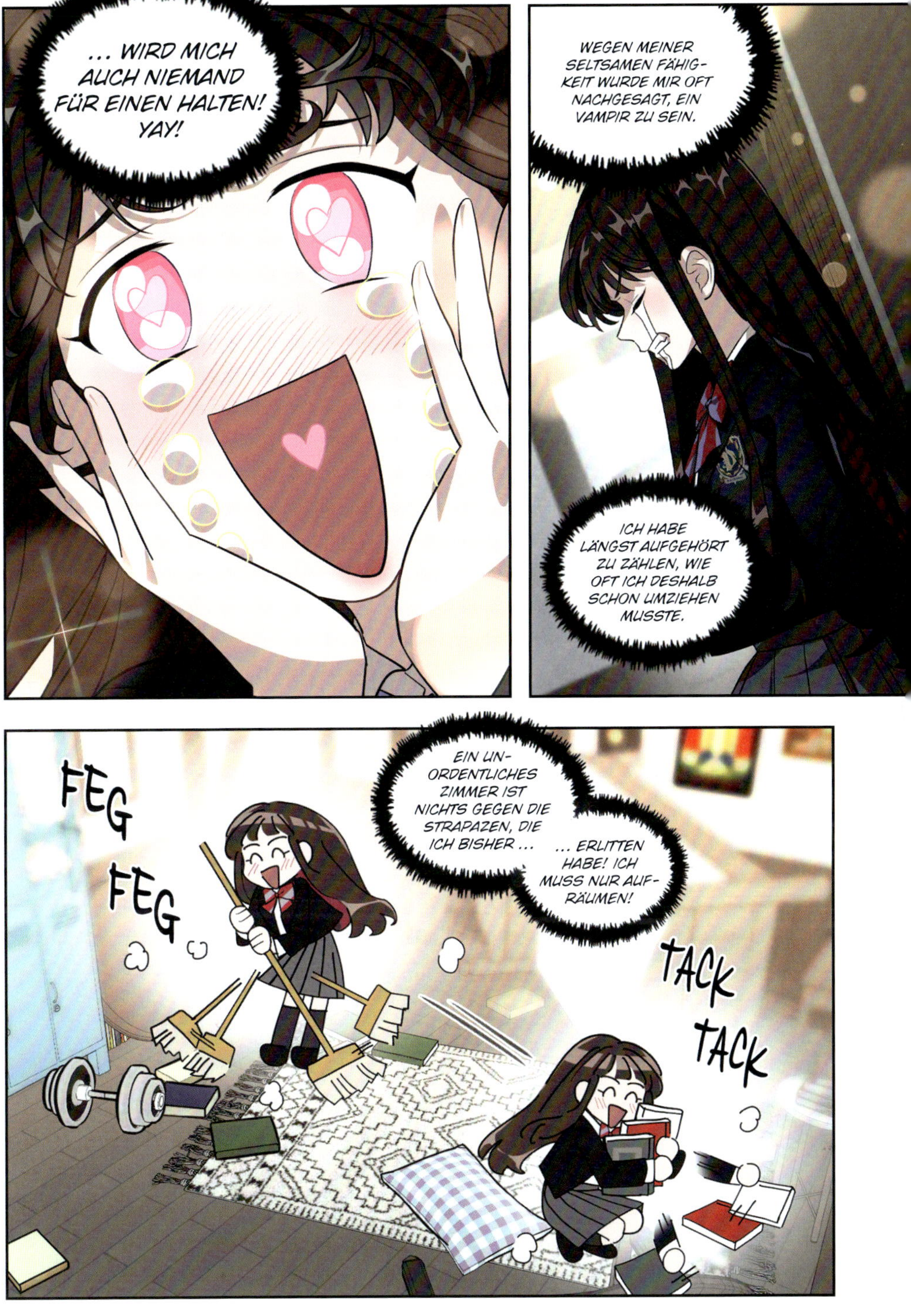

... WIRD MICH AUCH NIEMAND FÜR EINEN HALTEN! YAY!
WEGEN MEINER SELTSAMEN FÄHIGKEIT WURDE MIR OFT NACHGESAGT, EIN VAMPIR ZU SEIN.
ICH HABE LÄNGST AUFGEHÖRT ZU ZÄHLEN, WIE OFT ICH DESHALB SCHON UMZIEHEN MUSSTE.
FEG FEG
EIN UNORDENTLICHES ZIMMER IST NICHTS GEGEN DIE STRAPAZEN, DIE ICH BISHER ...
... ERLITTEN HABE! ICH MUSS NUR AUFRÄUMEN!
TACK TACK

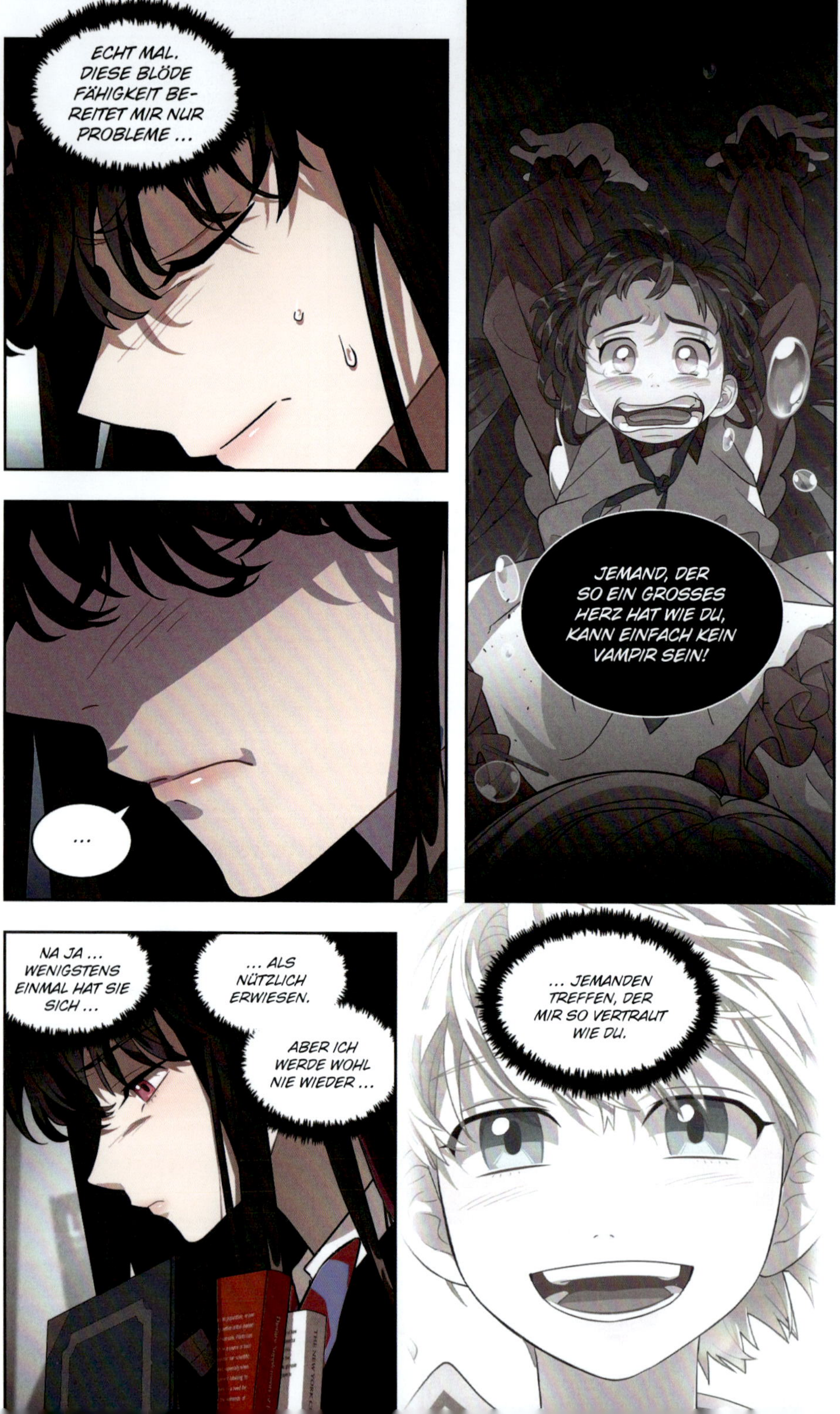
ECHT MAL. DIESE BLÖDE FÄHIGKEIT BEREITET MIR NUR PROBLEME …
JEMAND, DER SO EIN GROSSES HERZ HAT WIE DU, KANN EINFACH KEIN VAMPIR SEIN!
…
NA JA … WENIGSTENS EINMAL HAT SIE SICH …
… ALS NÜTZLICH ERWIESEN.
ABER ICH WERDE WOHL NIE WIEDER …
… JEMANDEN TREFFEN, DER MIR SO VERTRAUT WIE DU.

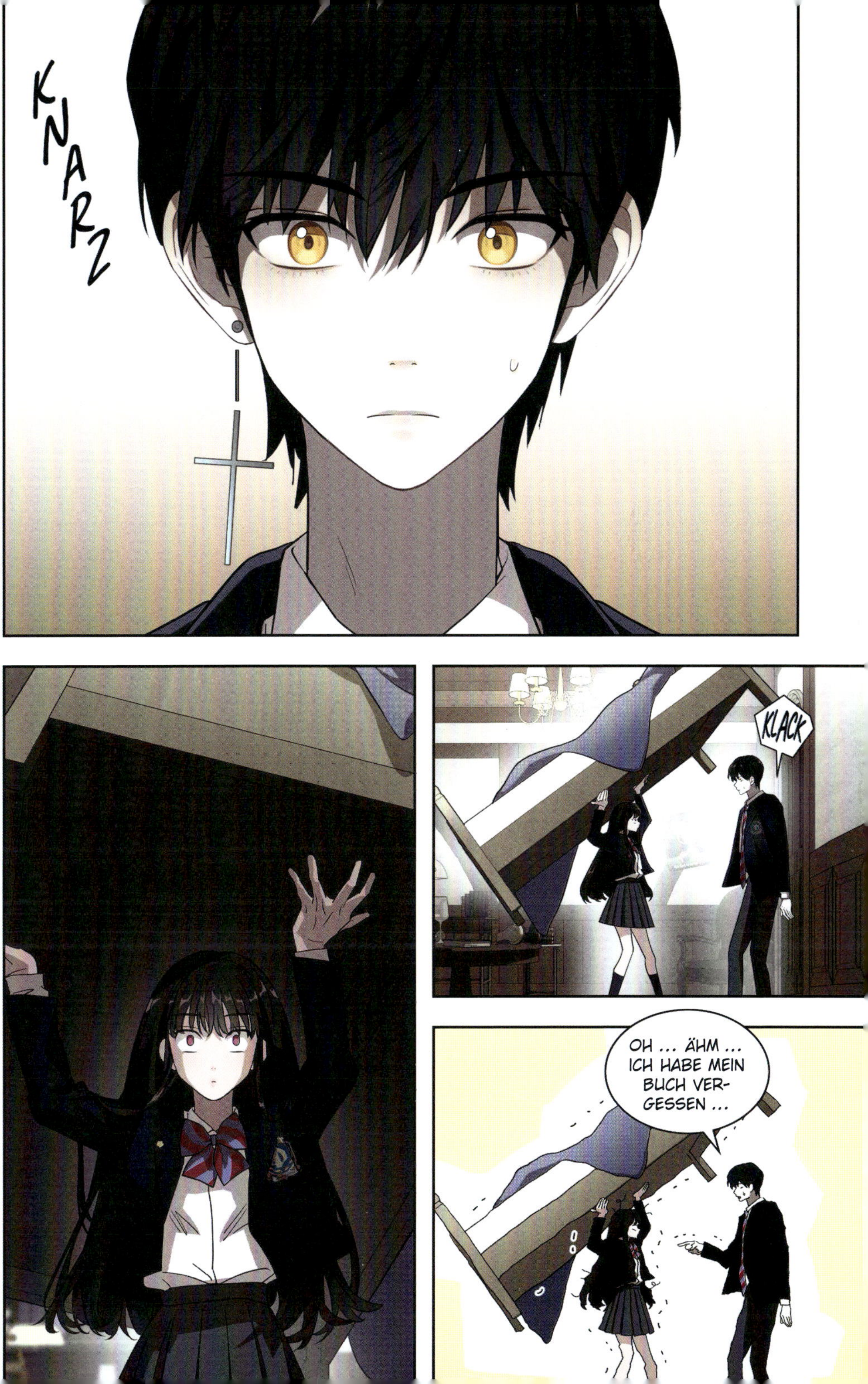
KNARZ
KLACK
OH … ÄHM …
ICH HABE MEIN
BUCH VER-
GESSEN …

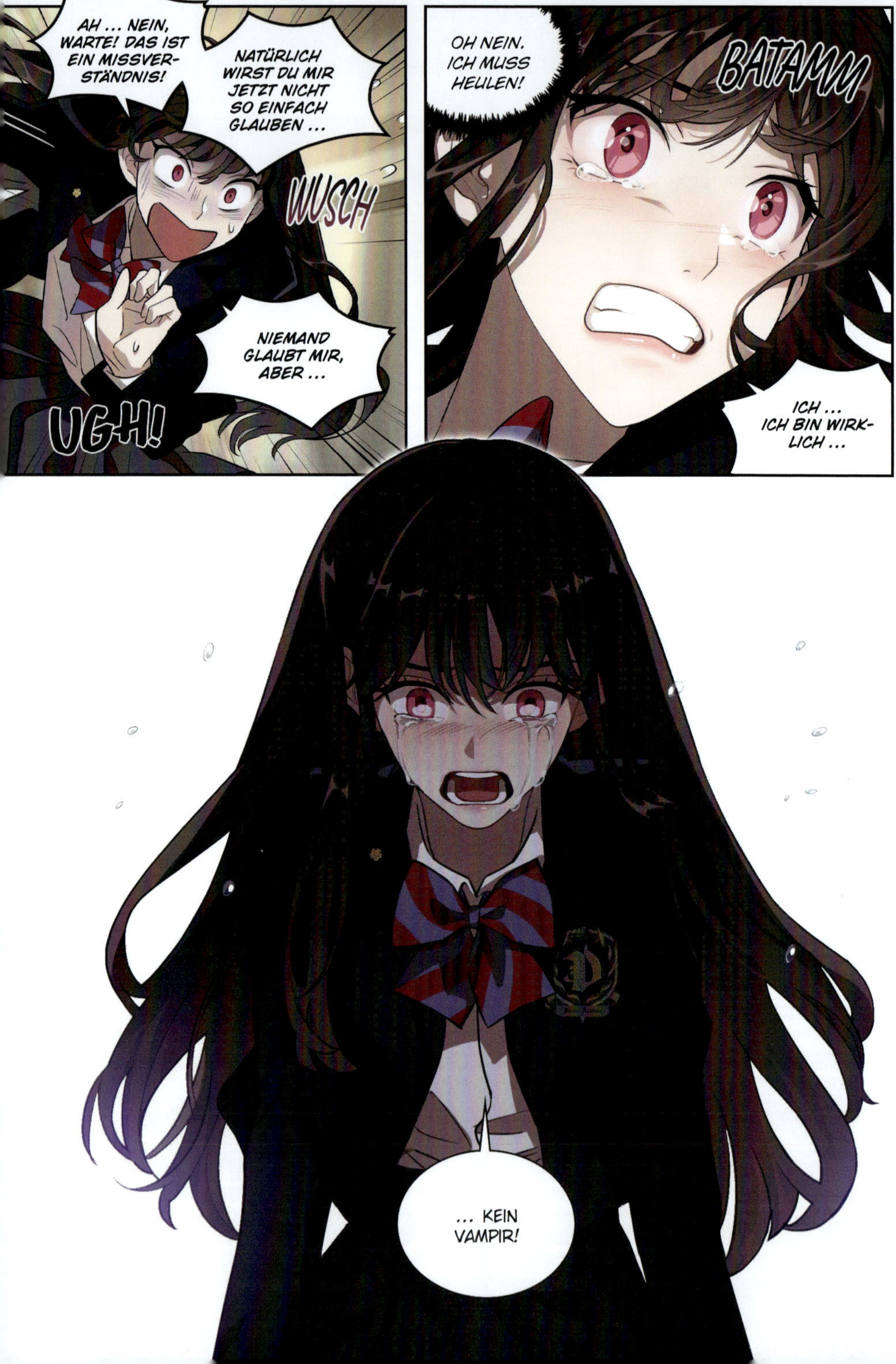
AH … NEIN, WARTE! DAS IST EIN MISSVER-STÄNDNIS!
NATÜRLICH WIRST DU MIR JETZT NICHT SO EINFACH GLAUBEN …
WUSCH
NIEMAND GLAUBT MIR, ABER …
UGH!
OH NEIN. ICH MUSS HEULEN!
BATAMM
ICH … ICH BIN WIRK-LICH …
… KEIN VAMPIR!

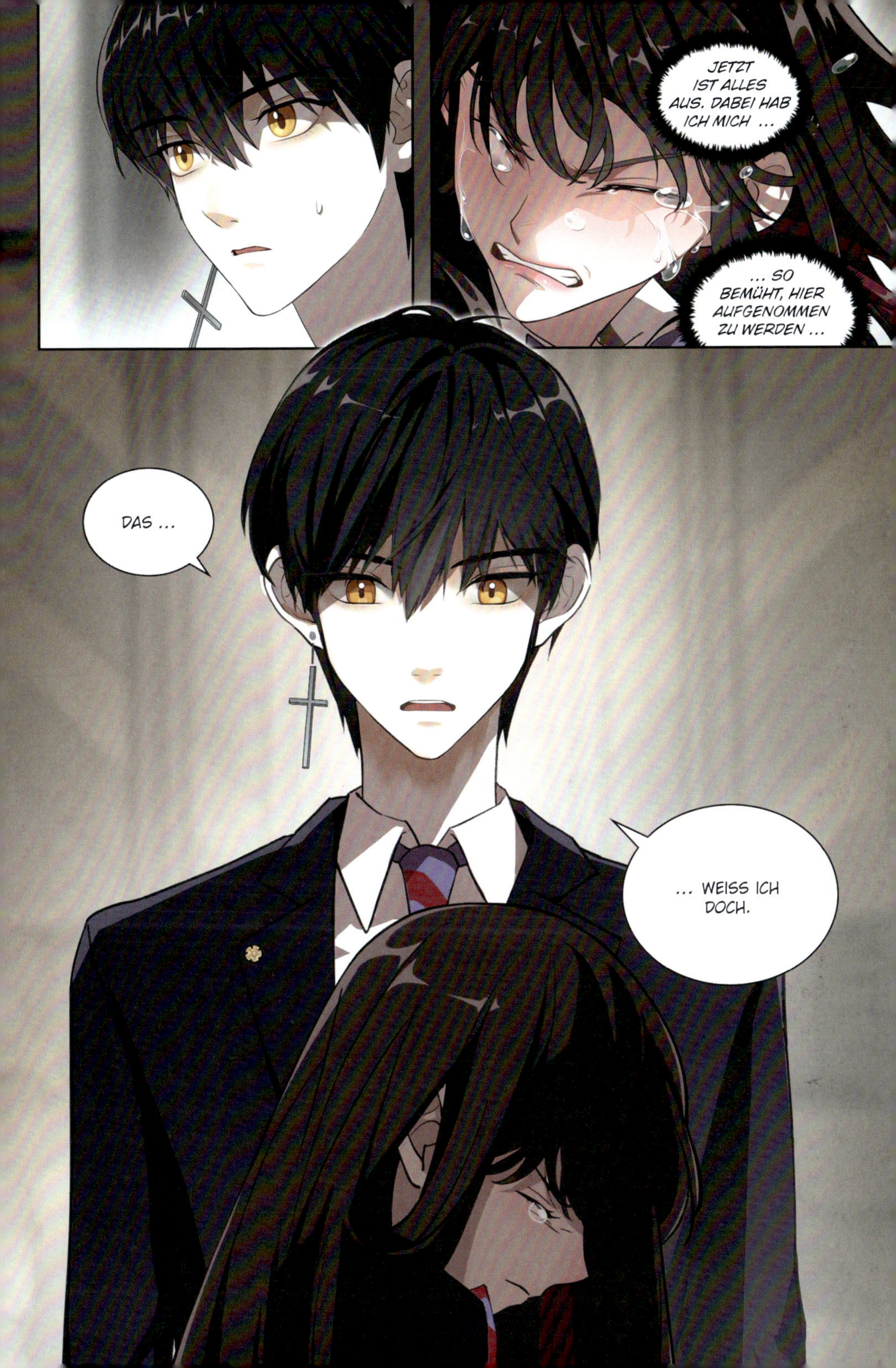
JETZT IST ALLES AUS. DABEI HAB ICH MICH ...
... SO BEMÜHT, HIER AUFGENOMMEN ZU WERDEN ...
DAS ...
... WEISS ICH DOCH.

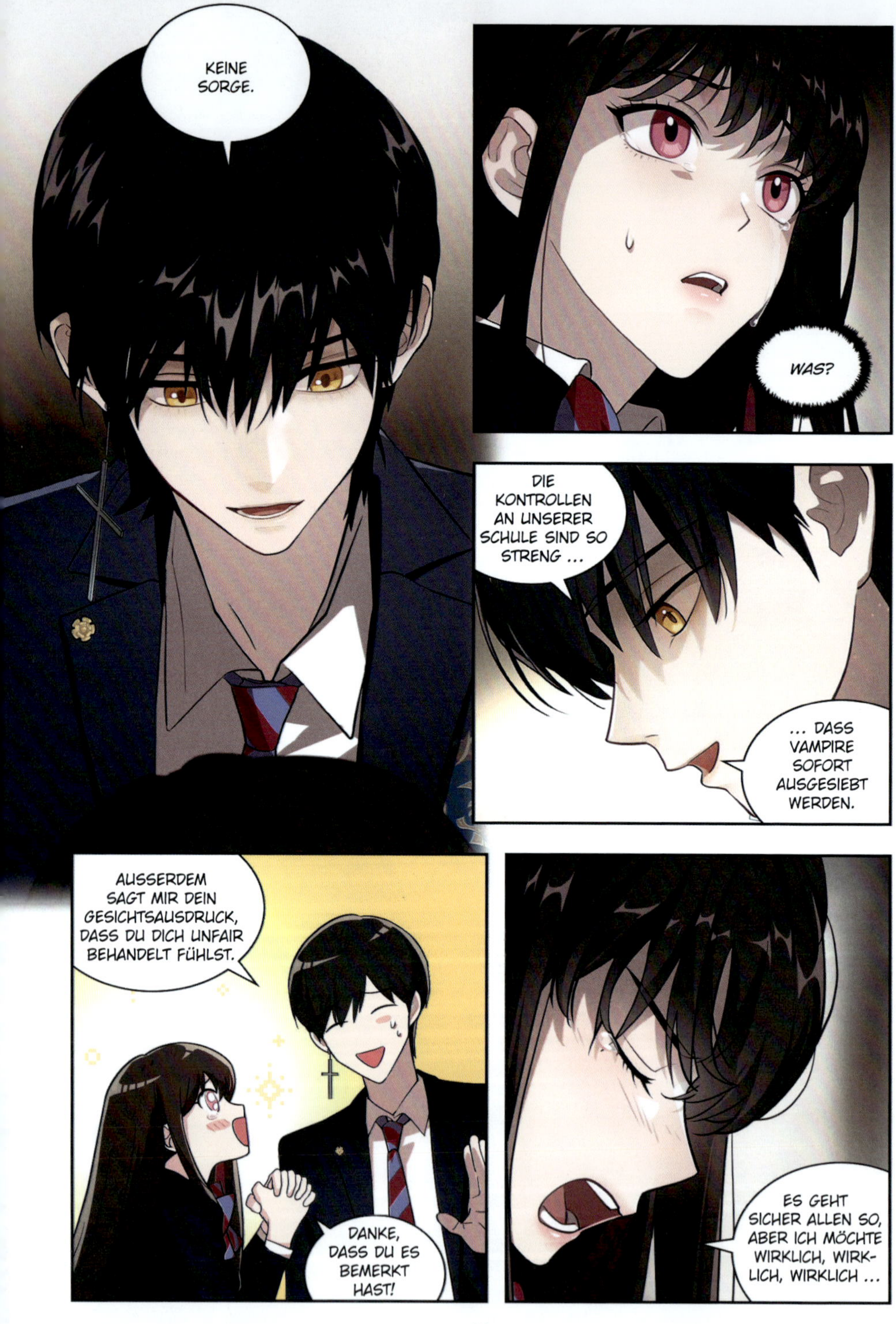
KEINE SORGE.
WAS?
DIE KONTROLLEN AN UNSERER SCHULE SIND SO STRENG …
… DASS VAMPIRE SOFORT AUSGESIEBT WERDEN.
AUSSERDEM SAGT MIR DEIN GESICHTSAUSDRUCK, DASS DU DICH UNFAIR BEHANDELT FÜHLST.
DANKE, DASS DU ES BEMERKT HAST!
ES GEHT SICHER ALLEN SO, ABER ICH MÖCHTE WIRKLICH, WIRK-LICH, WIRKLICH …

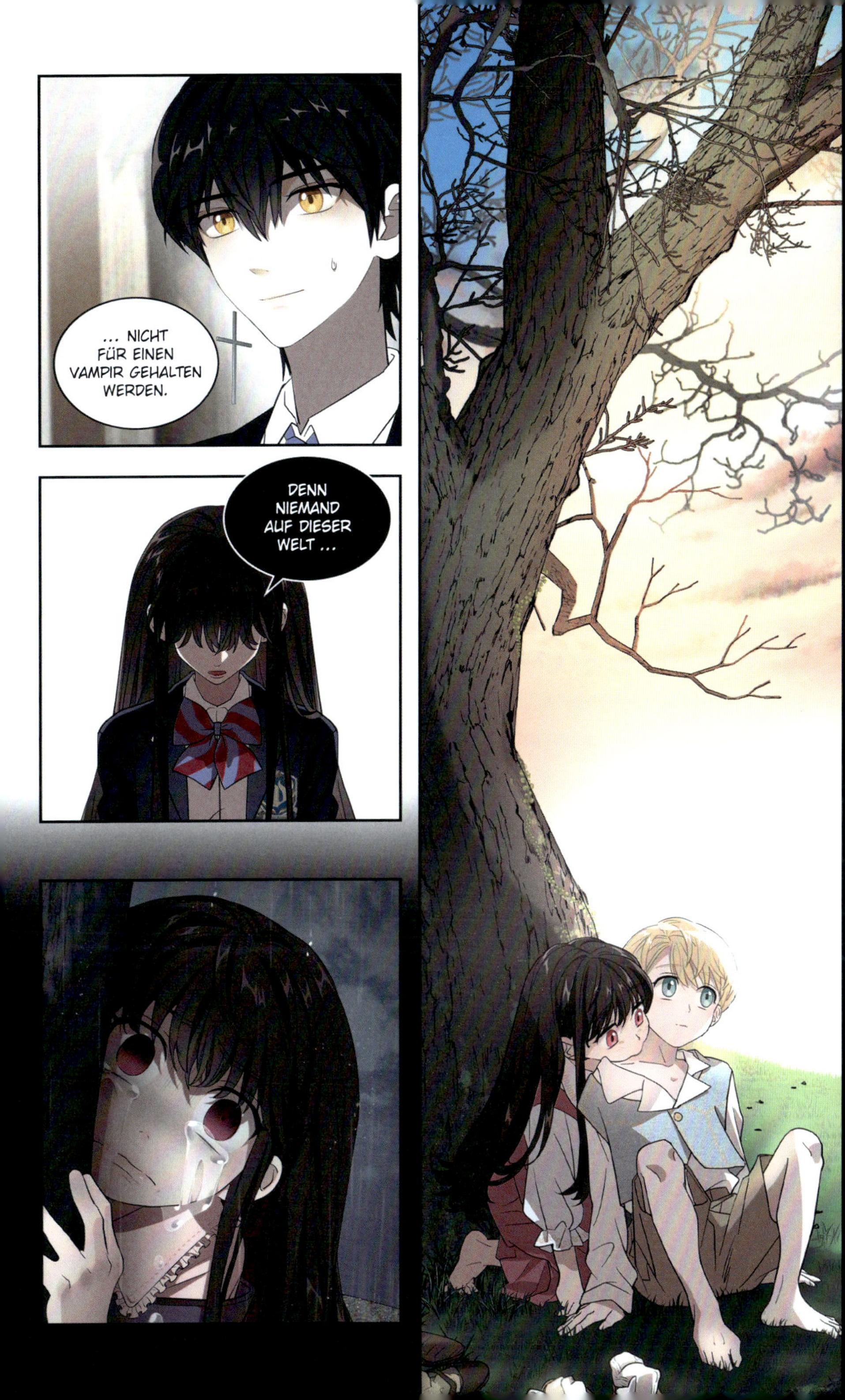
... NICHT FÜR EINEN VAMPIR GEHALTEN WERDEN.
DENN NIEMAND AUF DIESER WELT ...

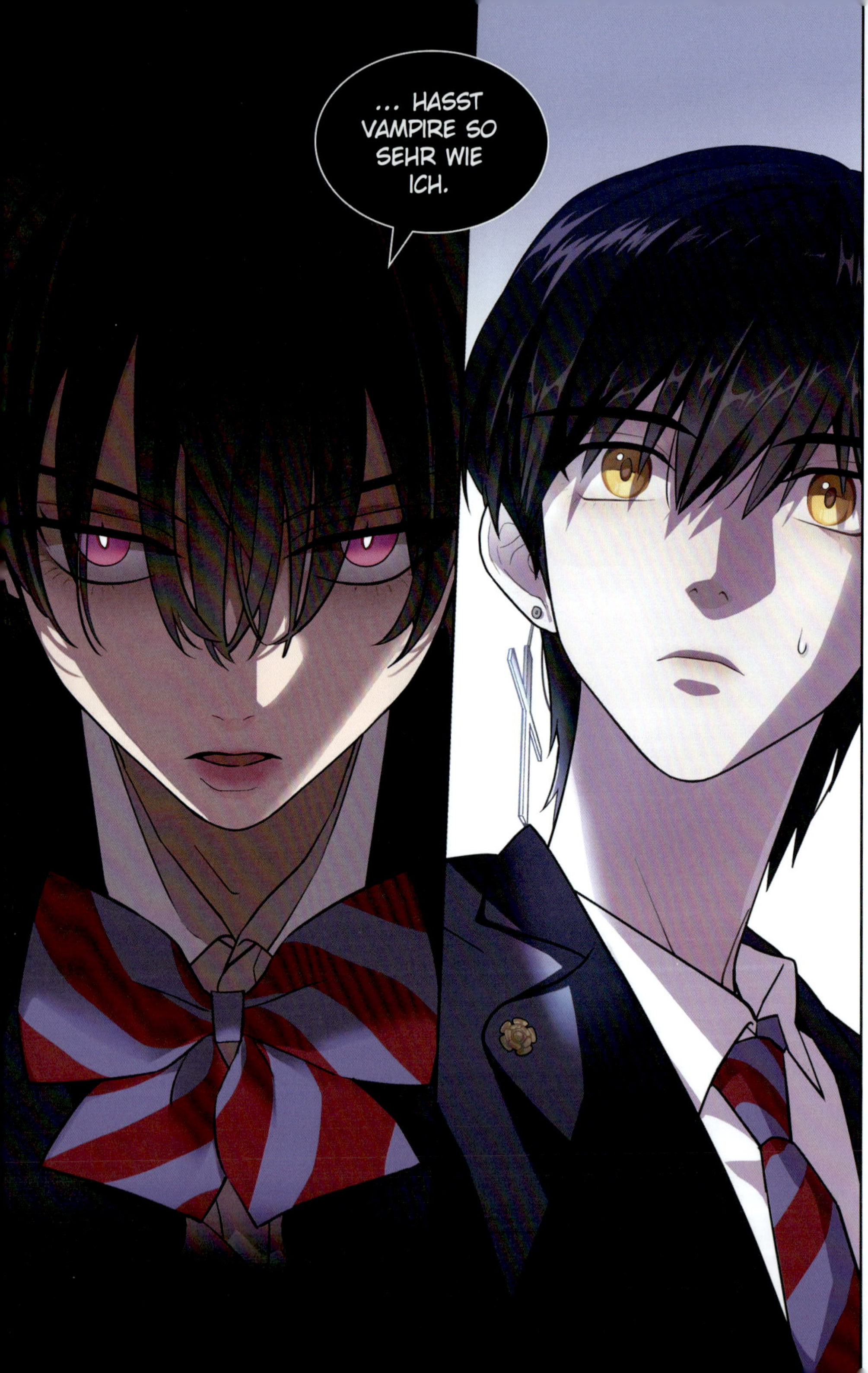
... HASST VAMPIRE SO SEHR WIE ICH.

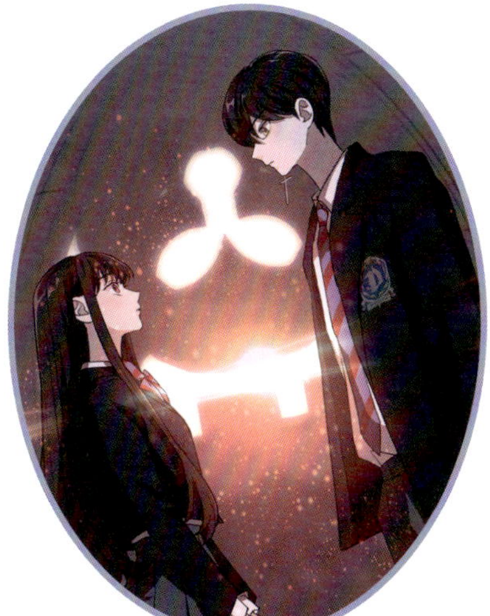

KAPITEL 2

HI, HELI!

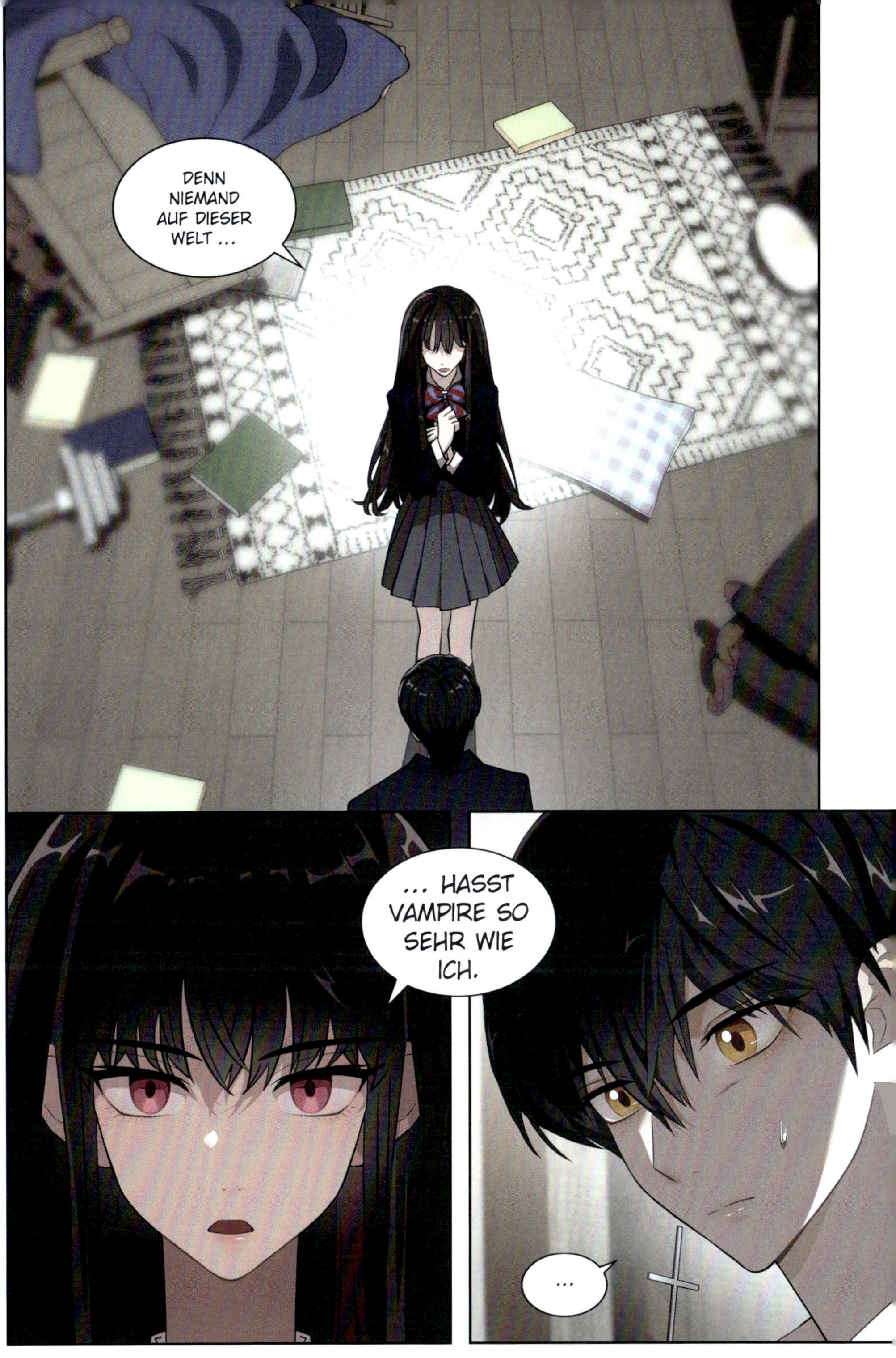
DENN NIEMAND AUF DIESER WELT …
… HASST VAMPIRE SO SEHR WIE ICH.
…

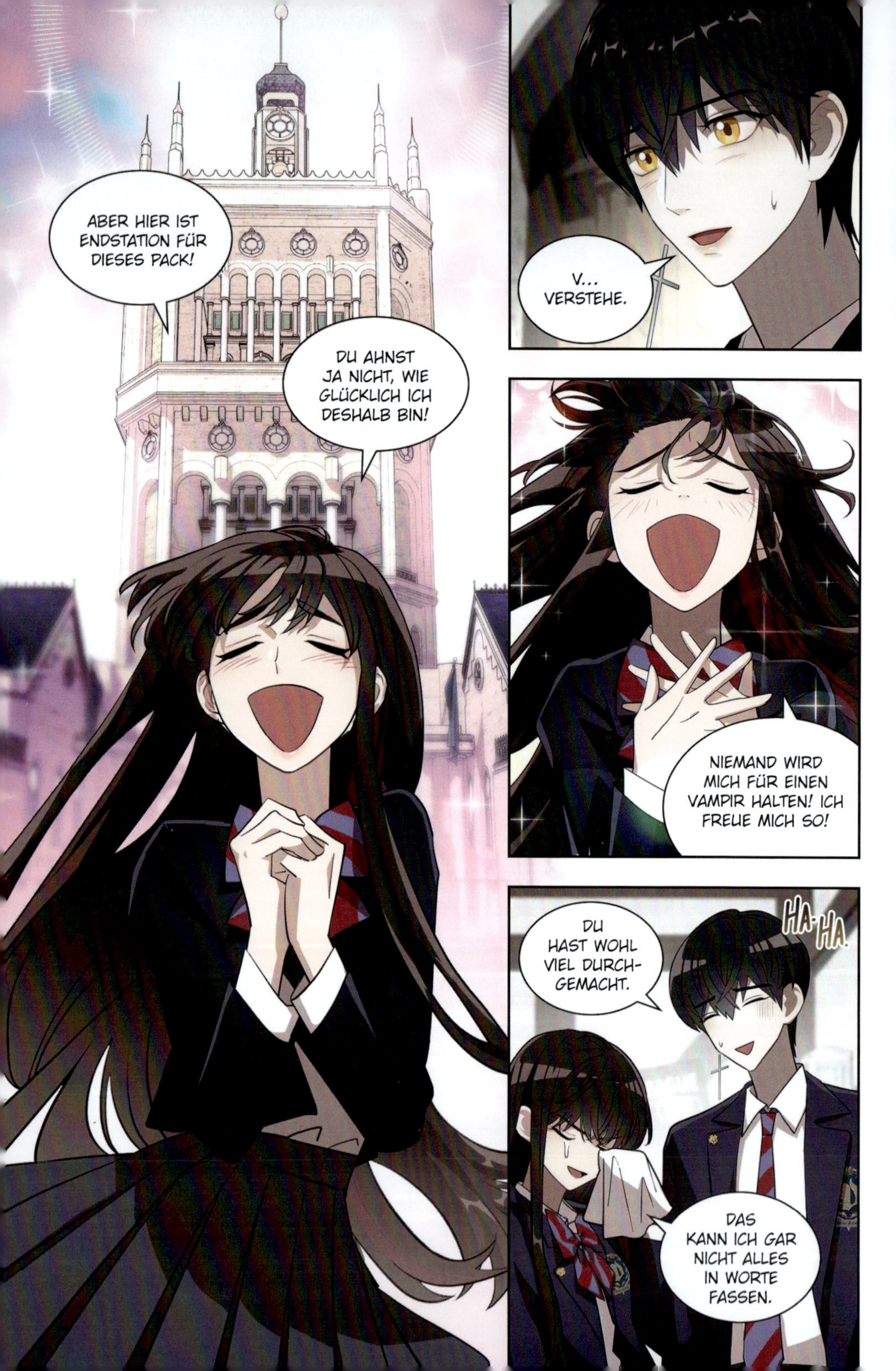
ABER HIER IST ENDSTATION FÜR DIESES PACK!
DU AHNST JA NICHT, WIE GLÜCKLICH ICH DESHALB BIN!
V... VERSTEHE.
NIEMAND WIRD MICH FÜR EINEN VAMPIR HALTEN! ICH FREUE MICH SO!
HA-HA.
DU HAST WOHL VIEL DURCH-GEMACHT.
DAS KANN ICH GAR NICHT ALLES IN WORTE FASSEN.

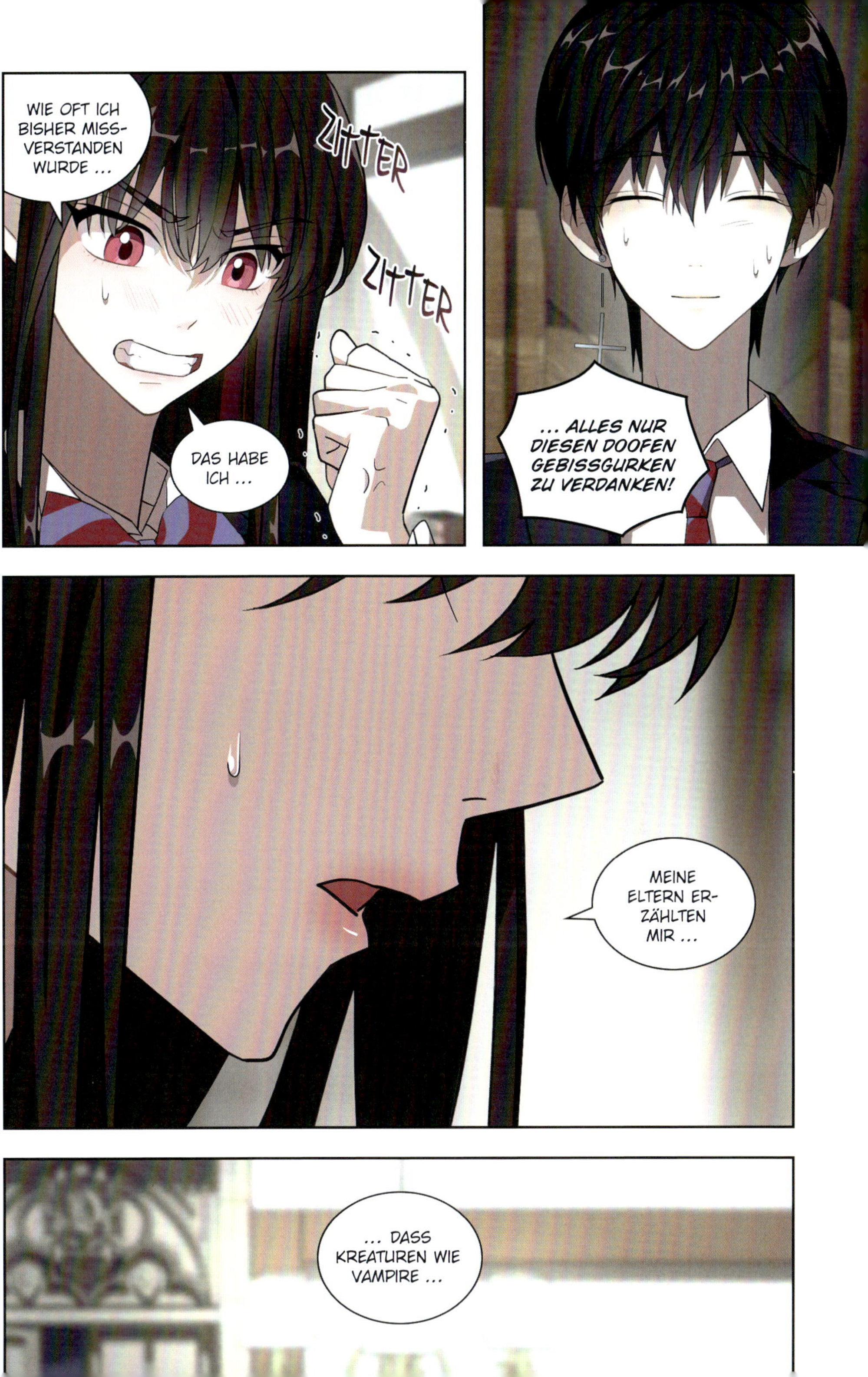
WIE OFT ICH BISHER MISS-VERSTANDEN WURDE …
ZITTER
ZITTER
DAS HABE ICH …
… ALLES NUR DIESEN DOOFEN GEBISSGURKEN ZU VERDANKEN!
MEINE ELTERN ER-ZÄHLTEN MIR …
… DASS KREATUREN WIE VAMPIRE …

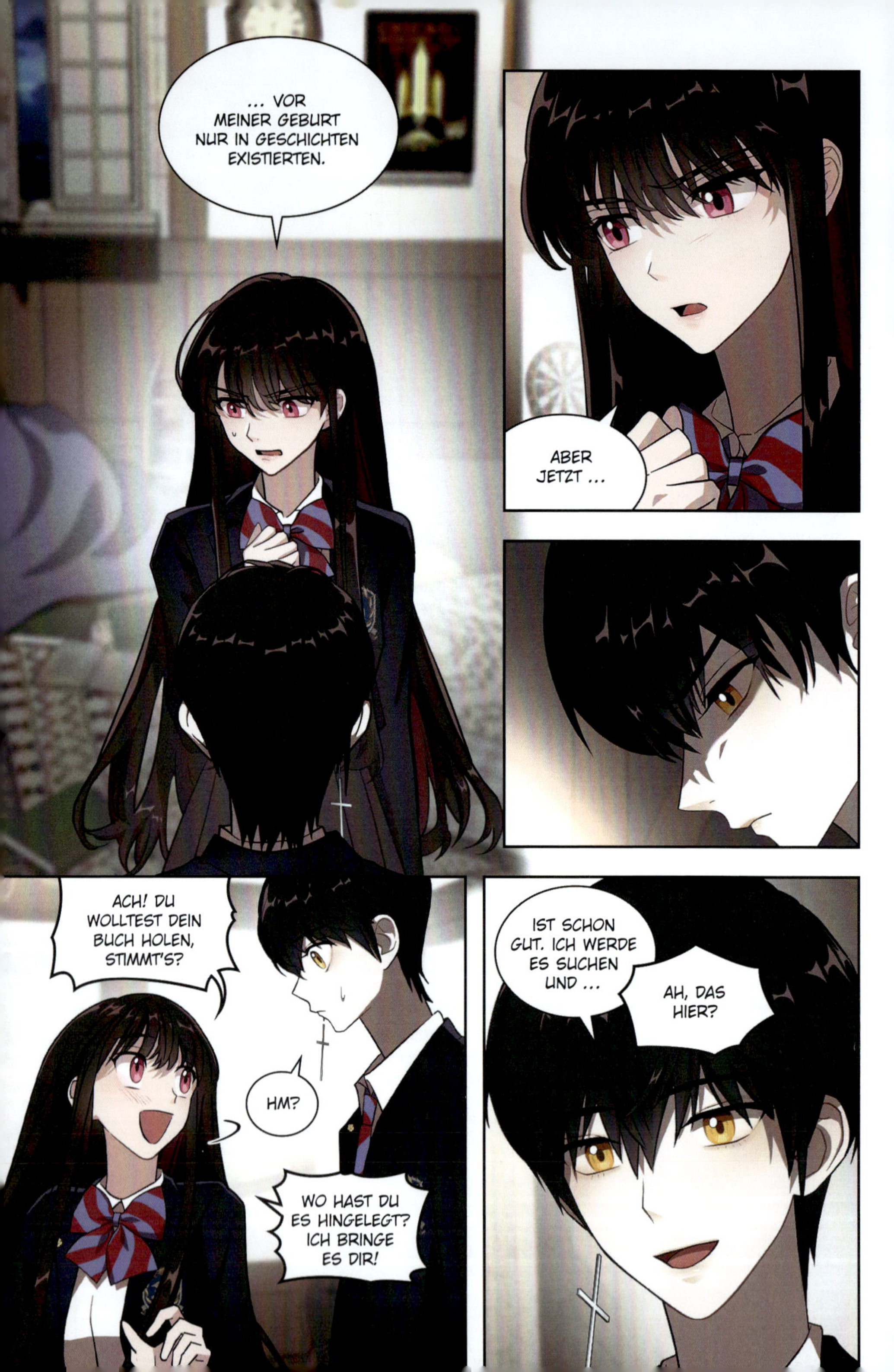
... VOR MEINER GEBURT NUR IN GESCHICHTEN EXISTIERTEN.
ABER JETZT ...
ACH! DU WOLLTEST DEIN BUCH HOLEN, STIMMT'S?
HM?
WO HAST DU ES HINGELEGT? ICH BRINGE ES DIR!
IST SCHON GUT. ICH WERDE ES SUCHEN UND ...
AH, DAS HIER?

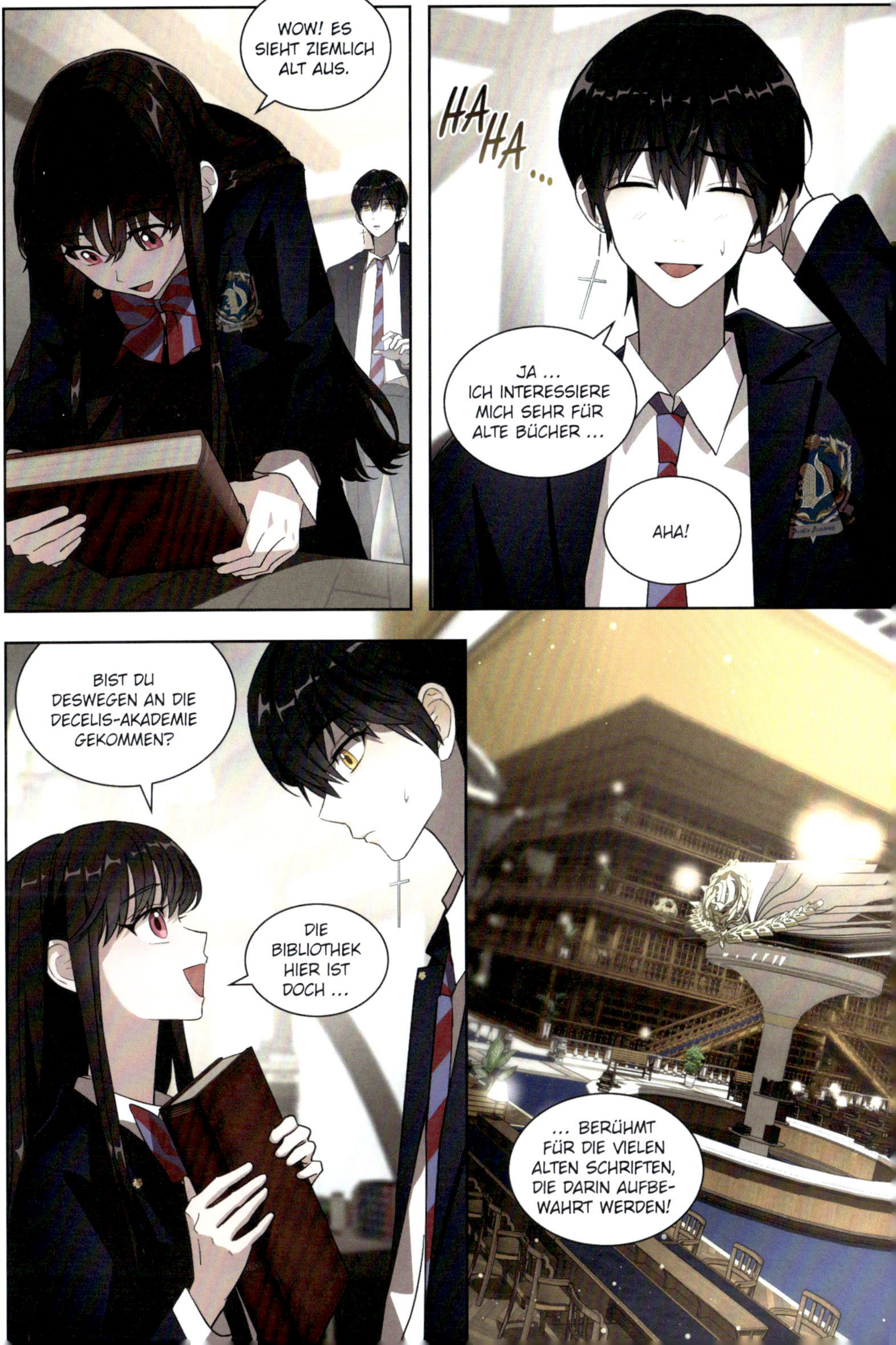
WOW! ES SIEHT ZIEMLICH ALT AUS.
HAHA ...
JA ... ICH INTERESSIERE MICH SEHR FÜR ALTE BÜCHER ...
AHA!
BIST DU DESWEGEN AN DIE DECELIS-AKADEMIE GEKOMMEN?
DIE BIBLIOTHEK HIER IST DOCH ...
... BERÜHMT FÜR DIE VIELEN ALTEN SCHRIFTEN, DIE DARIN AUFBE-WAHRT WERDEN!

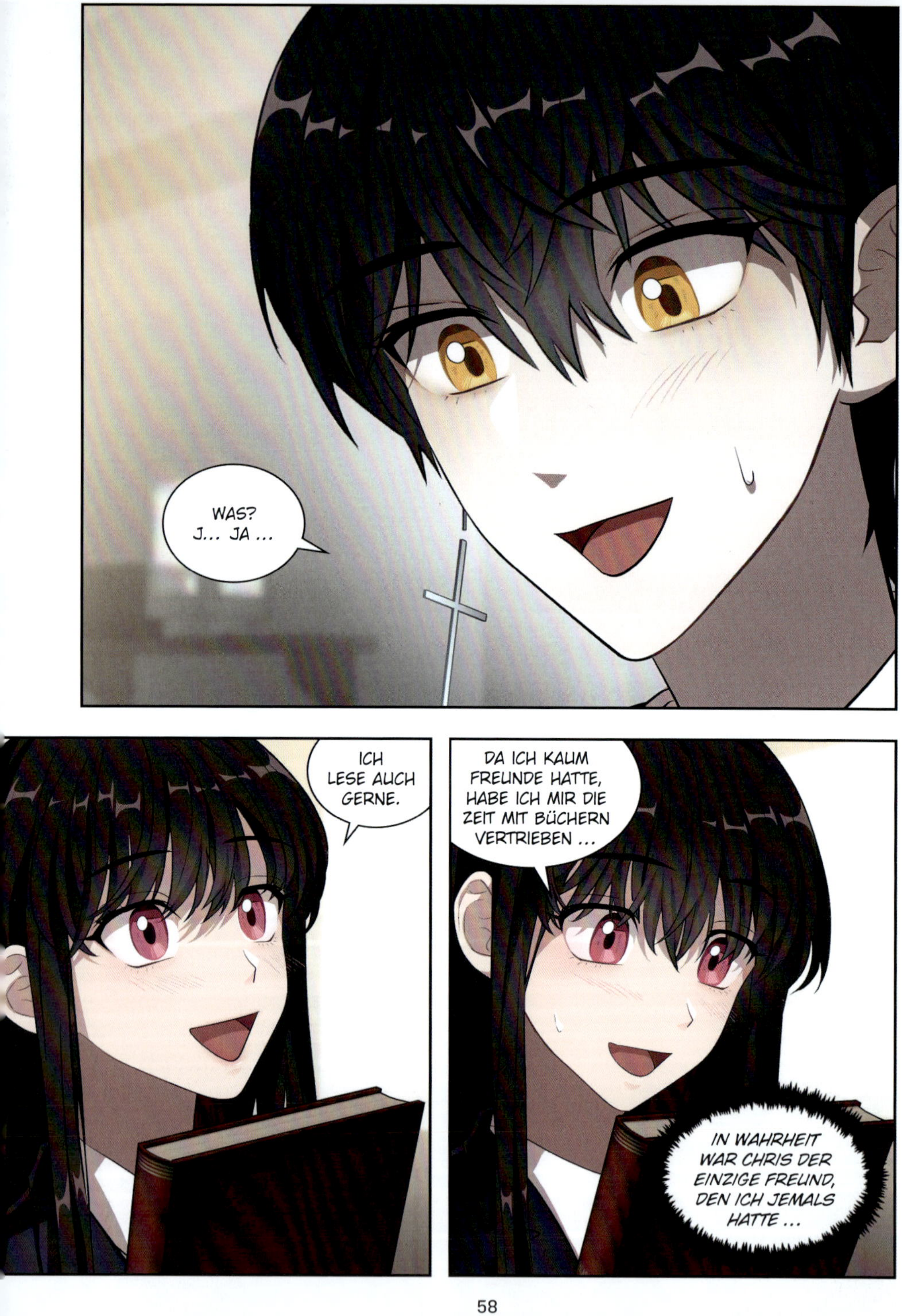
WAS?
J… JA …
ICH LESE AUCH GERNE.
DA ICH KAUM FREUNDE HATTE, HABE ICH MIR DIE ZEIT MIT BÜCHERN VERTRIEBEN …
IN WAHRHEIT WAR CHRIS DER EINZIGE FREUND, DEN ICH JEMALS HATTE …

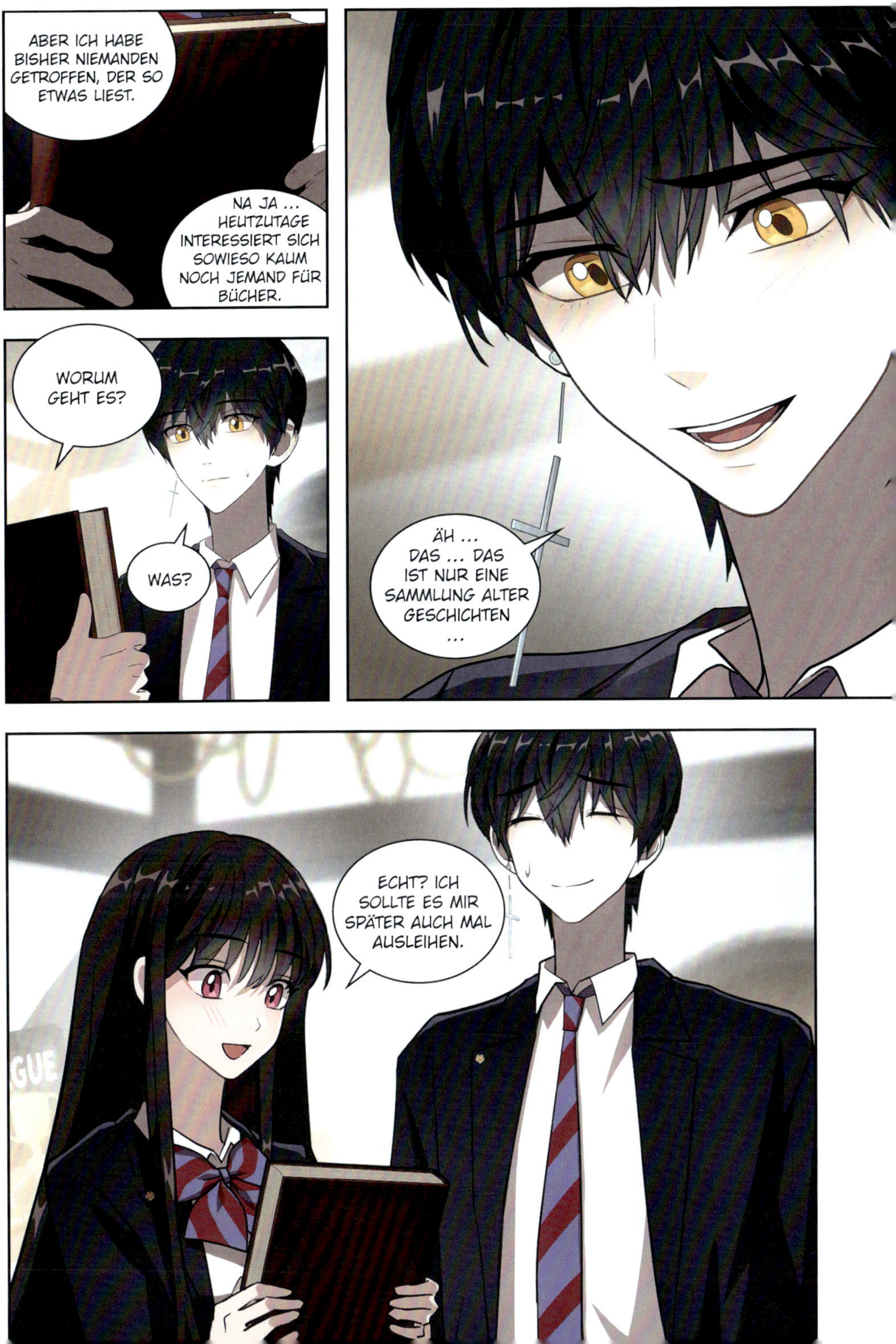

ABER ICH HABE BISHER NIEMANDEN GETROFFEN, DER SO ETWAS LIEST.
NA JA … HEUTZUTAGE INTERESSIERT SICH SOWIESO KAUM NOCH JEMAND FÜR BÜCHER.
WORUM GEHT ES?
WAS?
ÄH … DAS … DAS IST NUR EINE SAMMLUNG ALTER GESCHICHTEN …
ECHT? ICH SOLLTE ES MIR SPÄTER AUCH MAL AUSLEIHEN.

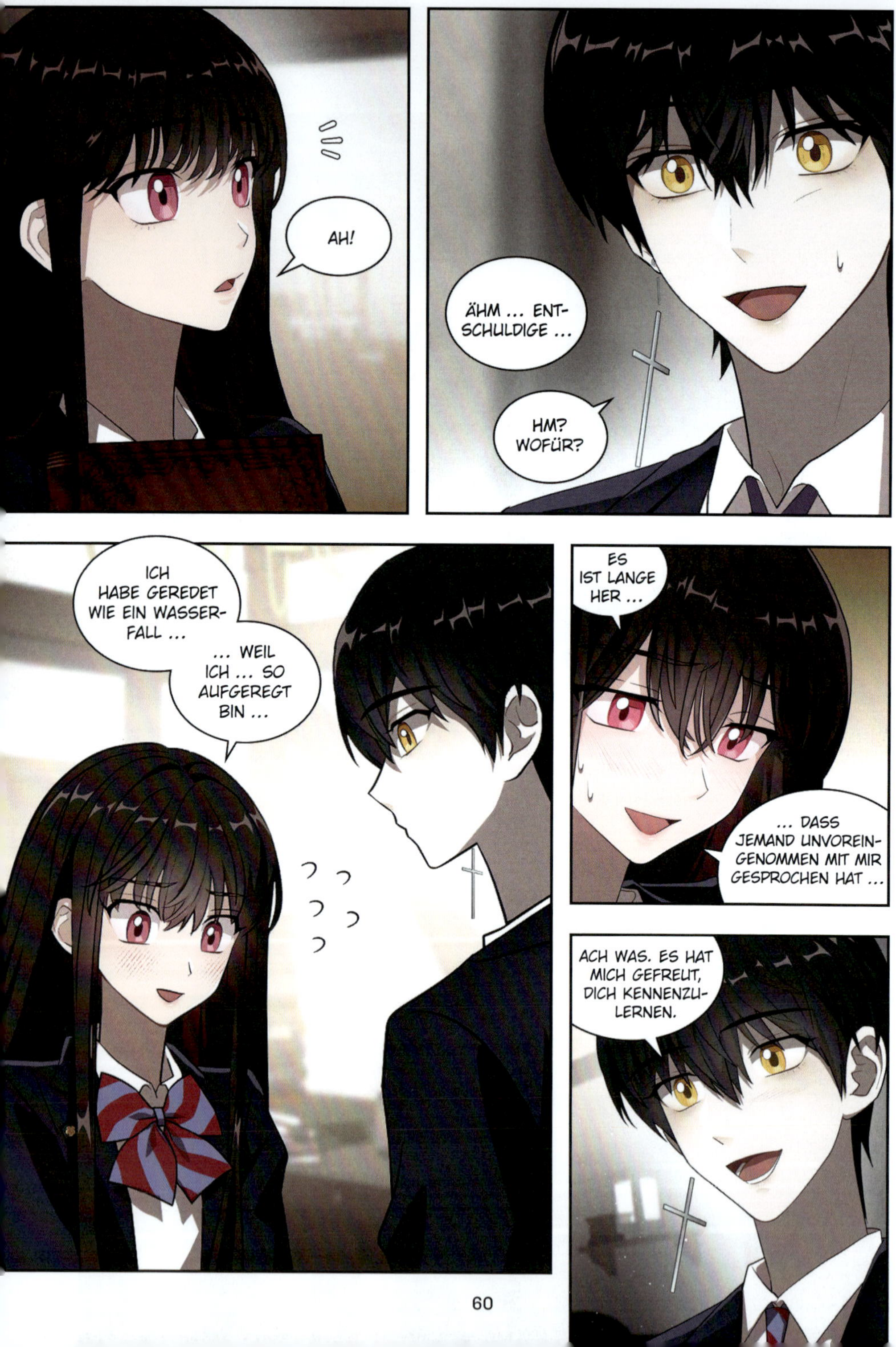
AH!
ÄHM ... ENT-SCHULDIGE ...
HM? WOFÜR?
ICH HABE GEREDET WIE EIN WASSER-FALL ...
... WEIL ICH ... SO AUFGEREGT BIN ...
ES IST LANGE HER ...
... DASS JEMAND UNVOREIN-GENOMMEN MIT MIR GESPROCHEN HAT ...
ACH WAS. ES HAT MICH GEFREUT, DICH KENNENZU-LERNEN.

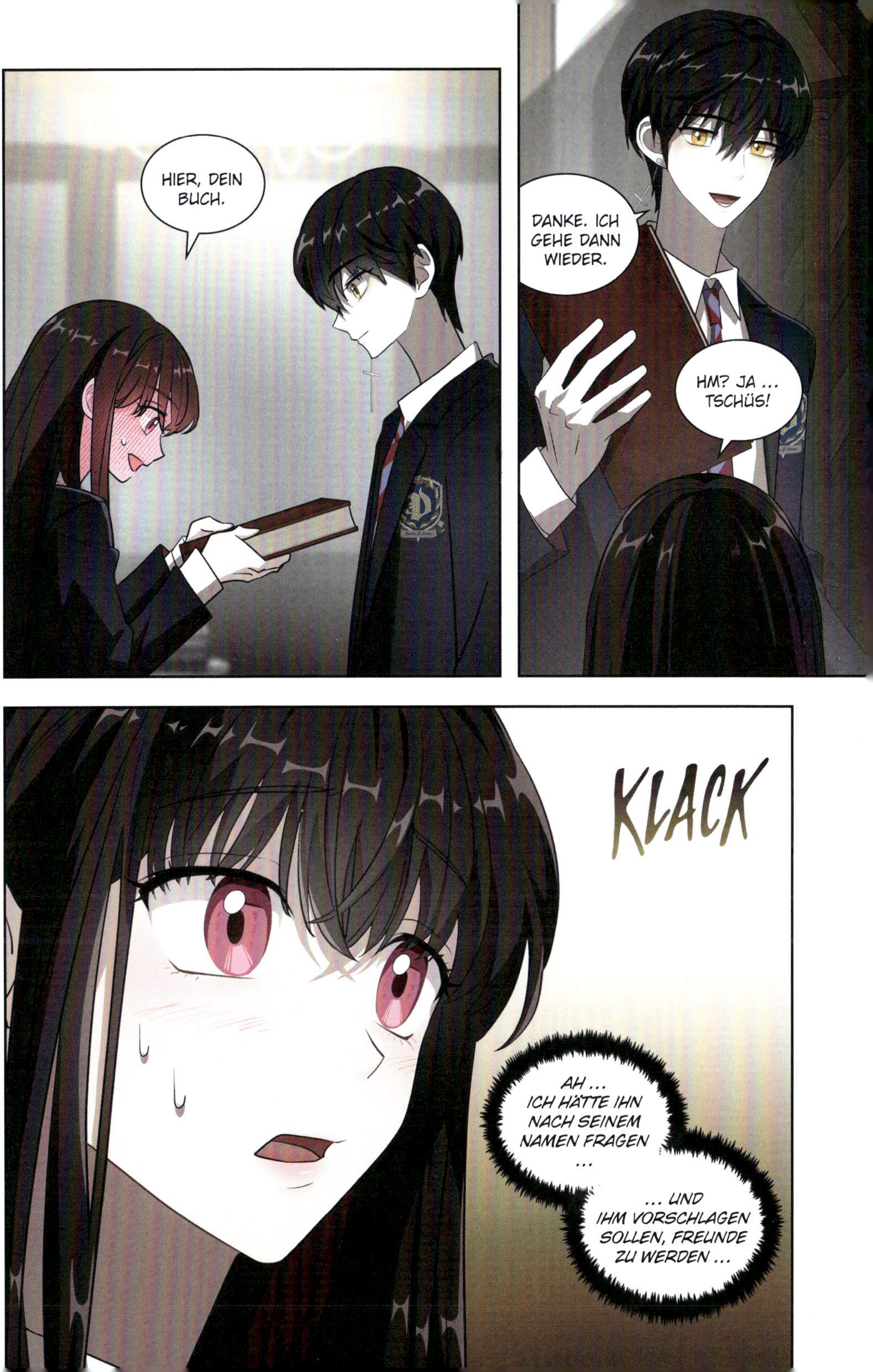
HIER, DEIN BUCH.
DANKE. ICH GEHE DANN WIEDER.
HM? JA … TSCHÜS!
KLACK
AH … ICH HÄTTE IHN NACH SEINEM NAMEN FRAGEN …
… UND IHM VORSCHLAGEN SOLLEN, FREUNDE ZU WERDEN …

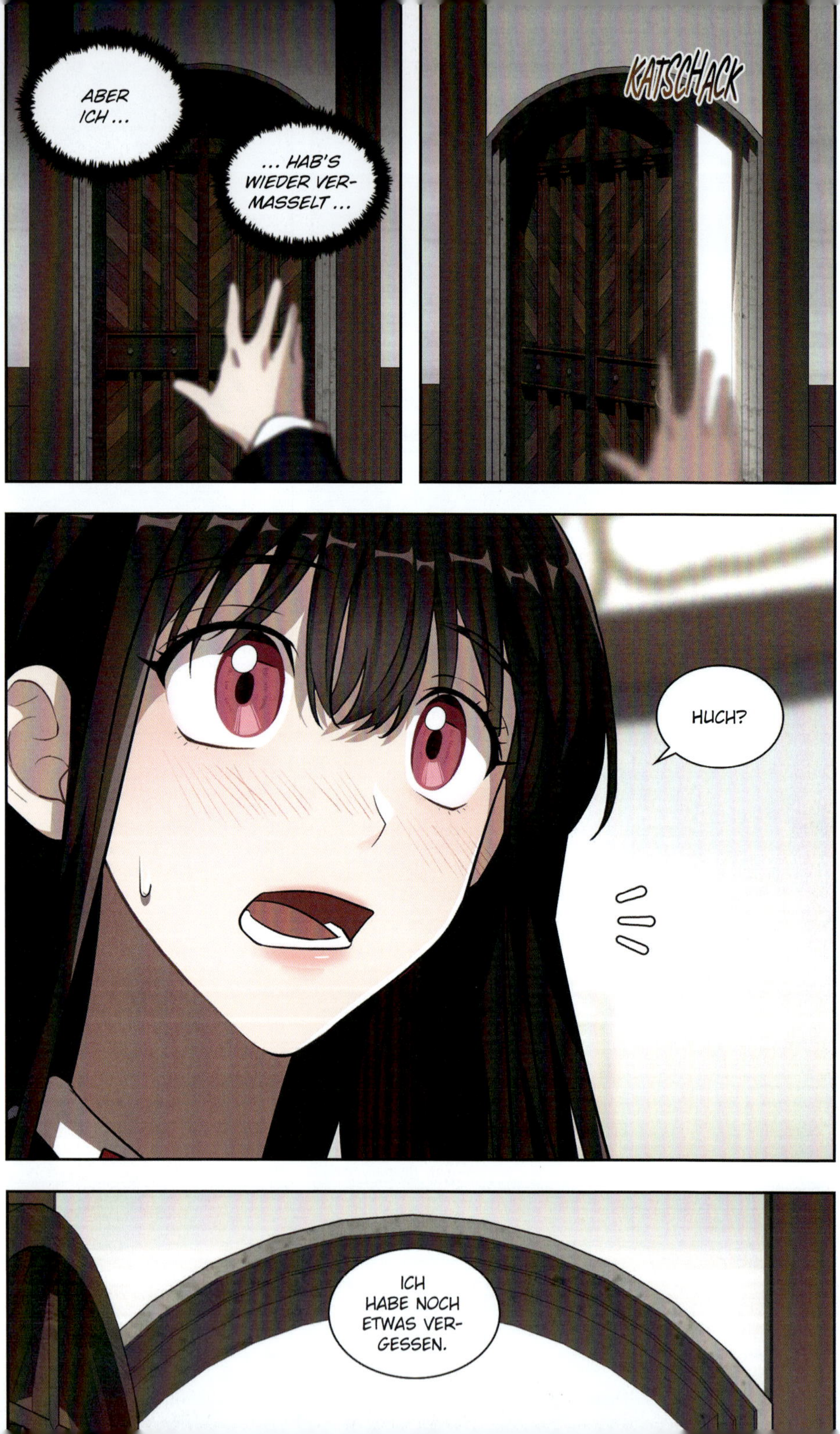
ABER ICH ...
... HAB'S WIEDER VER-MASSELT ...
KATSCHACK
HUCH?
ICH HABE NOCH ETWAS VER-GESSEN.

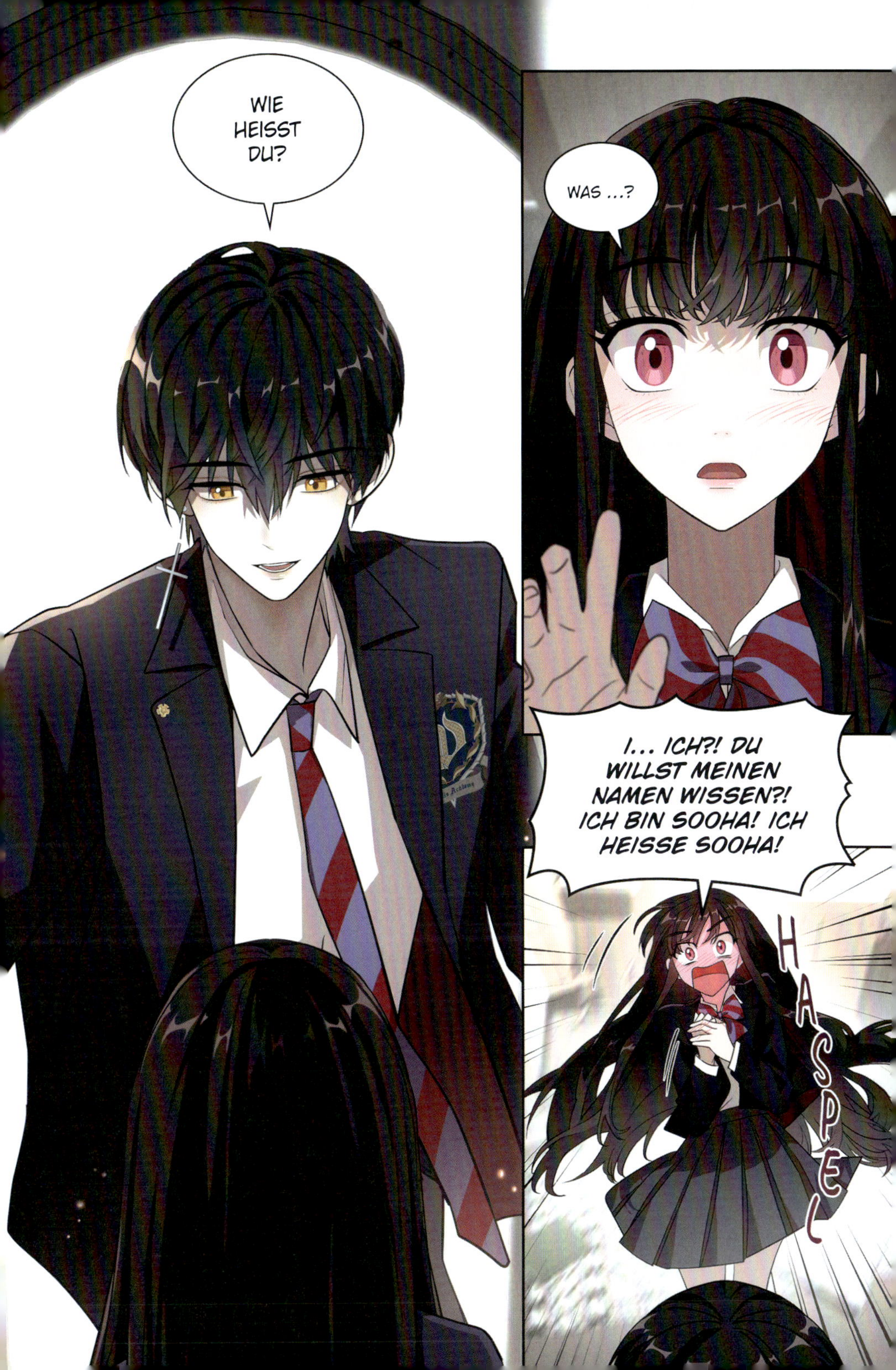
WIE HEISST DU?
WAS ...?
I... ICH?! DU WILLST MEINEN NAMEN WISSEN?! ICH BIN SOOHA! ICH HEISSE SOOHA!
HASPEL

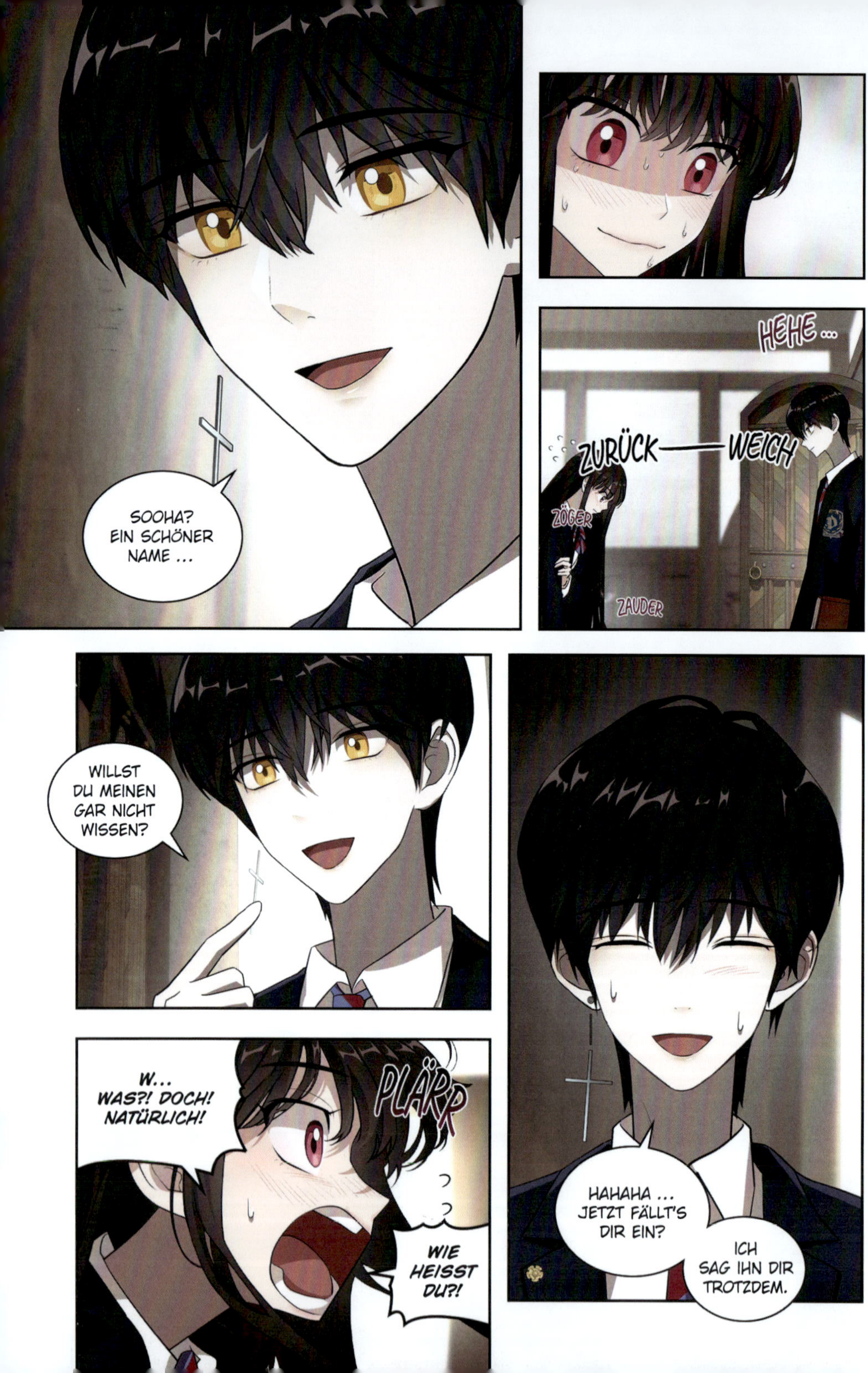
SOOHA? EIN SCHÖNER NAME …
HEHE …
ZURÜCK—WEICH
ZÖGER
ZAUDER
WILLST DU MEINEN GAR NICHT WISSEN?
W… WAS?! DOCH! NATÜRLICH!
PLÄRR
WIE HEISST DU?!
HAHAHA … JETZT FÄLLT'S DIR EIN?
ICH SAG IHN DIR TROTZDEM.

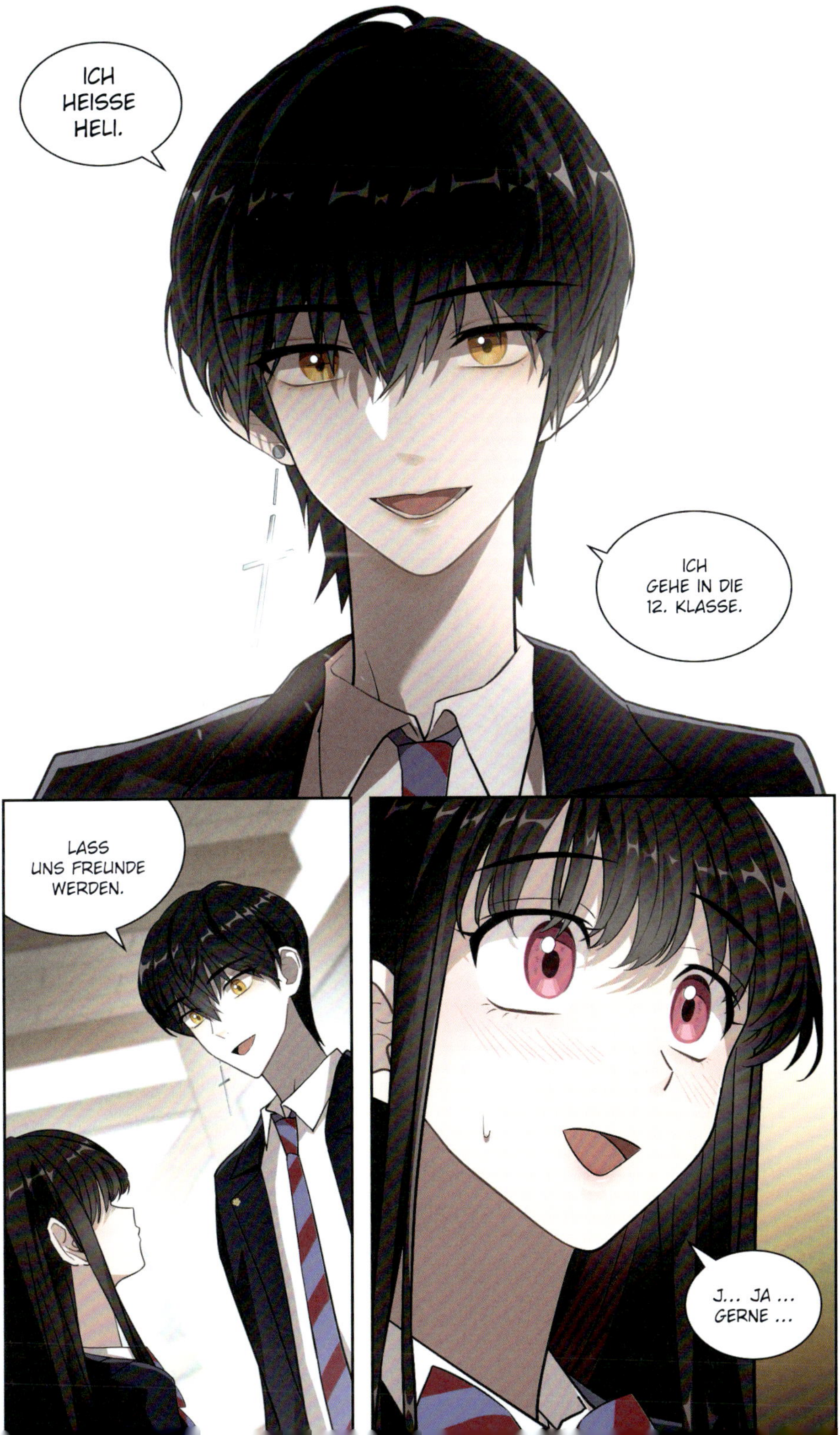
ICH HEISSE HELI.
ICH GEHE IN DIE 12. KLASSE.
LASS UNS FREUNDE WERDEN.
J… JA … GERNE …

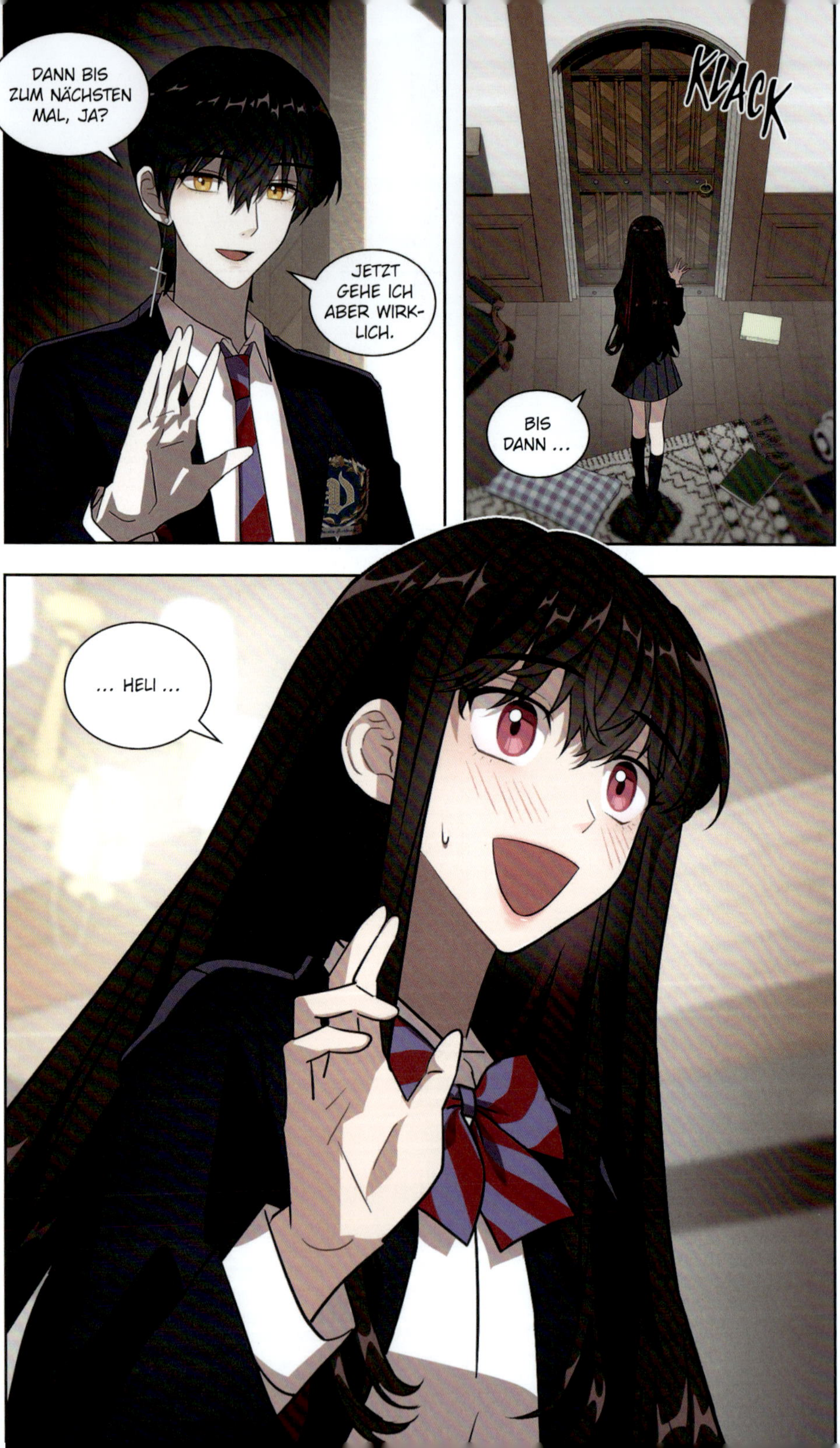
DANN BIS ZUM NÄCHSTEN MAL, JA?
JETZT GEHE ICH ABER WIRK-LICH.
KLACK
BIS DANN …
… HELI …

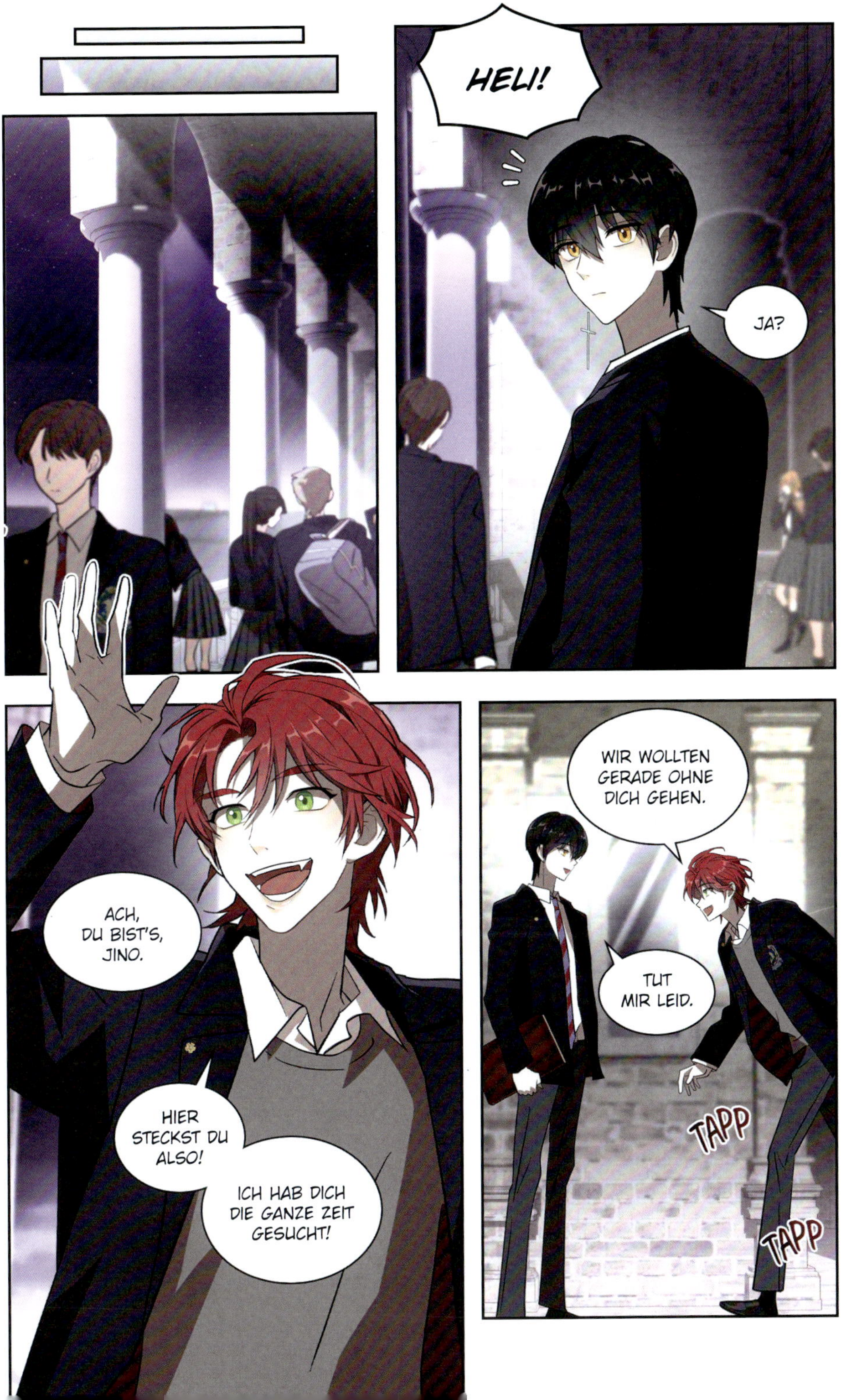
HELI!
JA?
ACH, DU BIST'S, JINO.
HIER STECKST DU ALSO!
ICH HAB DICH DIE GANZE ZEIT GESUCHT!
WIR WOLLTEN GERADE OHNE DICH GEHEN.
TUT MIR LEID.
TAPP
TAPP

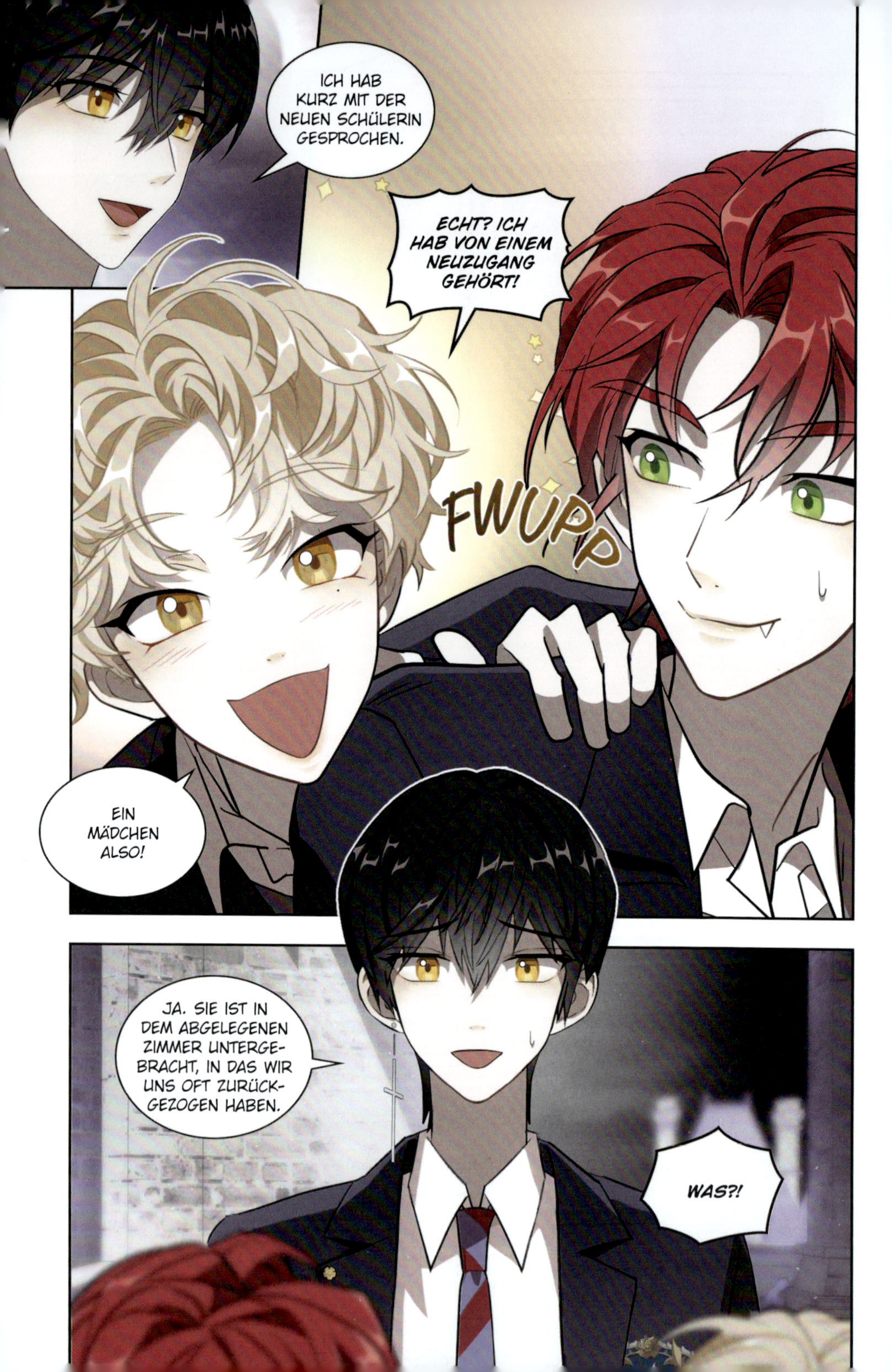
ICH HAB KURZ MIT DER NEUEN SCHÜLERIN GESPROCHEN.
ECHT? ICH HAB VON EINEM NEUZUGANG GEHÖRT!
FWUPP
EIN MÄDCHEN ALSO!
JA. SIE IST IN DEM ABGELEGENEN ZIMMER UNTERGE-BRACHT, IN DAS WIR UNS OFT ZURÜCK-GEZOGEN HABEN.
WAS?!

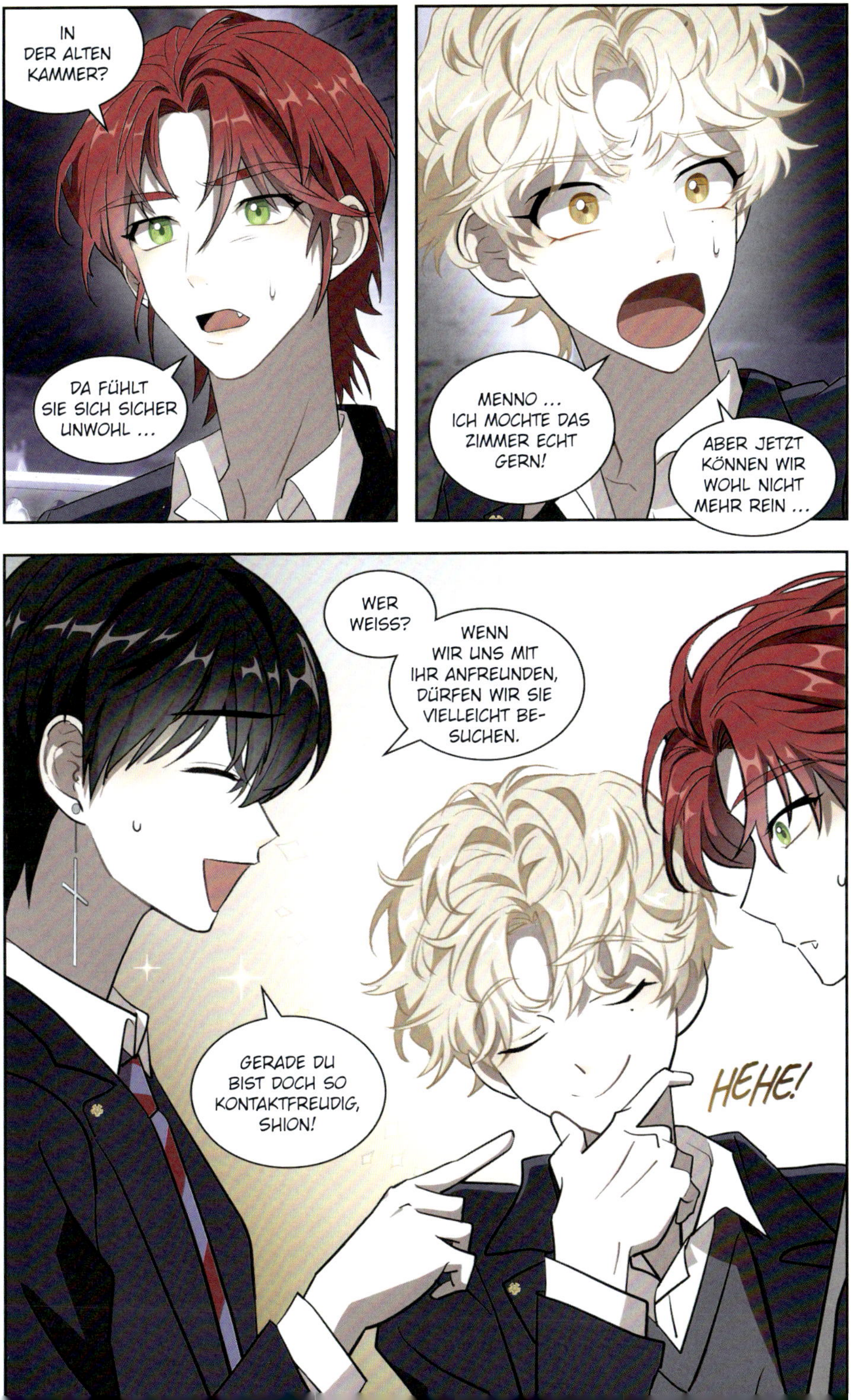
IN DER ALTEN KAMMER?
DA FÜHLT SIE SICH SICHER UNWOHL …
MENNO … ICH MOCHTE DAS ZIMMER ECHT GERN!
ABER JETZT KÖNNEN WIR WOHL NICHT MEHR REIN …
WER WEISS?
WENN WIR UNS MIT IHR ANFREUNDEN, DÜRFEN WIR SIE VIELLEICHT BE-SUCHEN.
GERADE DU BIST DOCH SO KONTAKTFREUDIG, SHION!
HEHE!

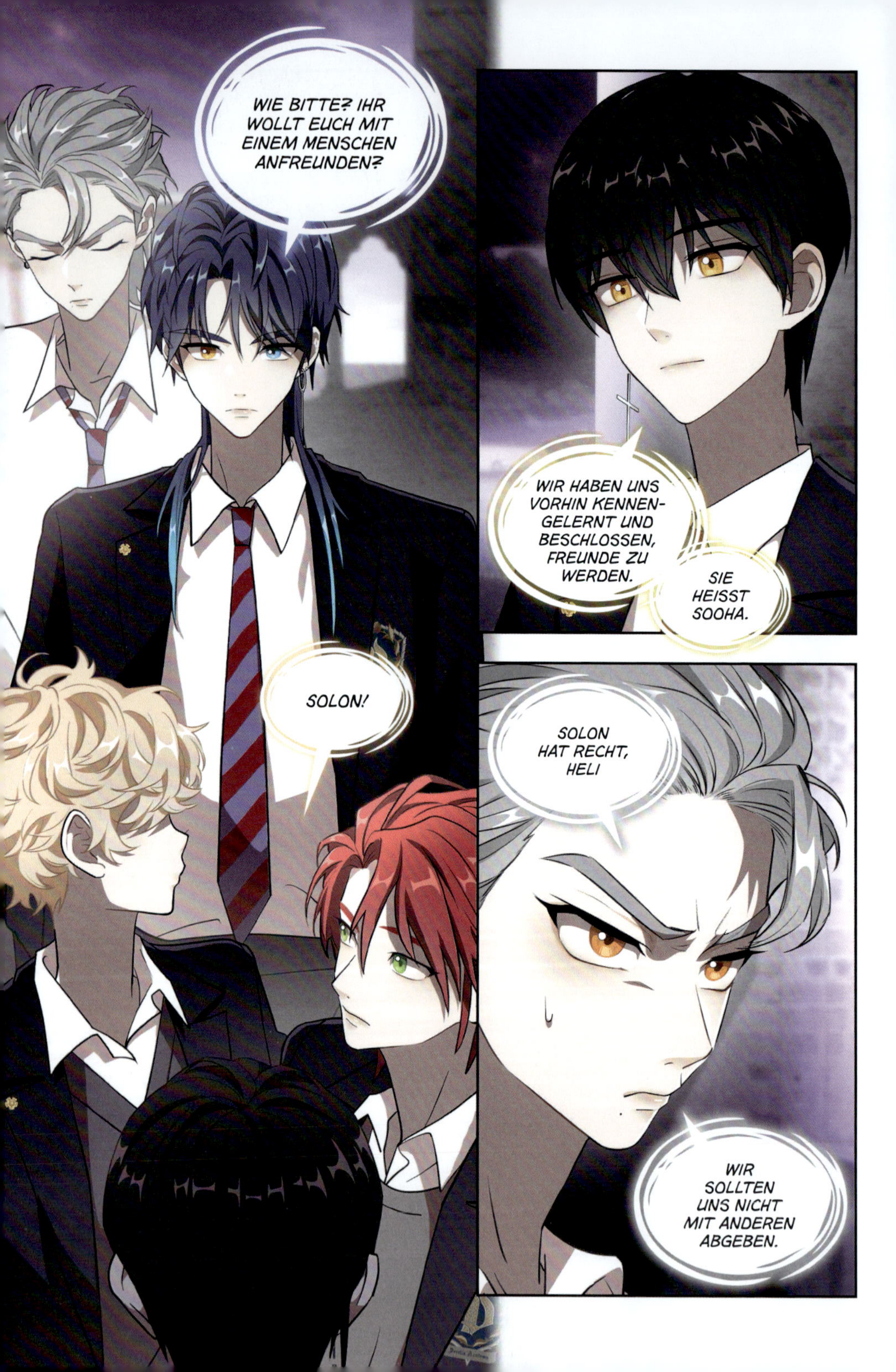
WIE BITTE? IHR WOLLT EUCH MIT EINEM MENSCHEN ANFREUNDEN?
WIR HABEN UNS VORHIN KENNEN-GELERNT UND BESCHLOSSEN, FREUNDE ZU WERDEN.
SIE HEISST SOOHA.
SOLON!
SOLON HAT RECHT, HELI
WIR SOLLTEN UNS NICHT MIT ANDEREN ABGEBEN.

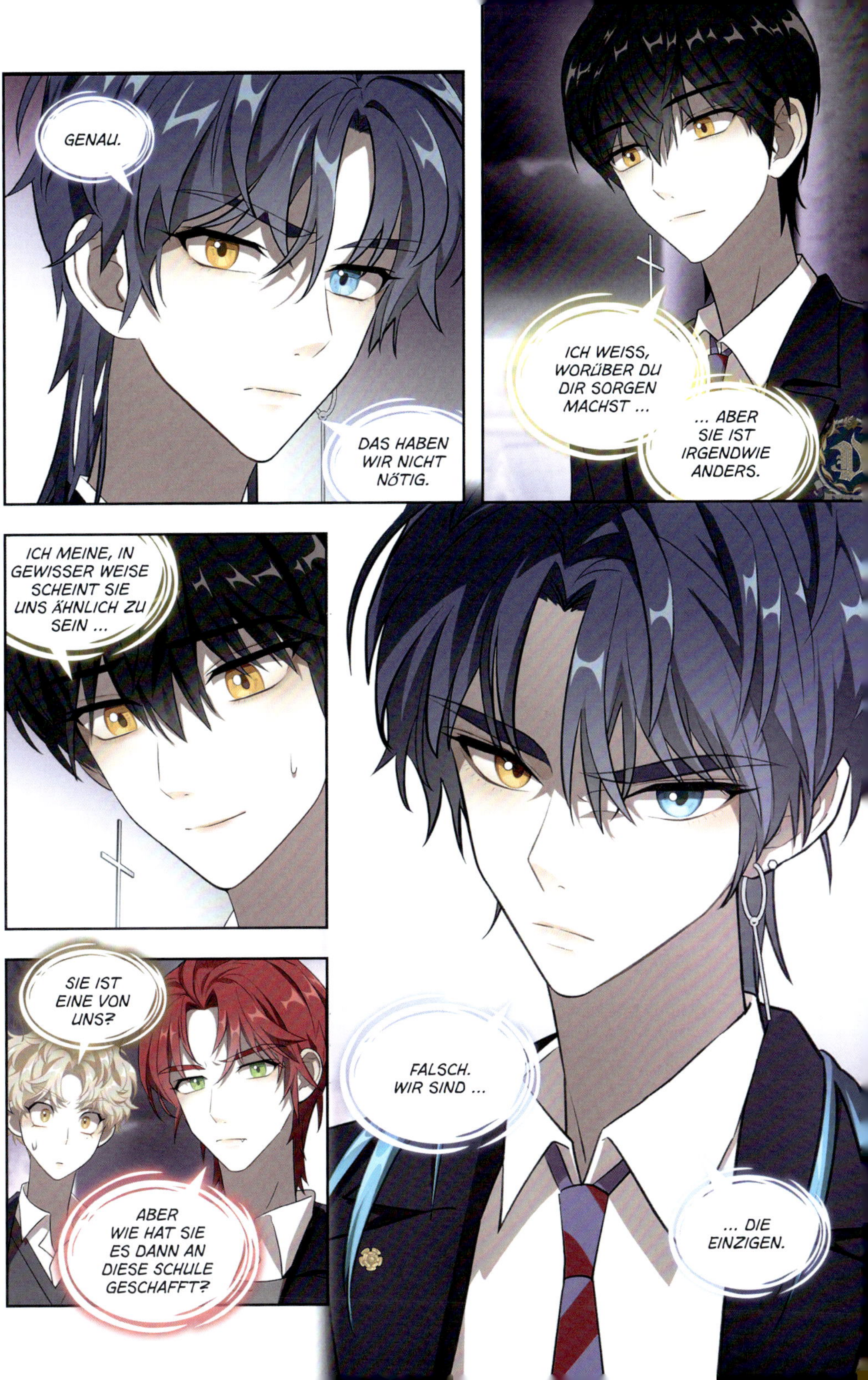
GENAU.
DAS HABEN WIR NICHT NÖTIG.
ICH WEISS, WORÜBER DU DIR SORGEN MACHST ...
... ABER SIE IST IRGENDWIE ANDERS.
ICH MEINE, IN GEWISSER WEISE SCHEINT SIE UNS ÄHNLICH ZU SEIN ...
FALSCH. WIR SIND ...
... DIE EINZIGEN.
SIE IST EINE VON UNS?
ABER WIE HAT SIE ES DANN AN DIESE SCHULE GESCHAFFT?

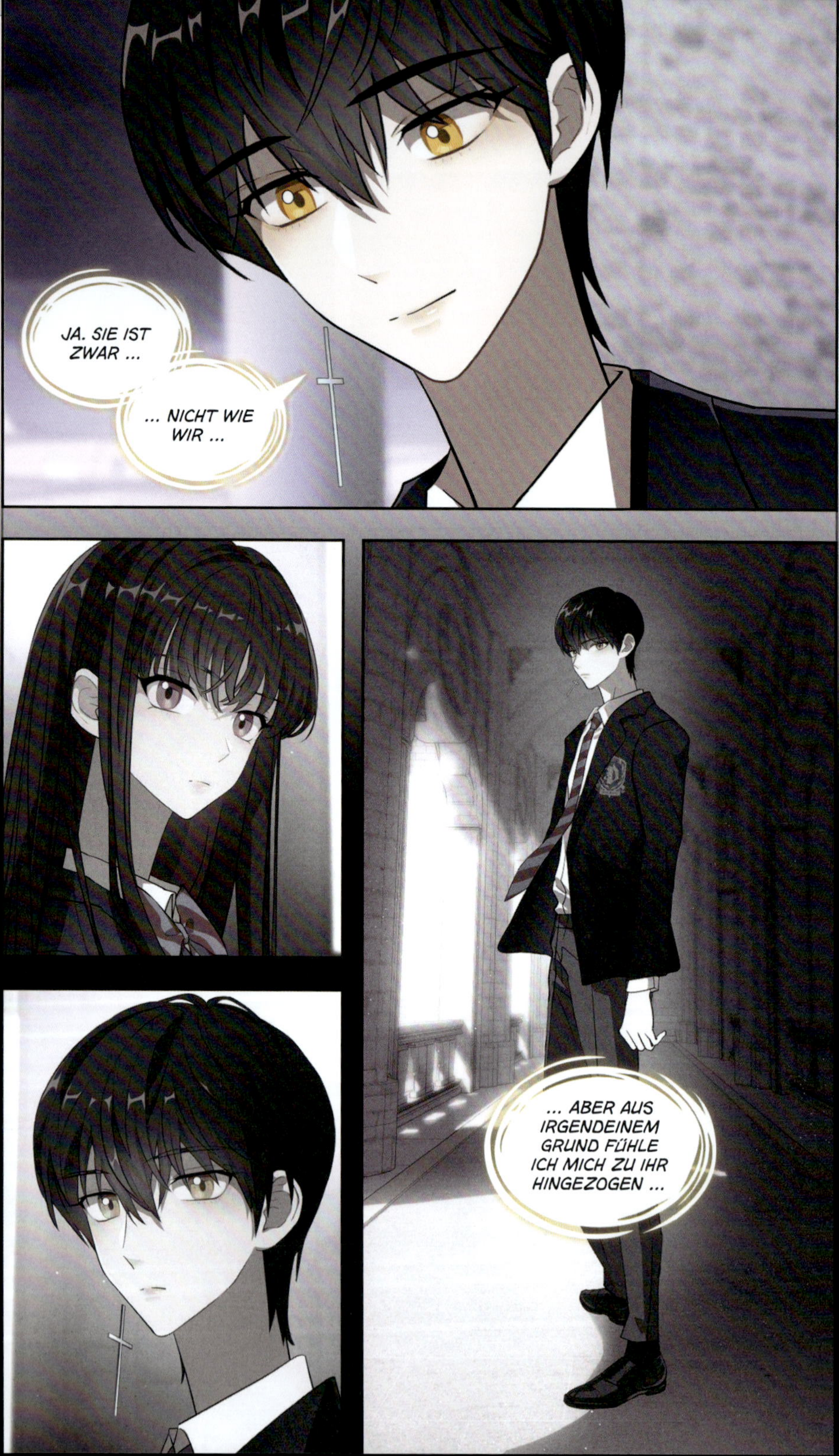
JA. SIE IST ZWAR ...
... NICHT WIE WIR ...
... ABER AUS IRGENDEINEM GRUND FÜHLE ICH MICH ZU IHR HINGEZOGEN ...

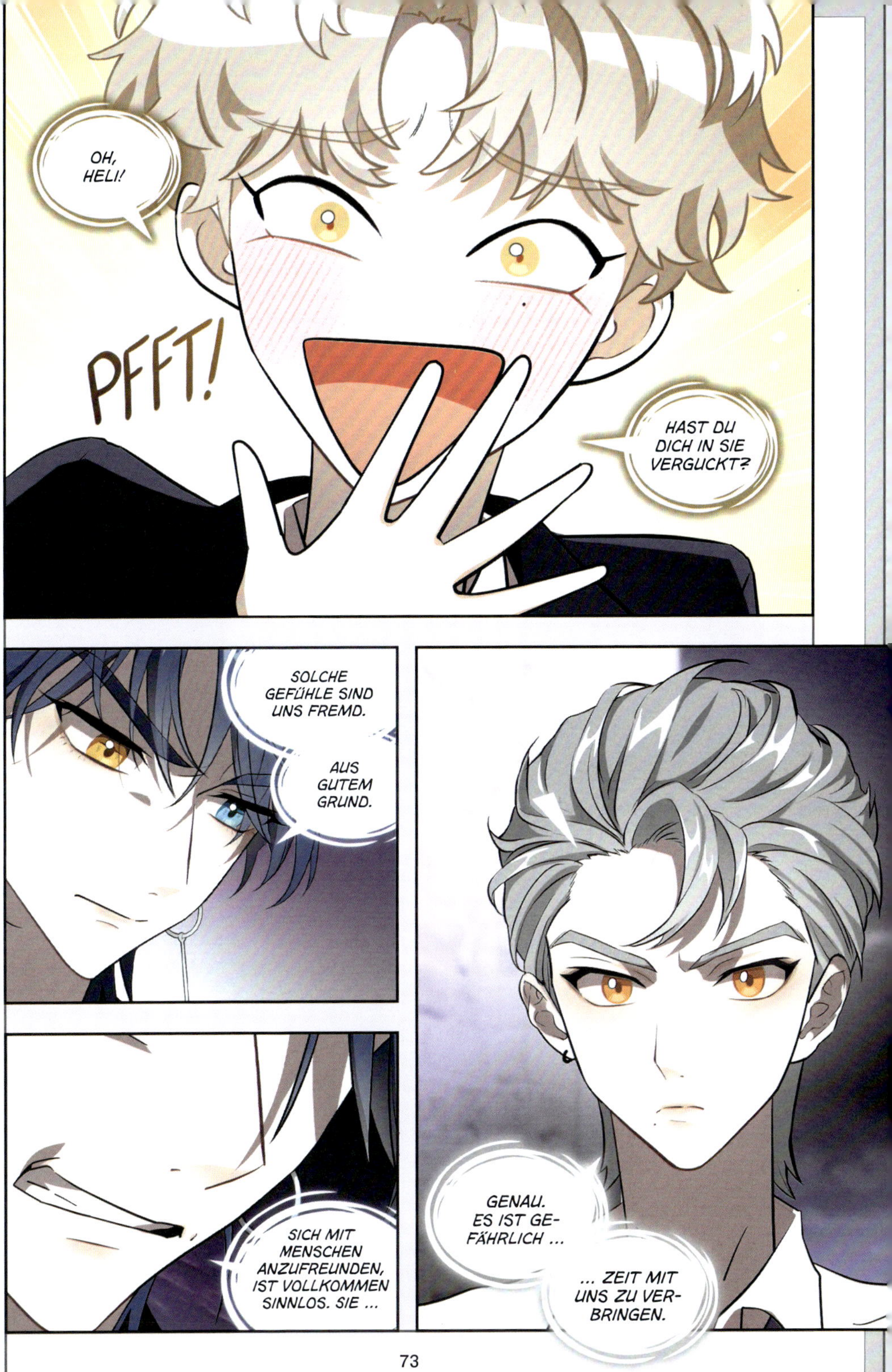
OH, HELI!
PFFT!
HAST DU DICH IN SIE VERGUCKT?
SOLCHE GEFÜHLE SIND UNS FREMD.
AUS GUTEM GRUND.
SICH MIT MENSCHEN ANZUFREUNDEN, IST VOLLKOMMEN SINNLOS. SIE ...
GENAU. ES IST GE-FÄHRLICH ...
... ZEIT MIT UNS ZU VER-BRINGEN.

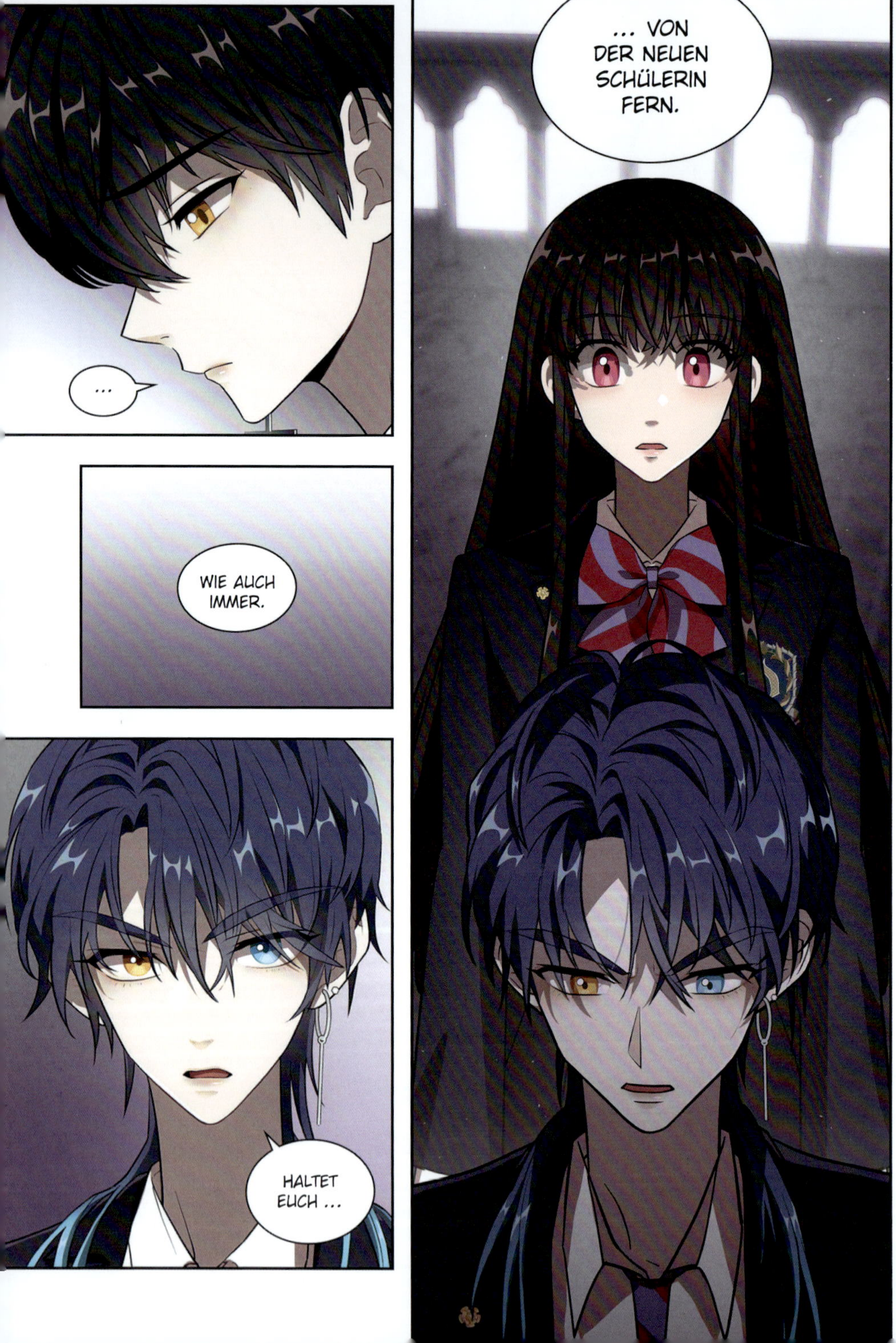
...
WIE AUCH IMMER.
HALTET EUCH ...
... VON DER NEUEN SCHÜLERIN FERN.

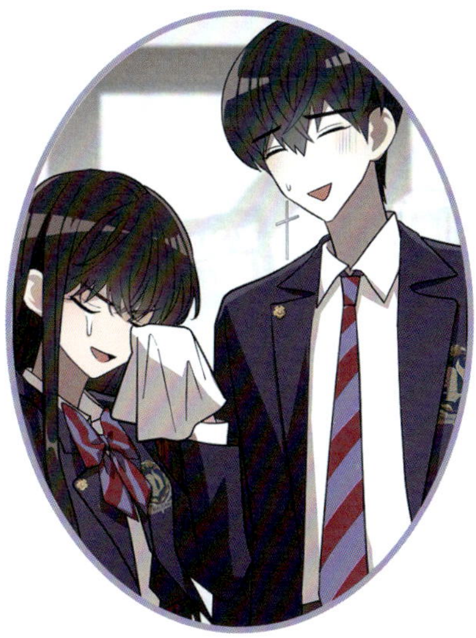

KAPITEL 3

LASS UNS FREUNDE WERDEN

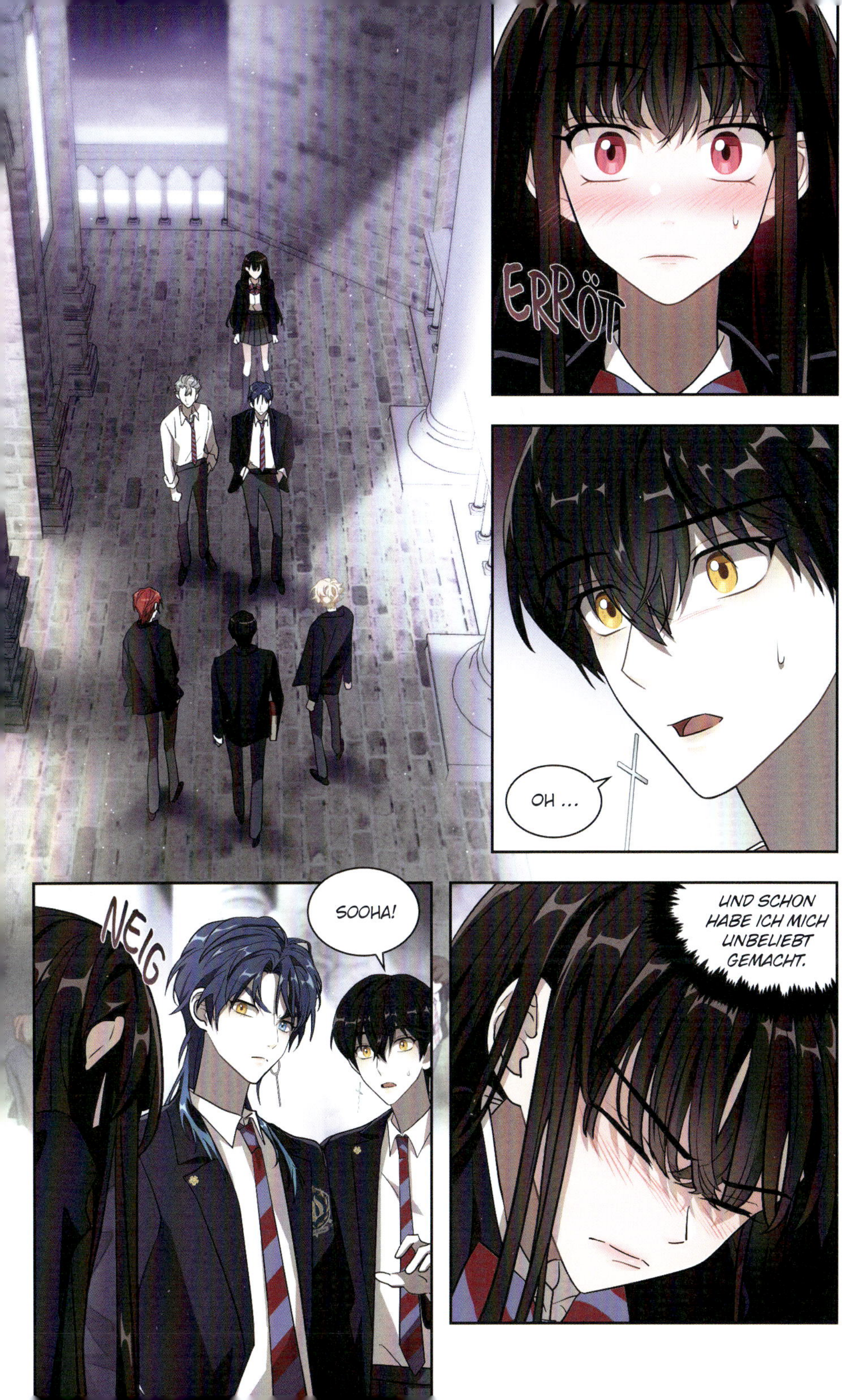
ERRÖT
OH ...
NEIG
SOOHA!
UND SCHON HABE ICH MICH UNBELIEBT GEMACHT.

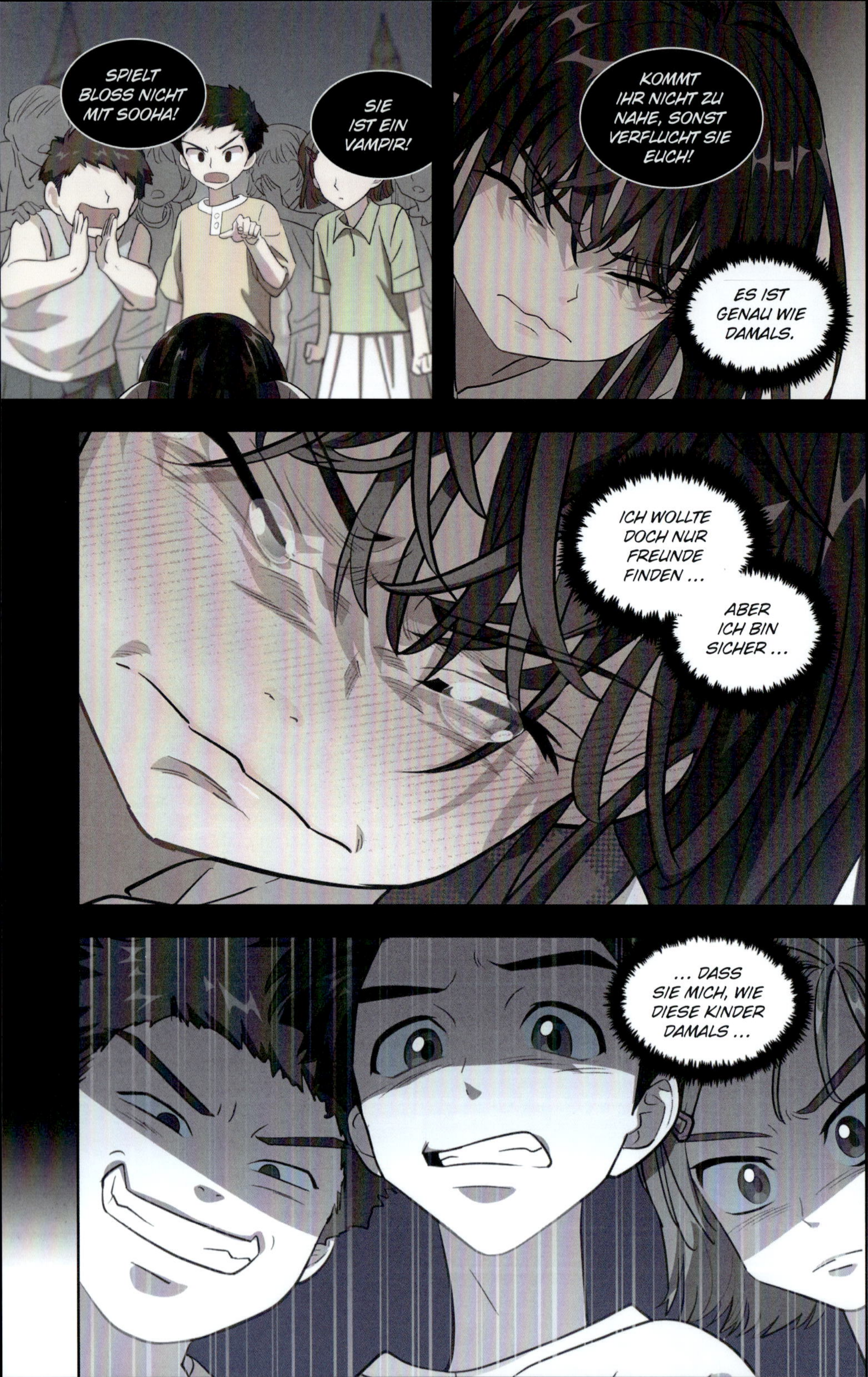
SPIELT BLOSS NICHT MIT SOOHA!
SIE IST EIN VAMPIR!
KOMMT IHR NICHT ZU NAHE, SONST VERFLUCHT SIE EUCH!
ES IST GENAU WIE DAMALS.
ICH WOLLTE DOCH NUR FREUNDE FINDEN …
ABER ICH BIN SICHER …
… DASS SIE MICH, WIE DIESE KINDER DAMALS …

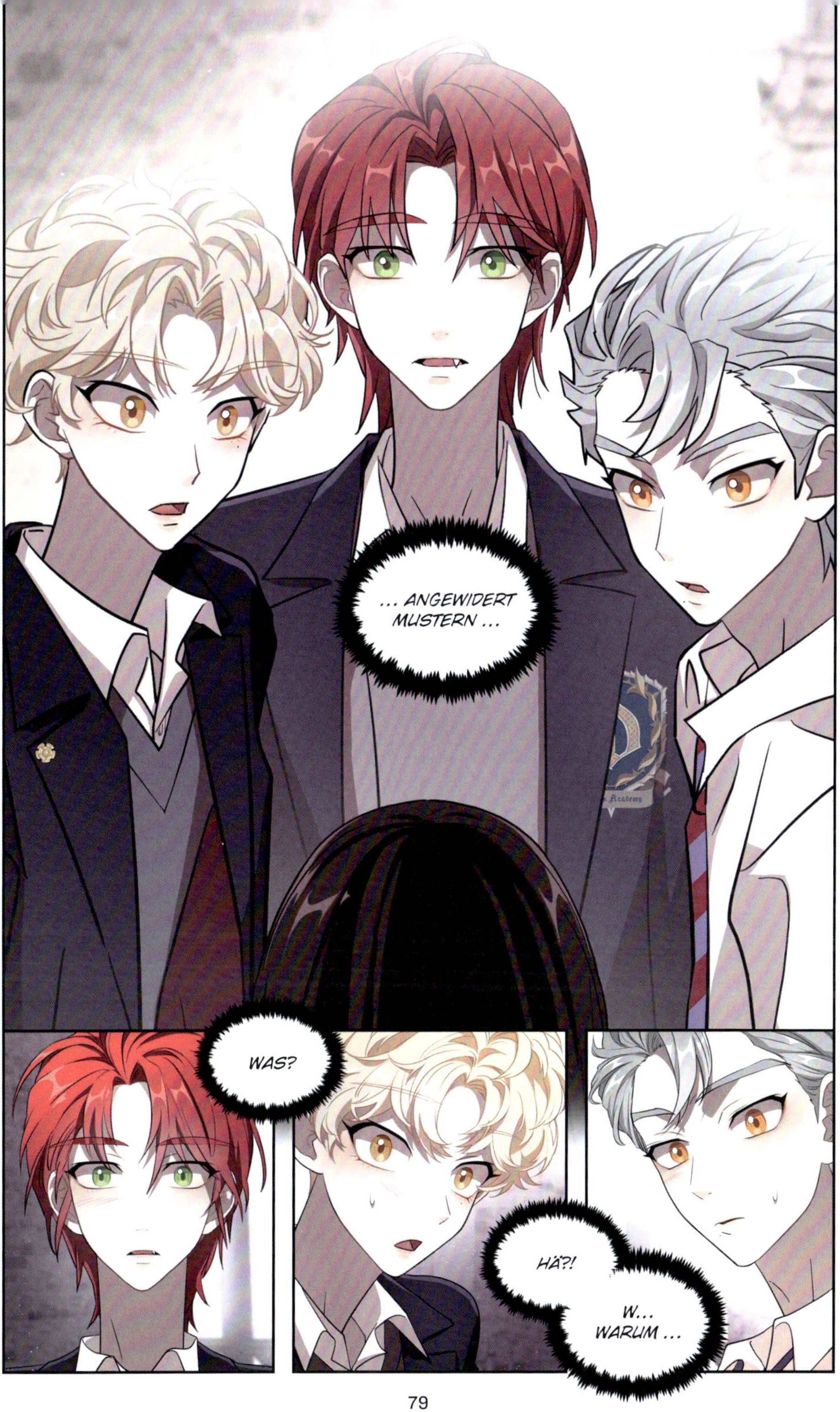
... ANGEWIDERT MUSTERN ...
WAS?
HÄ?!
W... WARUM ...

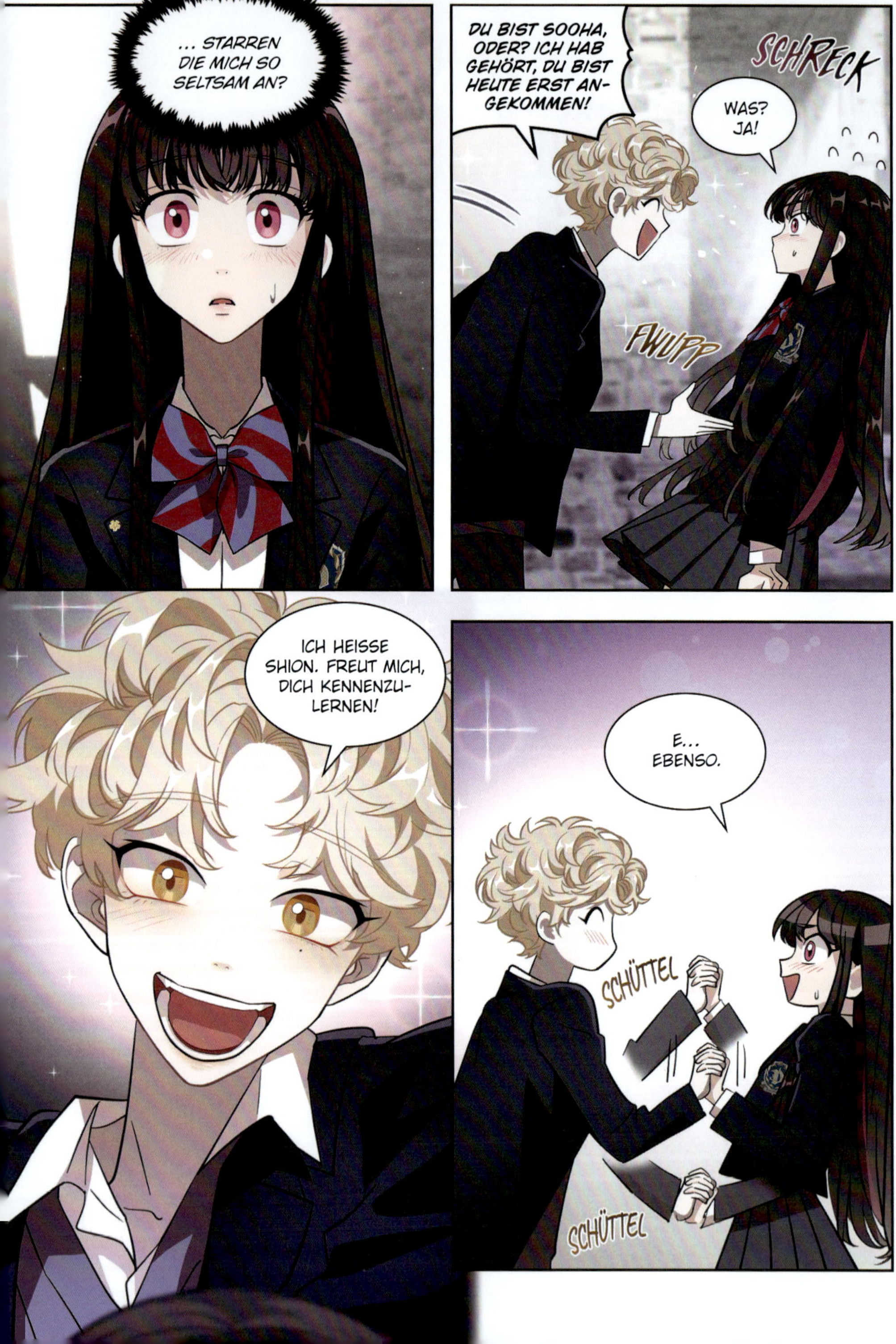
... STARREN DIE MICH SO SELTSAM AN?
DU BIST SOOHA, ODER? ICH HAB GEHÖRT, DU BIST HEUTE ERST ANGEKOMMEN!
SCHRECK
WAS? JA!
FWUPP
ICH HEISSE SHION. FREUT MICH, DICH KENNENZULERNEN!
E... EBENSO.
SCHÜTTEL
SCHÜTTEL

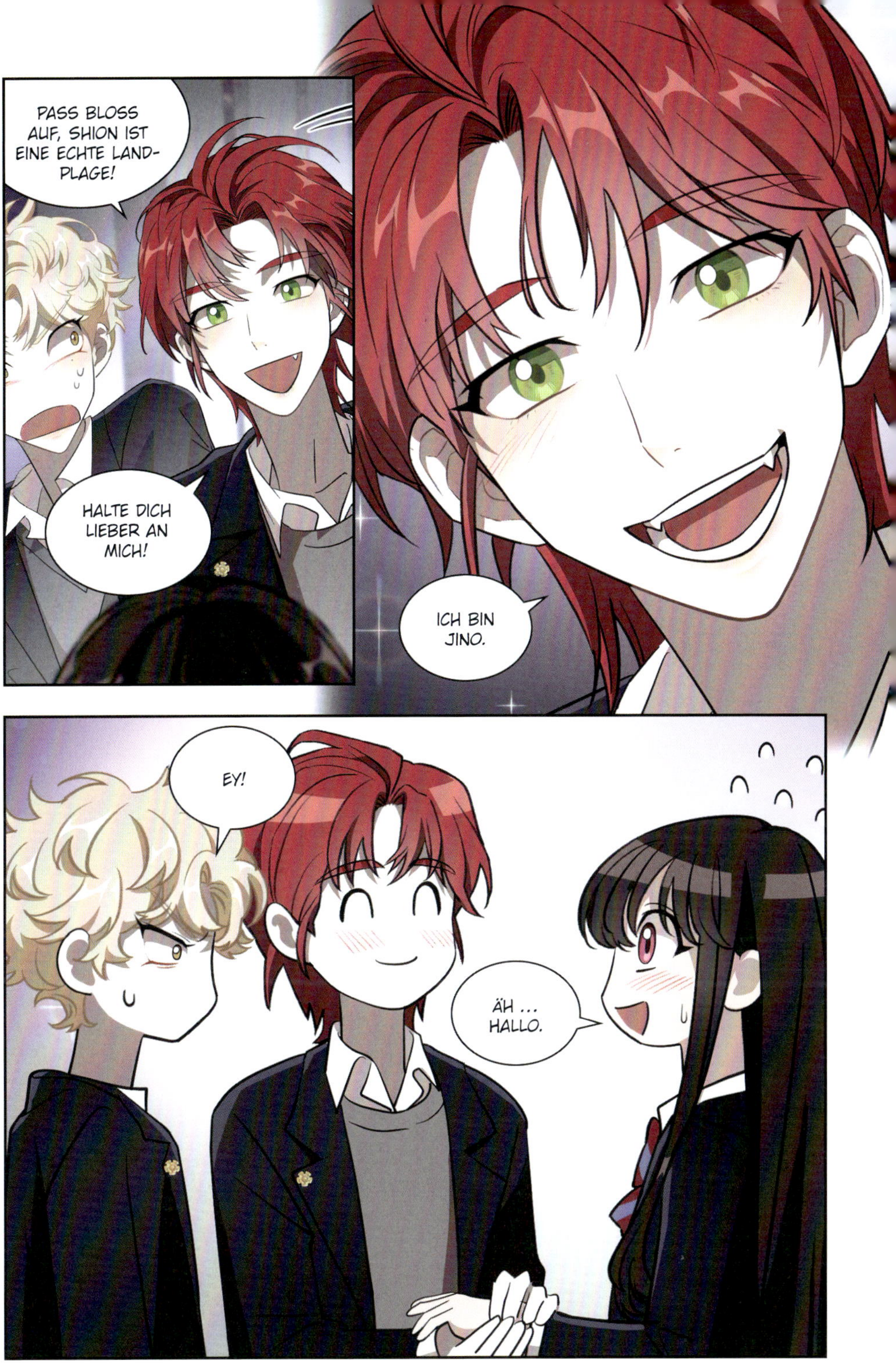
PASS BLOSS AUF, SHION IST EINE ECHTE LAND-PLAGE!
HALTE DICH LIEBER AN MICH!
ICH BIN JINO.
EY!
ÄH … HALLO.

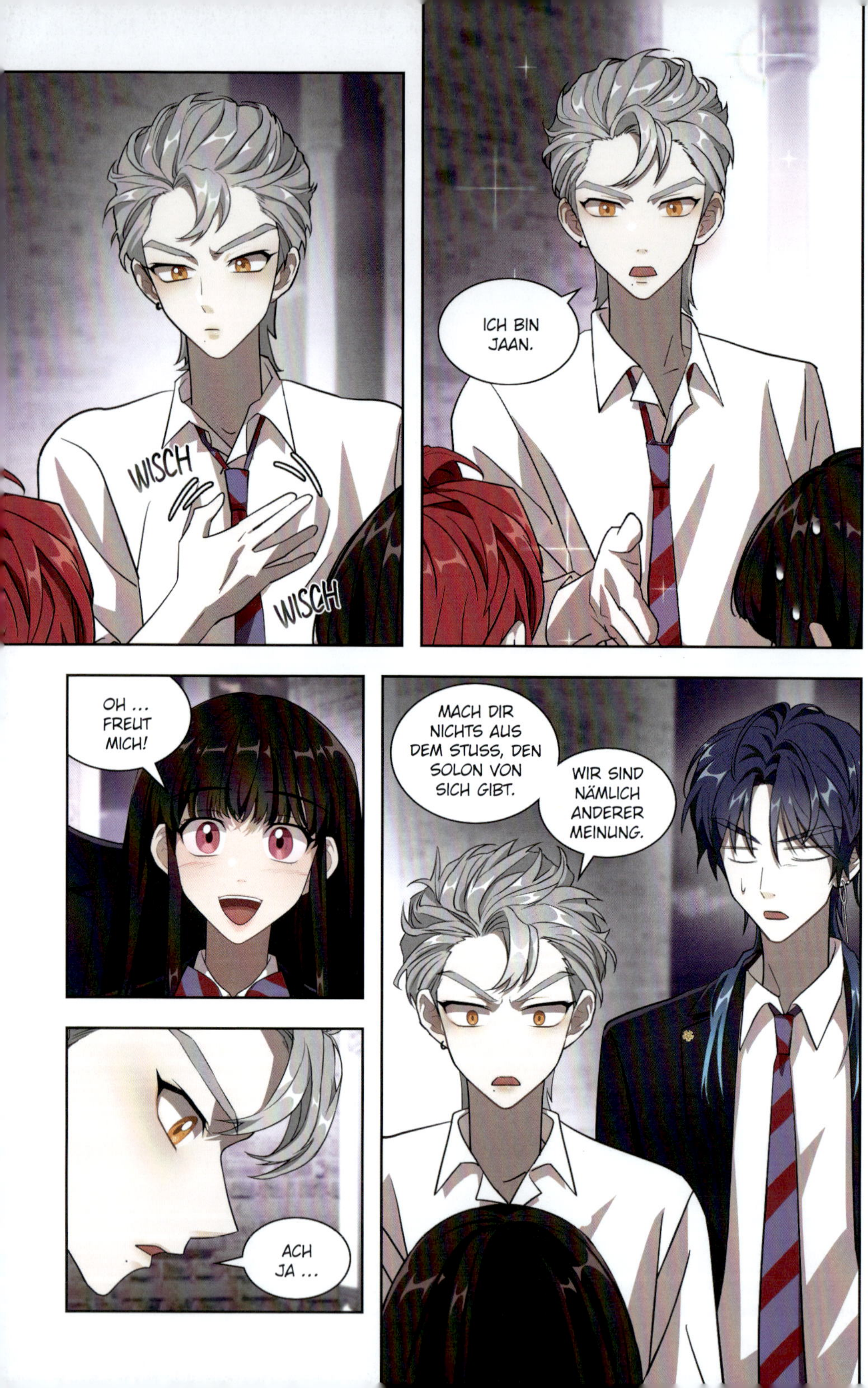
WISCH
WISCH
ICH BIN JAAN.
OH … FREUT MICH!
ACH JA …
MACH DIR NICHTS AUS DEM STUSS, DEN SOLON VON SICH GIBT.
WIR SIND NÄMLICH ANDERER MEINUNG.

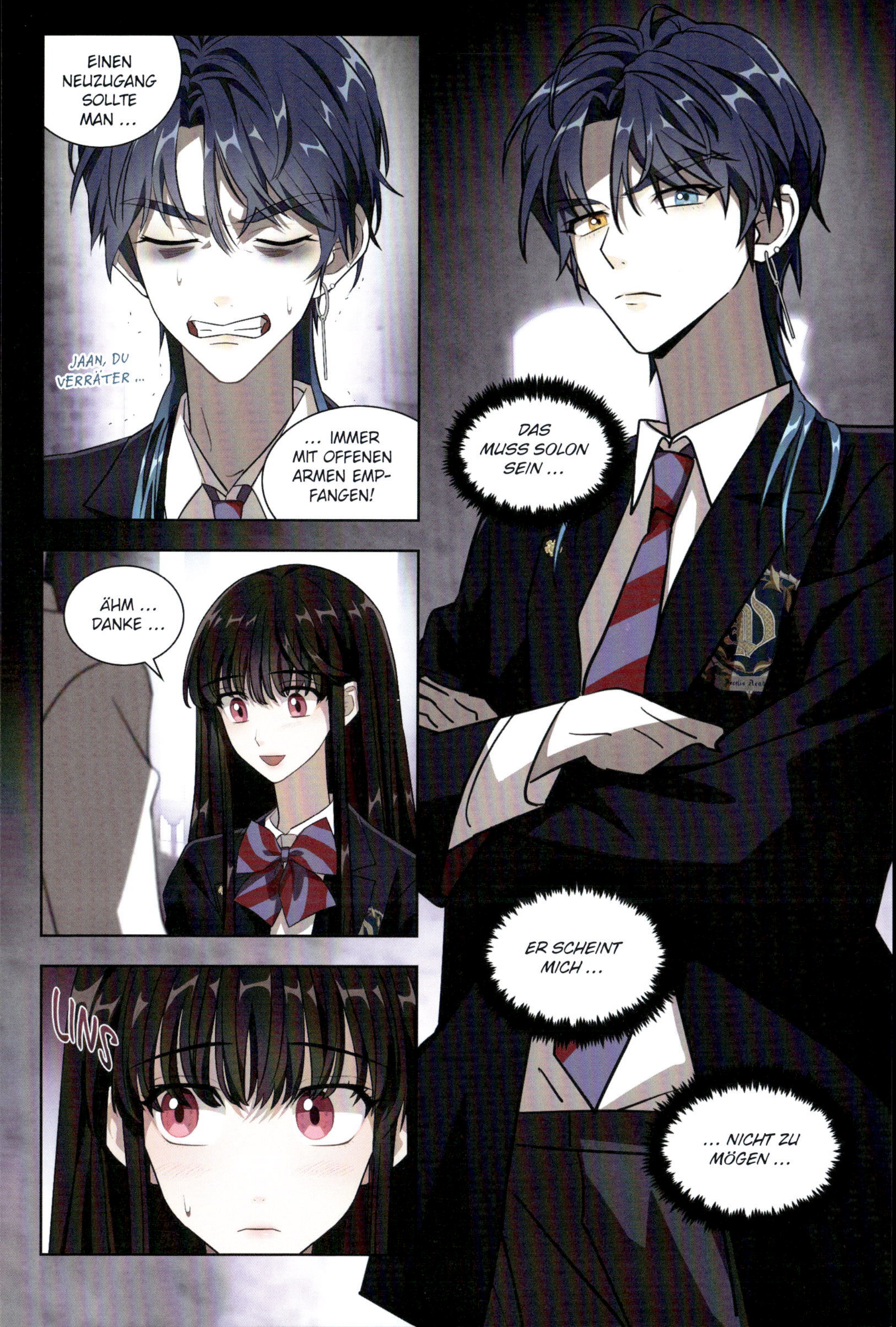
EINEN NEUZUGANG SOLLTE MAN …
JAAN, DU VERRÄTER …
… IMMER MIT OFFENEN ARMEN EMPFANGEN!
DAS MUSS SOLON SEIN …
ÄHM … DANKE …
ER SCHEINT MICH …
… NICHT ZU MÖGEN …
LINS

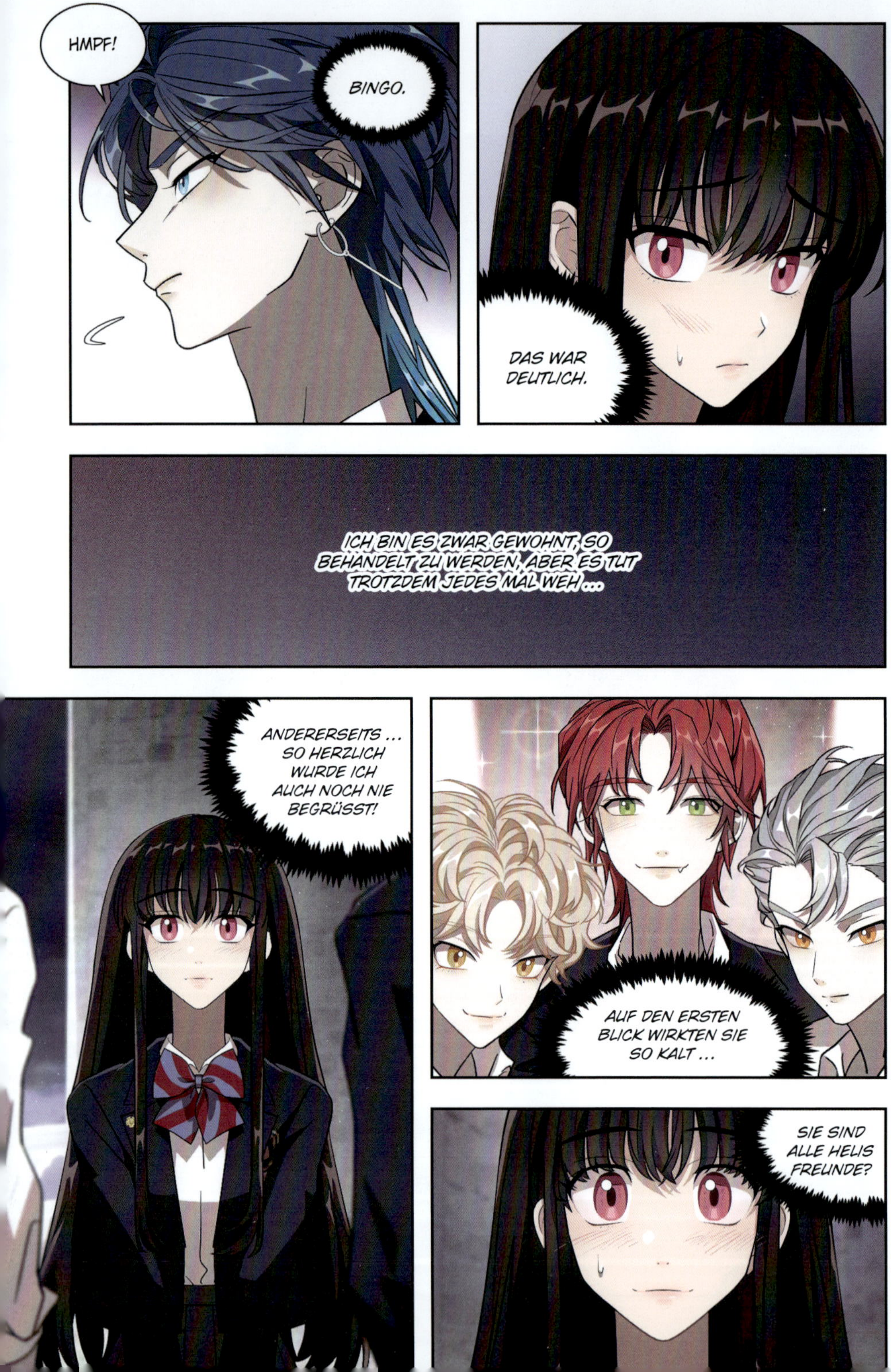
HMPF!
BINGO.
DAS WAR DEUTLICH.
ICH BIN ES ZWAR GEWOHNT, SO BEHANDELT ZU WERDEN, ABER ES TUT TROTZDEM JEDES MAL WEH …
ANDERERSEITS … SO HERZLICH WURDE ICH AUCH NOCH NIE BEGRÜSST!
AUF DEN ERSTEN BLICK WIRKTEN SIE SO KALT …
SIE SIND ALLE HELIS FREUNDE?

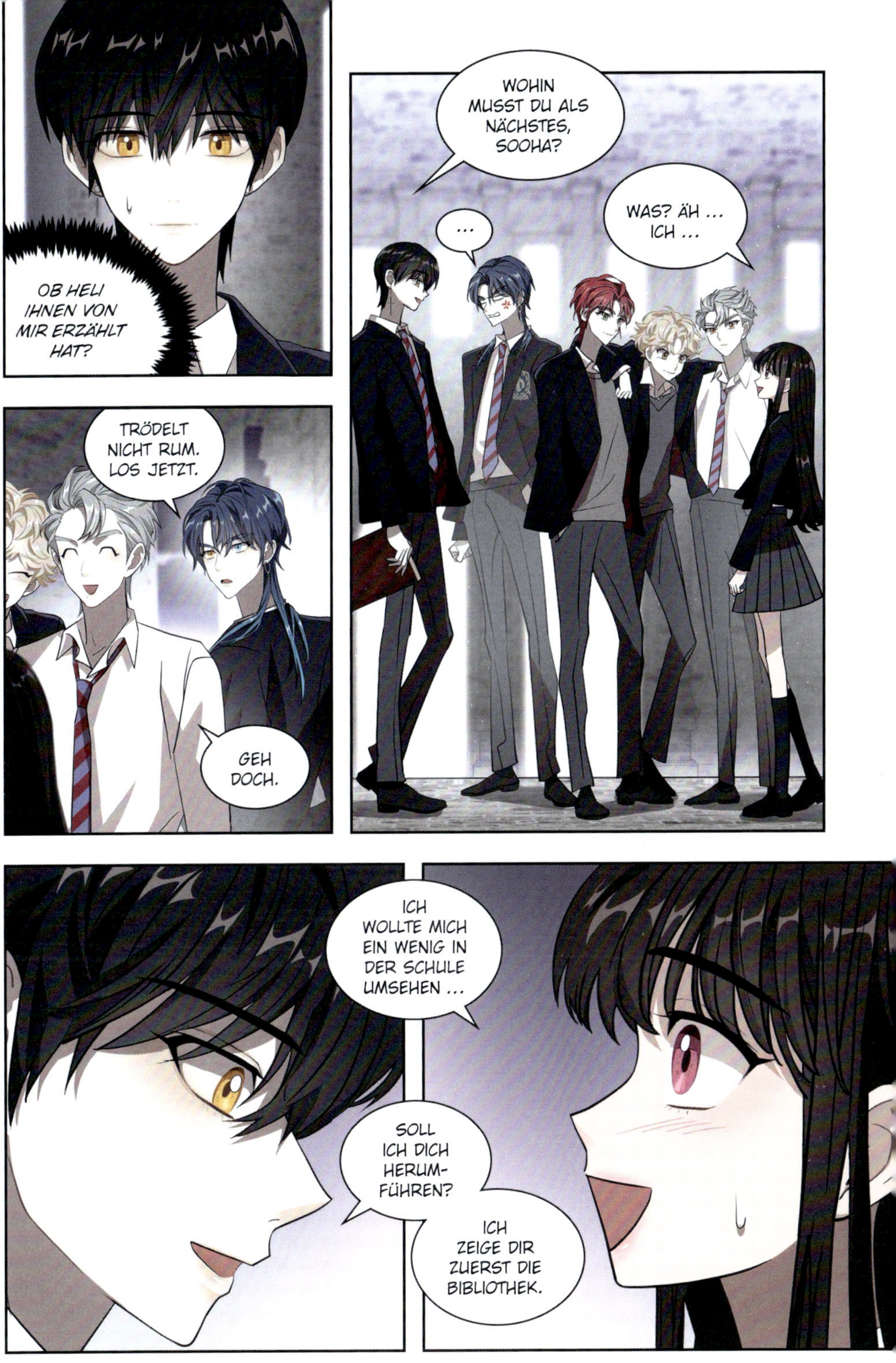
OB HELI IHNEN VON MIR ERZÄHLT HAT?
WOHIN MUSST DU ALS NÄCHSTES, SOOHA?
…
WAS? ÄH … ICH …
TRÖDELT NICHT RUM. LOS JETZT.
GEH DOCH.
ICH WOLLTE MICH EIN WENIG IN DER SCHULE UMSEHEN …
SOLL ICH DICH HERUM-FÜHREN?
ICH ZEIGE DIR ZUERST DIE BIBLIOTHEK.

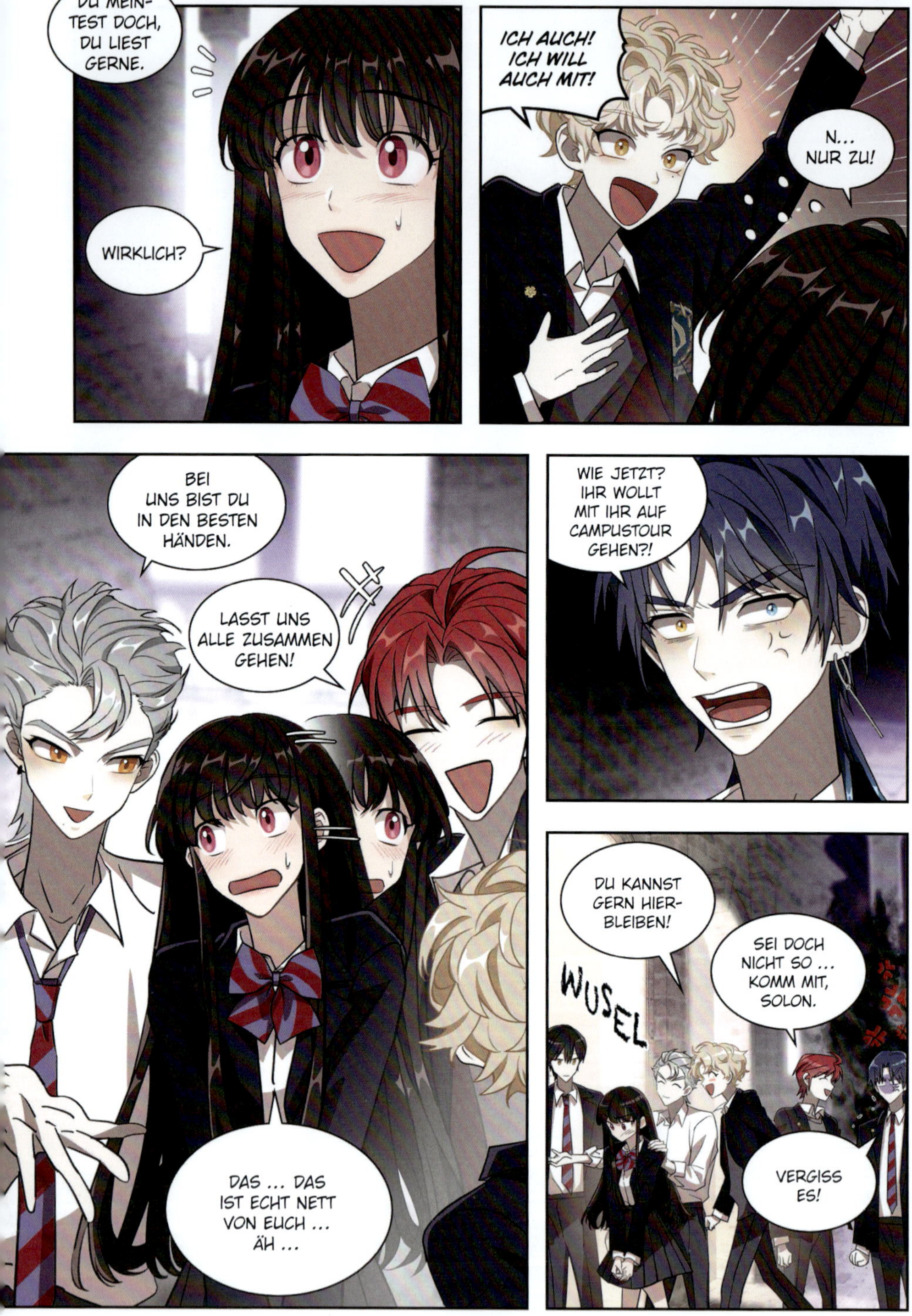
DU MEIN-TEST DOCH, DU LIEST GERNE.
WIRKLICH?
ICH AUCH! ICH WILL AUCH MIT!
N … NUR ZU!
BEI UNS BIST DU IN DEN BESTEN HÄNDEN.
LASST UNS ALLE ZUSAMMEN GEHEN!
DAS … DAS IST ECHT NETT VON EUCH … ÄH …
WIE JETZT? IHR WOLLT MIT IHR AUF CAMPUSTOUR GEHEN?!
DU KANNST GERN HIER-BLEIBEN!
WUSEL
SEI DOCH NICHT SO … KOMM MIT, SOLON.
VERGISS ES!

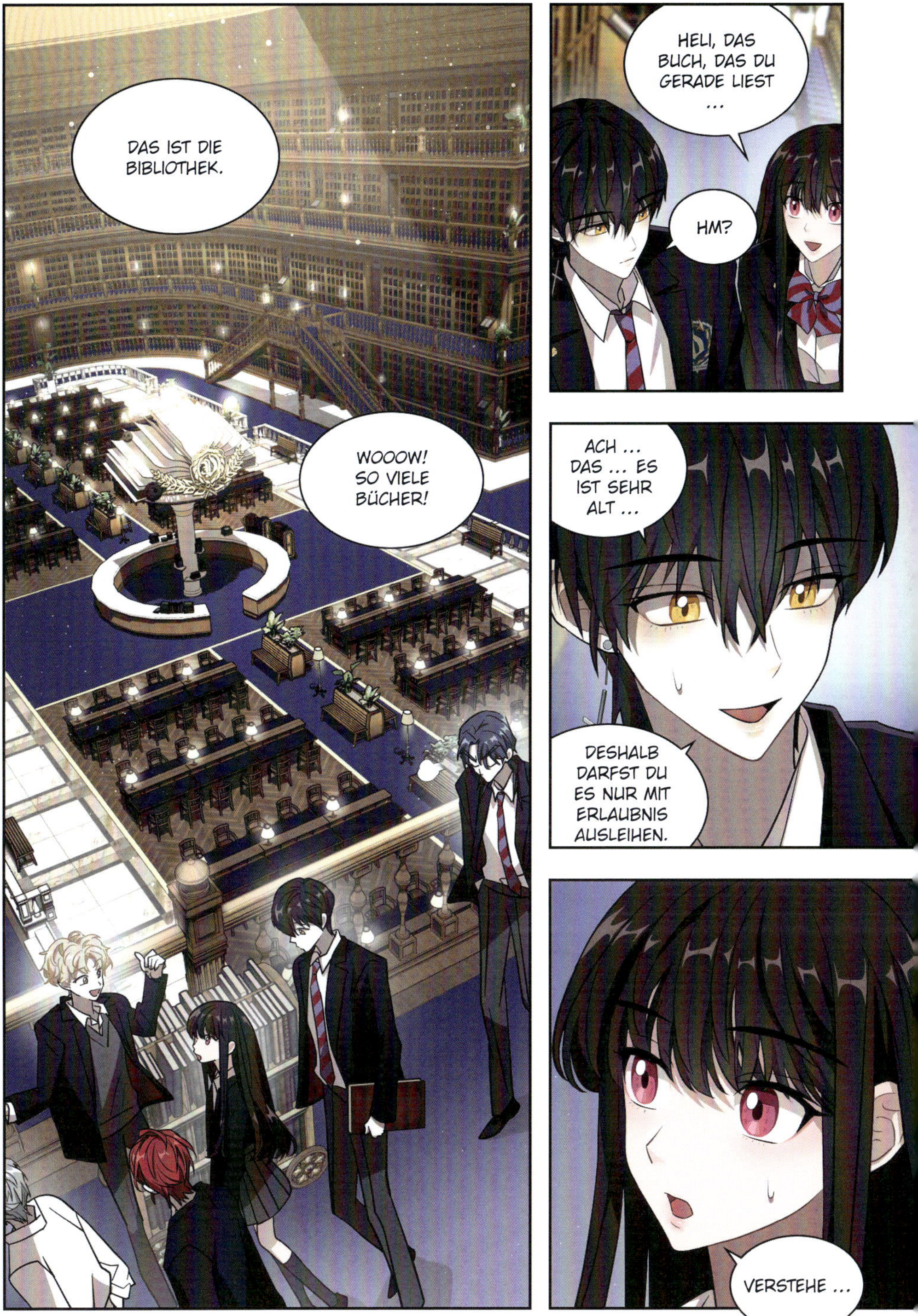
DAS IST DIE BIBLIOTHEK.
WOOOW! SO VIELE BÜCHER!
HELI, DAS BUCH, DAS DU GERADE LIEST ...
HM?
ACH ... DAS ... ES IST SEHR ALT ...
DESHALB DARFST DU ES NUR MIT ERLAUBNIS AUSLEIHEN.
VERSTEHE ...

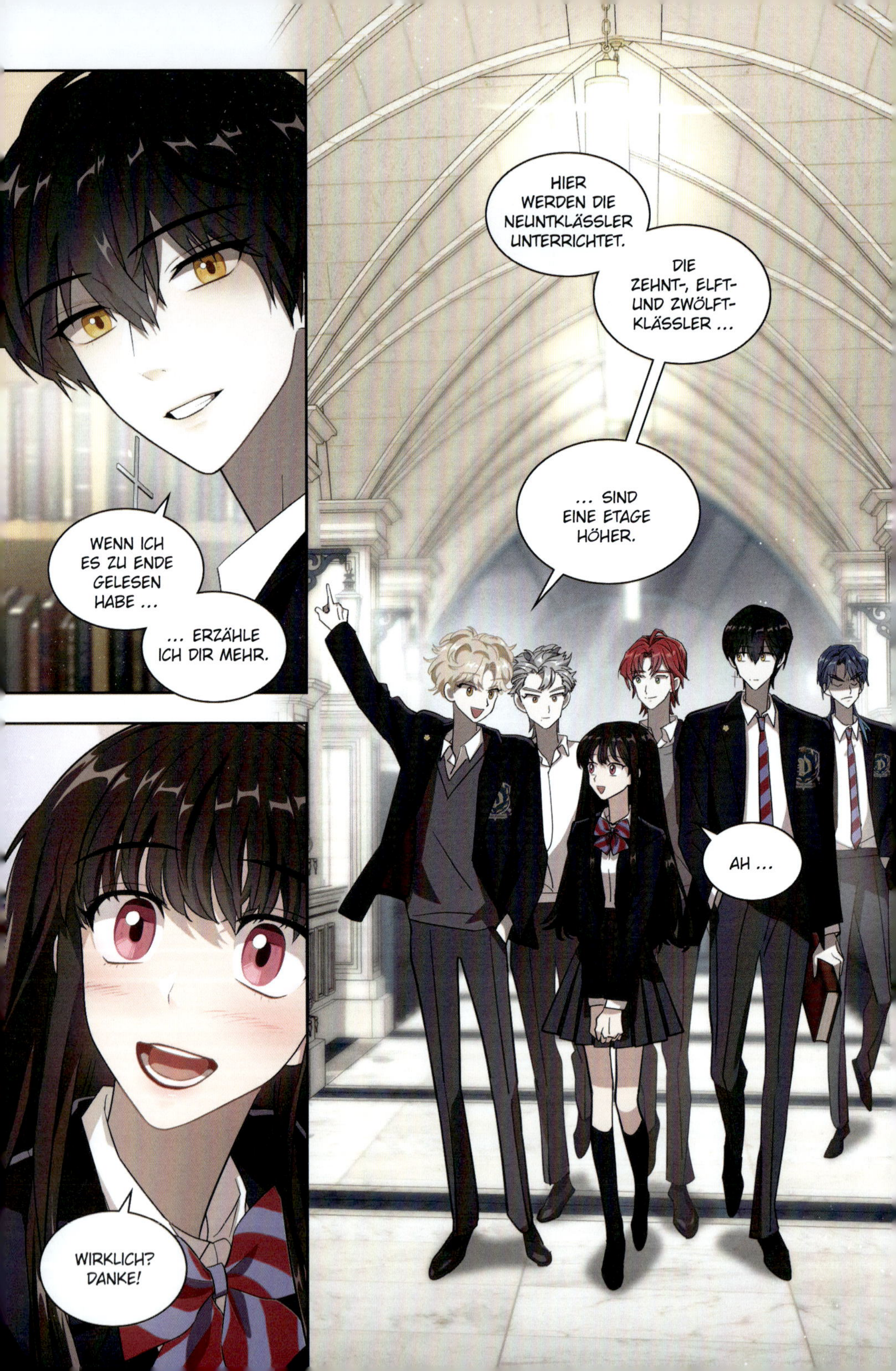
WENN ICH ES ZU ENDE GELESEN HABE ...
... ERZÄHLE ICH DIR MEHR.
WIRKLICH? DANKE!
HIER WERDEN DIE NEUNTKLÄSSLER UNTERRICHTET.
DIE ZEHNT-, ELFT- UND ZWÖLFTKLÄSSLER ...
... SIND EINE ETAGE HÖHER.
AH ...

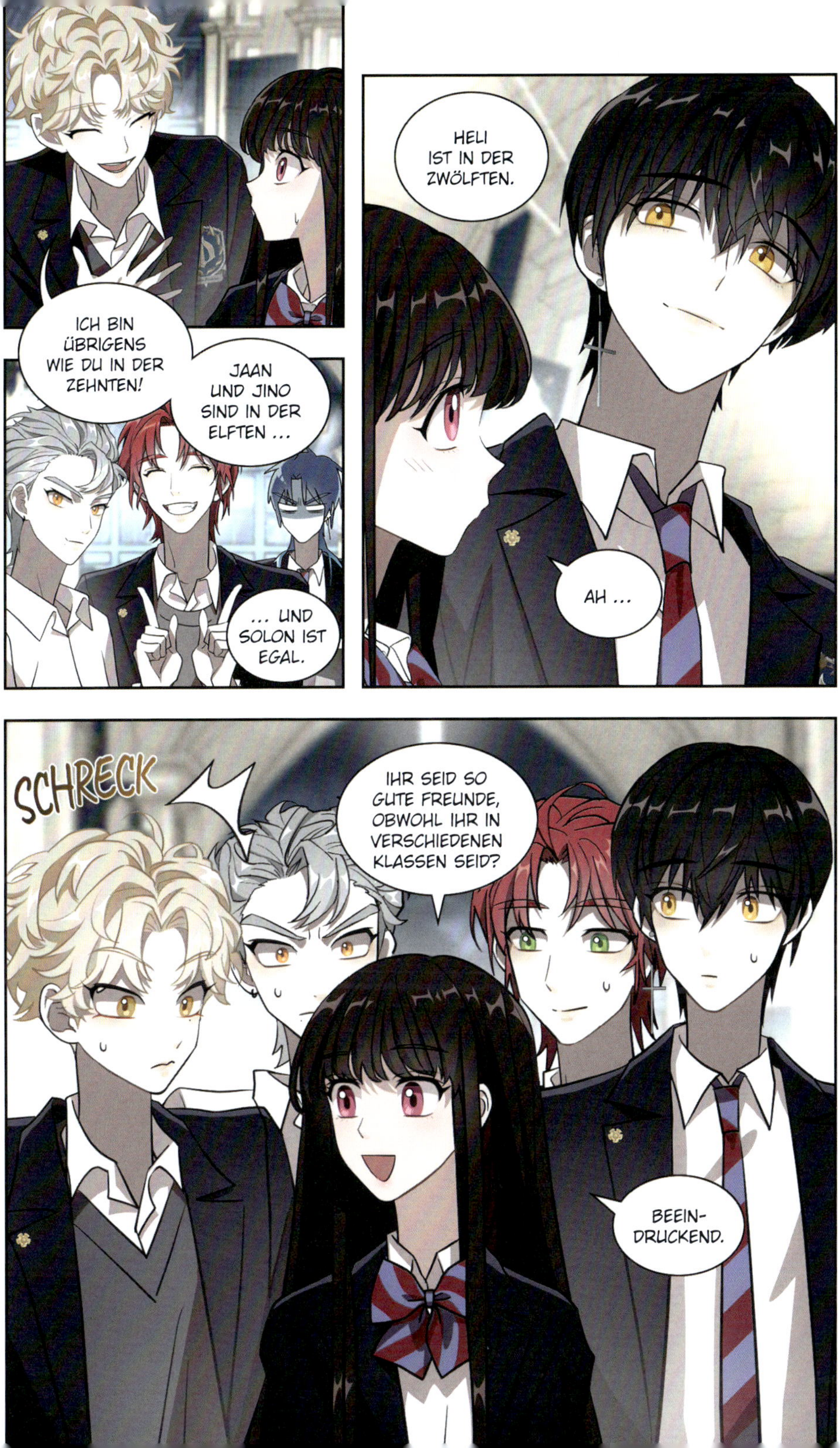
ICH BIN ÜBRIGENS WIE DU IN DER ZEHNTEN!
JAAN UND JINO SIND IN DER ELFTEN ...
... UND SOLON IST EGAL.
HELI IST IN DER ZWÖLFTEN.
AH ...
SCHRECK
IHR SEID SO GUTE FREUNDE, OBWOHL IHR IN VERSCHIEDENEN KLASSEN SEID?
BEEIN-DRUCKEND.

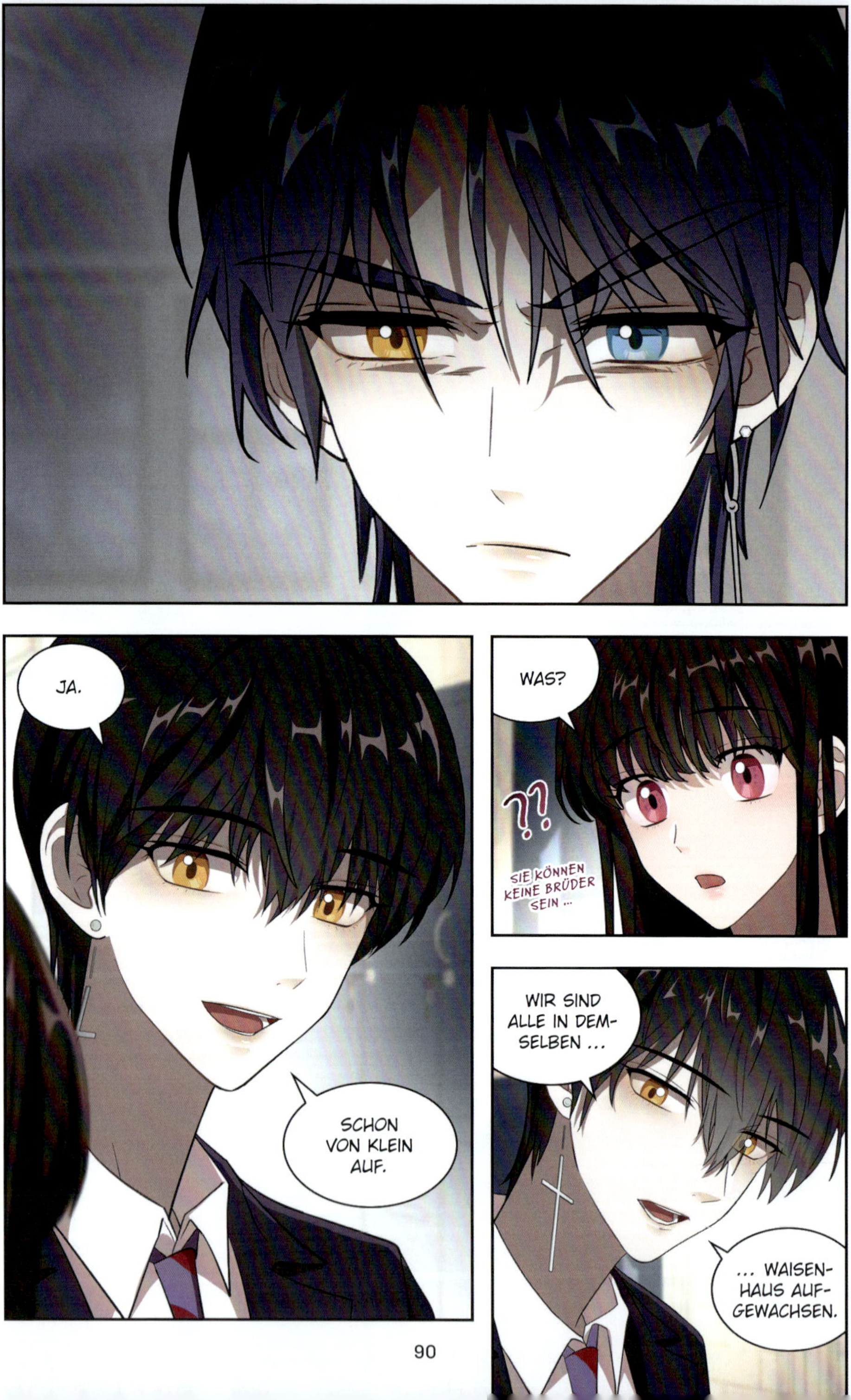
JA.
WAS?
??
SIE KÖNNEN KEINE BRÜDER SEIN ...
SCHON VON KLEIN AUF.
WIR SIND ALLE IN DEM-SELBEN ...
... WAISEN-HAUS AUF-GEWACHSEN.

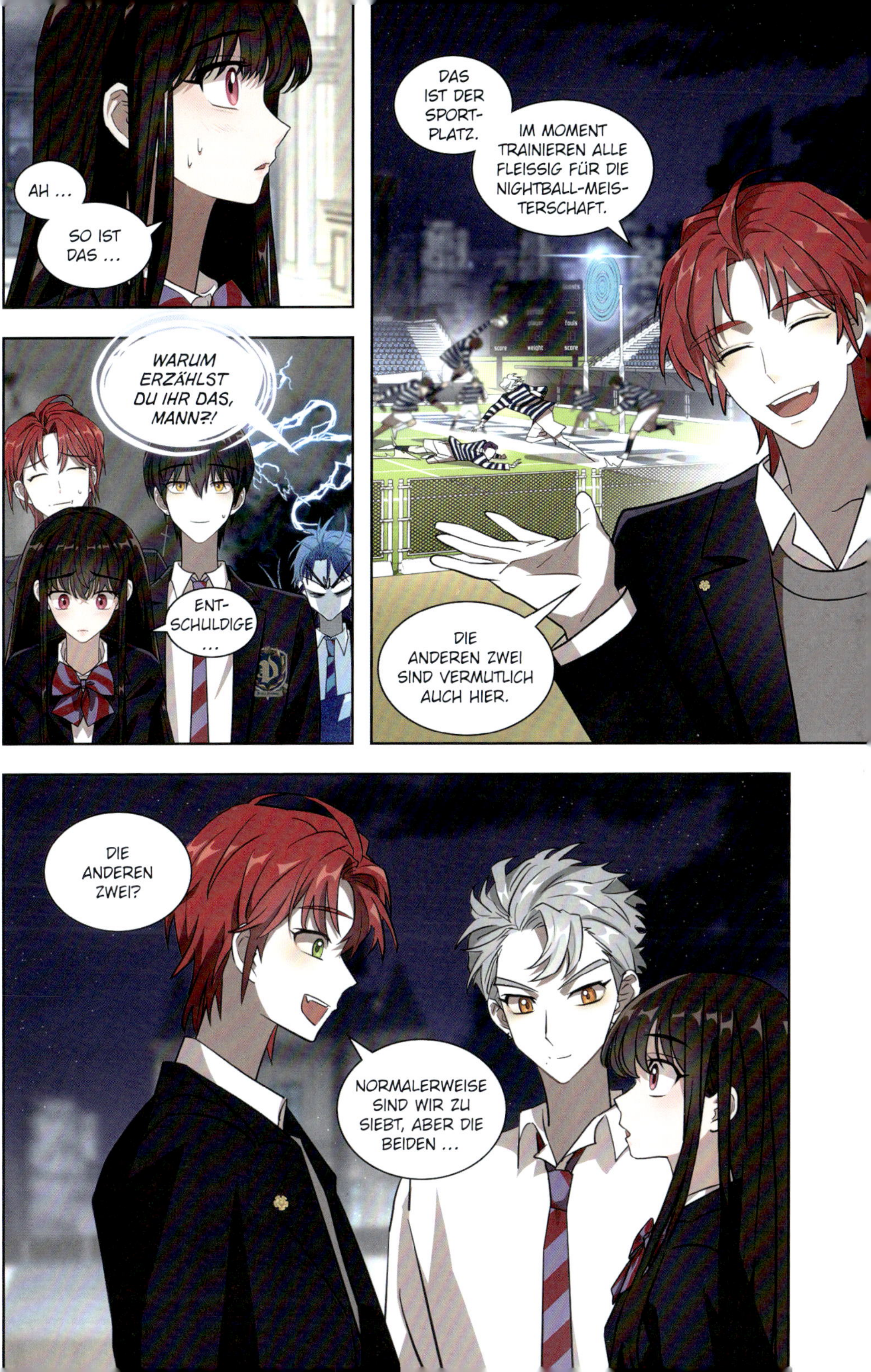
AH …
SO IST DAS …
DAS IST DER SPORT-PLATZ.
IM MOMENT TRAINIEREN ALLE FLEISSIG FÜR DIE NIGHTBALL-MEIS-TERSCHAFT.
WARUM ERZÄHLST DU IHR DAS, MANN?!
ENT-SCHULDIGE …
DIE ANDEREN ZWEI SIND VERMUTLICH AUCH HIER.
DIE ANDEREN ZWEI?
NORMALERWEISE SIND WIR ZU SIEBT, ABER DIE BEIDEN …

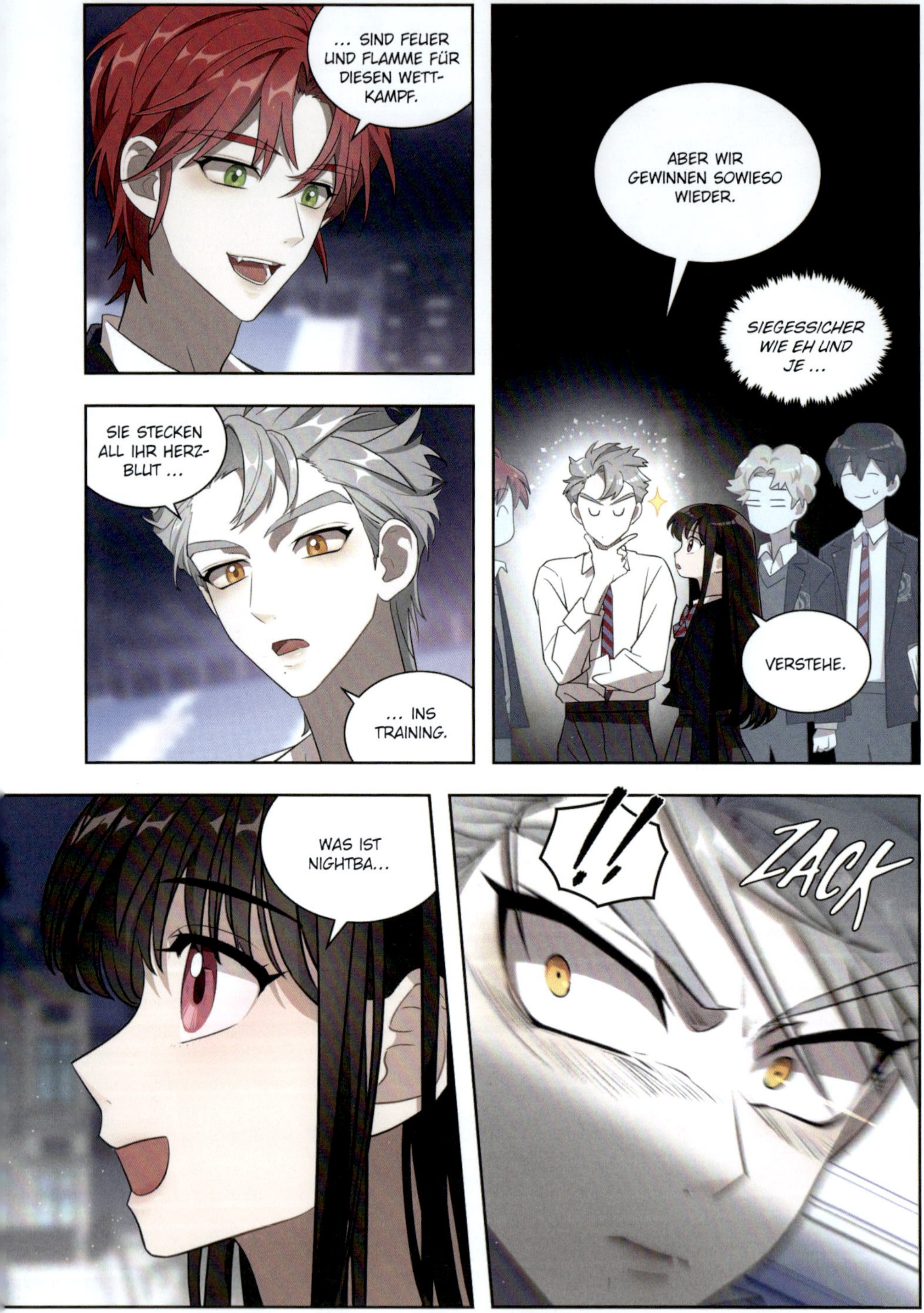
… SIND FEUER UND FLAMME FÜR DIESEN WETT-KAMPF.
SIE STECKEN ALL IHR HERZ-BLUT …
… INS TRAINING.
ABER WIR GEWINNEN SOWIESO WIEDER.
SIEGESSICHER WIE EH UND JE …
VERSTEHE.
WAS IST NIGHTBA…
!!
ZACK

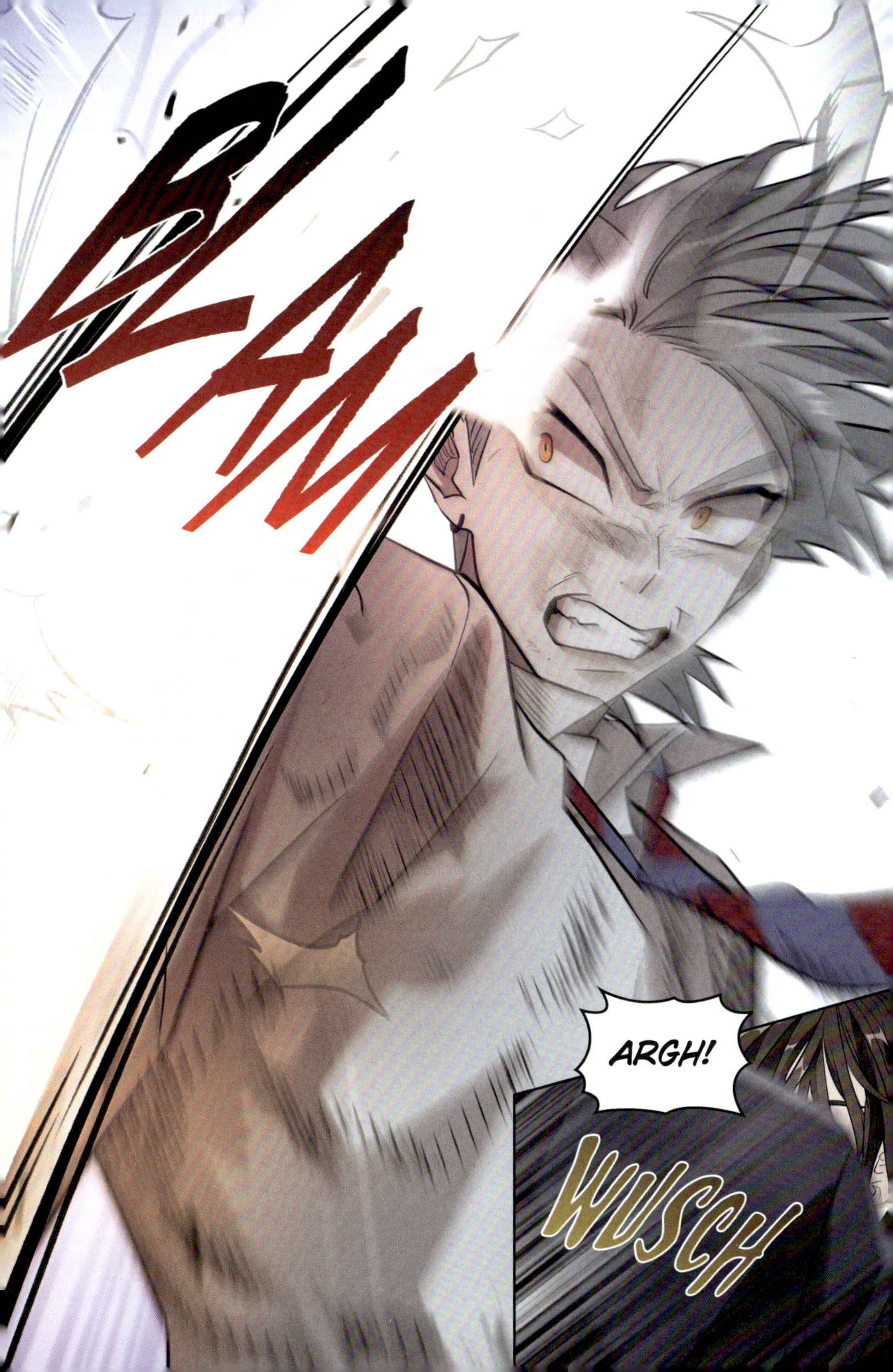
BAM
ARGH!
WUSCH

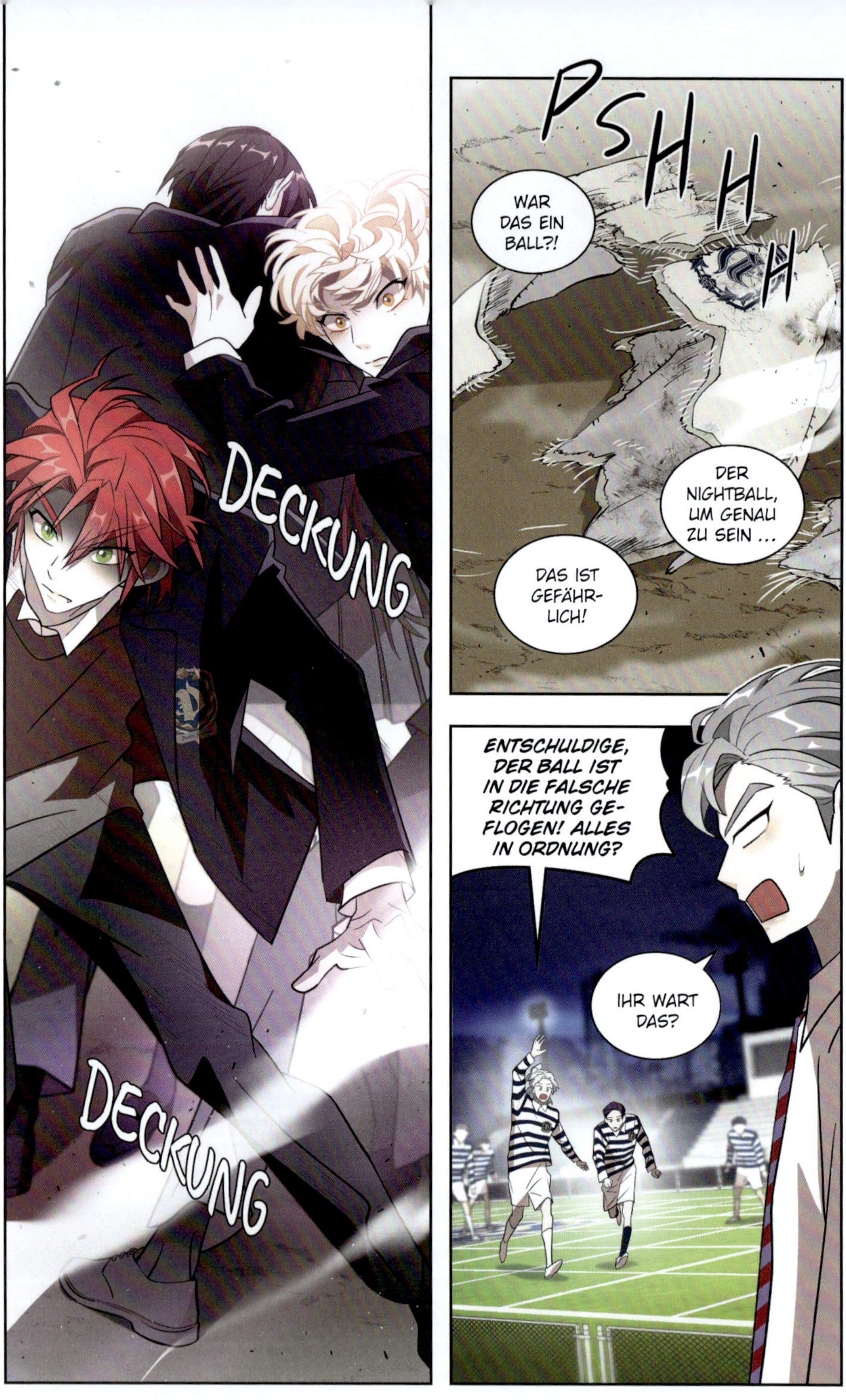
DECKUNG
DECKUNG
PSHHHH
WAR DAS EIN BALL?!
DER NIGHTBALL, UM GENAU ZU SEIN …
DAS IST GEFÄHRLICH!
ENTSCHULDIGE, DER BALL IST IN DIE FALSCHE RICHTUNG GEFLOGEN! ALLES IN ORDNUNG?
IHR WART DAS?

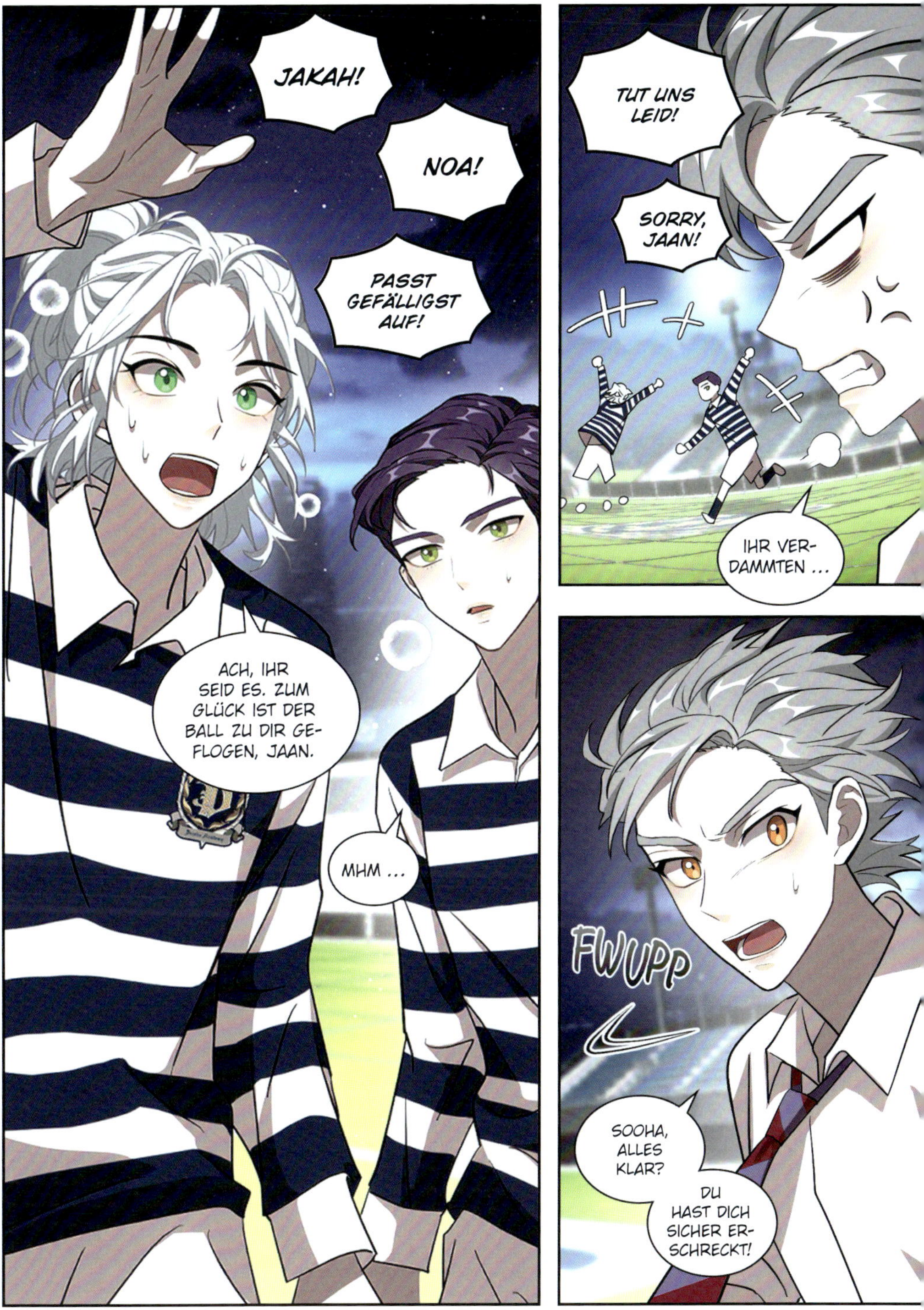
JAKAH!
NOA!
PASST GEFÄLLIGST AUF!
ACH, IHR SEID ES. ZUM GLÜCK IST DER BALL ZU DIR GE-FLOGEN, JAAN.
MHM ...
TUT UNS LEID!
SORRY, JAAN!
IHR VER-DAMMTEN ...
FWUPP
SOOHA, ALLES KLAR?
DU HAST DICH SICHER ER-SCHRECKT!

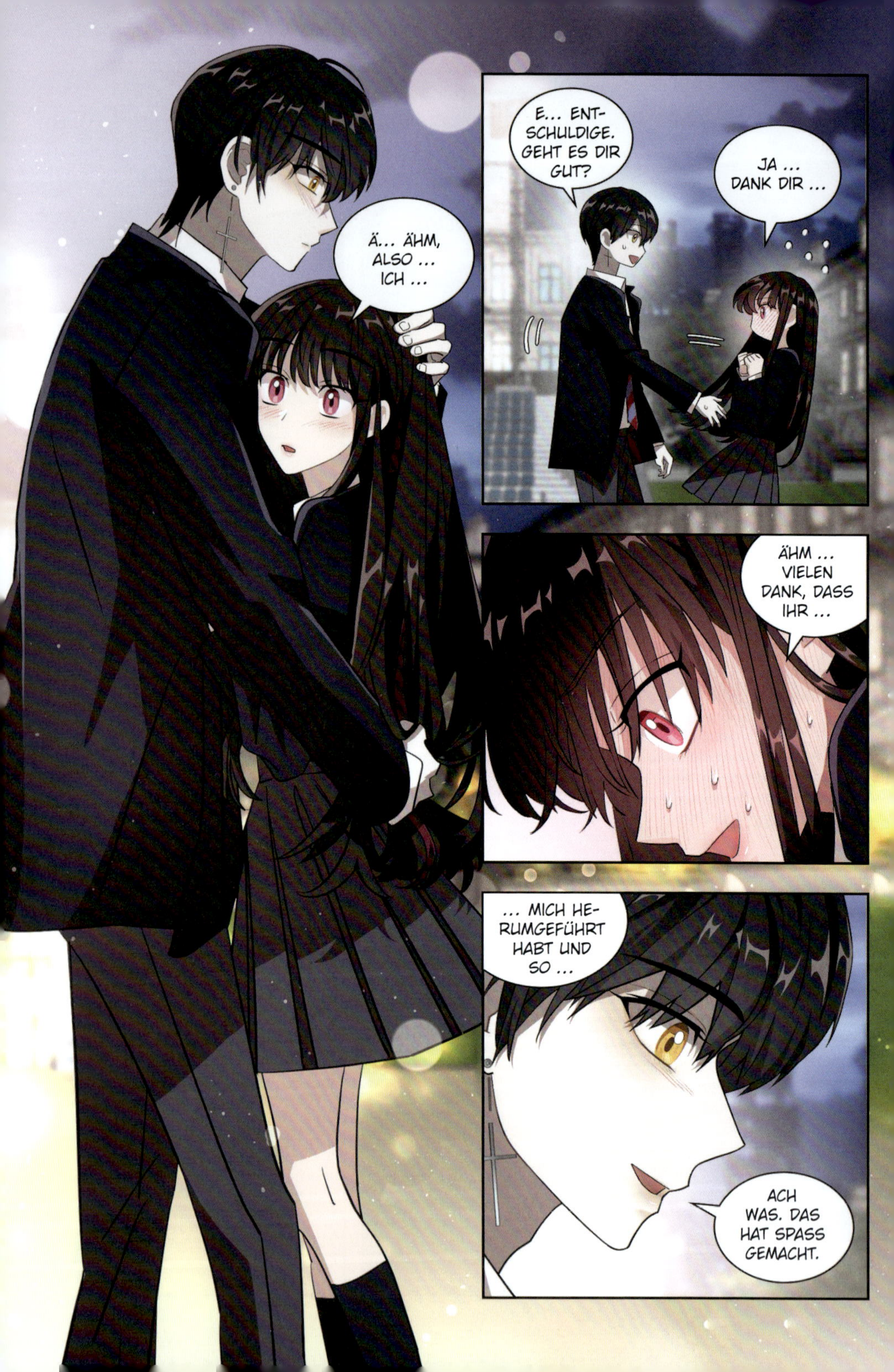
Ä… ÄHM, ALSO … ICH …
E… ENT-SCHULDIGE. GEHT ES DIR GUT?
JA … DANK DIR …
ÄHM … VIELEN DANK, DASS IHR …
… MICH HE-RUMGEFÜHRT HABT UND SO …
ACH WAS. DAS HAT SPASS GEMACHT.

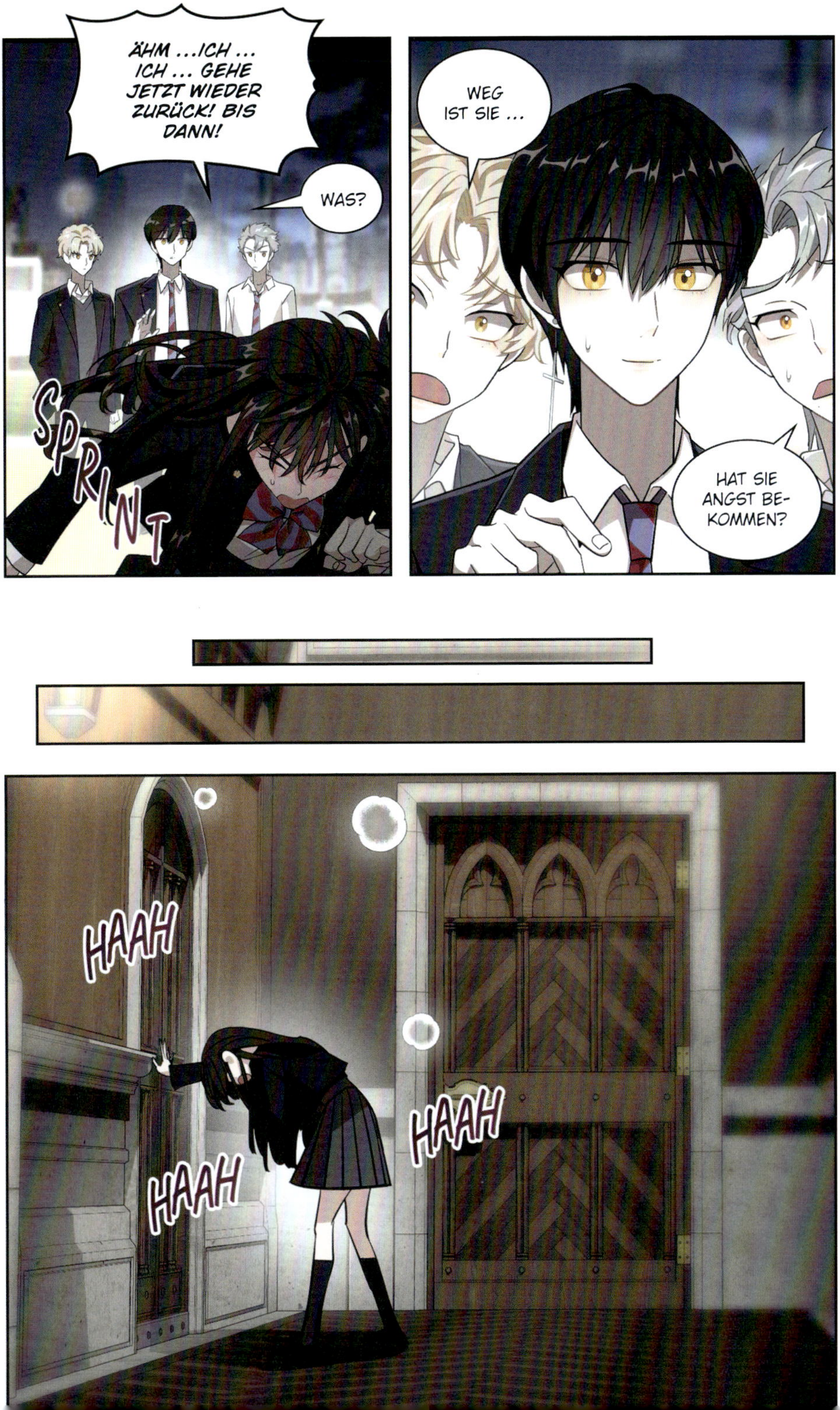
ÄHM …ICH … ICH … GEHE JETZT WIEDER ZURÜCK! BIS DANN!
WAS?
SPRINT
WEG IST SIE …
HAT SIE ANGST BE-KOMMEN?
HAAH
HAAH
HAAH

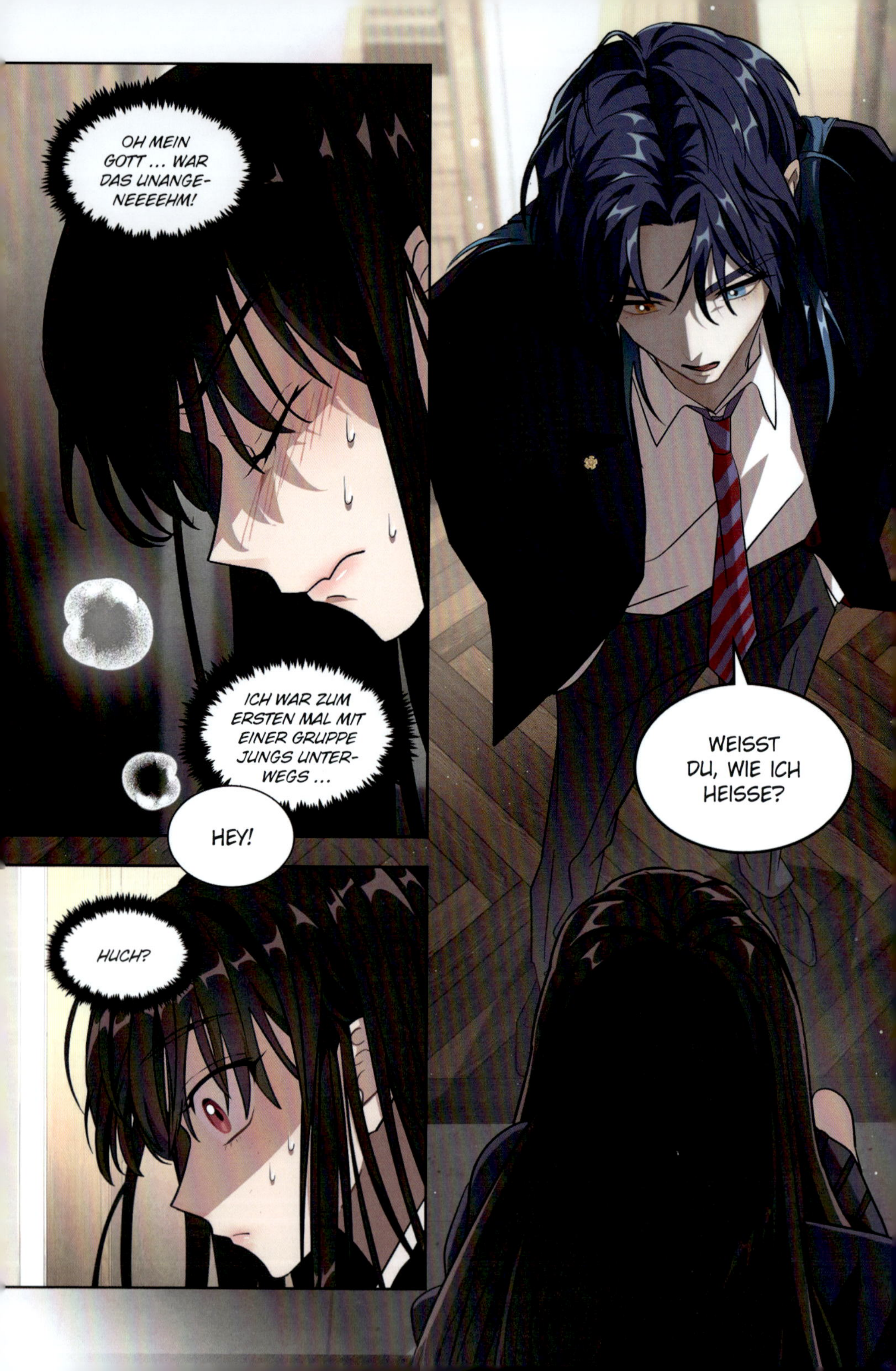
OH MEIN GOTT ... WAR DAS UNANGE-NEEEEHM!
ICH WAR ZUM ERSTEN MAL MIT EINER GRUPPE JUNGS UNTER-WEGS ...
HEY!
WEISST DU, WIE ICH HEISSE?
HUCH?

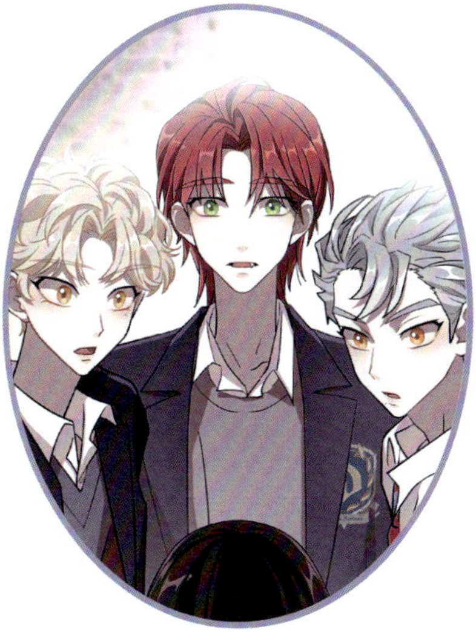

KAPITEL 4

EIN SCHRITT ZURÜCK, ZWEI SCHRITTE NACH VORN

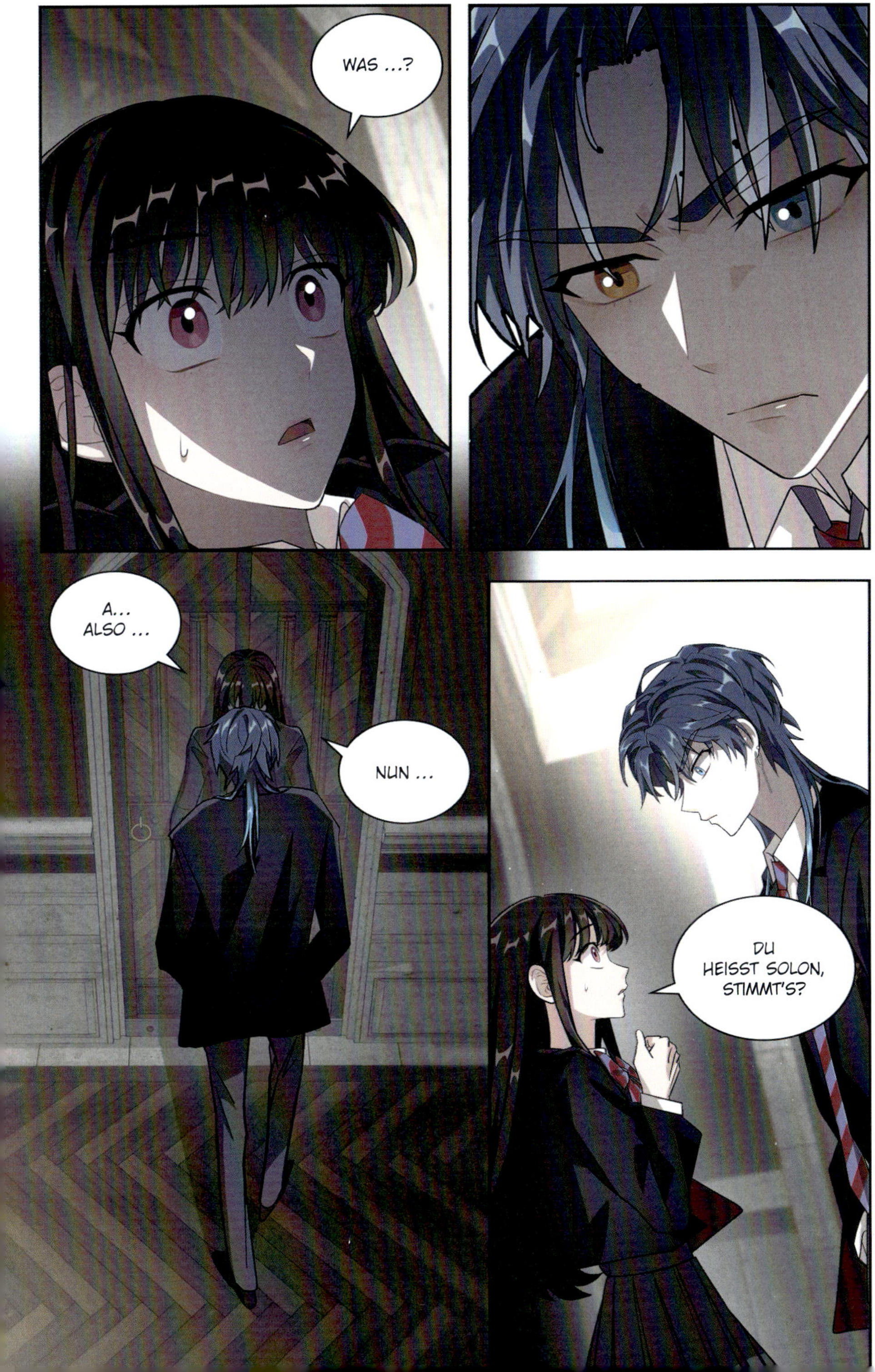
WAS ...?
A...
ALSO ...
NUN ...
DU HEISST SOLON, STIMMT'S?

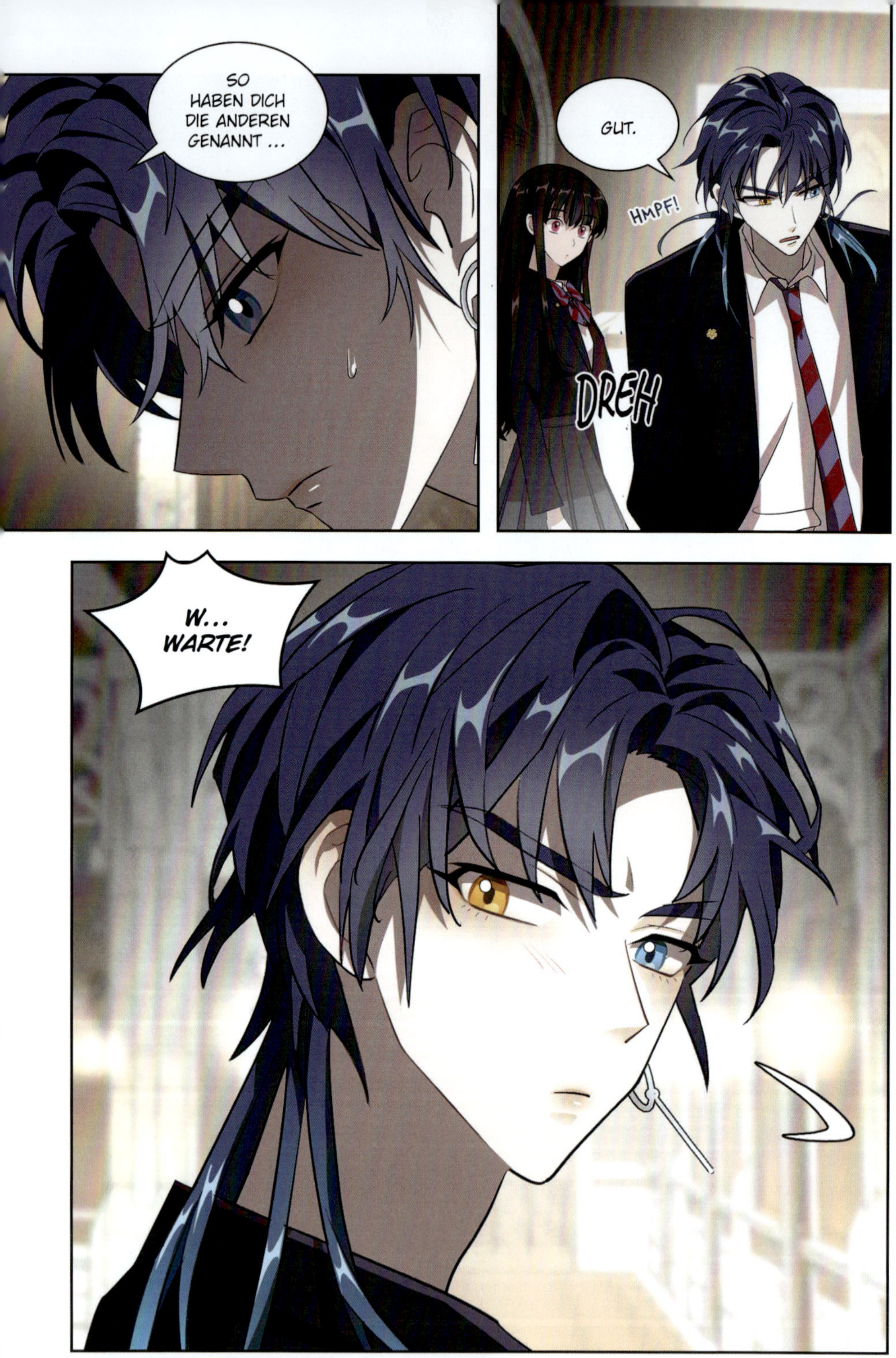
SO HABEN DICH DIE ANDEREN GENANNT …
GUT.
HMPF!
DREH
W… WARTE!

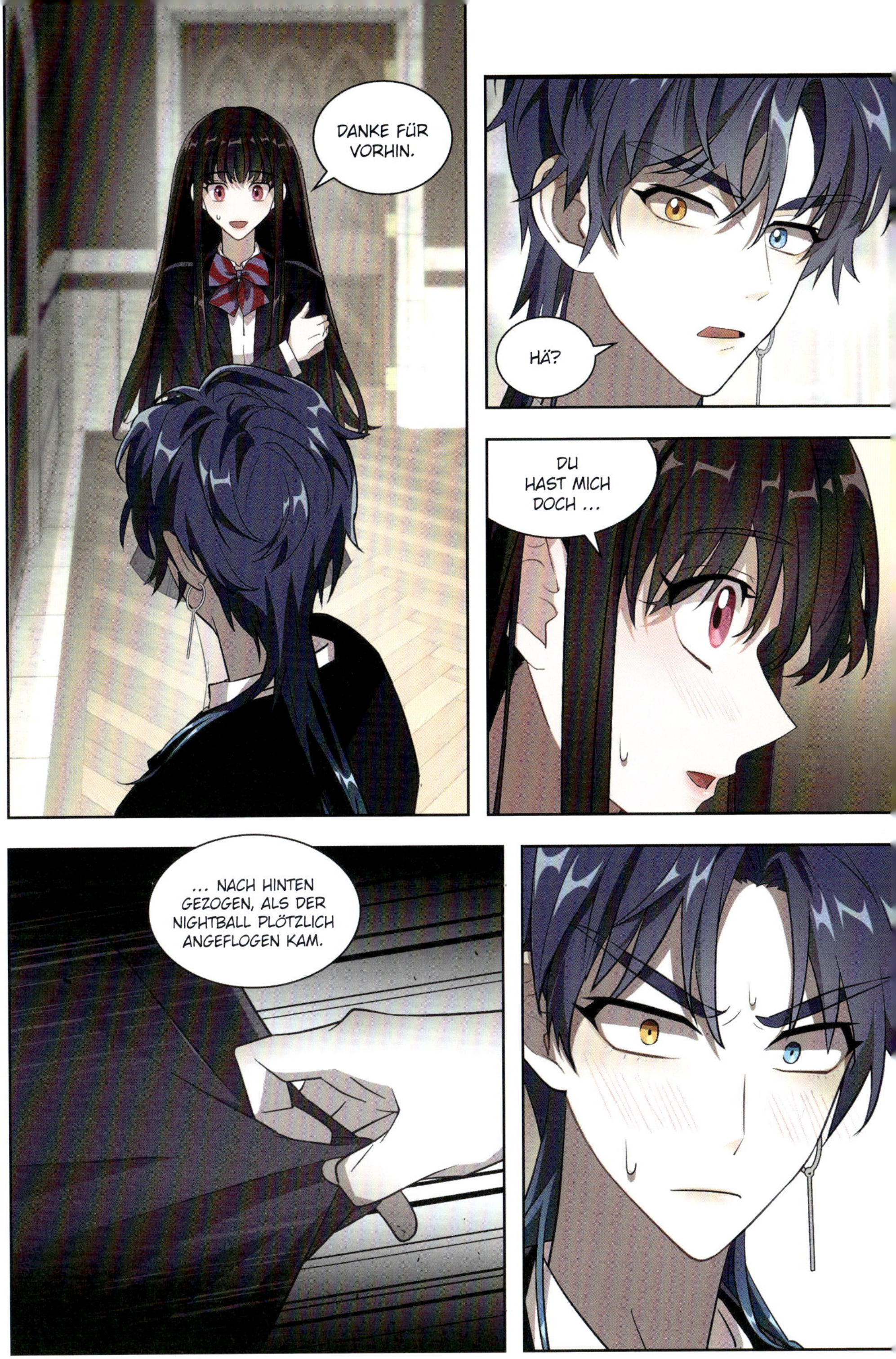
DANKE FÜR VORHIN.
HÄ?
DU HAST MICH DOCH ...
... NACH HINTEN GEZOGEN, ALS DER NIGHTBALL PLÖTZLICH ANGEFLOGEN KAM.

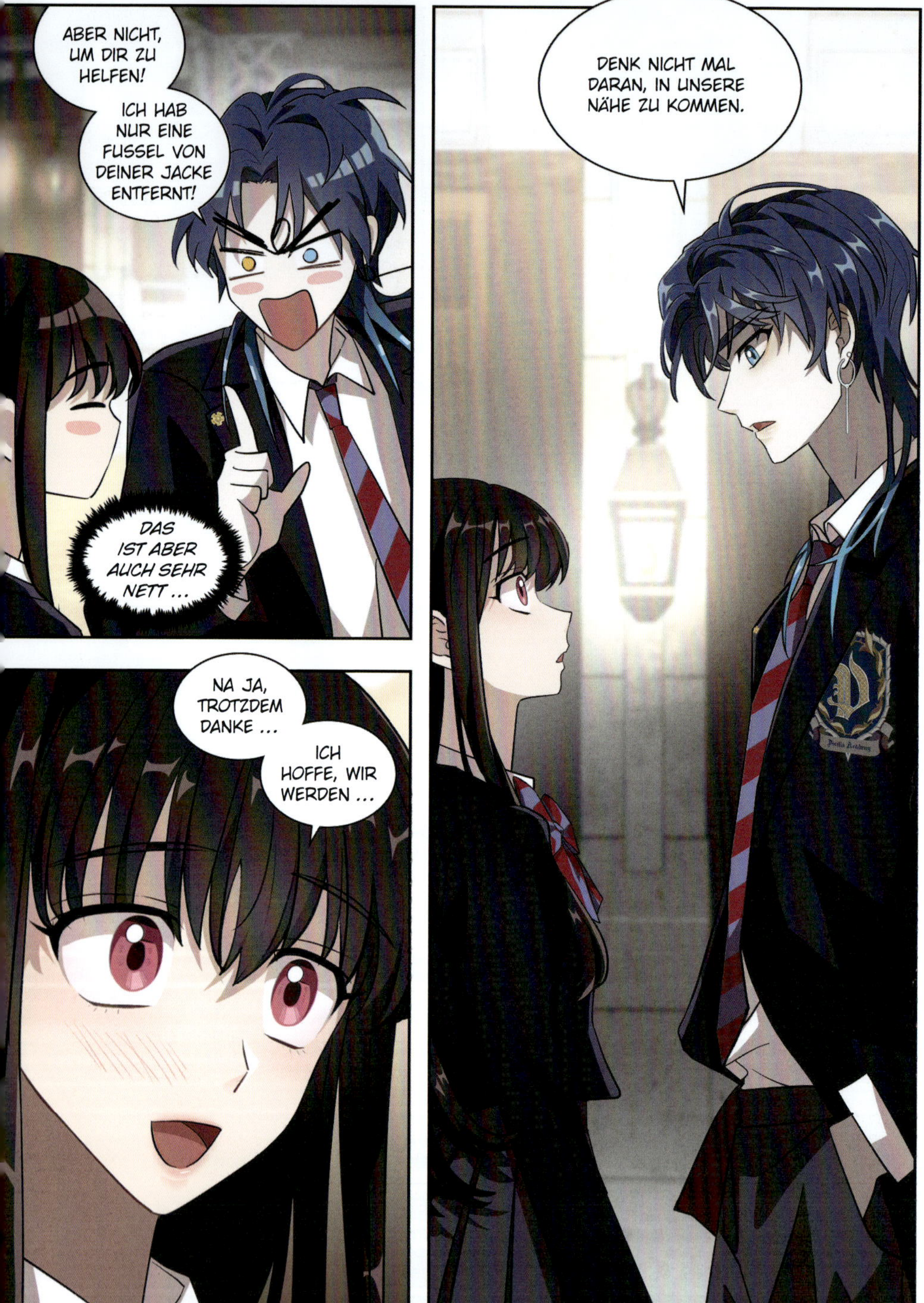
ABER NICHT, UM DIR ZU HELFEN!
ICH HAB NUR EINE FUSSEL VON DEINER JACKE ENTFERNT!
DAS IST ABER AUCH SEHR NETT …
NA JA, TROTZDEM DANKE …
ICH HOFFE, WIR WERDEN …
DENK NICHT MAL DARAN, IN UNSERE NÄHE ZU KOMMEN.

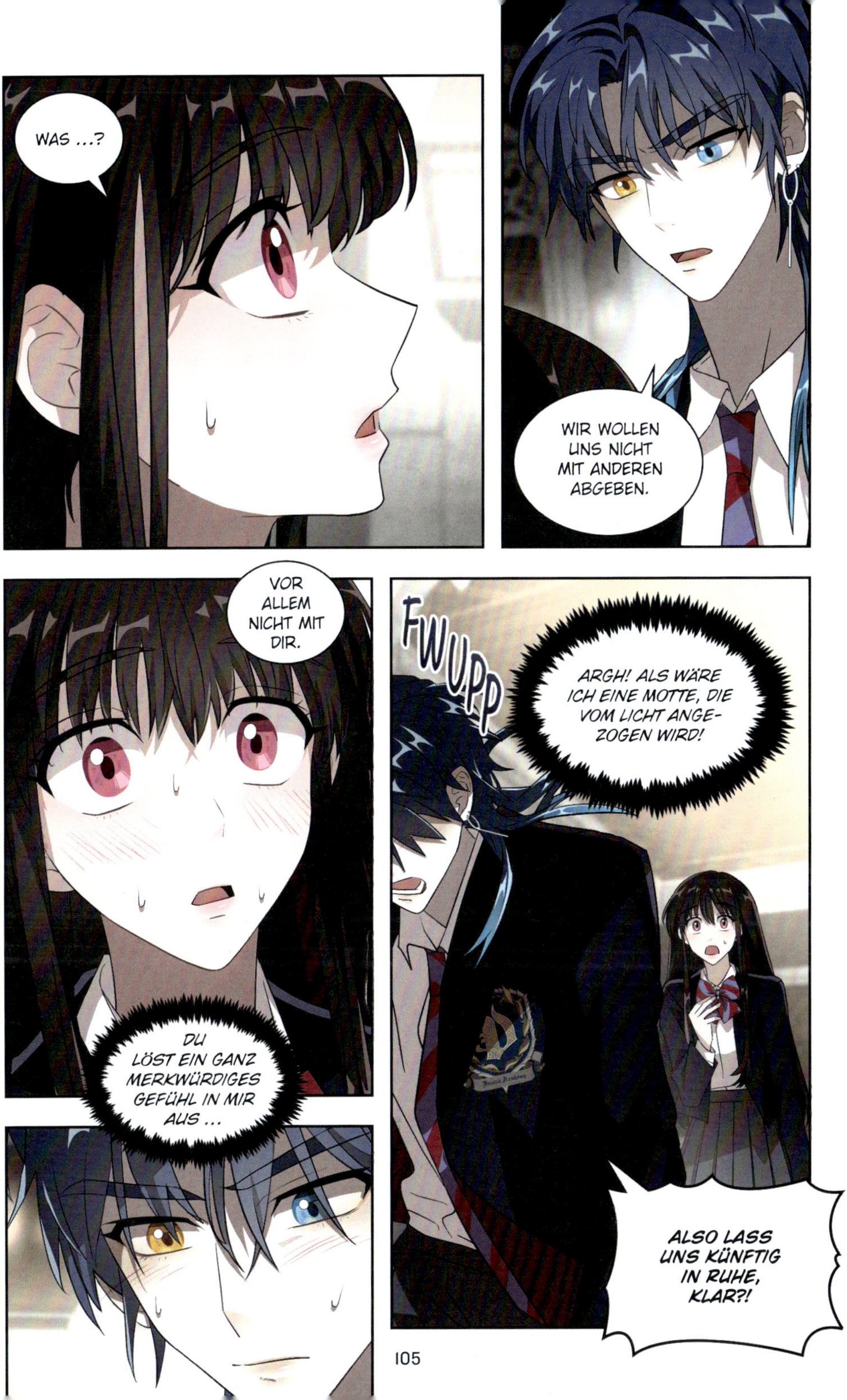
WAS …?
WIR WOLLEN UNS NICHT MIT ANDEREN ABGEBEN.
VOR ALLEM NICHT MIT DIR.
DU LÖST EIN GANZ MERKWÜRDIGES GEFÜHL IN MIR AUS …
FWUPP
ARGH! ALS WÄRE ICH EINE MOTTE, DIE VOM LICHT ANGE-ZOGEN WIRD!
ALSO LASS UNS KÜNFTIG IN RUHE, KLAR?!

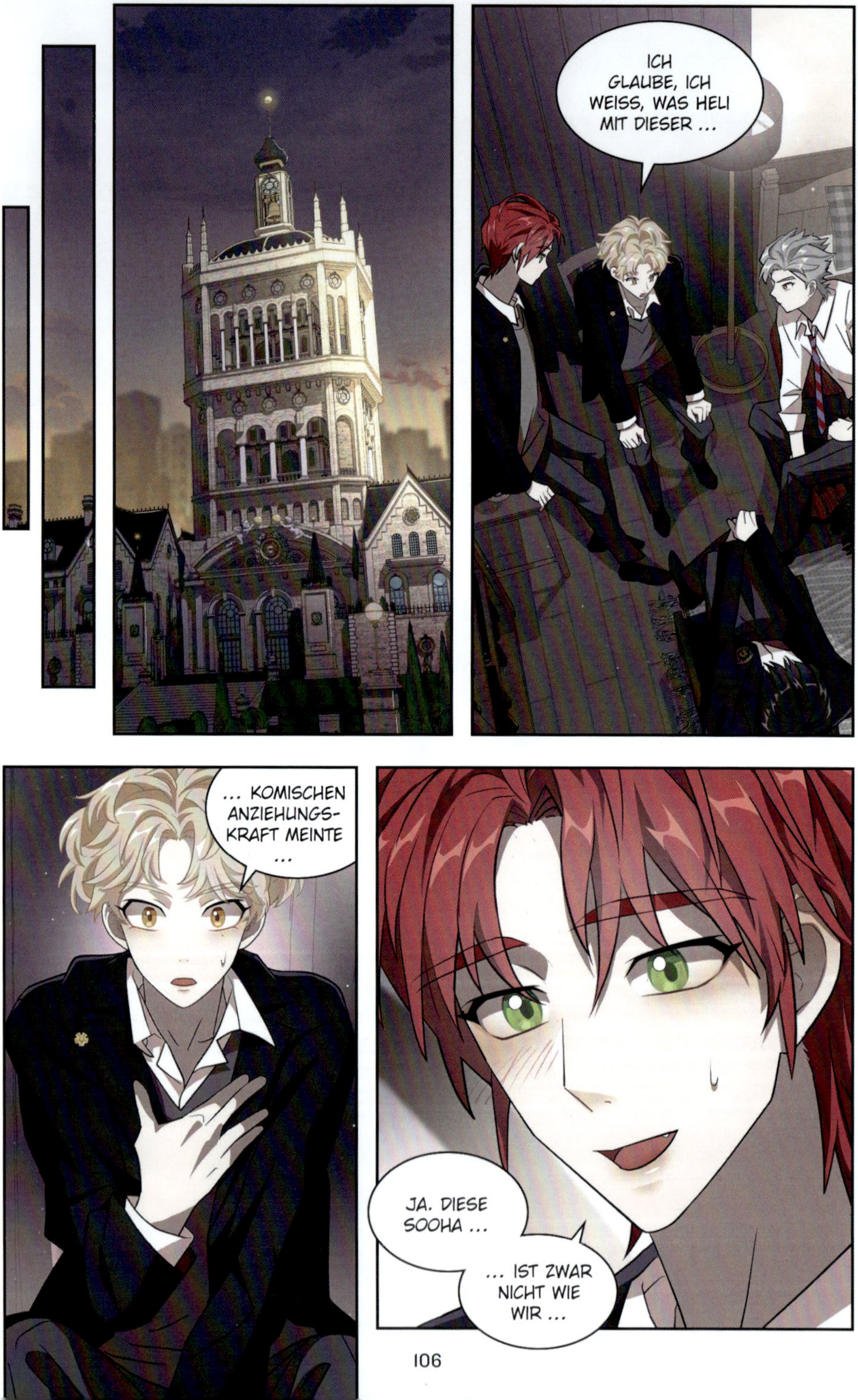
ICH GLAUBE, ICH WEISS, WAS HELI MIT DIESER …
… KOMISCHEN ANZIEHUNGS-KRAFT MEINTE …
JA. DIESE SOOHA …
… IST ZWAR NICHT WIE WIR …

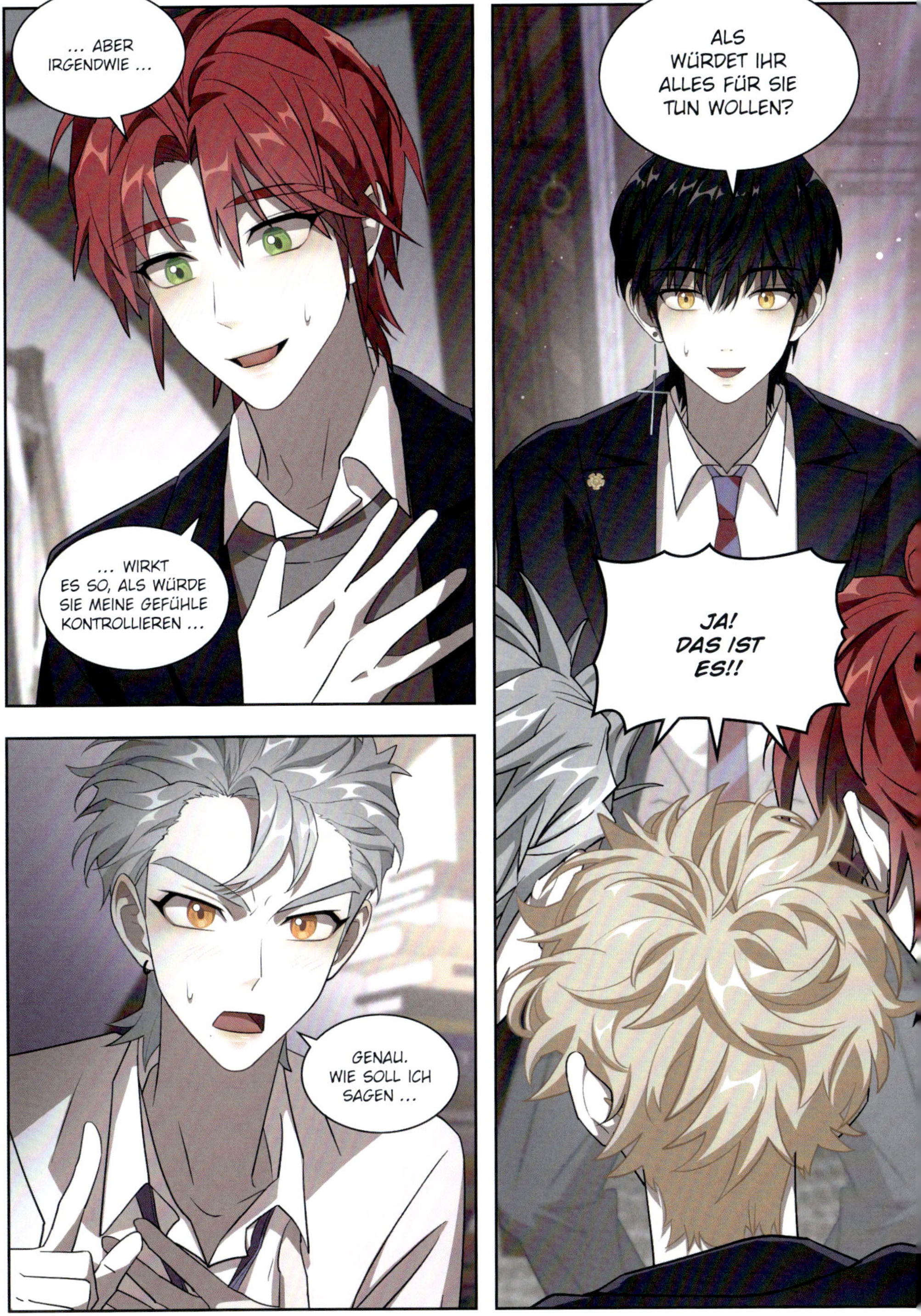

... ABER IRGENDWIE ...
... WIRKT ES SO, ALS WÜRDE SIE MEINE GEFÜHLE KONTROLLIEREN ...
GENAU. WIE SOLL ICH SAGEN ...
ALS WÜRDET IHR ALLES FÜR SIE TUN WOLLEN?
JA! DAS IST ES!!

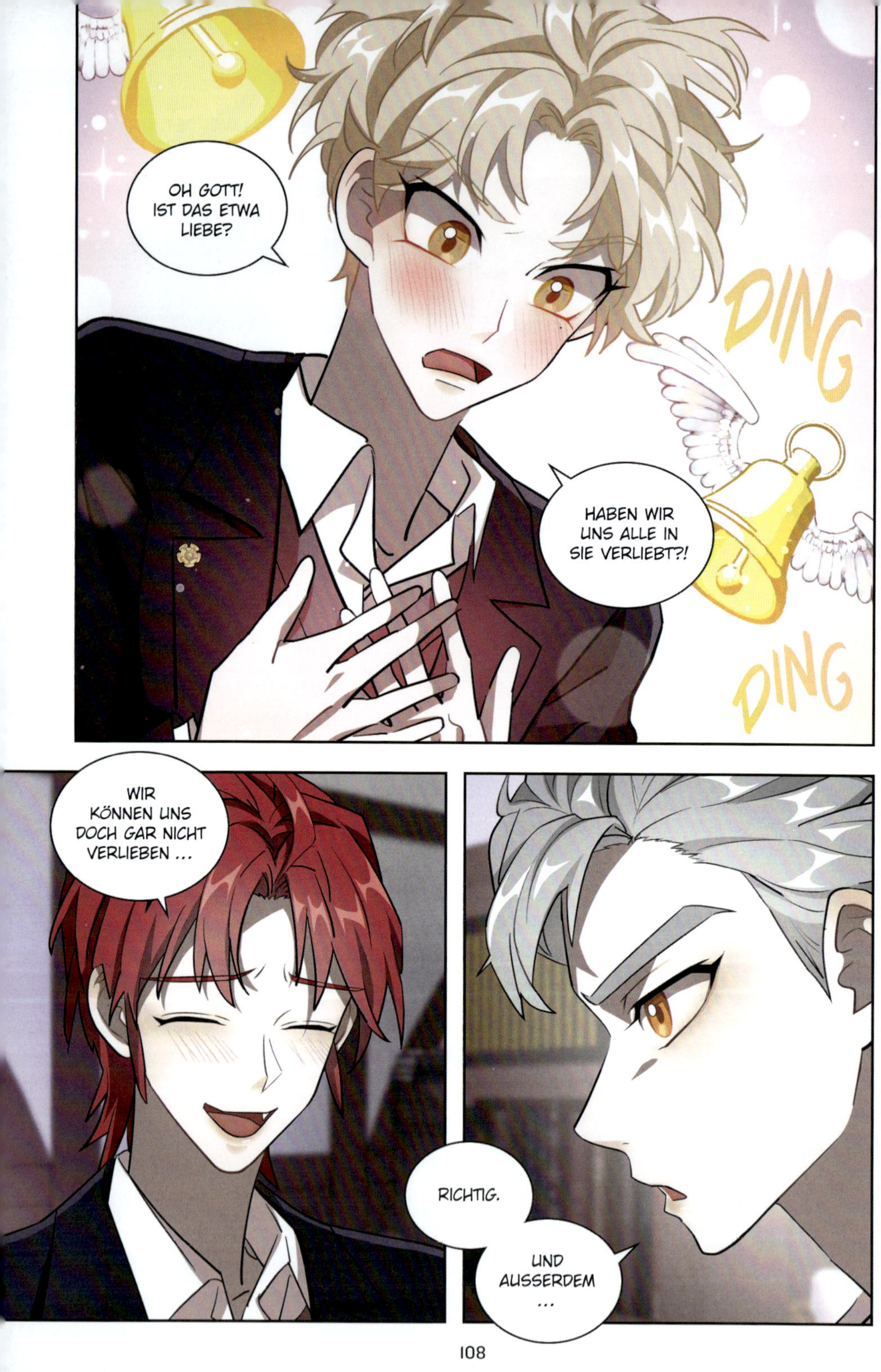
OH GOTT! IST DAS ETWA LIEBE?
DING
HABEN WIR UNS ALLE IN SIE VERLIEBT?!
DING
WIR KÖNNEN UNS DOCH GAR NICHT VERLIEBEN …
RICHTIG.
UND AUSSERDEM …

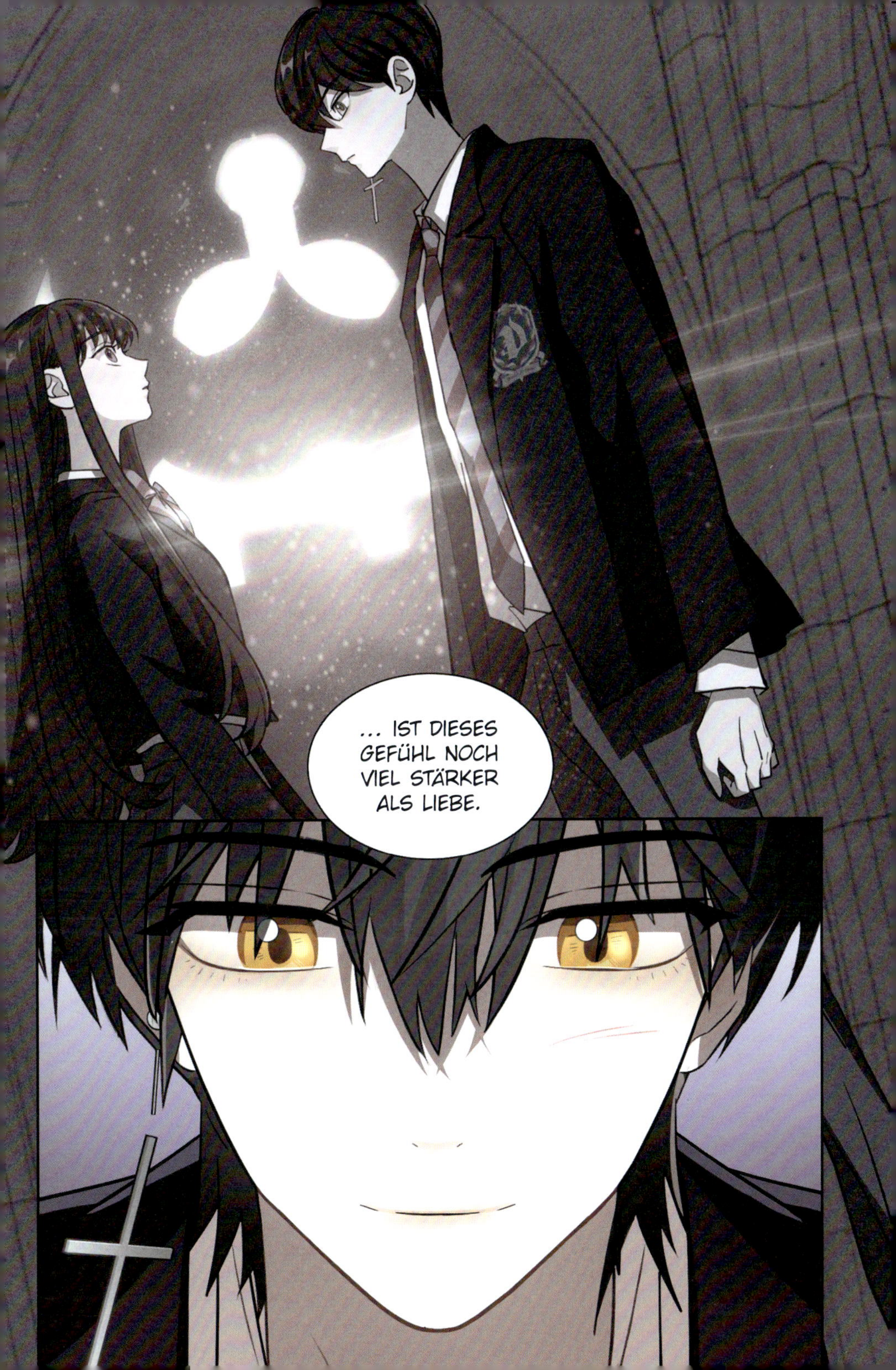
... IST DIESES GEFÜHL NOCH VIEL STÄRKER ALS LIEBE.

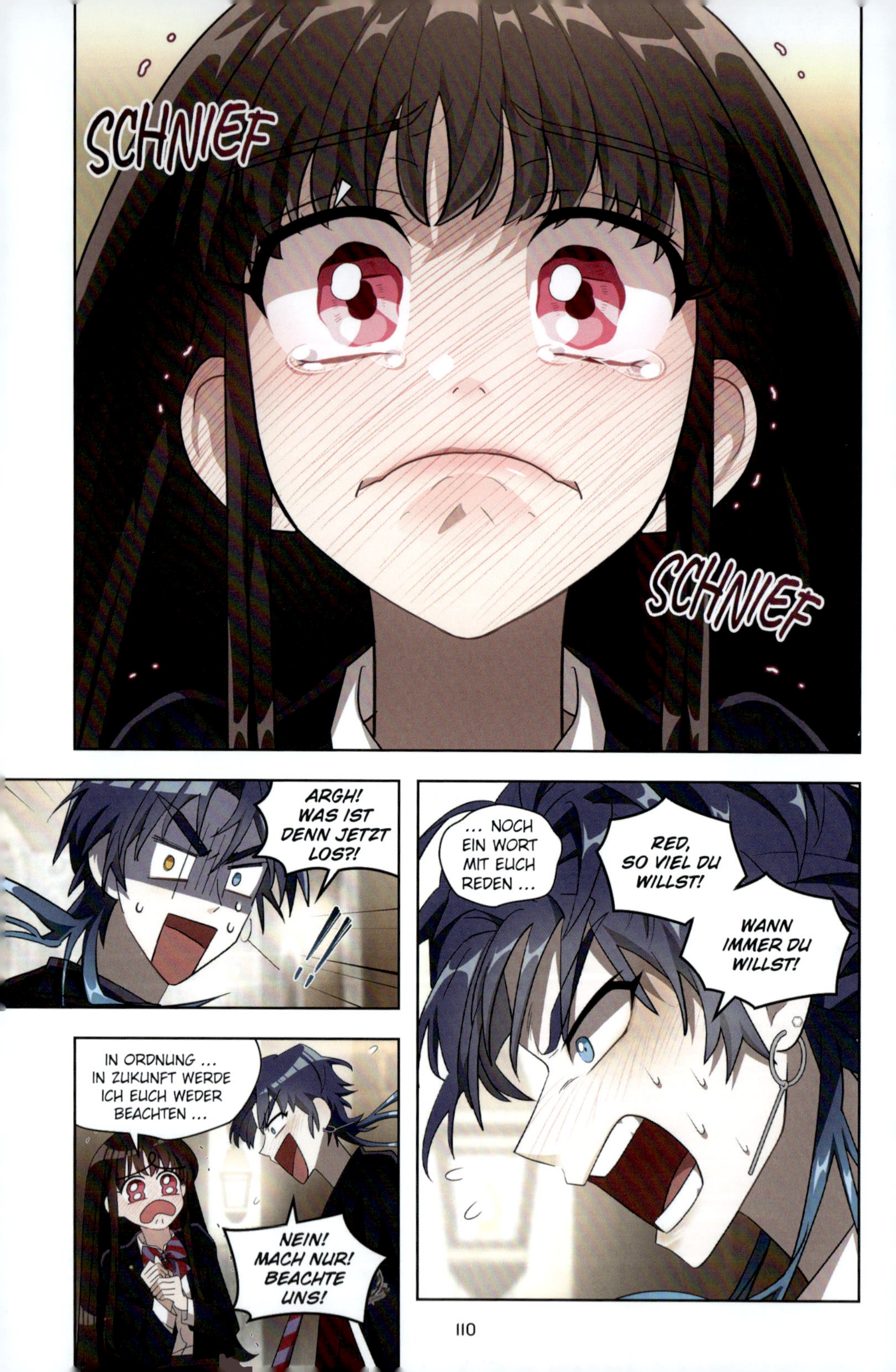
SCHNIEF
SCHNIEF
ARGH! WAS IST DENN JETZT LOS?!
IN ORDNUNG … IN ZUKUNFT WERDE ICH EUCH WEDER BEACHTEN …
NEIN! MACH NUR! BEACHTE UNS!
… NOCH EIN WORT MIT EUCH REDEN …
RED, SO VIEL DU WILLST!
WANN IMMER DU WILLST!

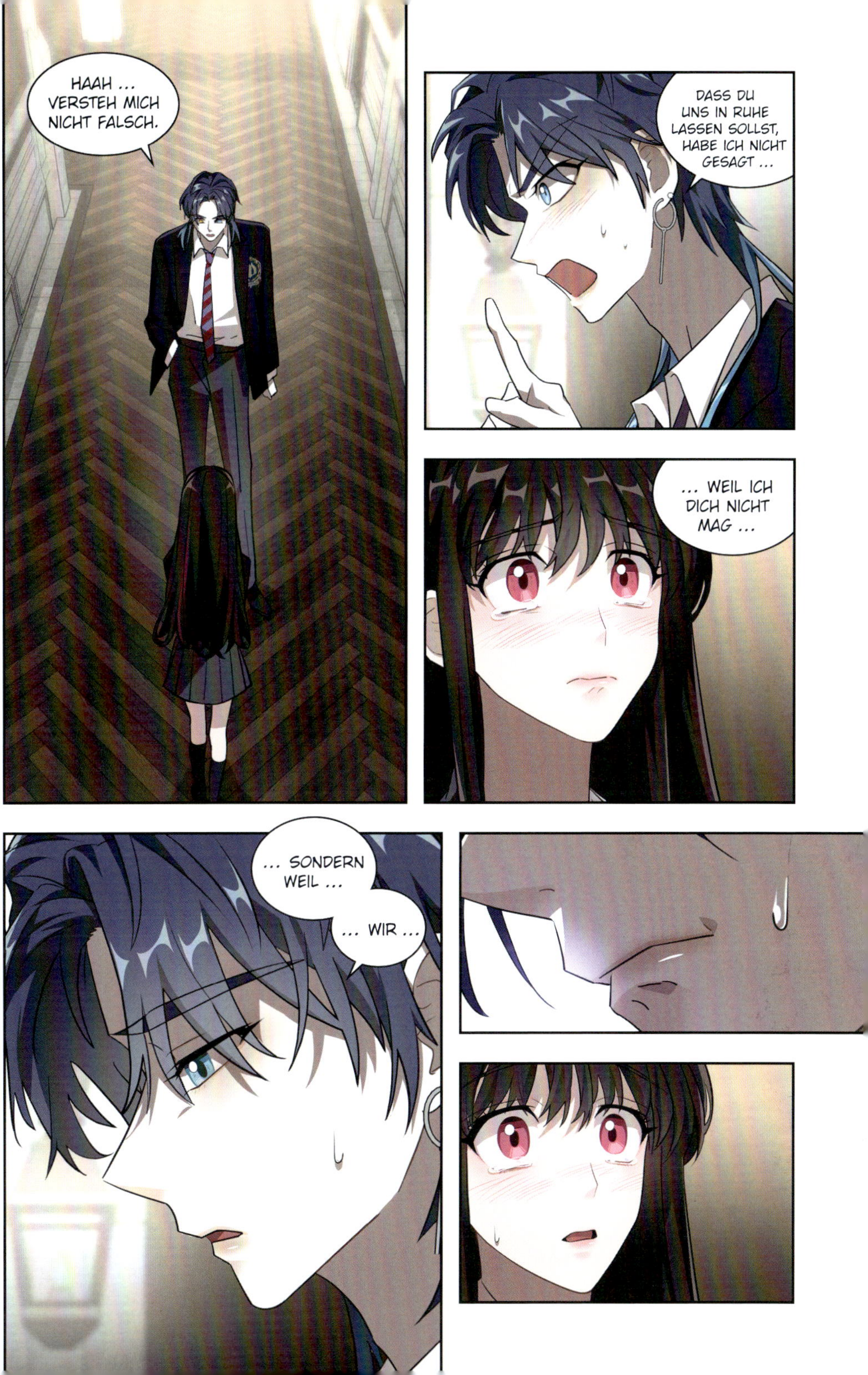
HAAH ... VERSTEH MICH NICHT FALSCH.
DASS DU UNS IN RUHE LASSEN SOLLST, HABE ICH NICHT GESAGT ...
... WEIL ICH DICH NICHT MAG ...
... SONDERN WEIL ...
... WIR ...

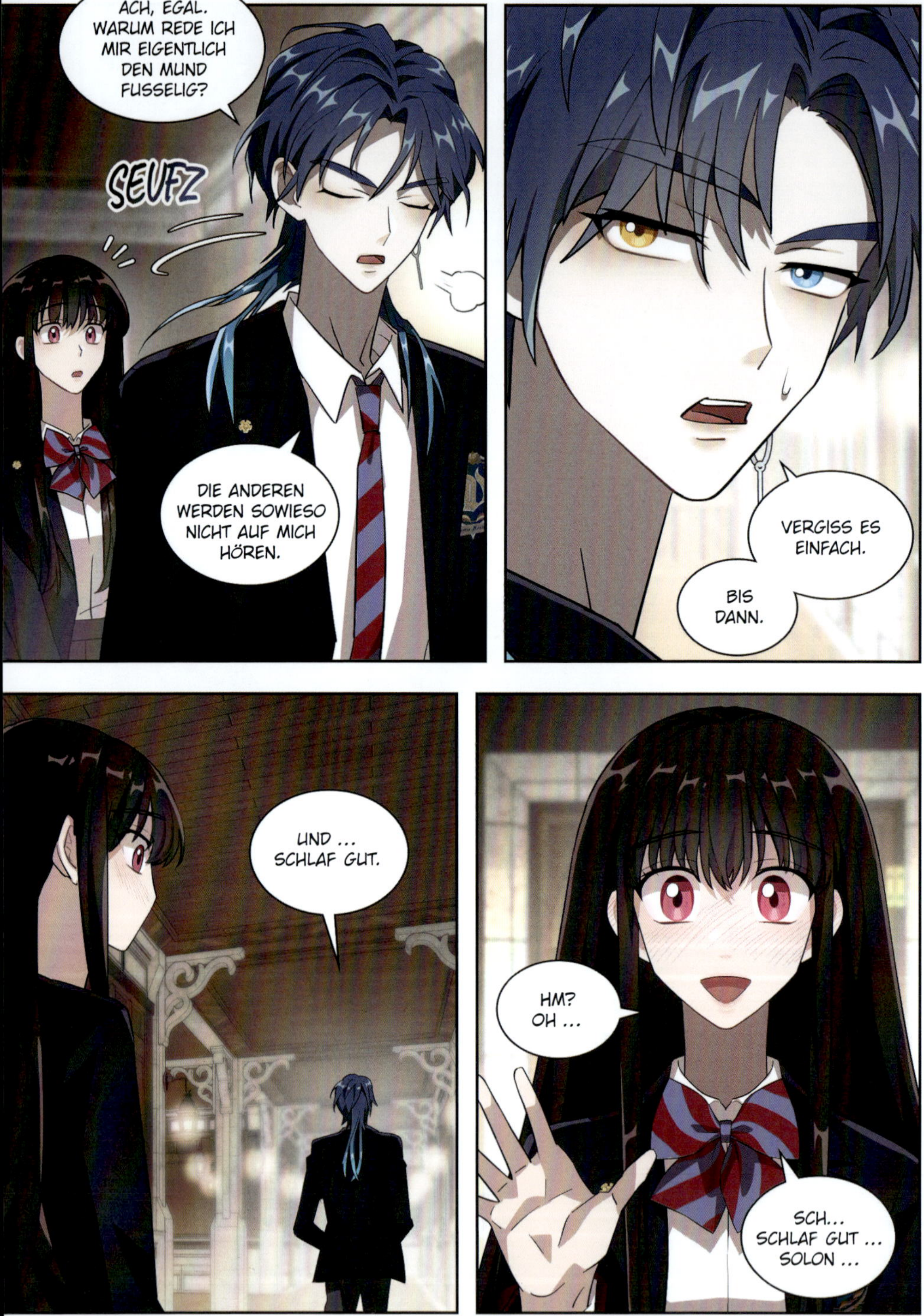
ACH, EGAL. WARUM REDE ICH MIR EIGENTLICH DEN MUND FUSSELIG?
SEUFZ
DIE ANDEREN WERDEN SOWIESO NICHT AUF MICH HÖREN.
VERGISS ES EINFACH.
BIS DANN.
UND … SCHLAF GUT.
HM? OH …
SCH… SCHLAF GUT … SOLON …

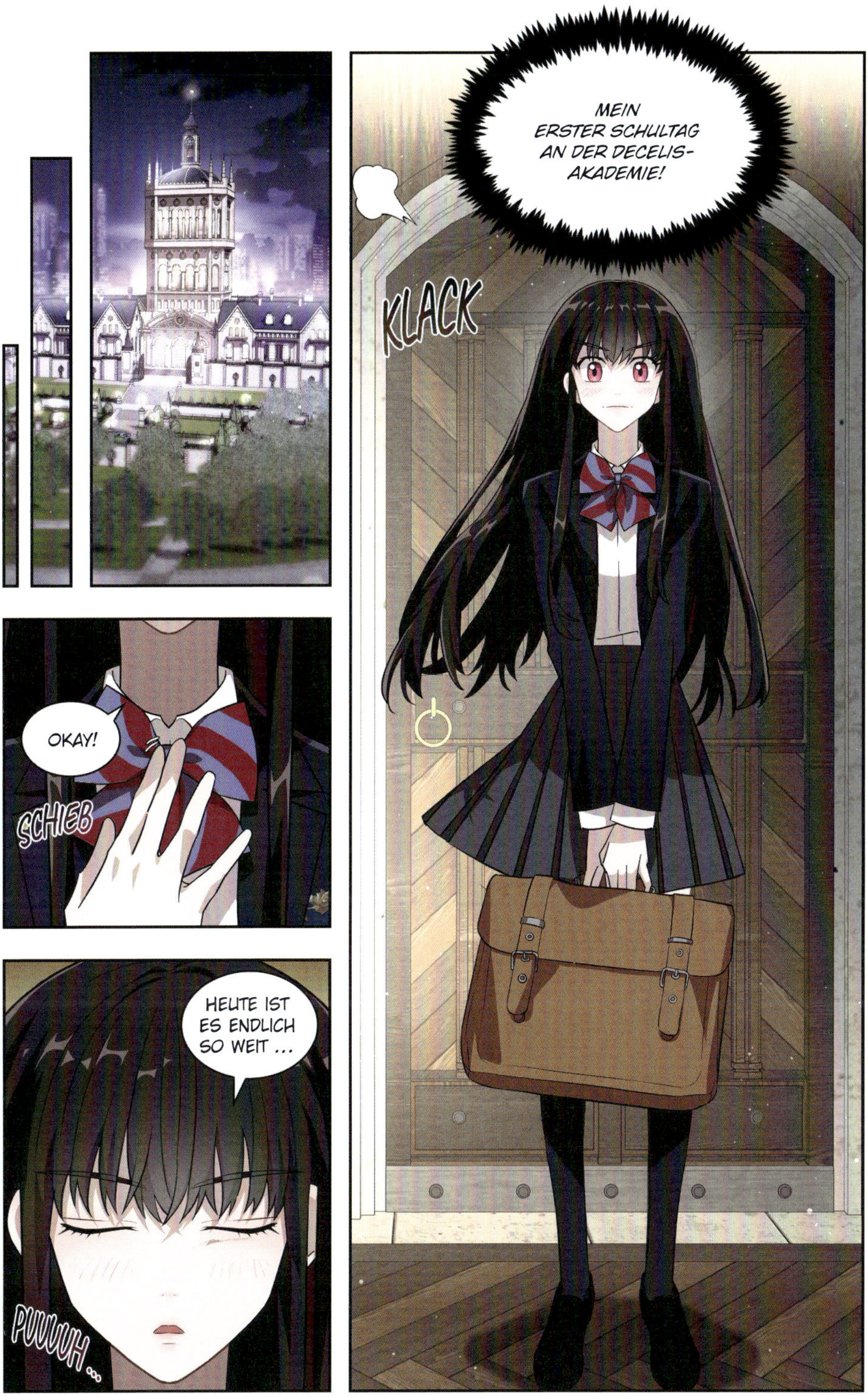
OKAY!
SCHIEB
HEUTE IST ES ENDLICH SO WEIT ...
PUUUUH ...
MEIN ERSTER SCHULTAG AN DER DECELIS-AKADEMIE!
KLACK

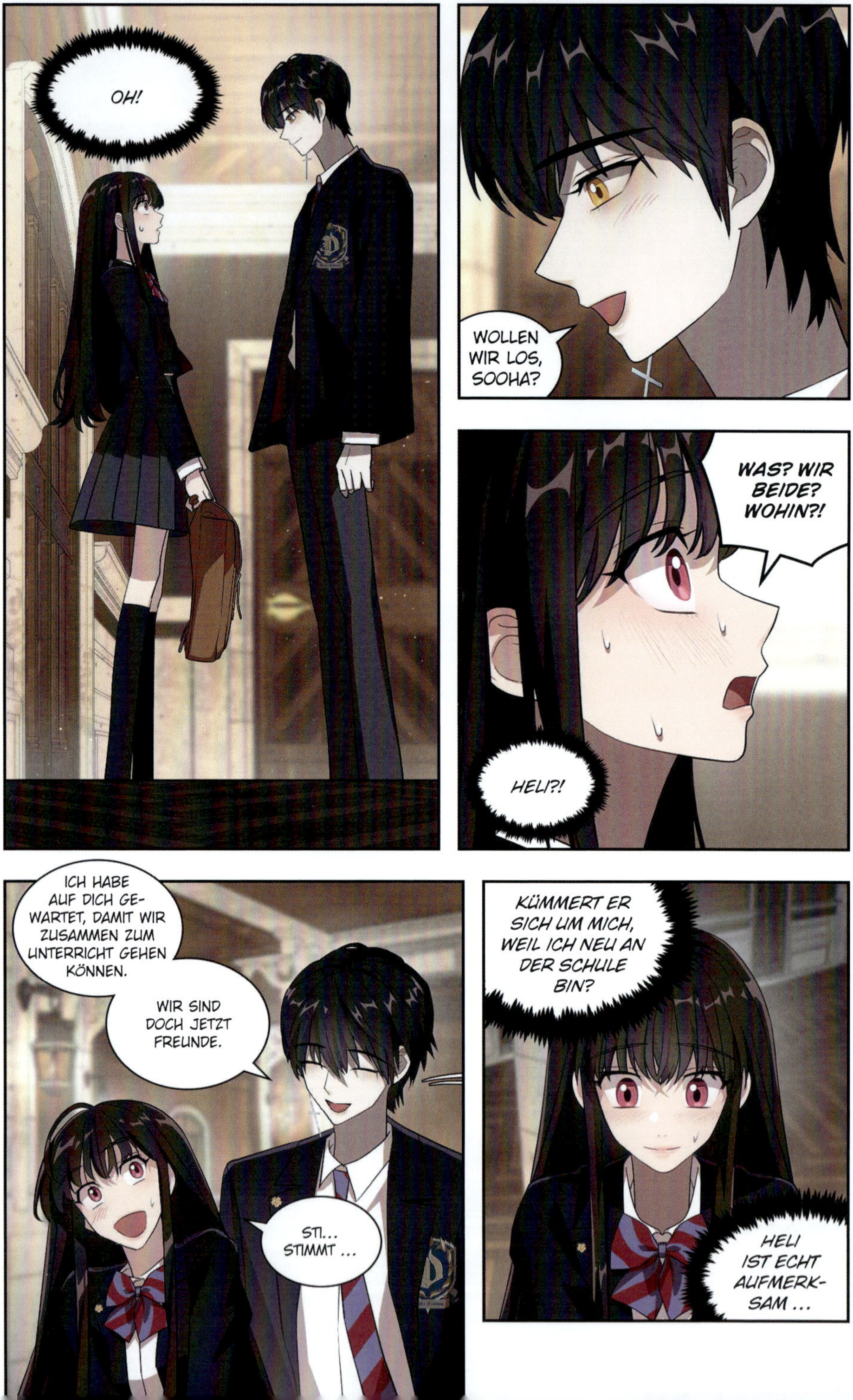
OH!
WOLLEN WIR LOS, SOOHA?
WAS? WIR BEIDE? WOHIN?!
HELI?!
ICH HABE AUF DICH GEWARTET, DAMIT WIR ZUSAMMEN ZUM UNTERRICHT GEHEN KÖNNEN.
WIR SIND DOCH JETZT FREUNDE.
STI… STIMMT …
KÜMMERT ER SICH UM MICH, WEIL ICH NEU AN DER SCHULE BIN?
HELI IST ECHT AUFMERKSAM …

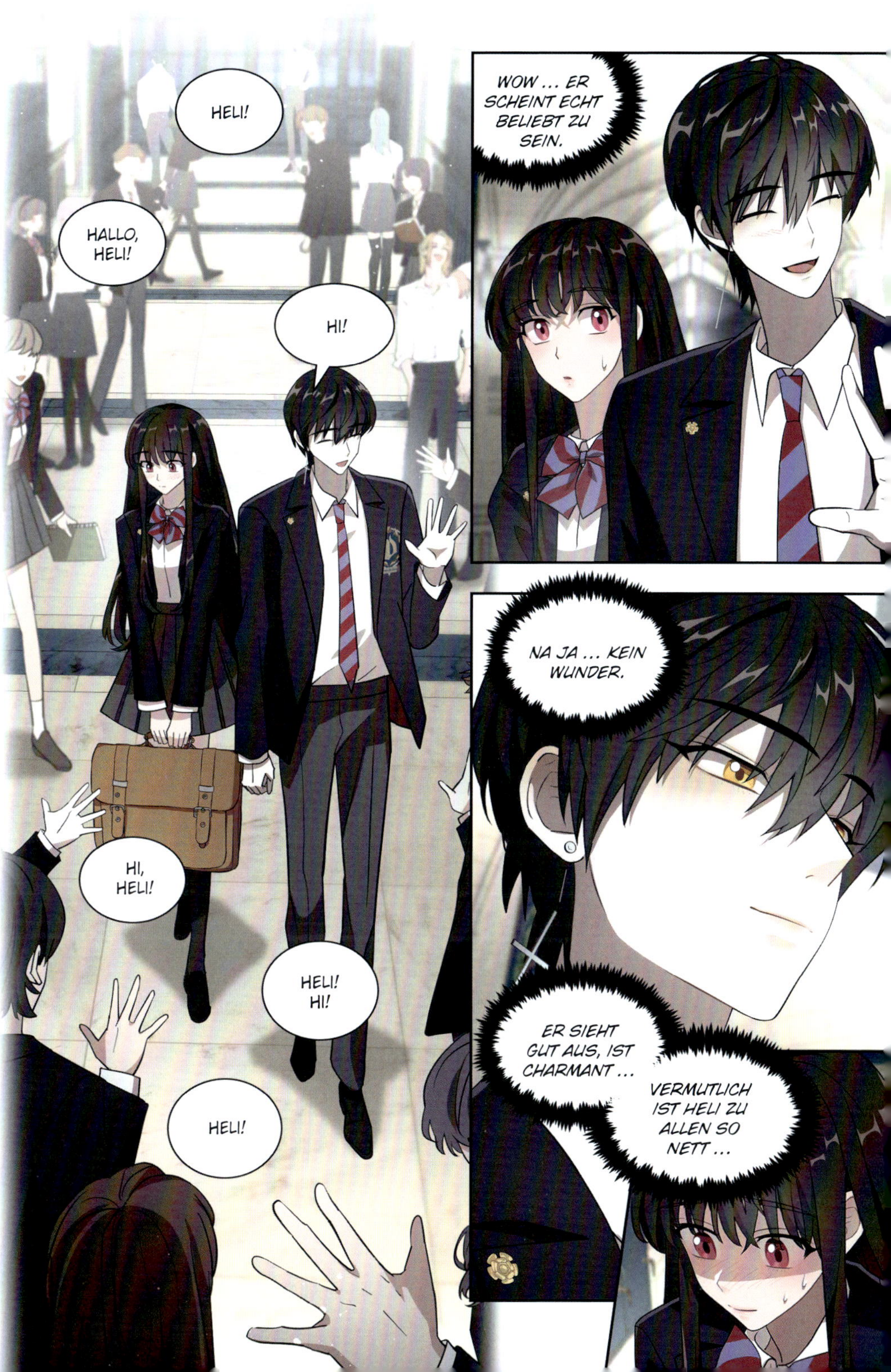
HELI!
HALLO, HELI!
HI!
HI, HELI!
HELI! HI!
HELI!
WOW ... ER SCHEINT ECHT BELIEBT ZU SEIN.
NA JA ... KEIN WUNDER.
ER SIEHT GUT AUS, IST CHARMANT ...
VERMUTLICH IST HELI ZU ALLEN SO NETT ...

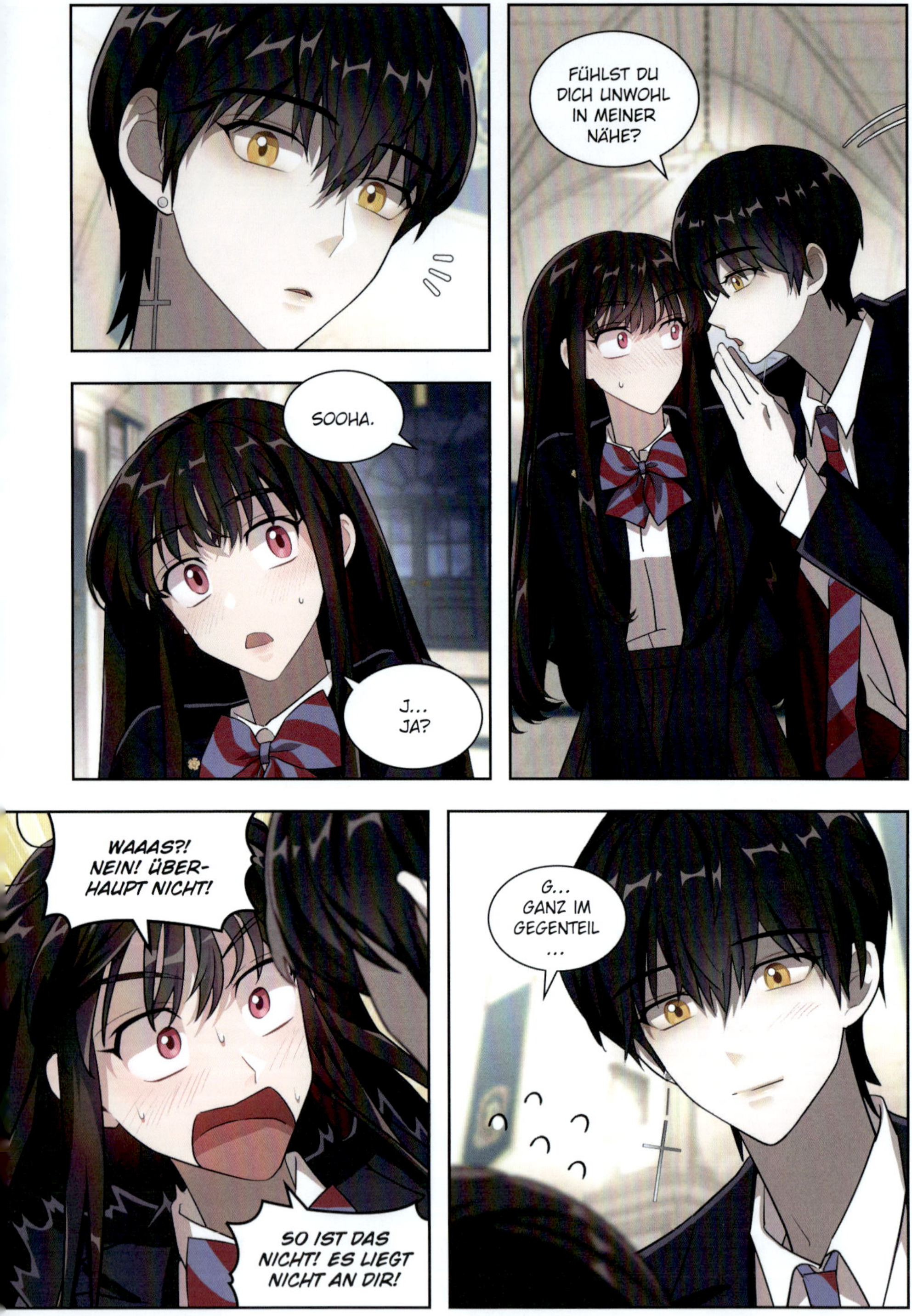
FÜHLST DU DICH UNWOHL IN MEINER NÄHE?
SOOHA.
J... JA?
WAAAS?! NEIN! ÜBER-HAUPT NICHT!
SO IST DAS NICHT! ES LIEGT NICHT AN DIR!
G... GANZ IM GEGENTEIL ...

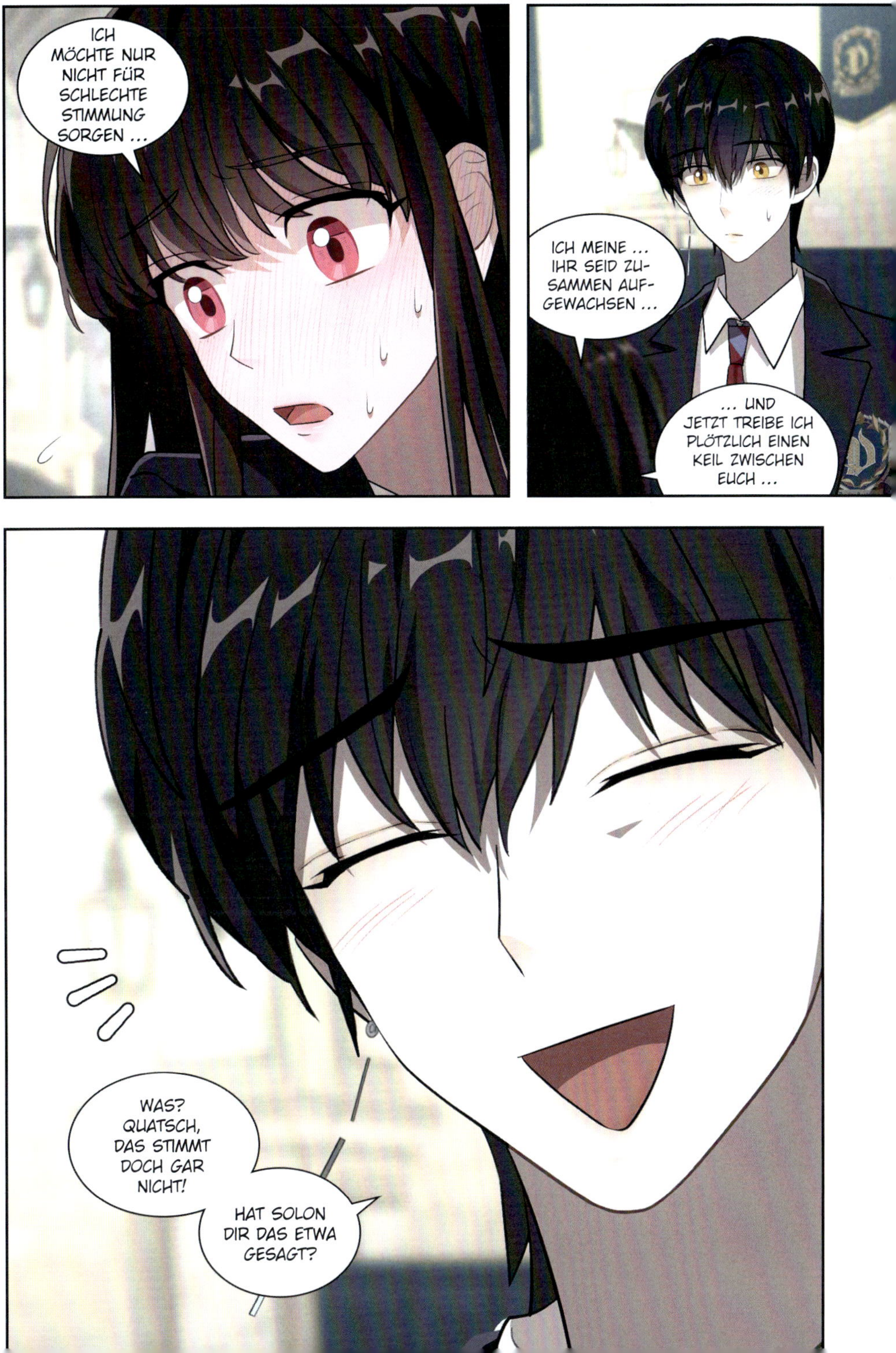
ICH MÖCHTE NUR NICHT FÜR SCHLECHTE STIMMUNG SORGEN …
ICH MEINE … IHR SEID ZUSAMMEN AUFGEWACHSEN …
… UND JETZT TREIBE ICH PLÖTZLICH EINEN KEIL ZWISCHEN EUCH …
WAS? QUATSCH, DAS STIMMT DOCH GAR NICHT!
HAT SOLON DIR DAS ETWA GESAGT?

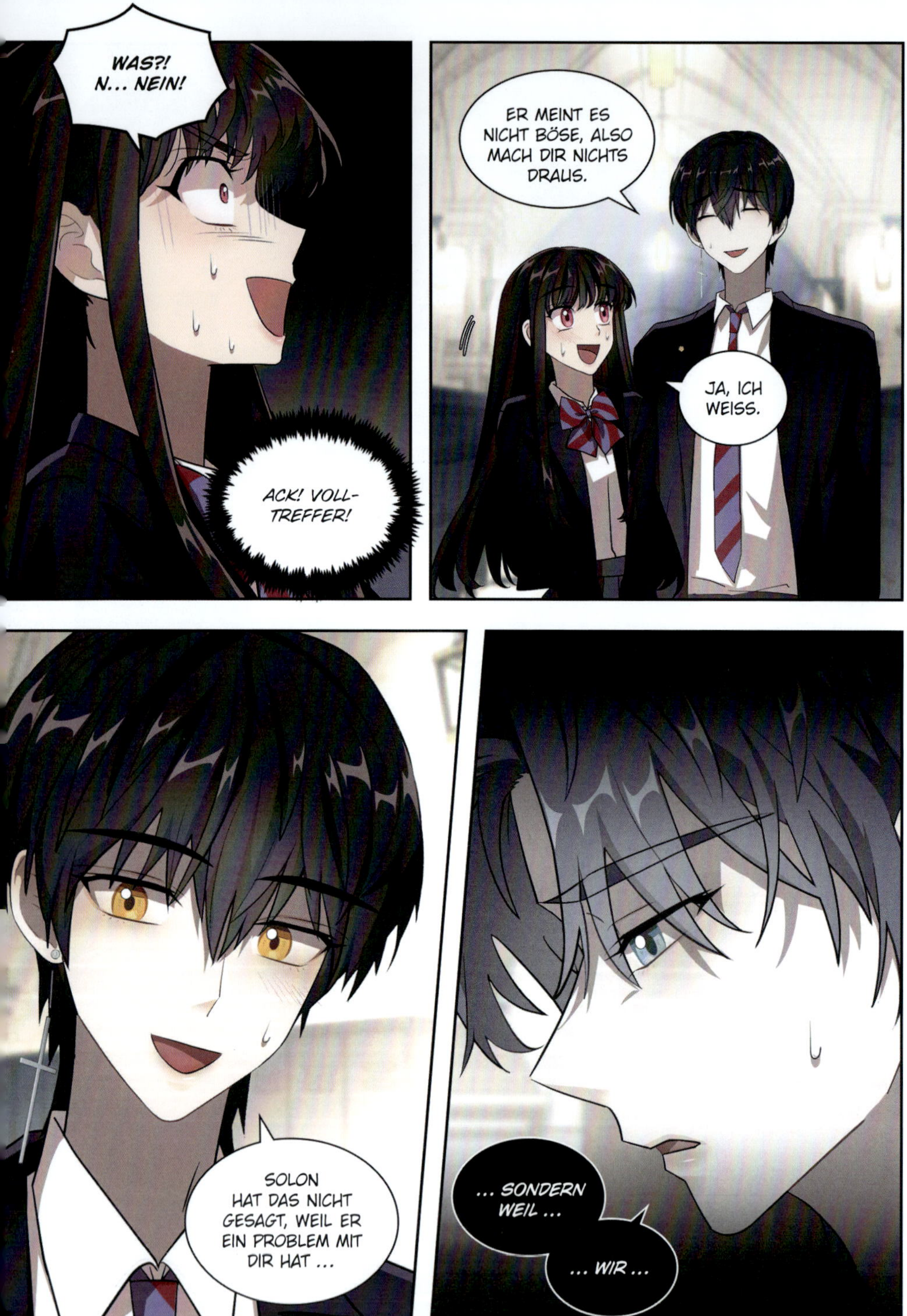
WAS?! N... NEIN!
ACK! VOLL-TREFFER!
ER MEINT ES NICHT BÖSE, ALSO MACH DIR NICHTS DRAUS.
JA, ICH WEISS.
SOLON HAT DAS NICHT GESAGT, WEIL ER EIN PROBLEM MIT DIR HAT ...
... SONDERN WEIL ...
... WIR ...

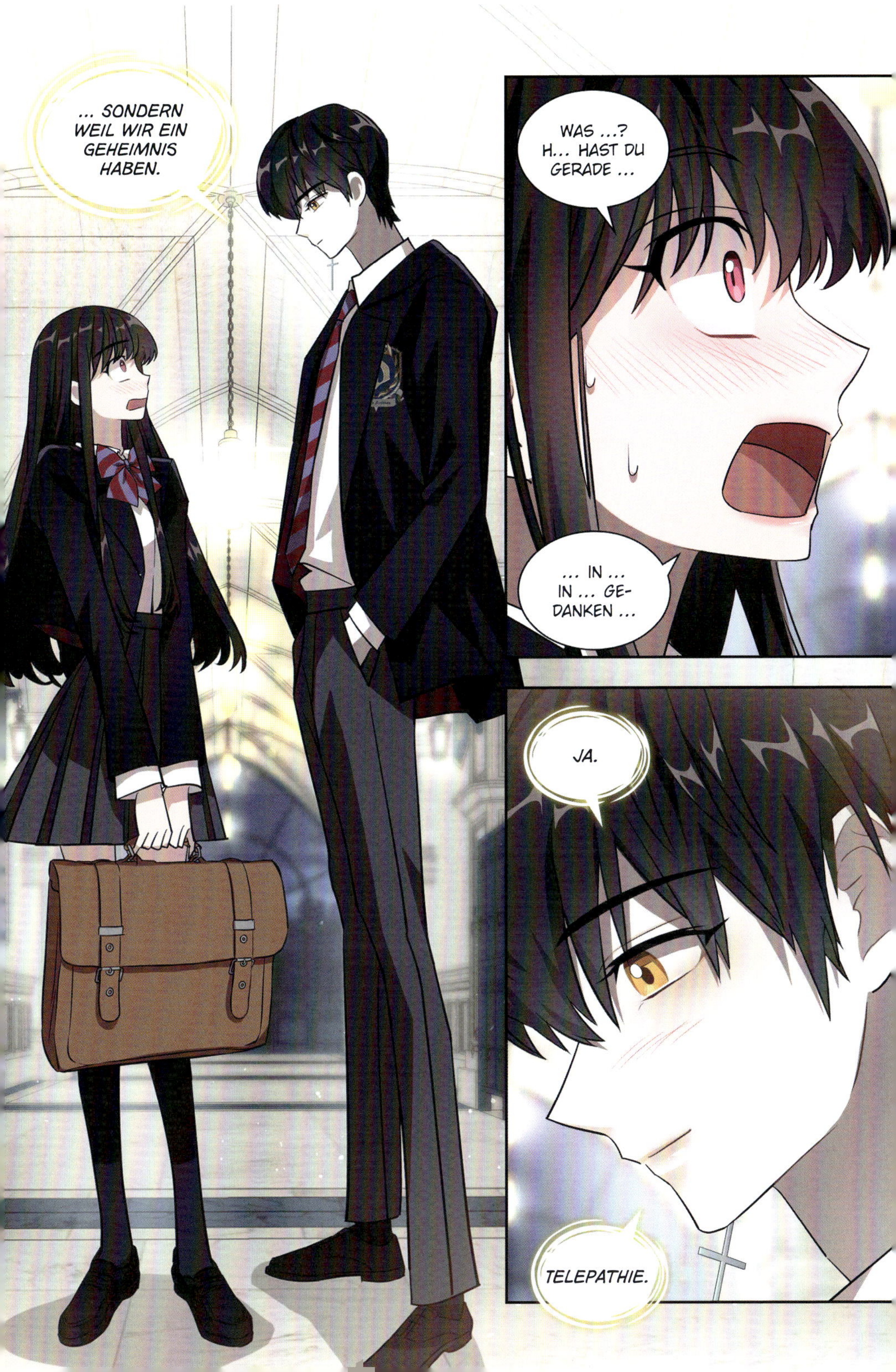
... SONDERN WEIL WIR EIN GEHEIMNIS HABEN.
WAS ...? H... HAST DU GERADE ...
... IN ... IN ... GE- DANKEN ...
JA.
TELEPATHIE.

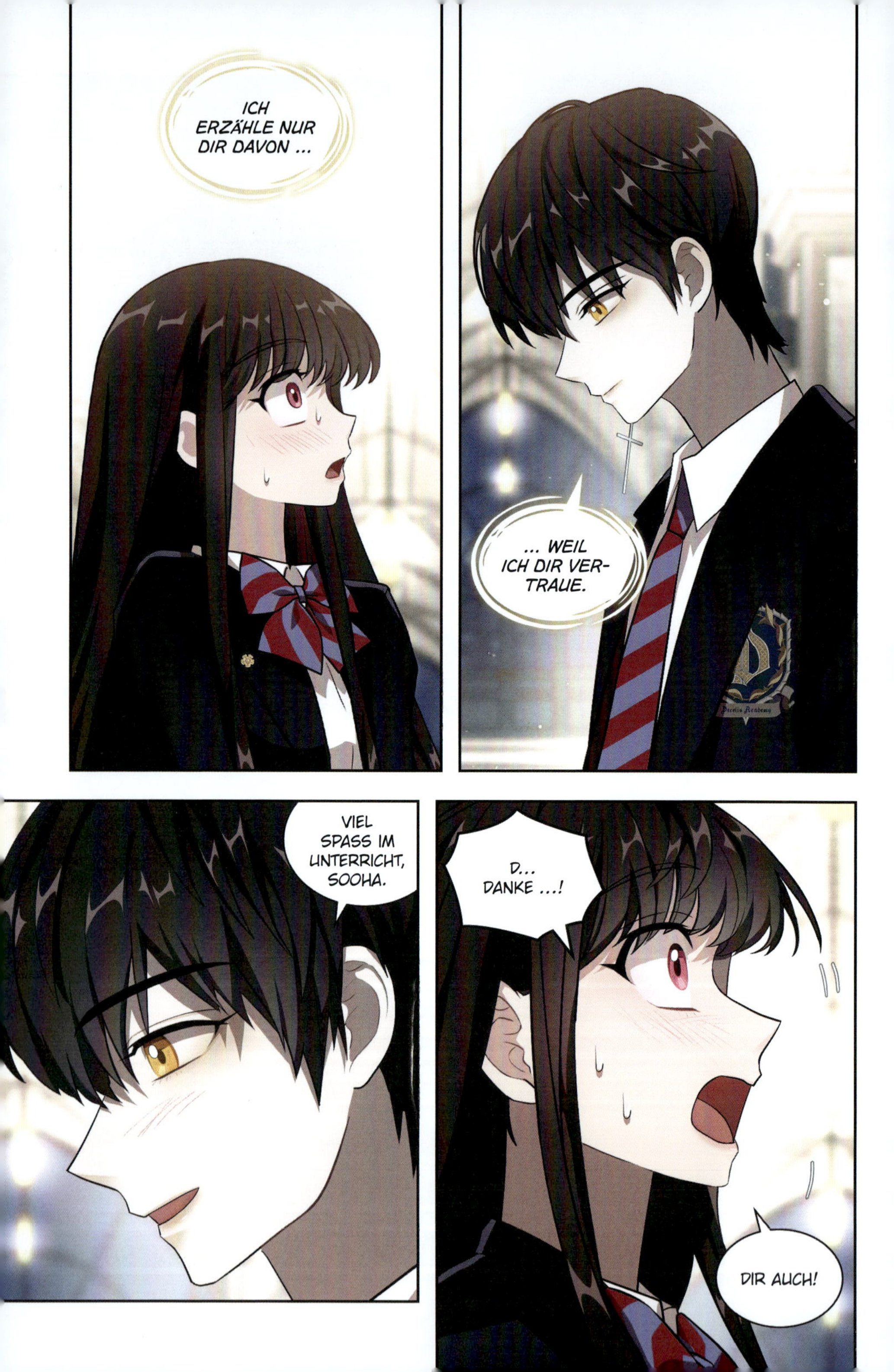
ICH ERZÄHLE NUR DIR DAVON ...
... WEIL ICH DIR VER-TRAUE.
VIEL SPASS IM UNTERRICHT, SOOHA.
D... DANKE ...!
DIR AUCH!

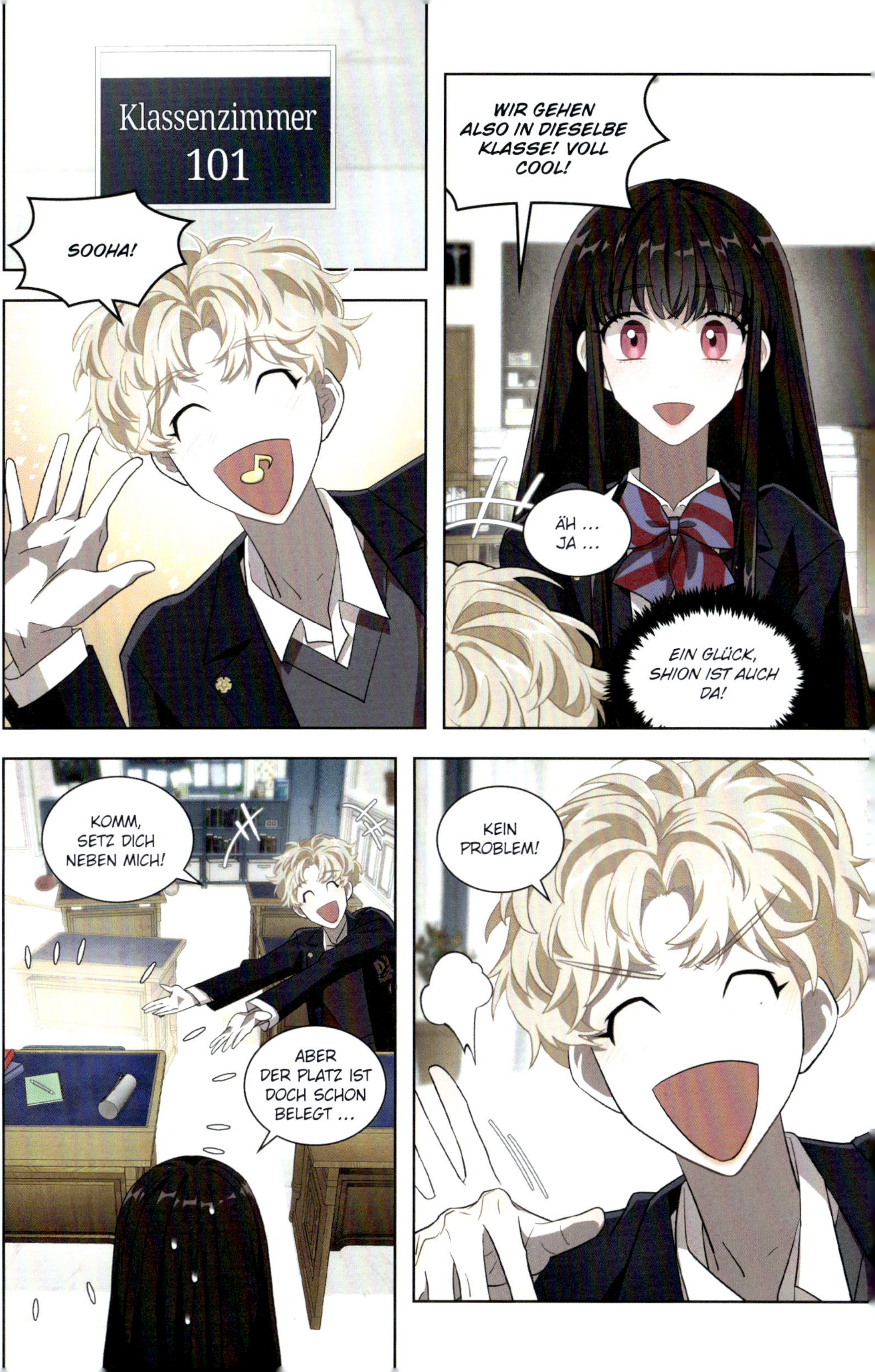
Klassenzimmer 101
SOOHA!
WIR GEHEN ALSO IN DIESELBE KLASSE! VOLL COOL!
ÄH … JA …
EIN GLÜCK, SHION IST AUCH DA!
KOMM, SETZ DICH NEBEN MICH!
ABER DER PLATZ IST DOCH SCHON BELEGT …
KEIN PROBLEM!

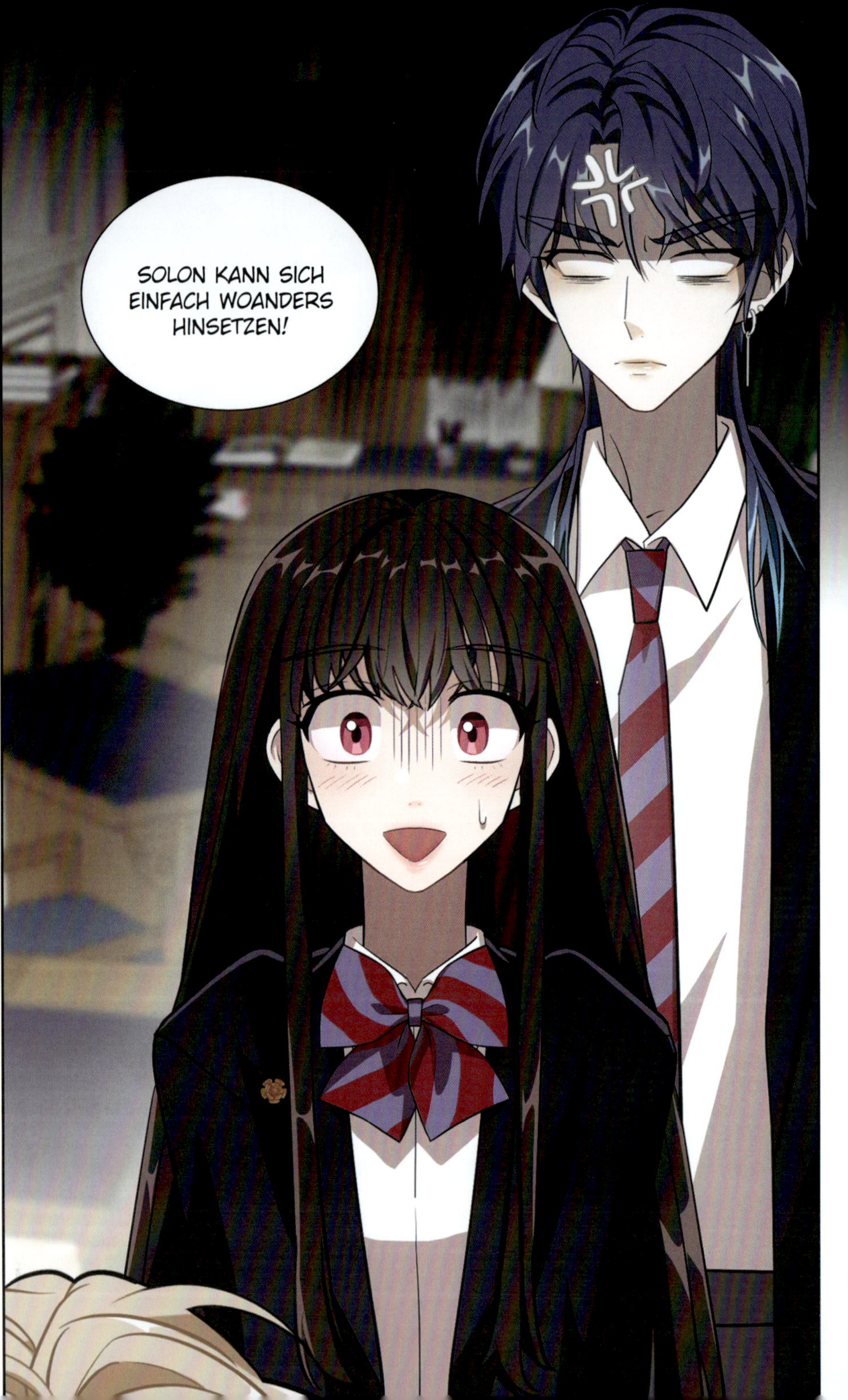
SOLON KANN SICH EINFACH WOANDERS HINSETZEN!

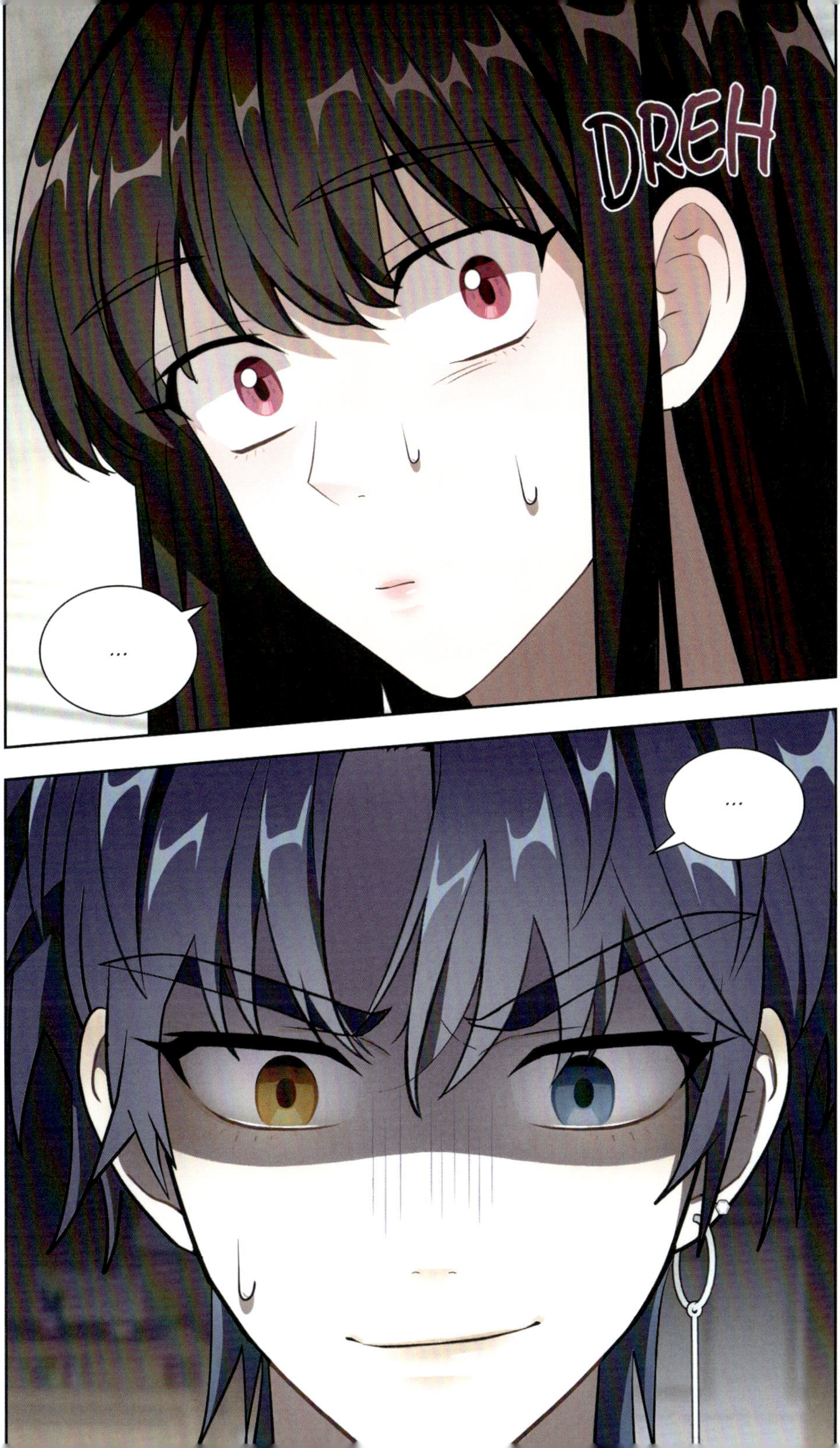
DREH
...
...

KAPITEL 5

EIN UMFANGREICHER HAUSPUTZ UND EINE GROSSE OFFENBARUNG

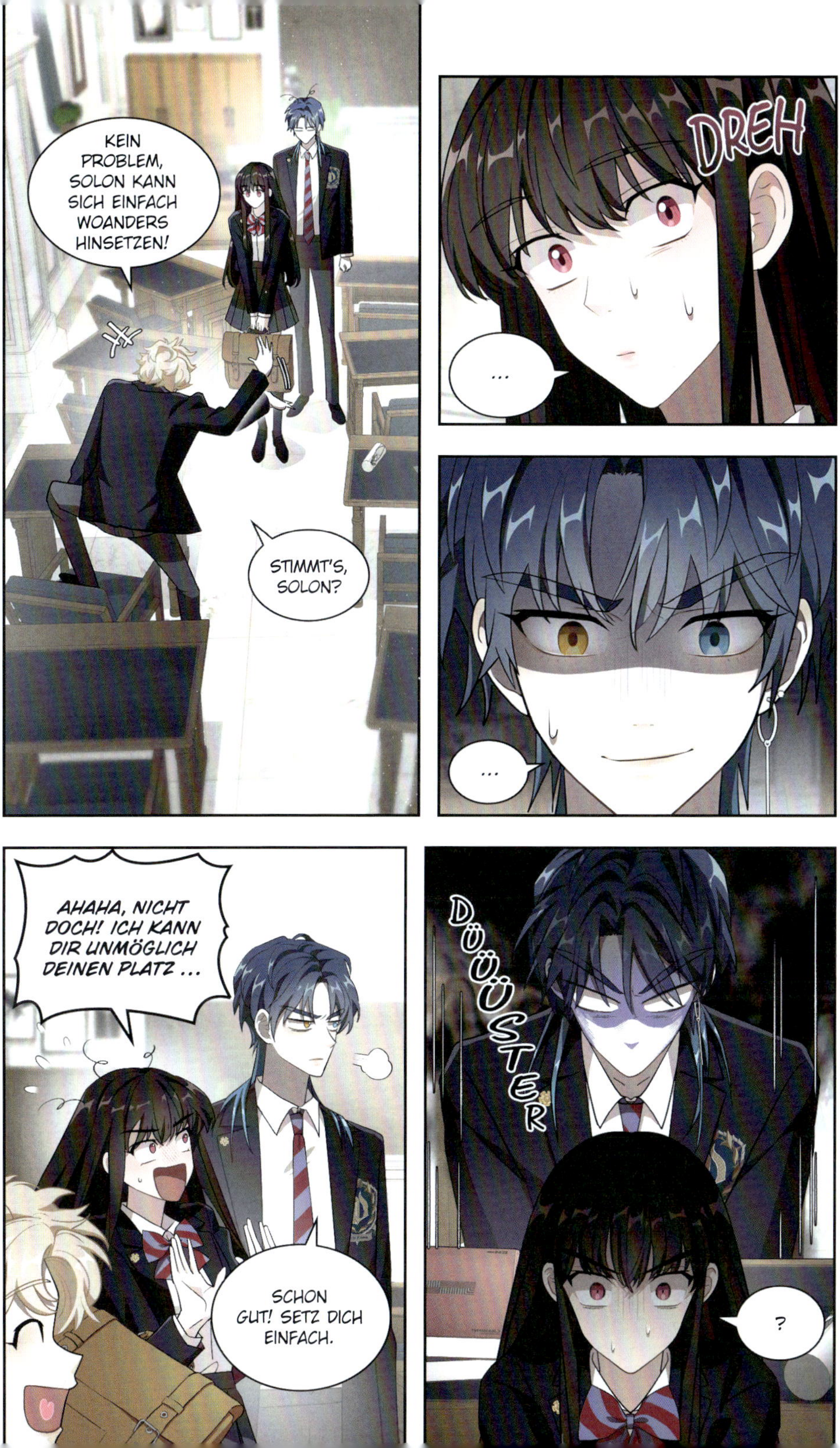
KEIN PROBLEM, SOLON KANN SICH EINFACH WOANDERS HINSETZEN!
STIMMT'S, SOLON?
DREH
...
...
AHAHA, NICHT DOCH! ICH KANN DIR UNMÖGLICH DEINEN PLATZ ...
SCHON GUT! SETZ DICH EINFACH.
DÜÜÜSTER
?

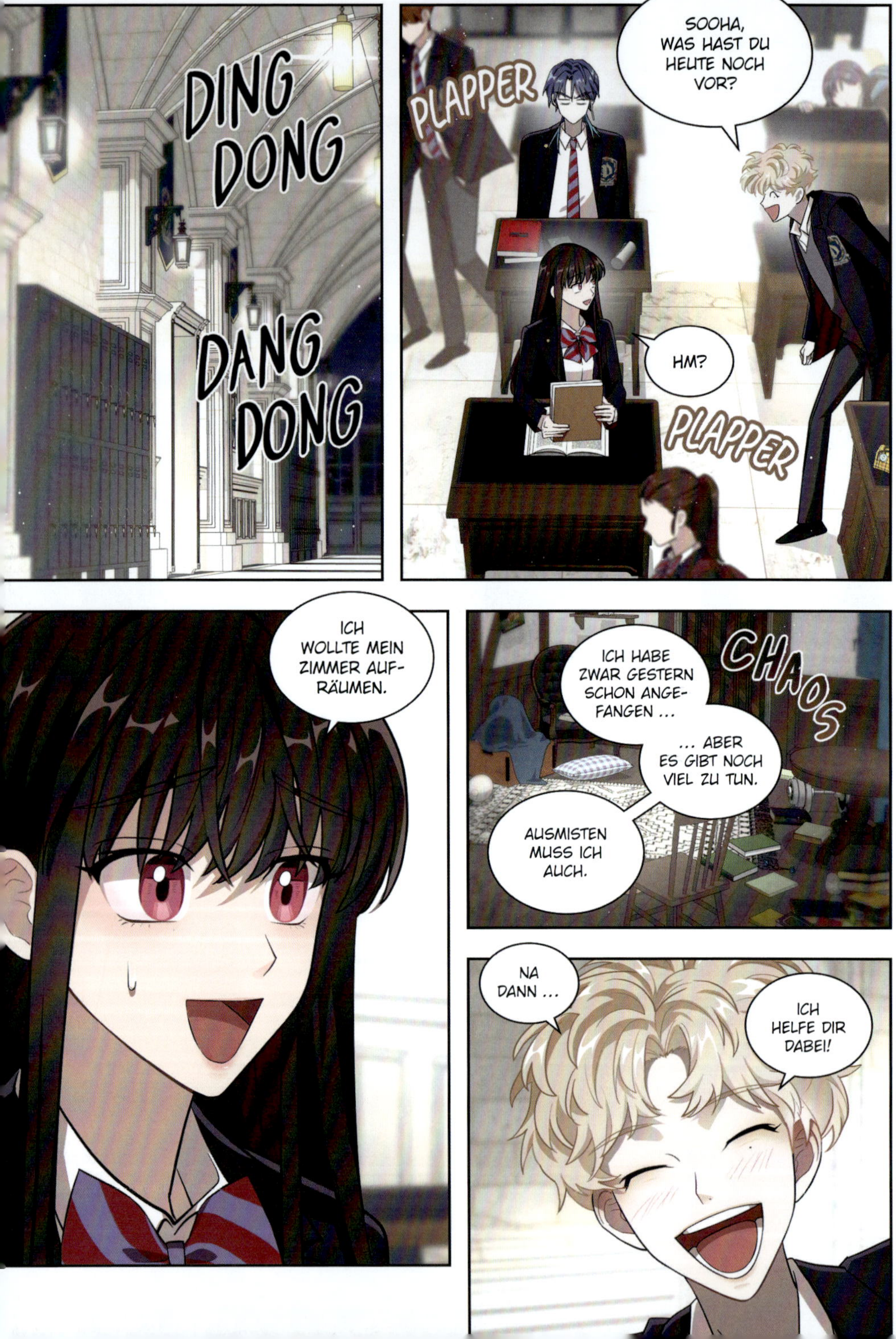
DING DONG
DANG DONG
PLAPPER
SOOHA, WAS HAST DU HEUTE NOCH VOR?
HM?
PLAPPER
ICH WOLLTE MEIN ZIMMER AUF-RÄUMEN.
CHAOS
ICH HABE ZWAR GESTERN SCHON ANGE-FANGEN …
… ABER ES GIBT NOCH VIEL ZU TUN.
AUSMISTEN MUSS ICH AUCH.
NA DANN …
ICH HELFE DIR DABEI!

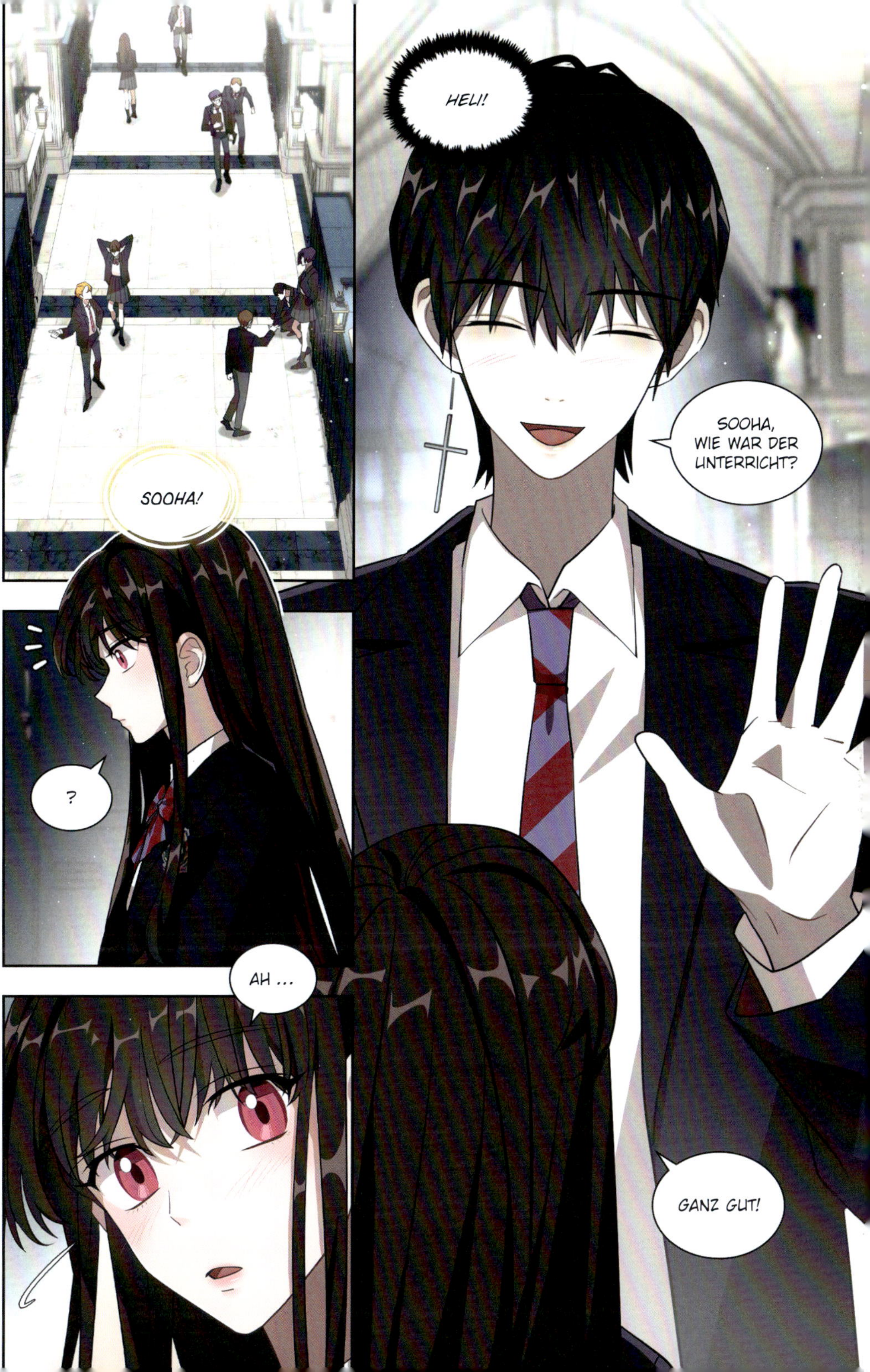
SOOHA!
HELI!
SOOHA,
WIE WAR DER
UNTERRICHT?
?
AH ...
GANZ GUT!

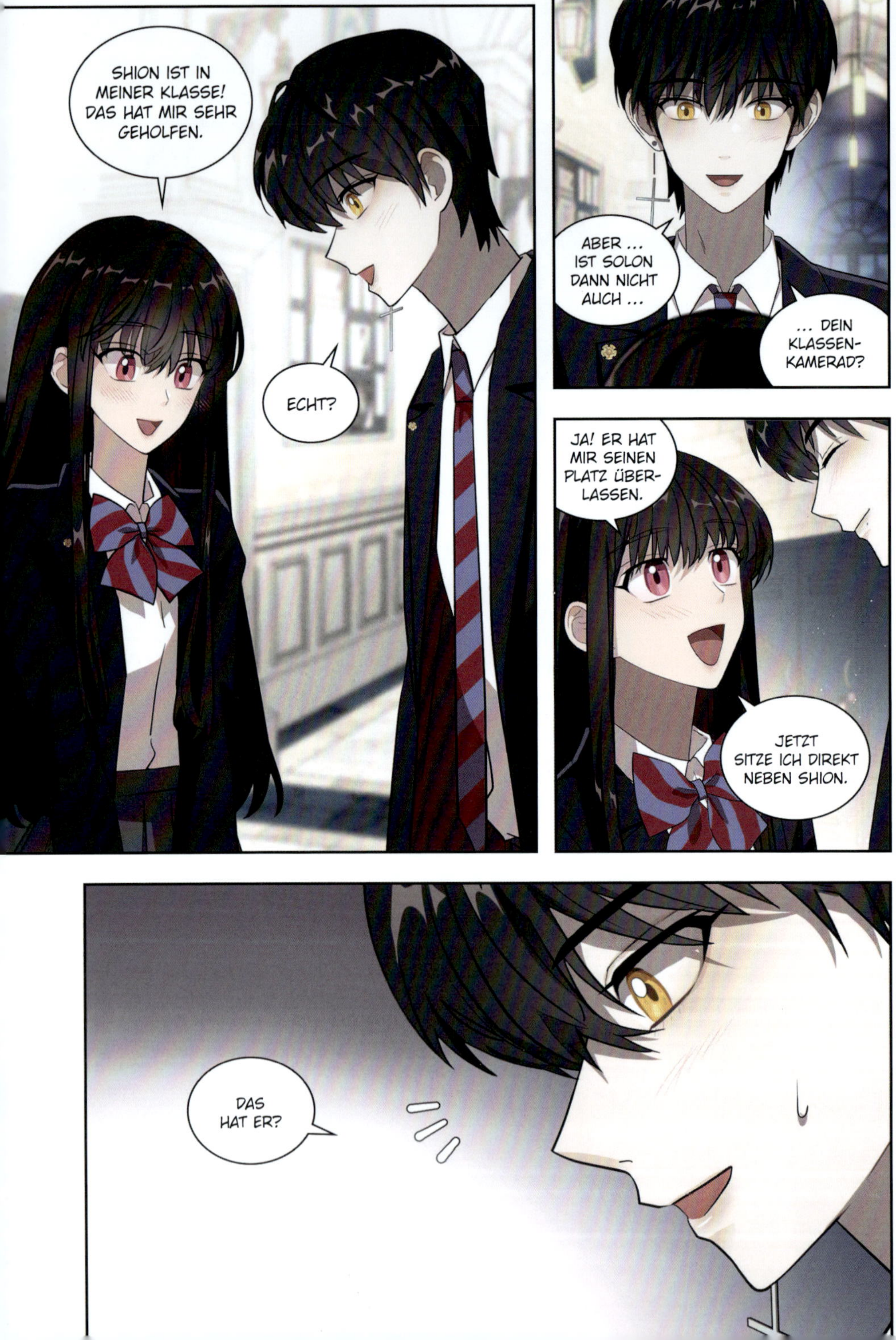
SHION IST IN MEINER KLASSE! DAS HAT MIR SEHR GEHOLFEN.
ECHT?
ABER ... IST SOLON DANN NICHT AUCH ...
... DEIN KLASSEN-KAMERAD?
JA! ER HAT MIR SEINEN PLATZ ÜBER-LASSEN.
JETZT SITZE ICH DIREKT NEBEN SHION.
DAS HAT ER?

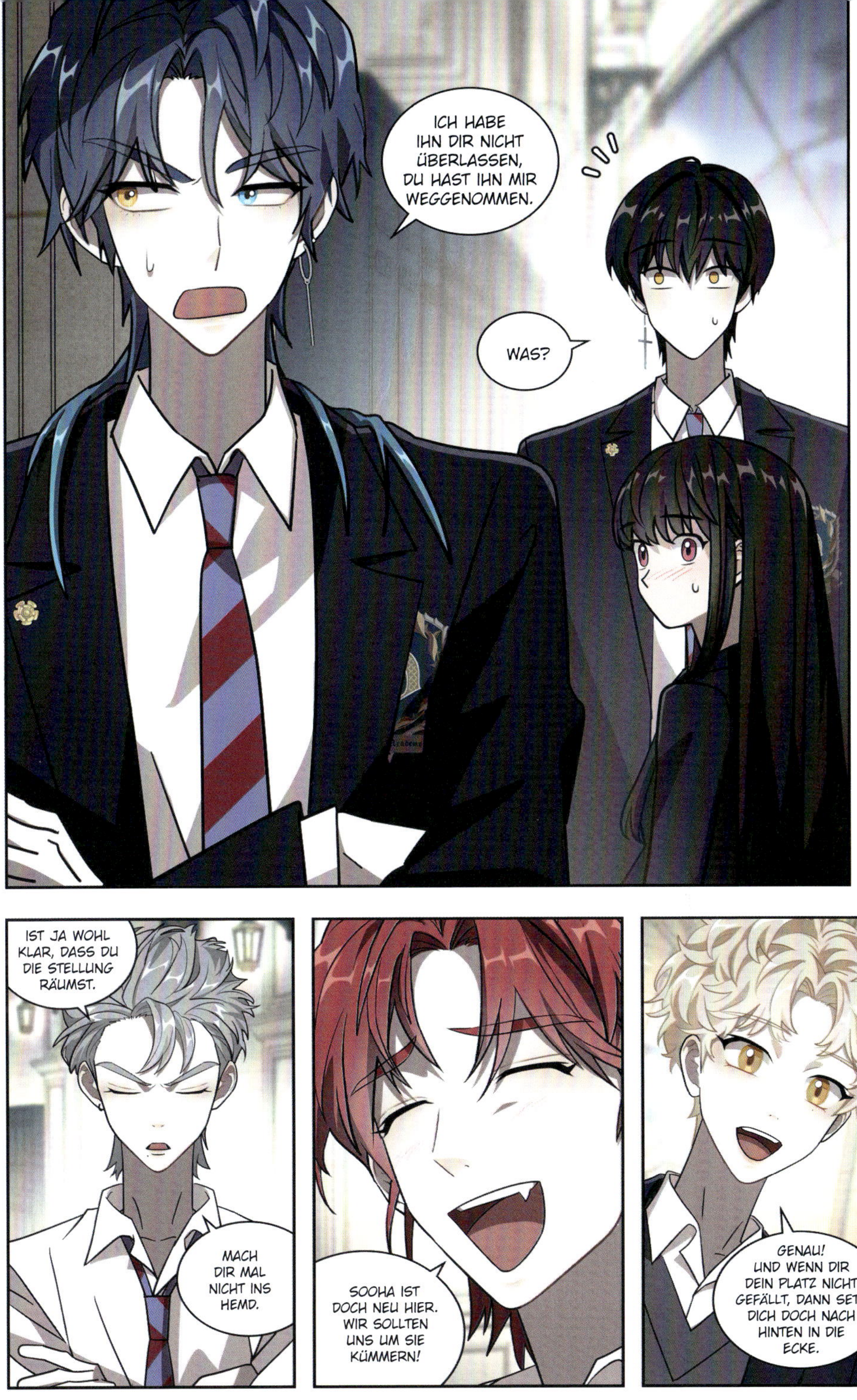
ICH HABE IHN DIR NICHT ÜBERLASSEN, DU HAST IHN MIR WEGGENOMMEN.
WAS?
IST JA WOHL KLAR, DASS DU DIE STELLUNG RÄUMST.
MACH DIR MAL NICHT INS HEMD.
SOOHA IST DOCH NEU HIER. WIR SOLLTEN UNS UM SIE KÜMMERN!
GENAU! UND WENN DIR DEIN PLATZ NICHT GEFÄLLT, DANN SETZ DICH DOCH NACH HINTEN IN DIE ECKE.

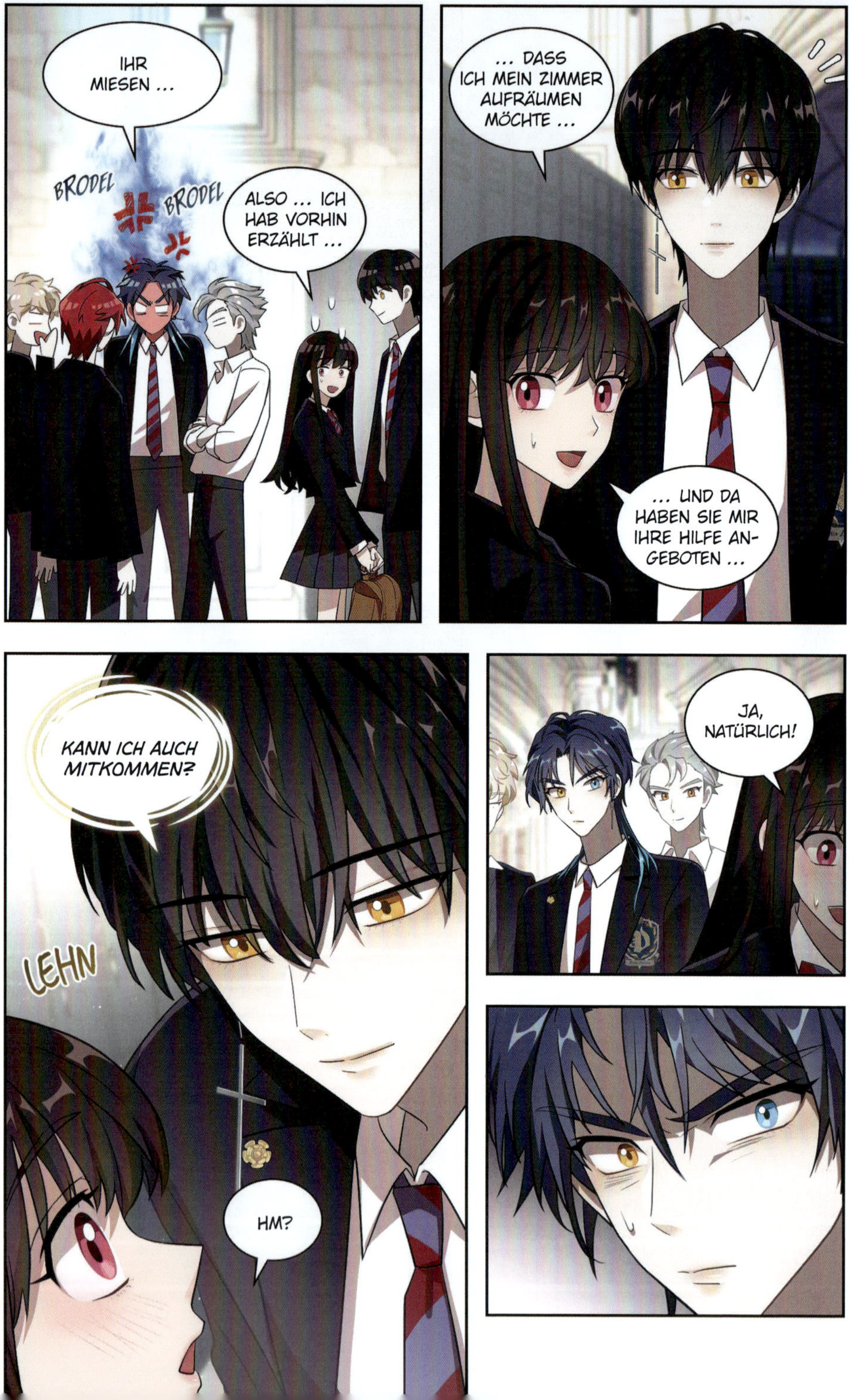

IHR MIESEN …
BRODEL
BRODEL
ALSO … ICH HAB VORHIN ERZÄHLT …
… DASS ICH MEIN ZIMMER AUFRÄUMEN MÖCHTE …
… UND DA HABEN SIE MIR IHRE HILFE ANGEBOTEN …
KANN ICH AUCH MITKOMMEN?
LEHN
HM?
JA, NATÜRLICH!

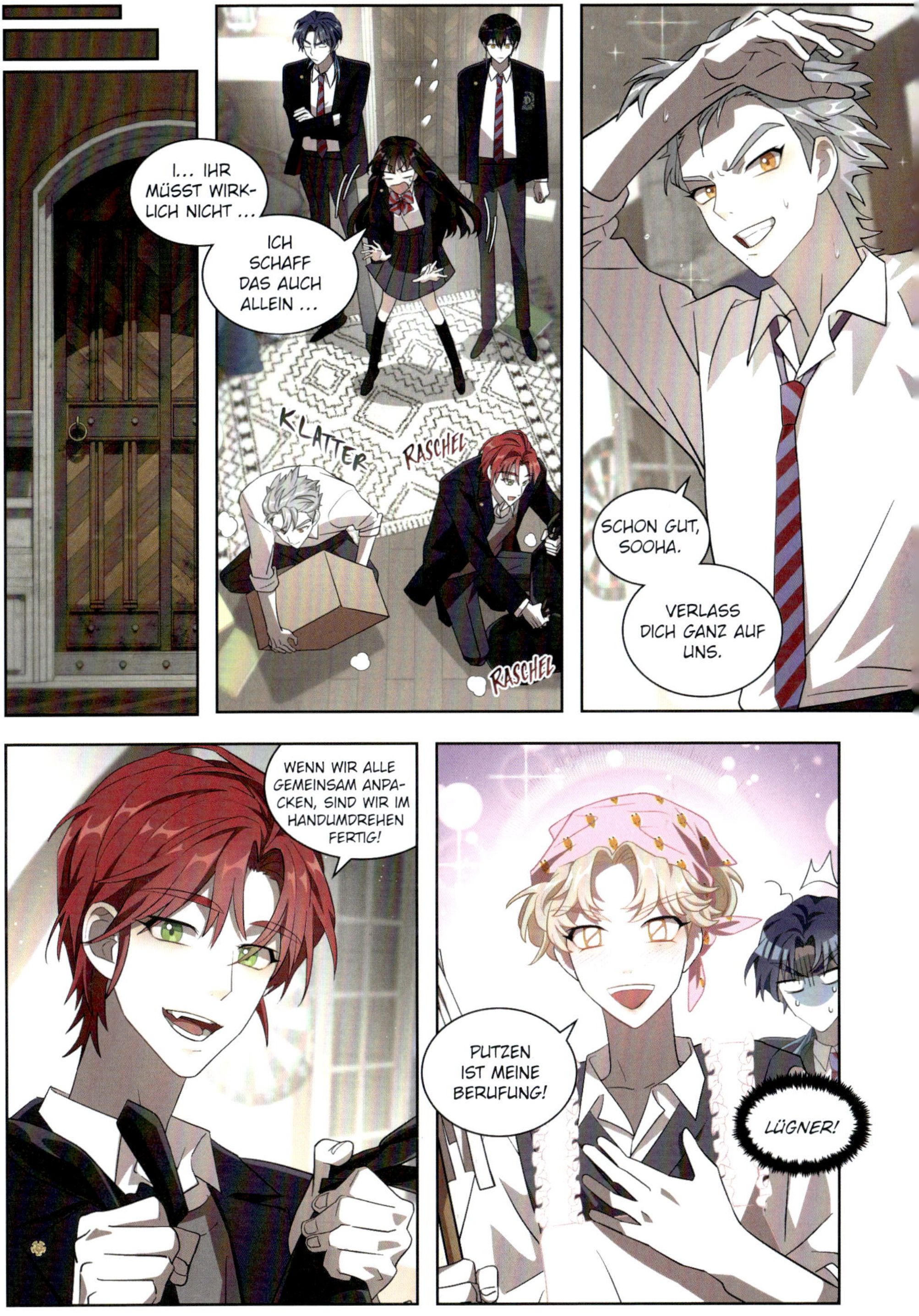
I… IHR MÜSST WIRKLICH NICHT …
ICH SCHAFF DAS AUCH ALLEIN …
KLATTER
RASCHEL
RASCHEL
SCHON GUT, SOOHA.
VERLASS DICH GANZ AUF UNS.
WENN WIR ALLE GEMEINSAM ANPACKEN, SIND WIR IM HANDUMDREHEN FERTIG!
PUTZEN IST MEINE BERUFUNG!
LÜGNER!

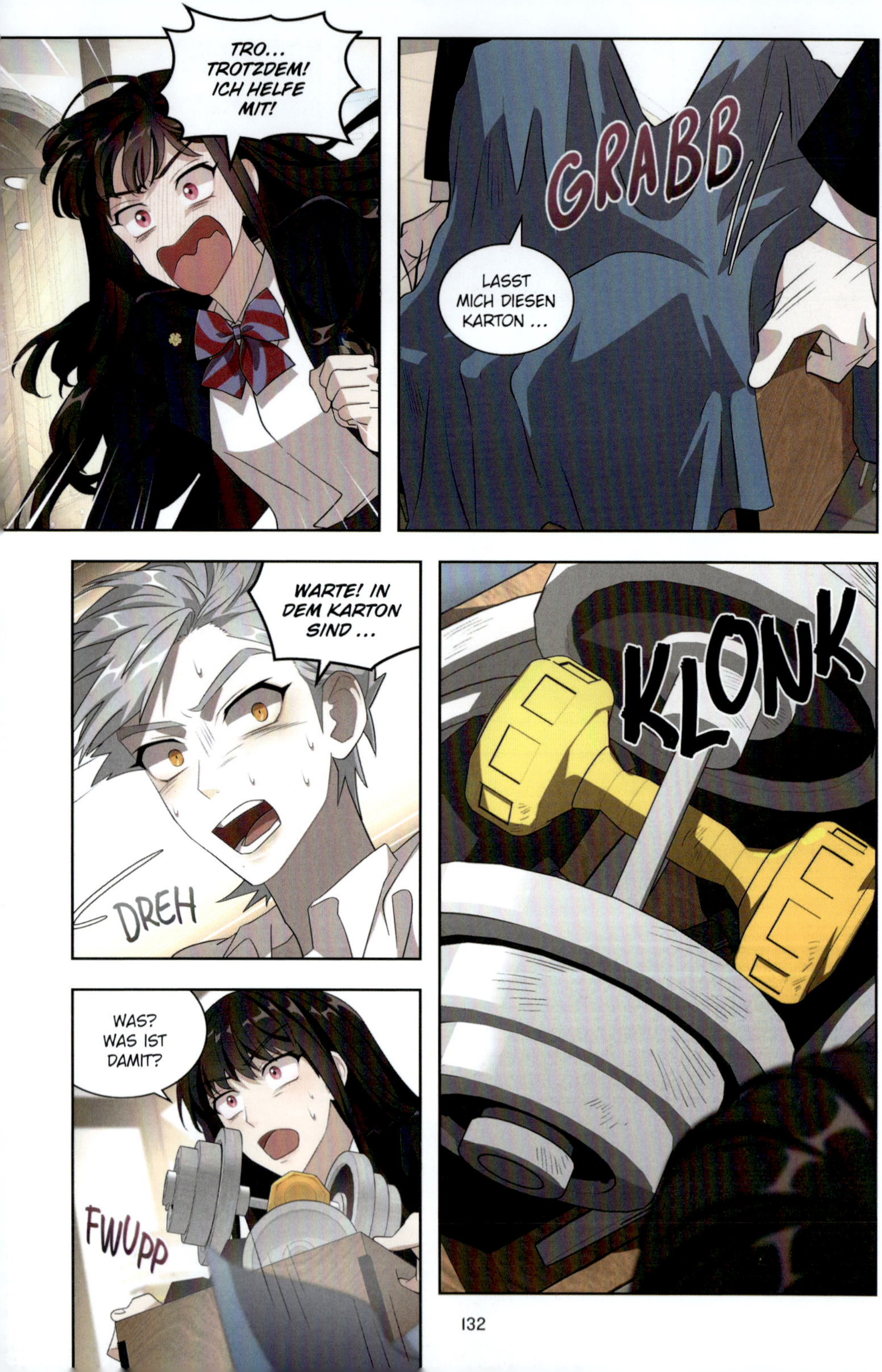
TRO... TROTZDEM! ICH HELFE MIT!
GRABB
LASST MICH DIESEN KARTON ...
WARTE! IN DEM KARTON SIND ...
DREH
KLONK
WAS? WAS IST DAMIT?
FWUPP

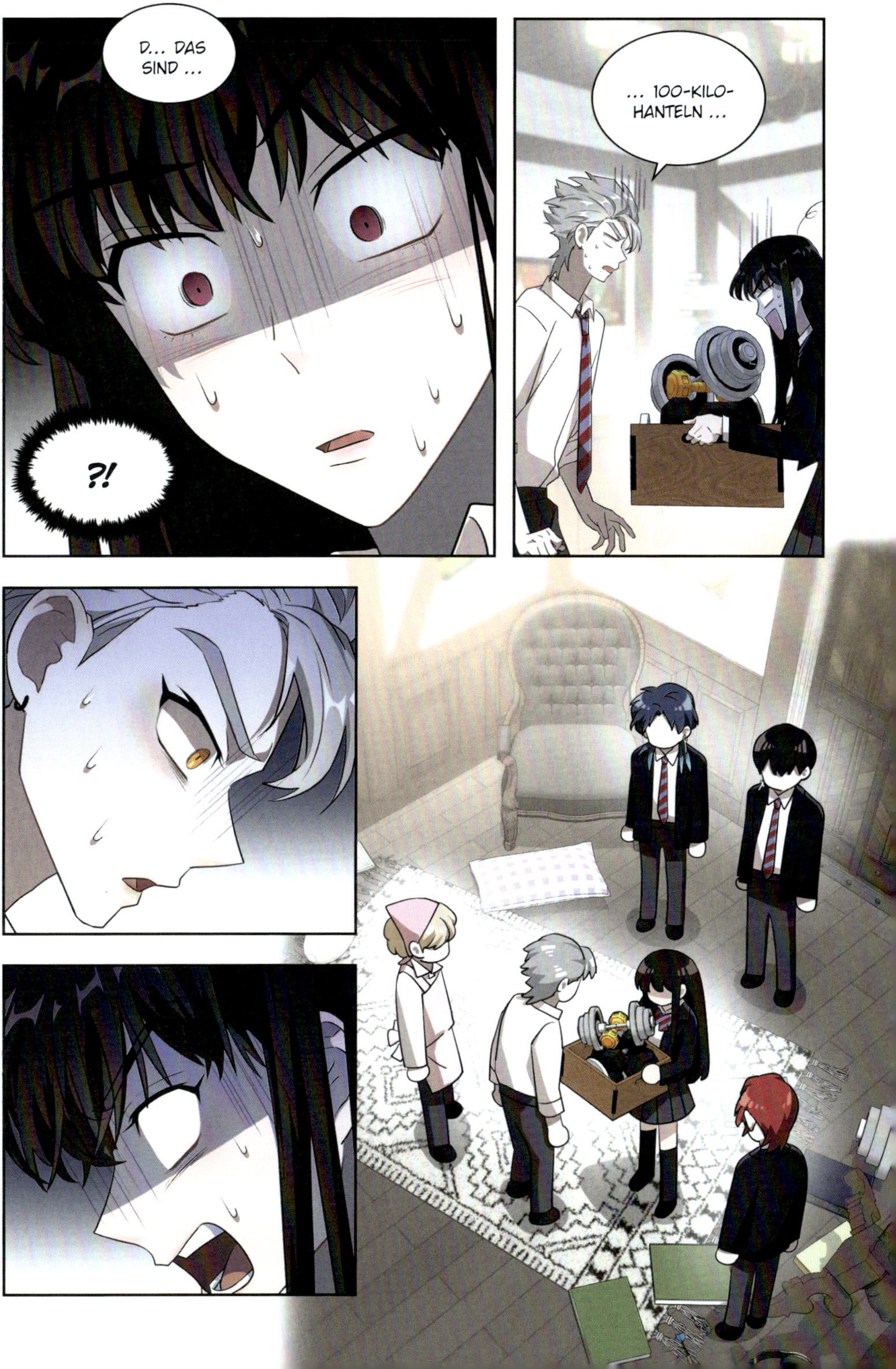
D... DAS SIND ...
?!
... 100-KILO-HANTELN ...

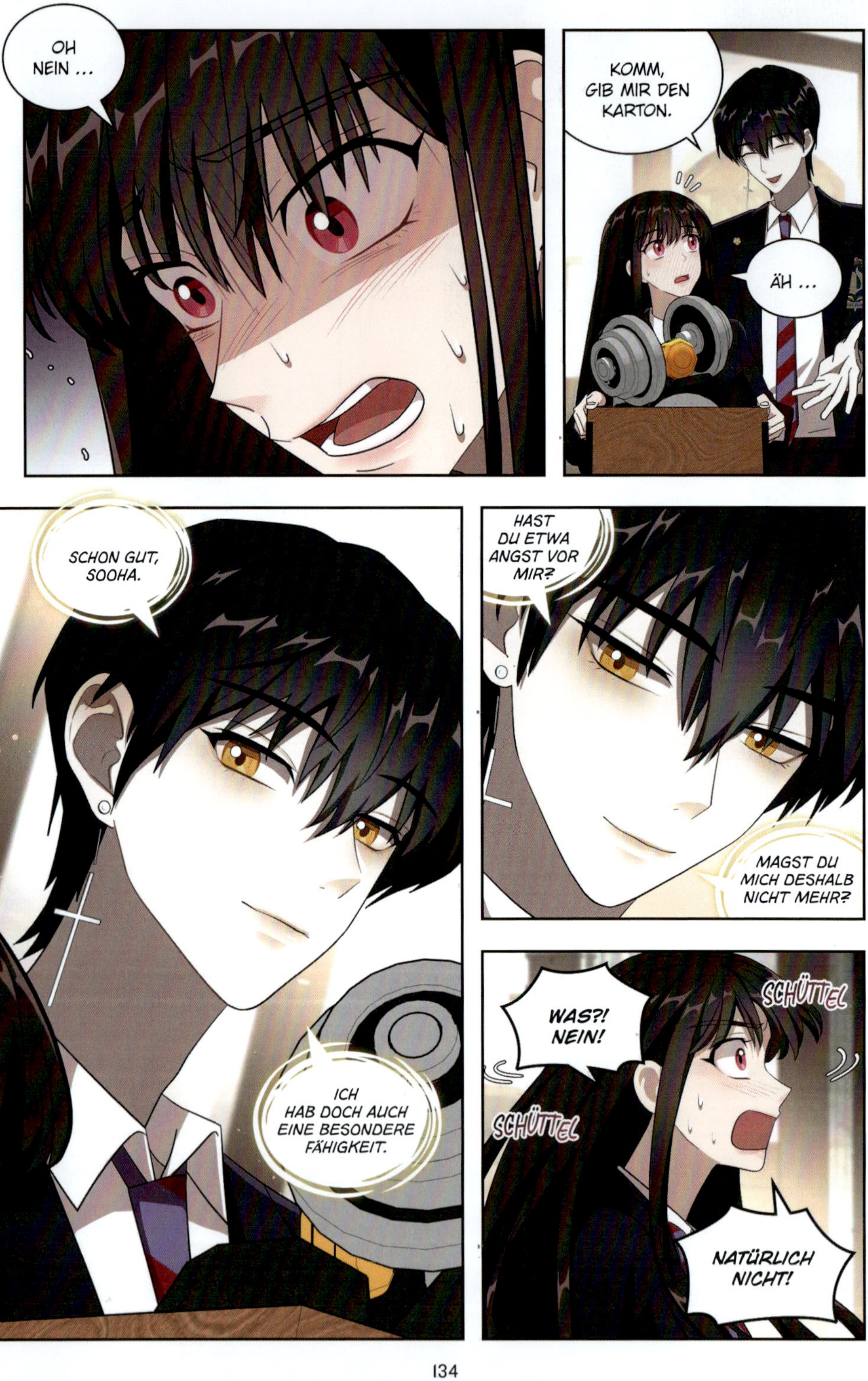
OH NEIN ...
KOMM, GIB MIR DEN KARTON.
ÄH ...
SCHON GUT, SOOHA.
ICH HAB DOCH AUCH EINE BESONDERE FÄHIGKEIT.
HAST DU ETWA ANGST VOR MIR?
MAGST DU MICH DESHALB NICHT MEHR?
WAS?! NEIN!
SCHÜTTEL
SCHÜTTEL
NATÜRLICH NICHT!

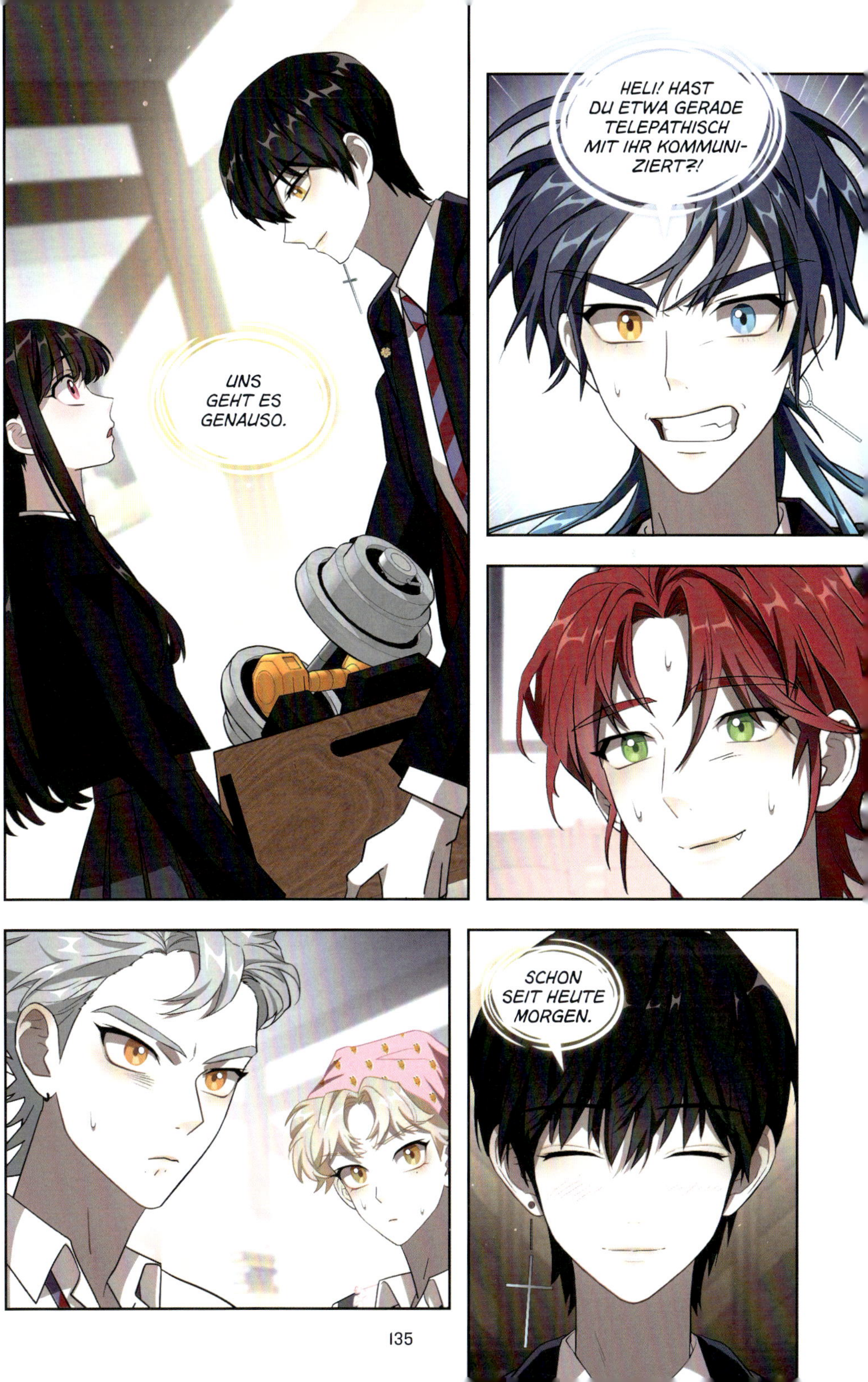
UNS GEHT ES GENAUSO.
HELI! HAST DU ETWA GERADE TELEPATHISCH MIT IHR KOMMUNIZIERT?!
SCHON SEIT HEUTE MORGEN.

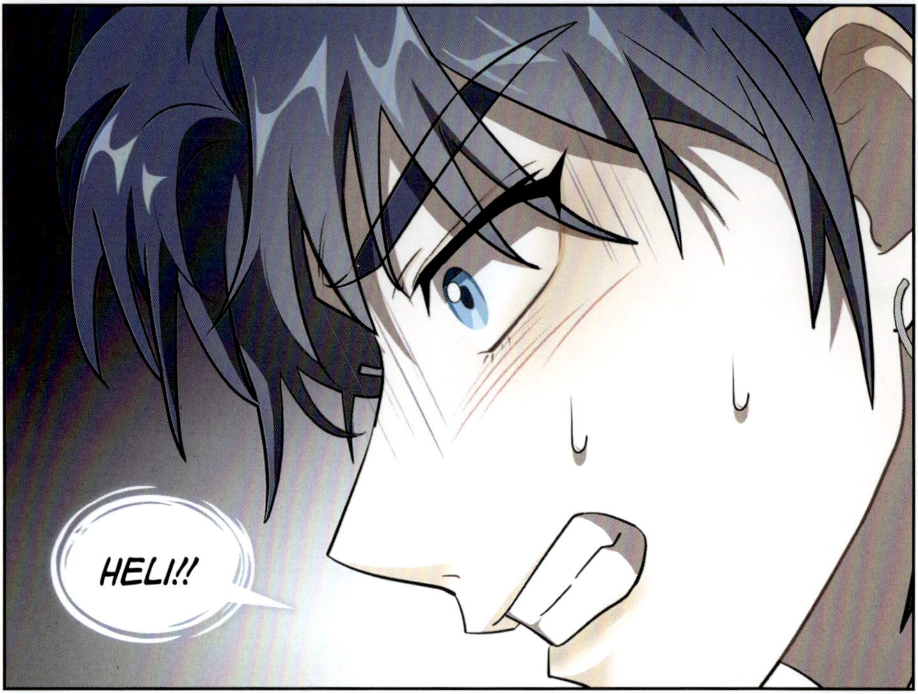
HELI!!

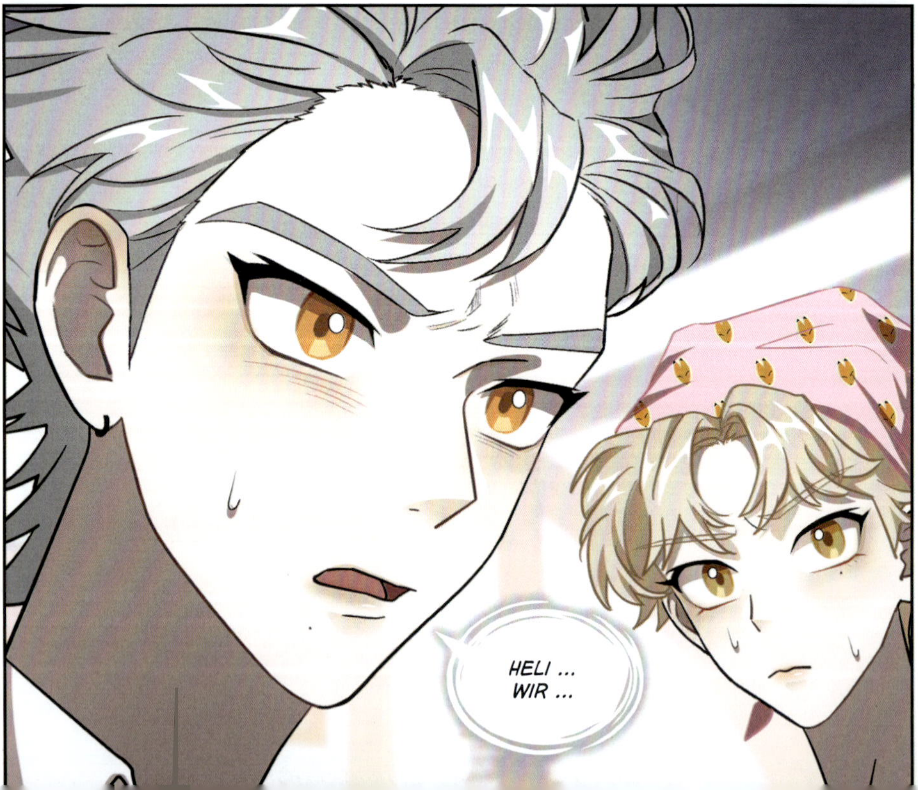
HELI ...
WIR ...

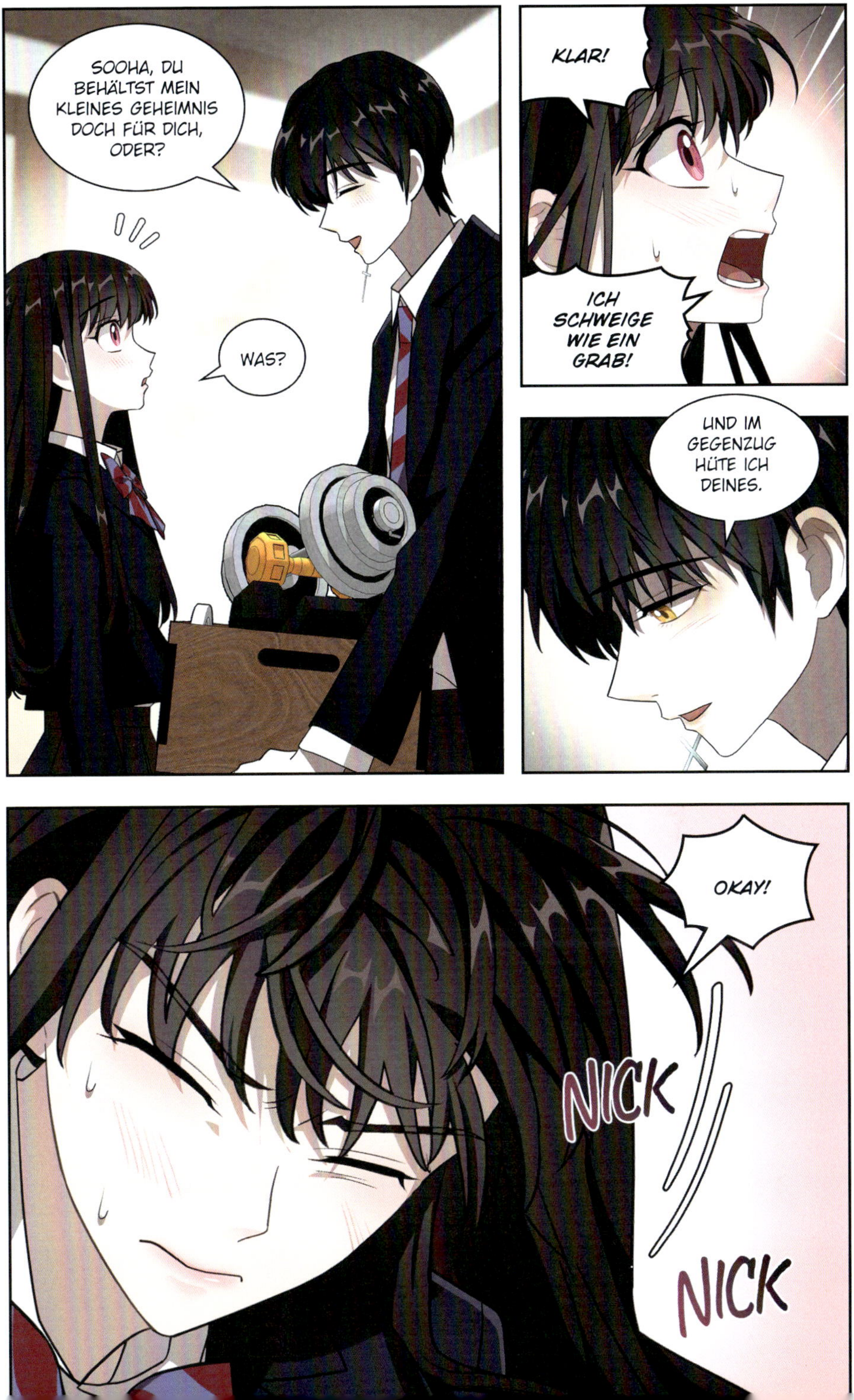
SOOHA, DU BEHÄLTST MEIN KLEINES GEHEIMNIS DOCH FÜR DICH, ODER?
WAS?
KLAR!
ICH SCHWEIGE WIE EIN GRAB!
UND IM GEGENZUG HÜTE ICH DEINES.
OKAY!
NICK
NICK

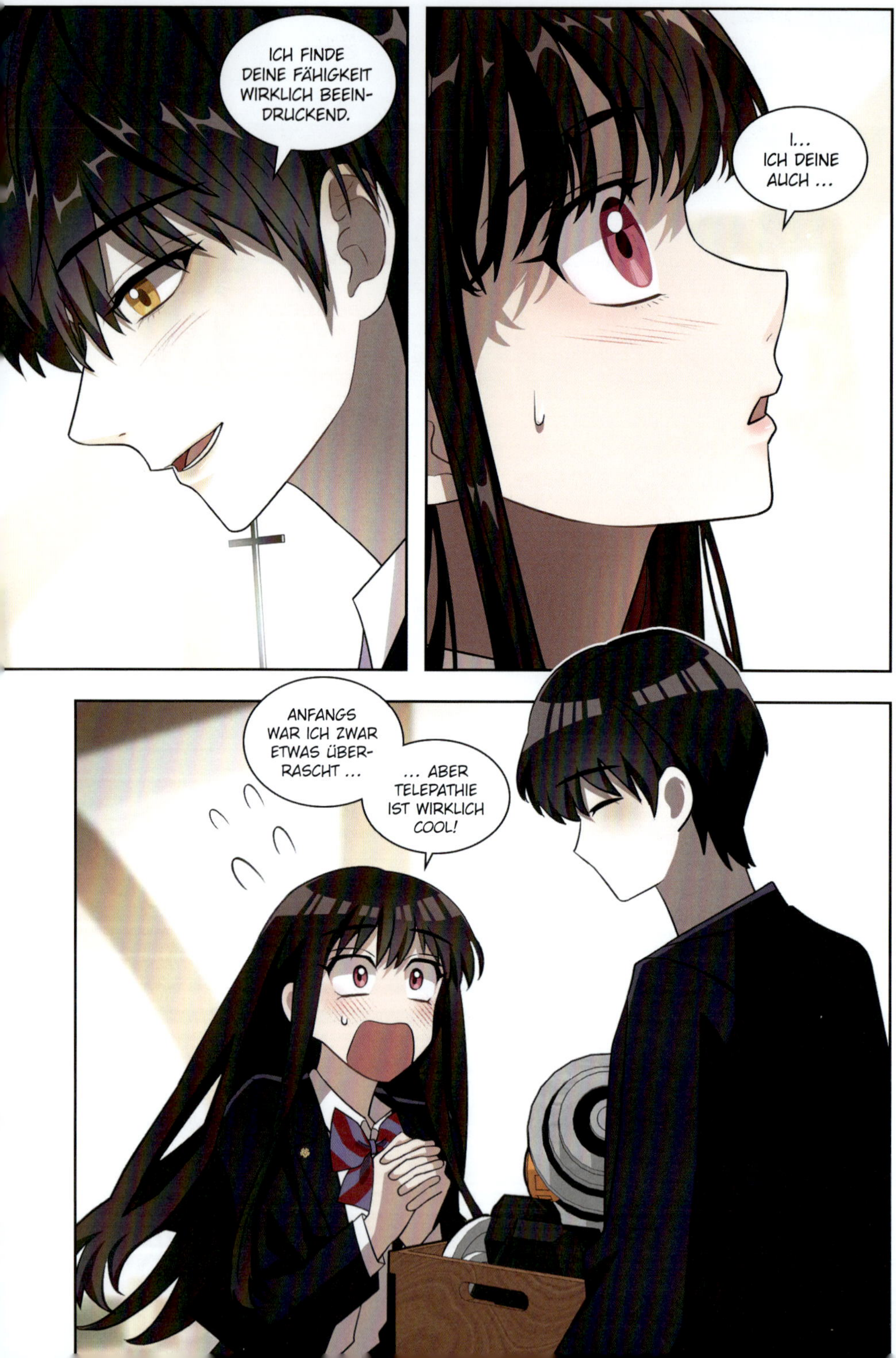
ICH FINDE DEINE FÄHIGKEIT WIRKLICH BEEIN-DRUCKEND.
I... ICH DEINE AUCH ...
ANFANGS WAR ICH ZWAR ETWAS ÜBER-RASCHT ...
... ABER TELEPATHIE IST WIRKLICH COOL!

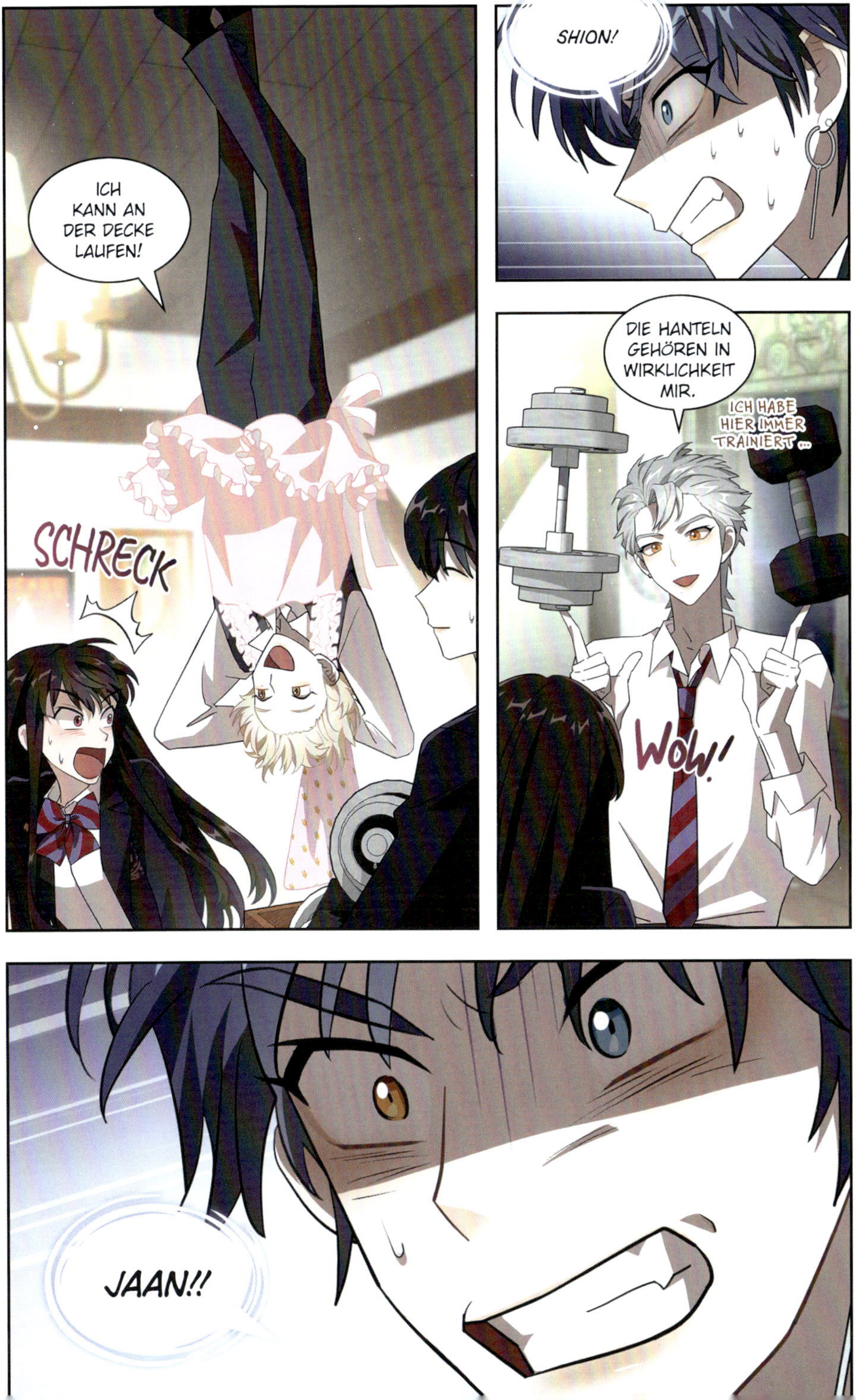
ICH KANN AN DER DECKE LAUFEN!
SCHRECK
SHION!
DIE HANTELN GEHÖREN IN WIRKLICHKEIT MIR.
ICH HABE HIER IMMER TRAINIERT ...
WOW!
JAAN!!

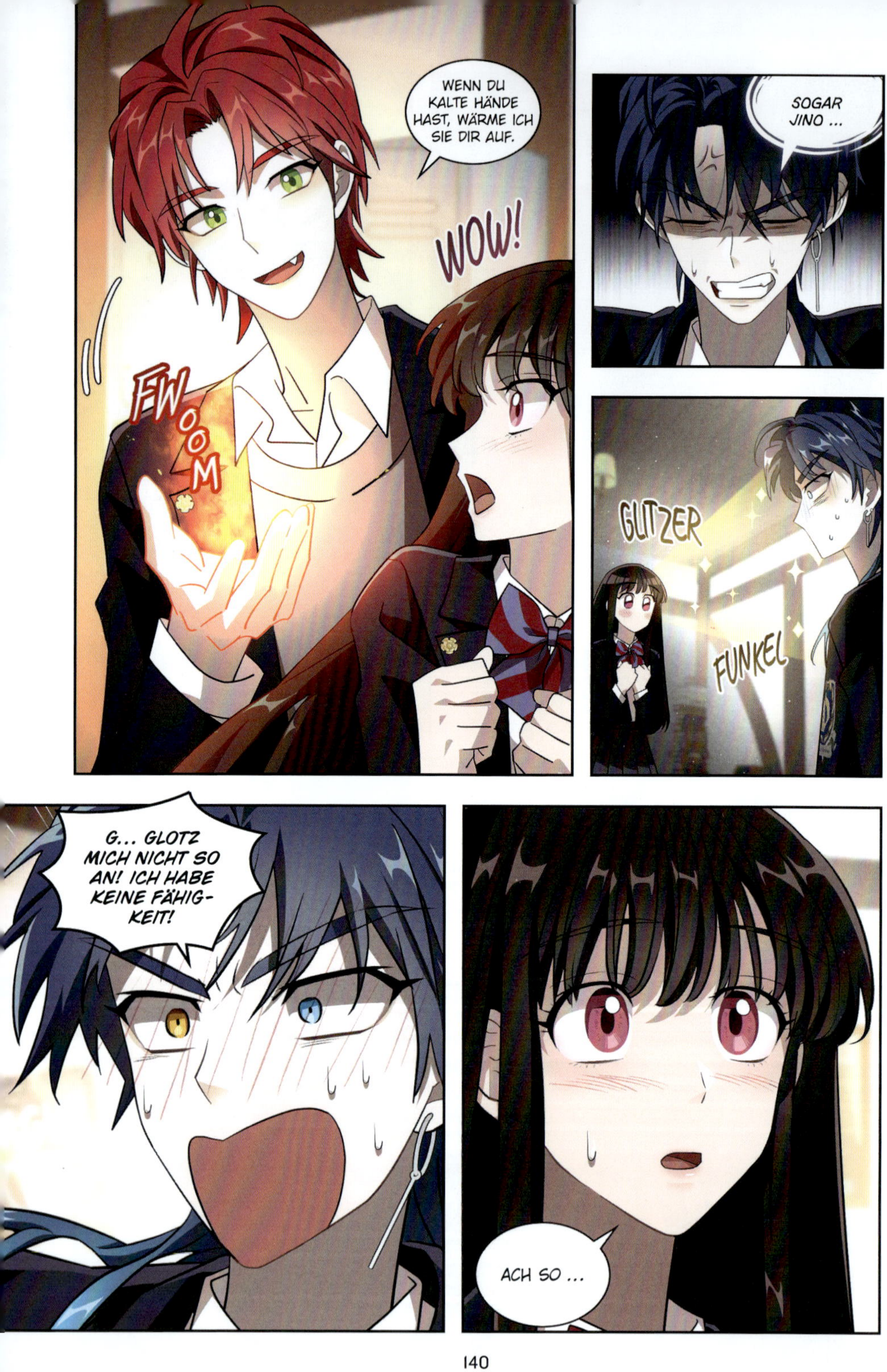

WENN DU KALTE HÄNDE HAST, WÄRME ICH SIE DIR AUF.
WOW!
FWOOM
SOGAR JINO ...
GLITZER
FUNKEL
G... GLOTZ MICH NICHT SO AN! ICH HABE KEINE FÄHIG-KEIT!
ACH SO ...

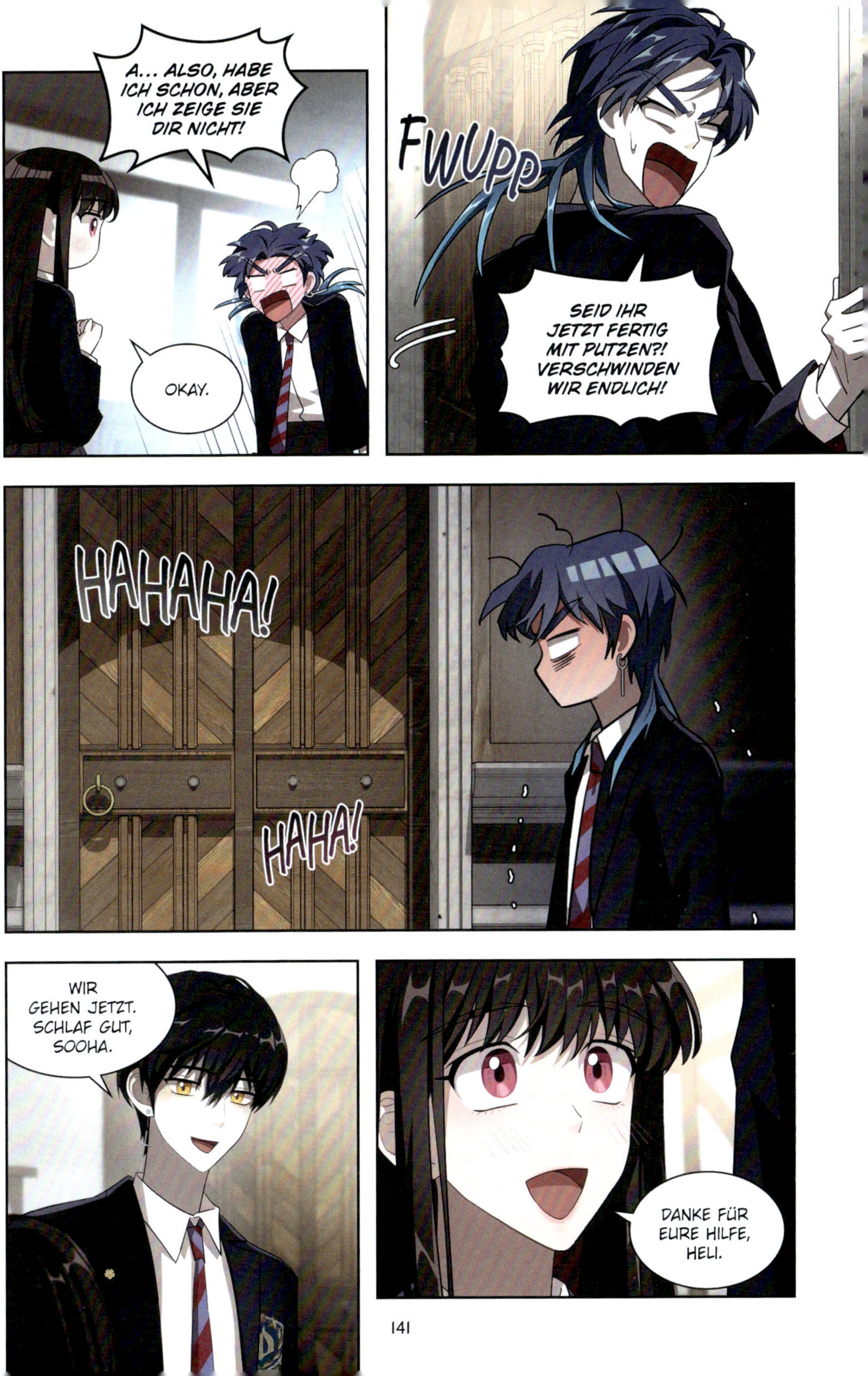
A... ALSO, HABE ICH SCHON, ABER ICH ZEIGE SIE DIR NICHT!
OKAY.
FWUPP
SEID IHR JETZT FERTIG MIT PUTZEN?! VERSCHWINDEN WIR ENDLICH!
HAHAHA!
HAHA!
WIR GEHEN JETZT. SCHLAF GUT, SOOHA.
DANKE FÜR EURE HILFE, HELI.

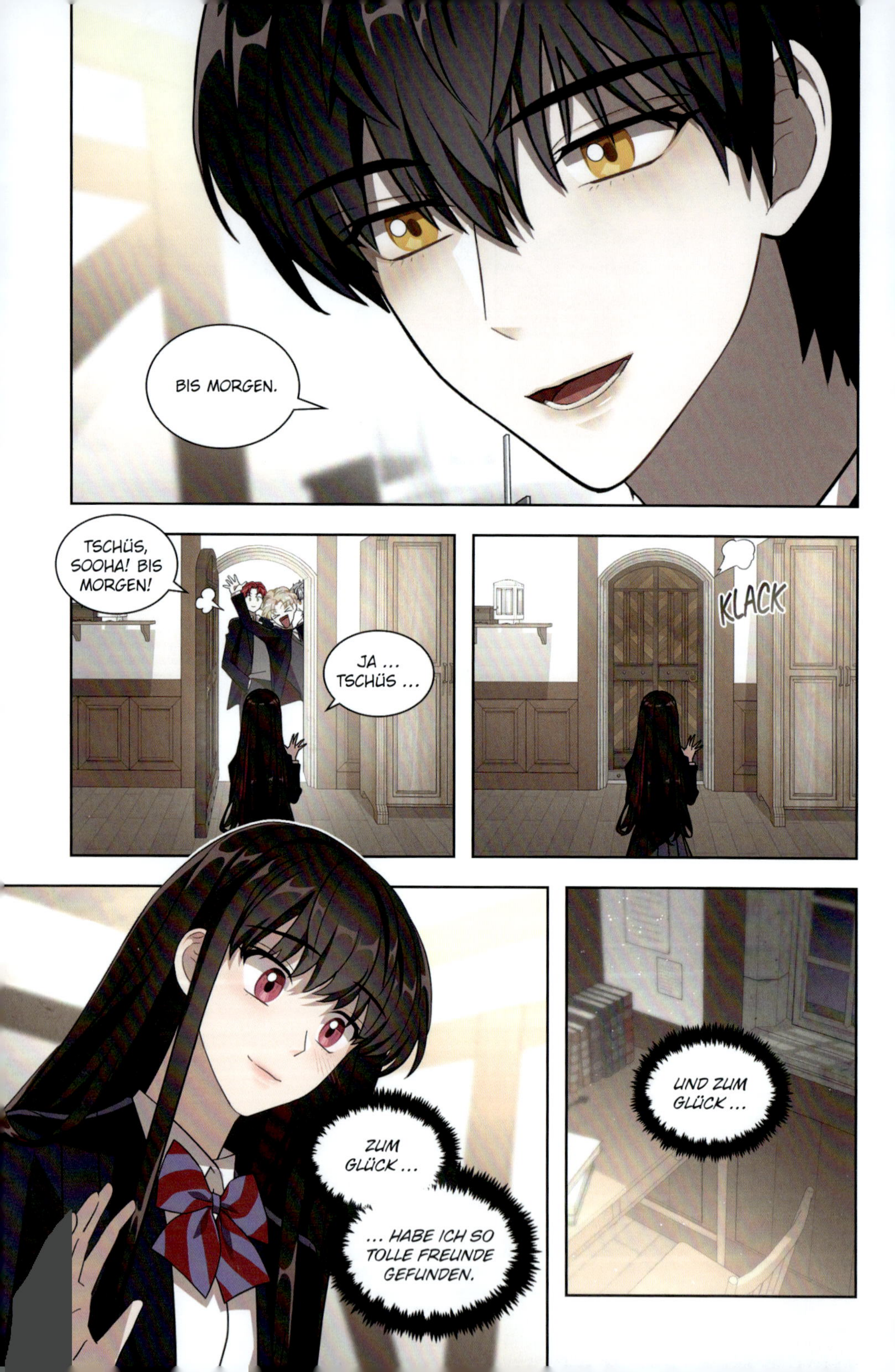
BIS MORGEN.
TSCHÜS, SOOHA! BIS MORGEN!
JA … TSCHÜS …
KLACK
ZUM GLÜCK …
… HABE ICH SO TOLLE FREUNDE GEFUNDEN.
UND ZUM GLÜCK …

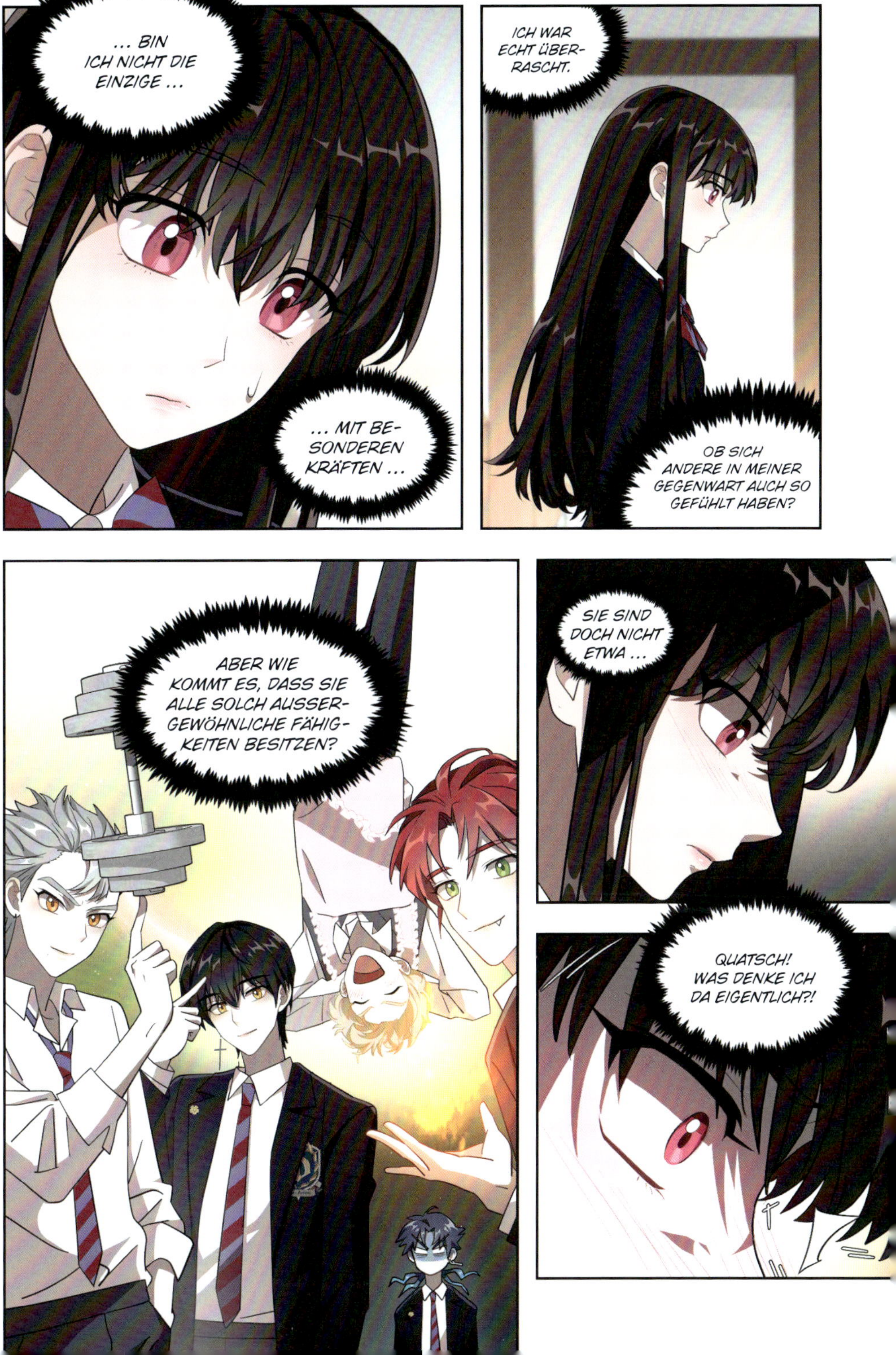
… BIN ICH NICHT DIE EINZIGE …
… MIT BESONDEREN KRÄFTEN …
ICH WAR ECHT ÜBERRASCHT.
OB SICH ANDERE IN MEINER GEGENWART AUCH SO GEFÜHLT HABEN?
ABER WIE KOMMT ES, DASS SIE ALLE SOLCH AUSSERGEWÖHNLICHE FÄHIGKEITEN BESITZEN?
SIE SIND DOCH NICHT ETWA …
QUATSCH! WAS DENKE ICH DA EIGENTLICH?!

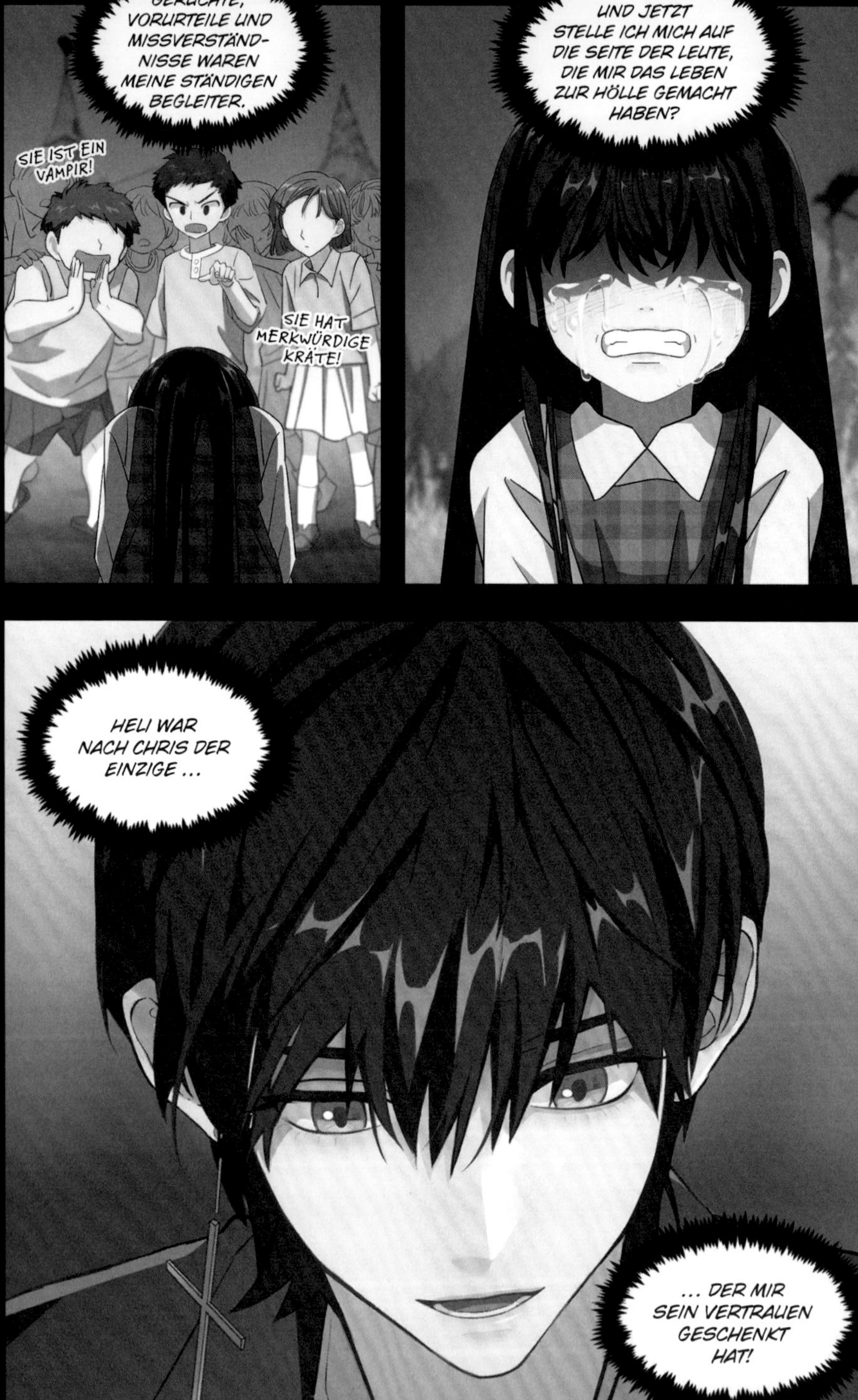
GERÜCHTE, VORURTEILE UND MISSVERSTÄNDNISSE WAREN MEINE STÄNDIGEN BEGLEITER.
SIE IST EIN VAMPIR!
SIE HAT MERKWÜRDIGE KRÄTE!
UND JETZT STELLE ICH MICH AUF DIE SEITE DER LEUTE, DIE MIR DAS LEBEN ZUR HÖLLE GEMACHT HABEN?
HELI WAR NACH CHRIS DER EINZIGE …
… DER MIR SEIN VERTRAUEN GESCHENKT HAT!

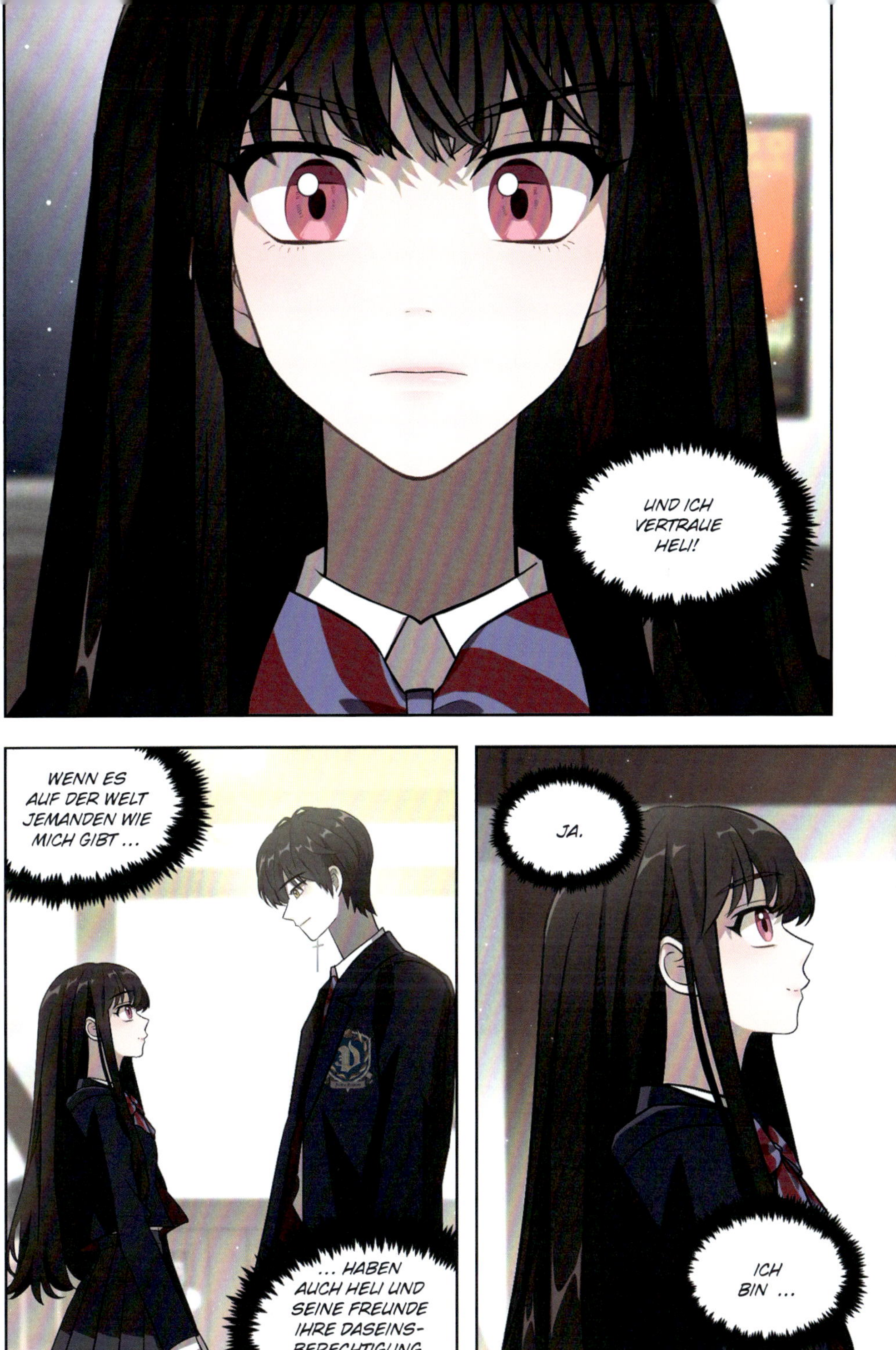
UND ICH VERTRAUE HELI!
WENN ES AUF DER WELT JEMANDEN WIE MICH GIBT …
… HABEN AUCH HELI UND SEINE FREUNDE IHRE DASEINS-BERECHTIGUNG.
JA.
ICH BIN …

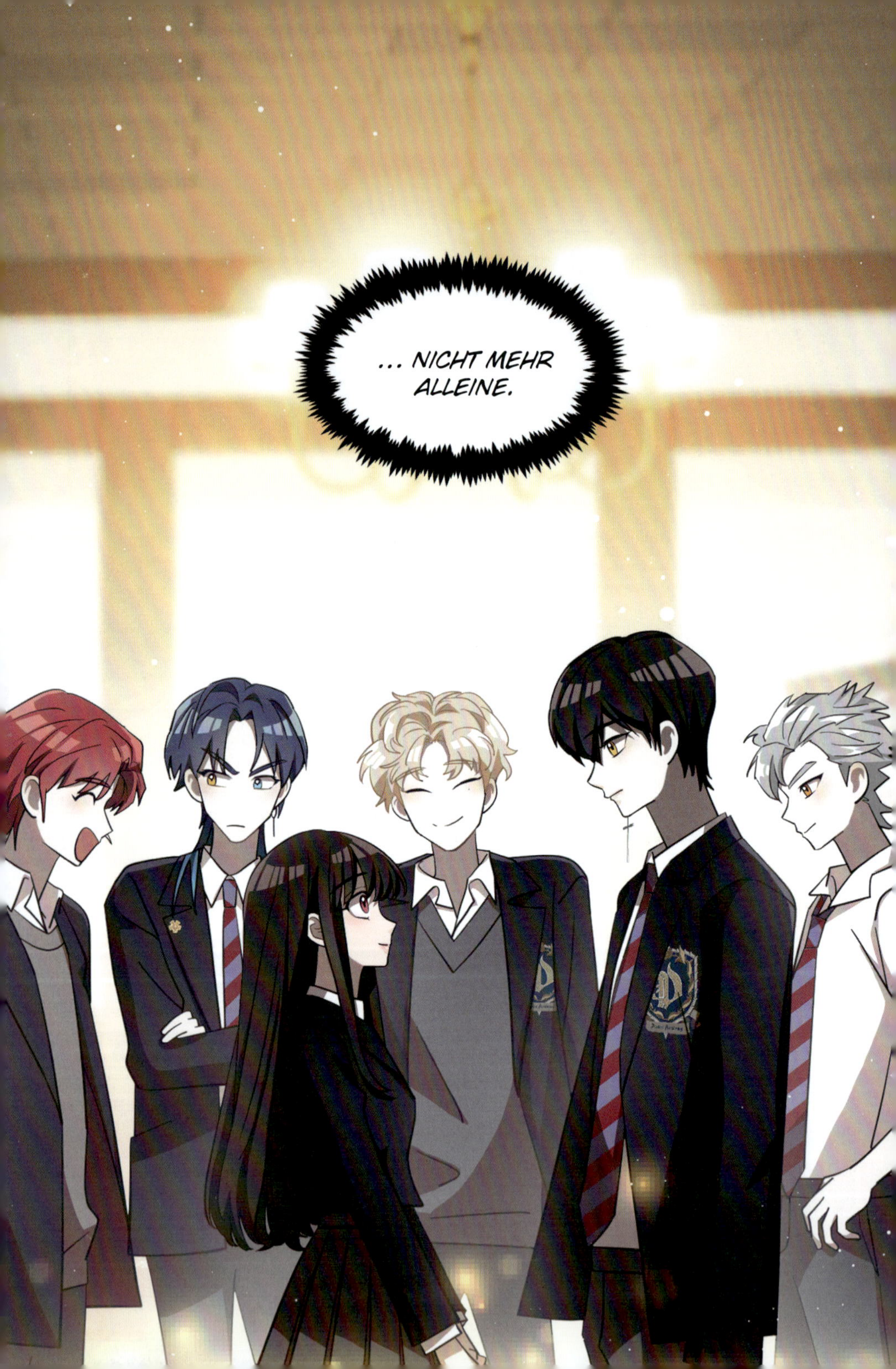
... NICHT MEHR ALLEINE.

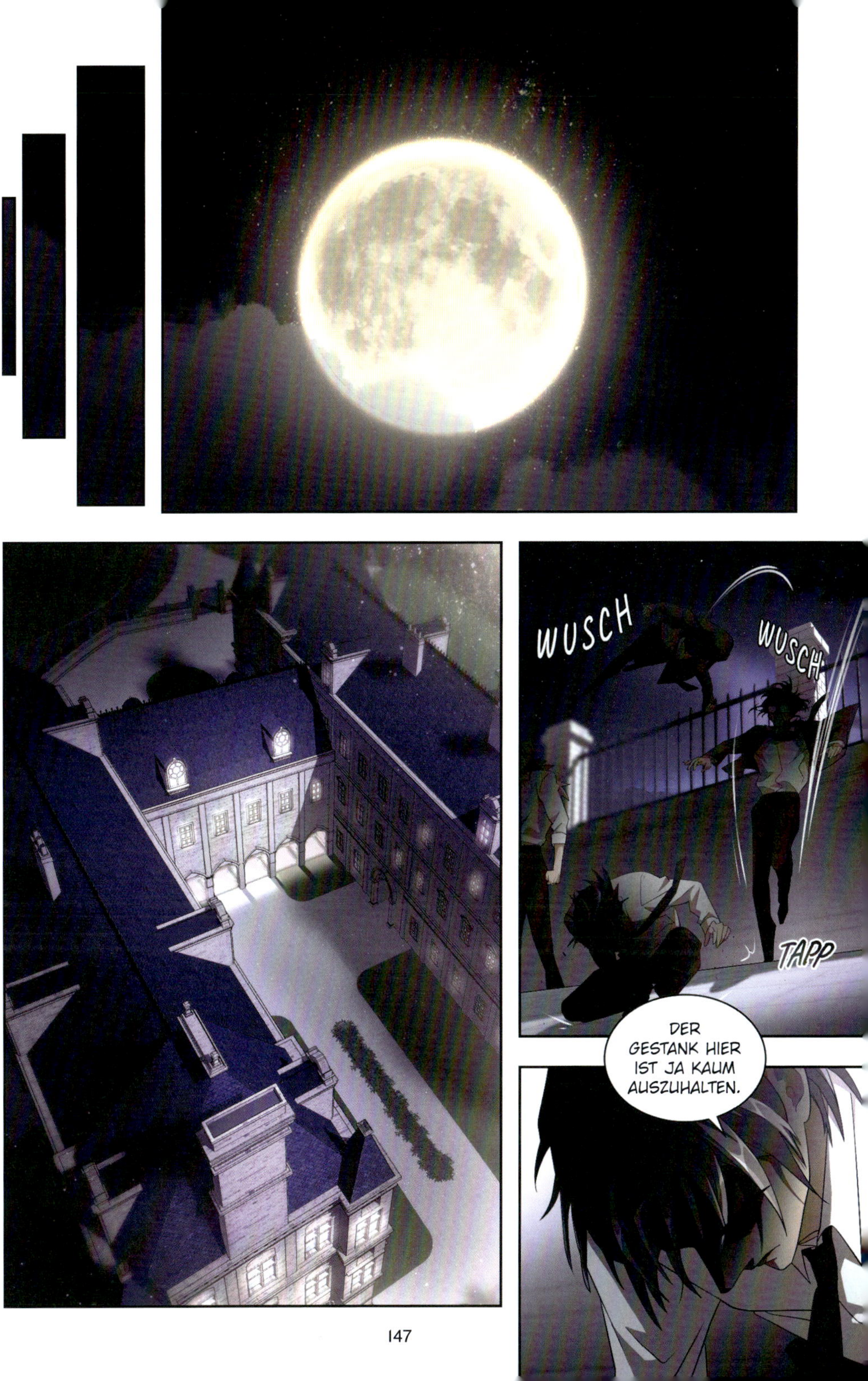
WUSCH
WUSCH
TAPP
DER GESTANK HIER IST JA KAUM AUSZUHALTEN.

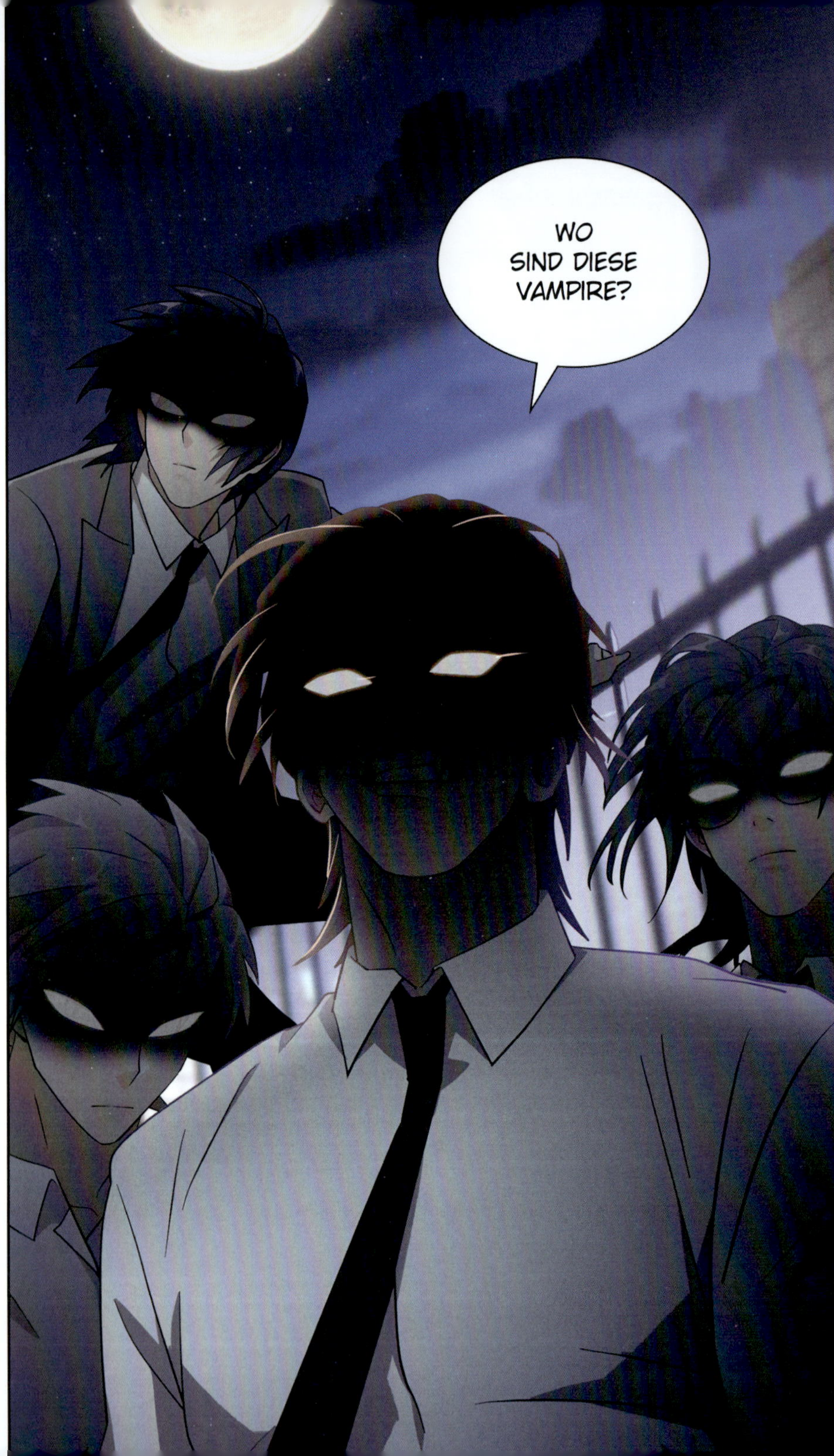
WO SIND DIESE VAMPIRE?

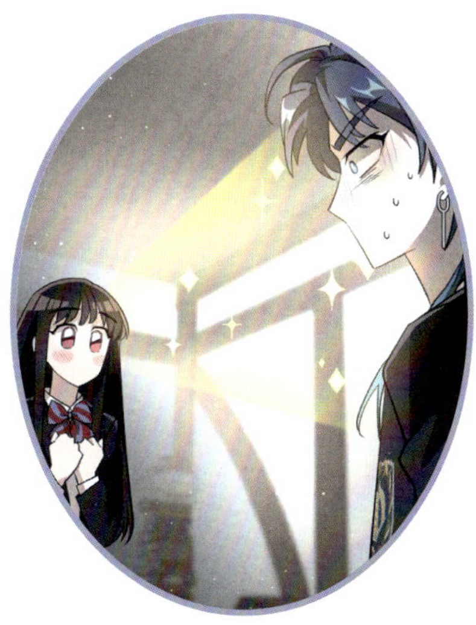

KAPITEL 6

DER BESUCH DER WERWÖLFE

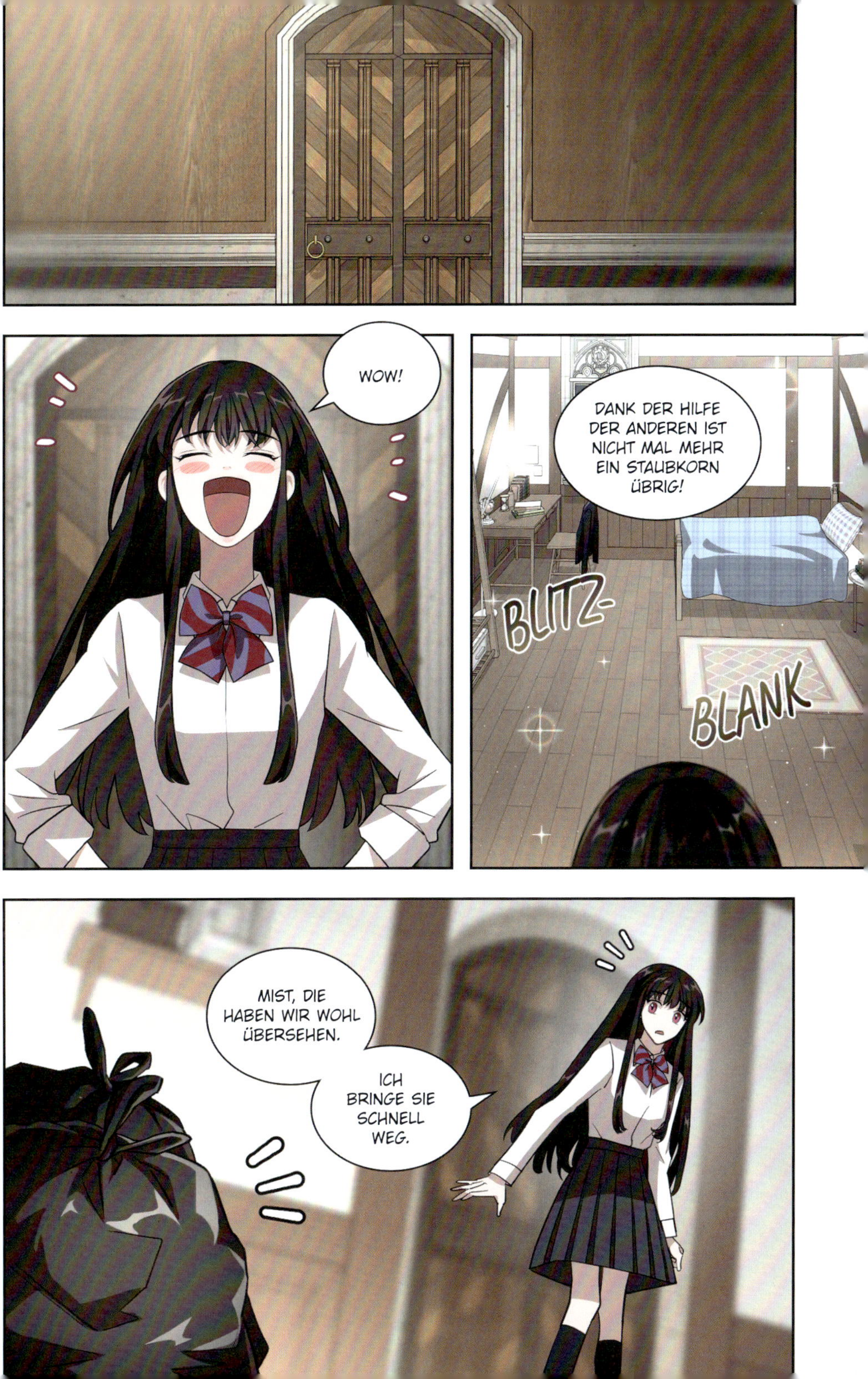
WOW!
DANK DER HILFE DER ANDEREN IST NICHT MAL MEHR EIN STAUBKORN ÜBRIG!
BLITZ-
BLANK
MIST, DIE HABEN WIR WOHL ÜBERSEHEN.
ICH BRINGE SIE SCHNELL WEG.

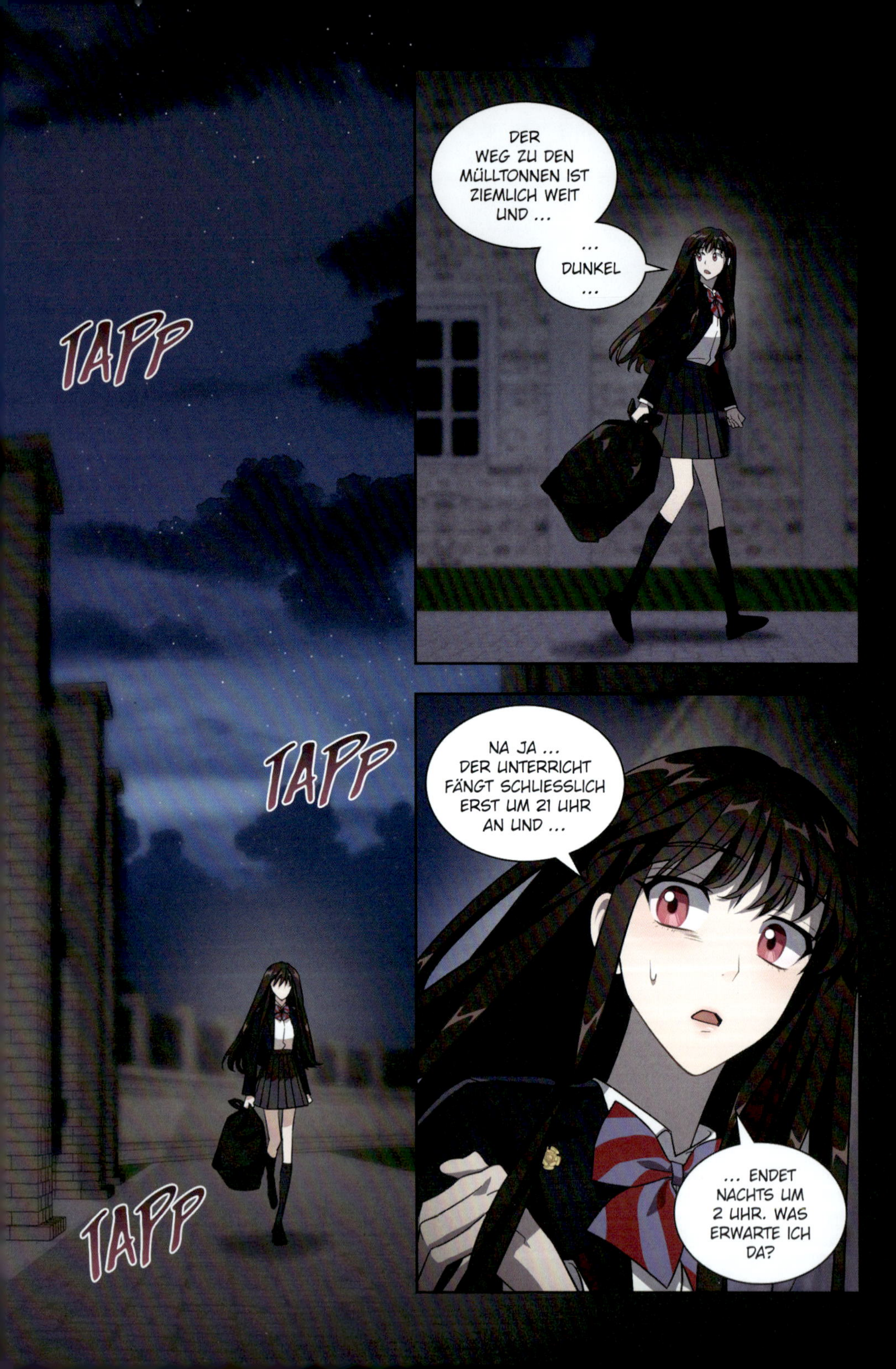
TAPP
DER WEG ZU DEN MÜLLTONNEN IST ZIEMLICH WEIT UND …
… DUNKEL …
TAPP
TAPP
NA JA … DER UNTERRICHT FÄNGT SCHLIESSLICH ERST UM 21 UHR AN UND …
… ENDET NACHTS UM 2 UHR. WAS ERWARTE ICH DA?

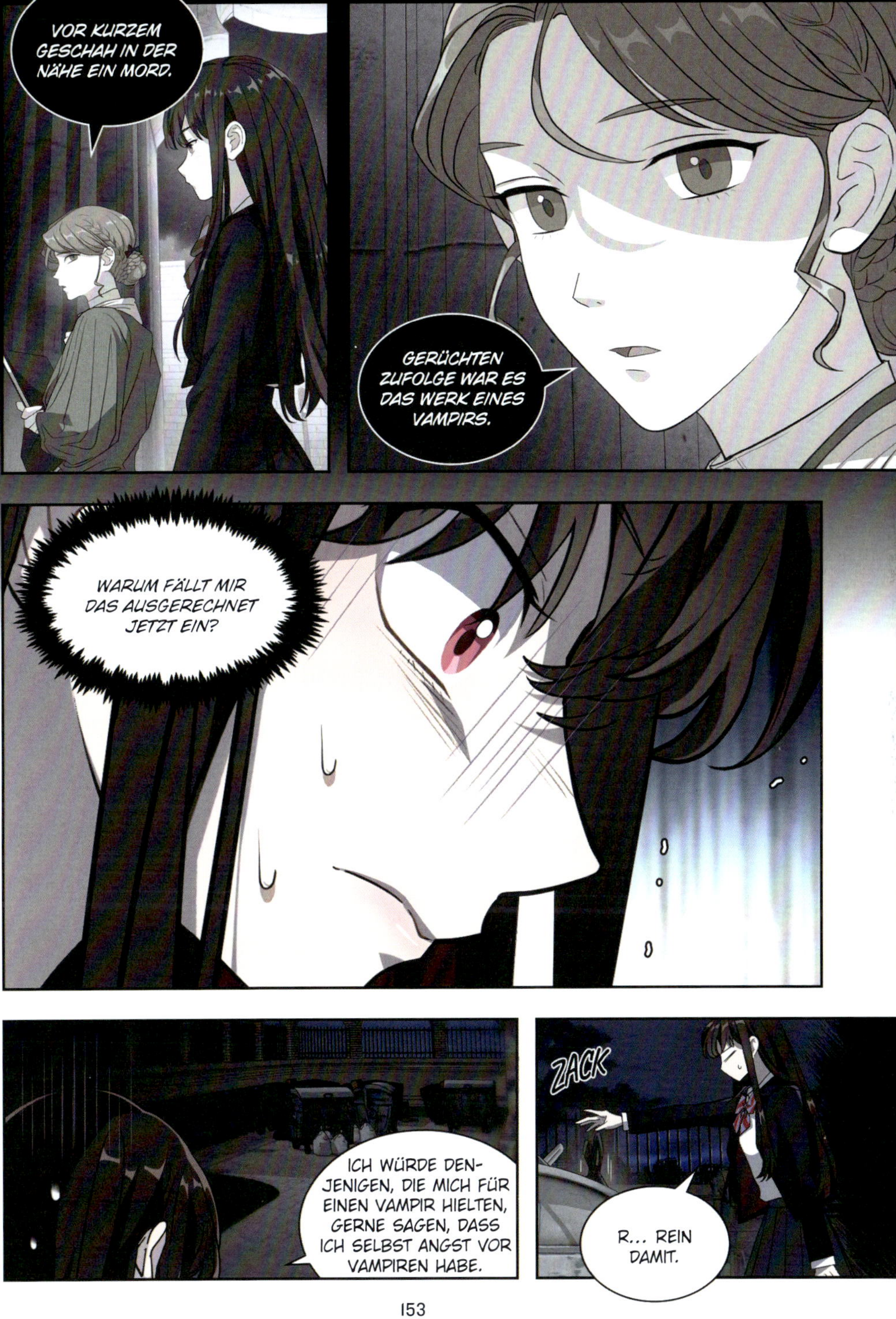
VOR KURZEM GESCHAH IN DER NÄHE EIN MORD.
GERÜCHTEN ZUFOLGE WAR ES DAS WERK EINES VAMPIRS.
WARUM FÄLLT MIR DAS AUSGERECHNET JETZT EIN?
ICH WÜRDE DEN-JENIGEN, DIE MICH FÜR EINEN VAMPIR HIELTEN, GERNE SAGEN, DASS ICH SELBST ANGST VOR VAMPIREN HABE.
ZACK
R... REIN DAMIT.

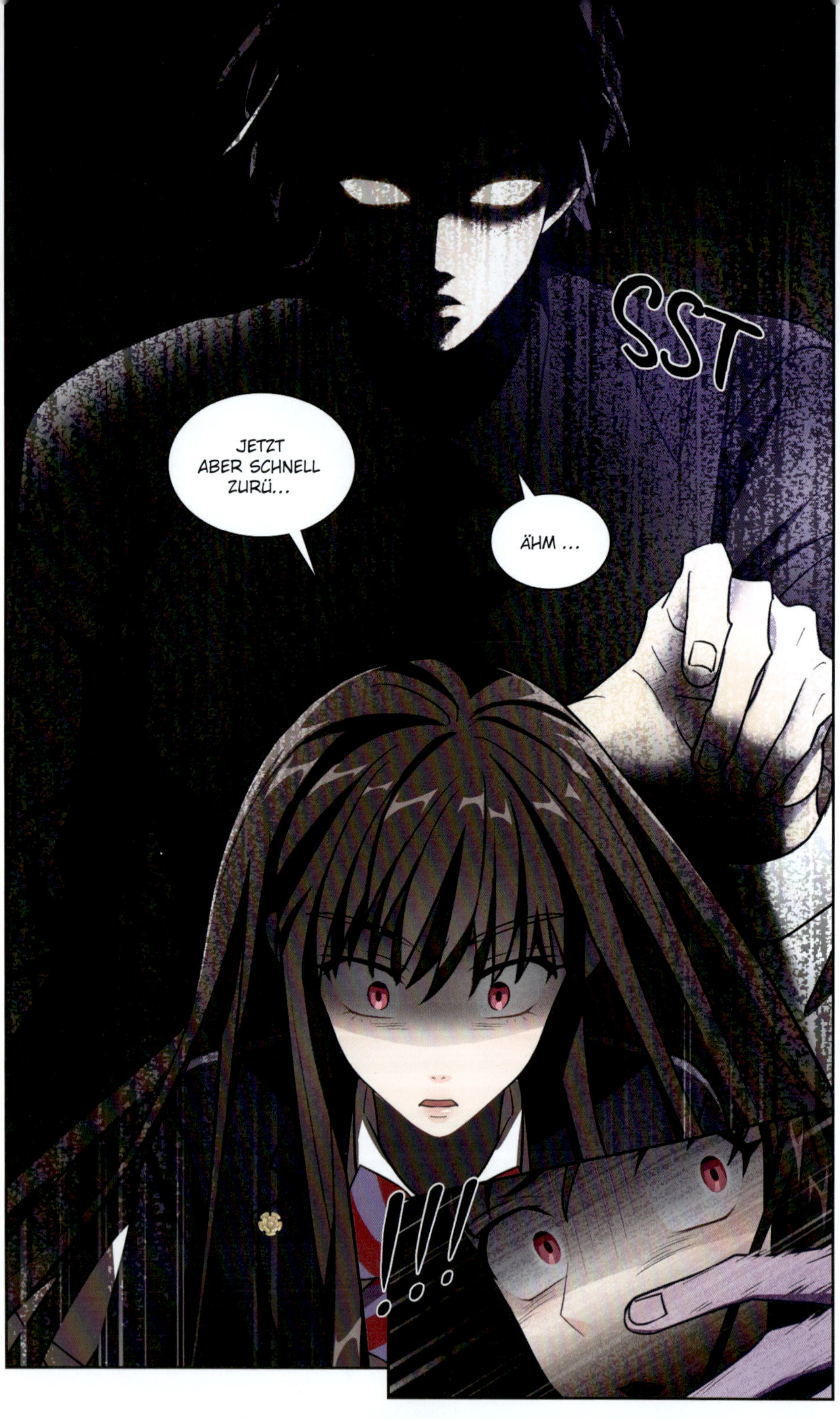
SST
JETZT ABER SCHNELL ZURÜ...
ÄHM ...
!!!

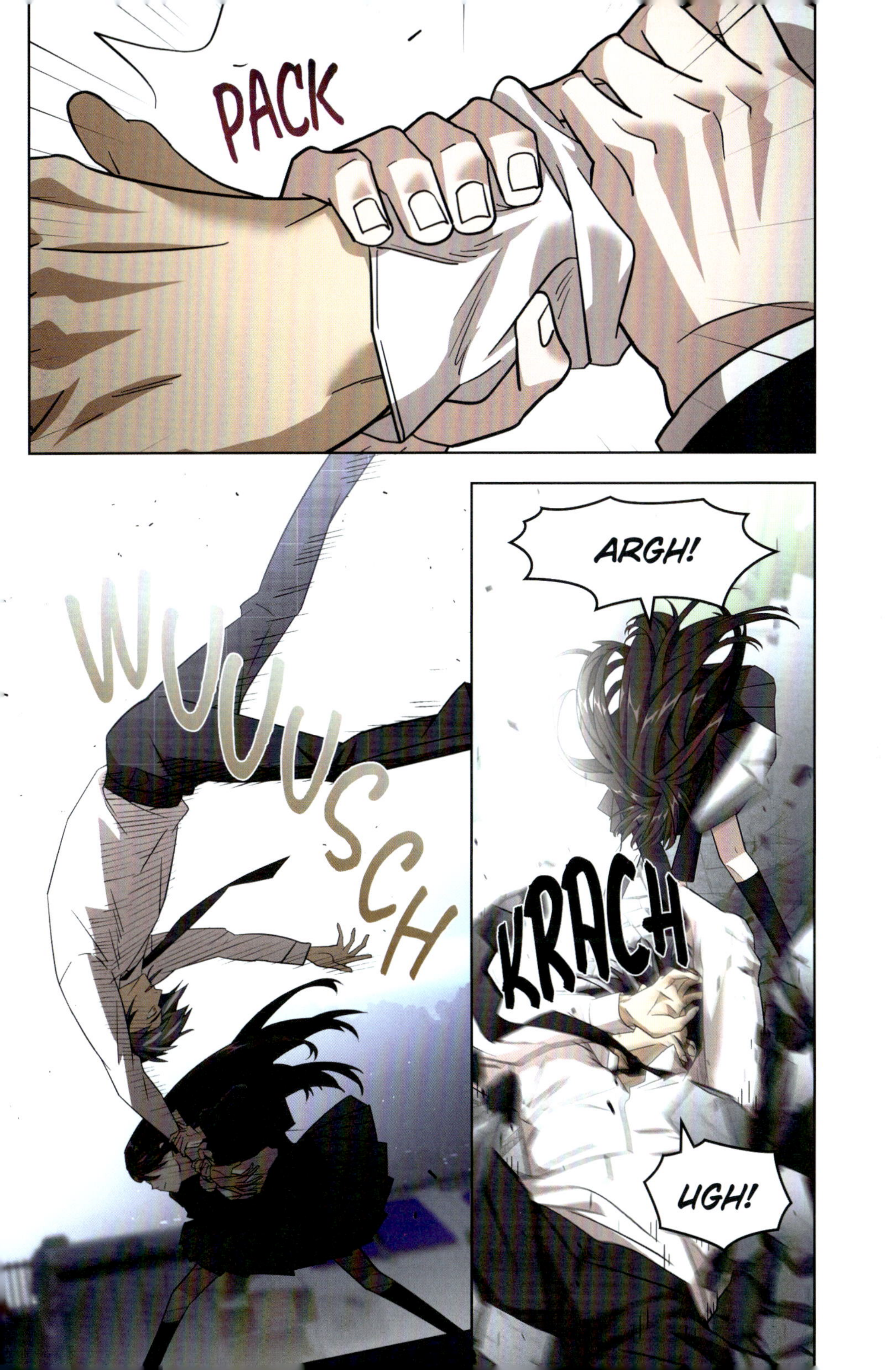
PACK
WUUUUSCH
ARGH!
KRACH
UGH!

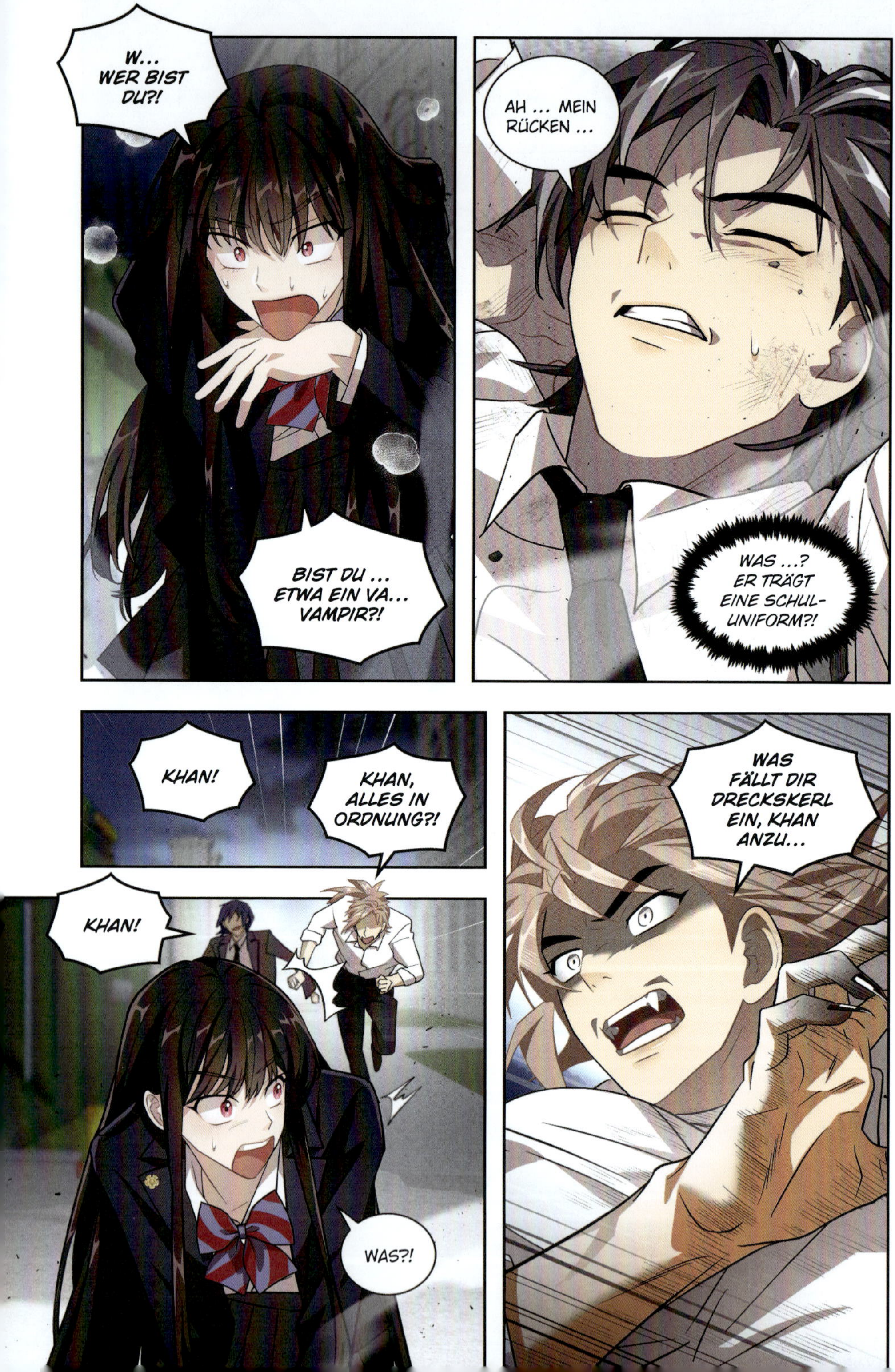
W... WER BIST DU?!
BIST DU ... ETWA EIN VA... VAMPIR?!
AH ... MEIN RÜCKEN ...
WAS ...? ER TRÄGT EINE SCHUL-UNIFORM?!
KHAN!
KHAN, ALLES IN ORDNUNG?!
KHAN!
WAS?!
WAS FÄLLT DIR DRECKSKERL EIN, KHAN ANZU...

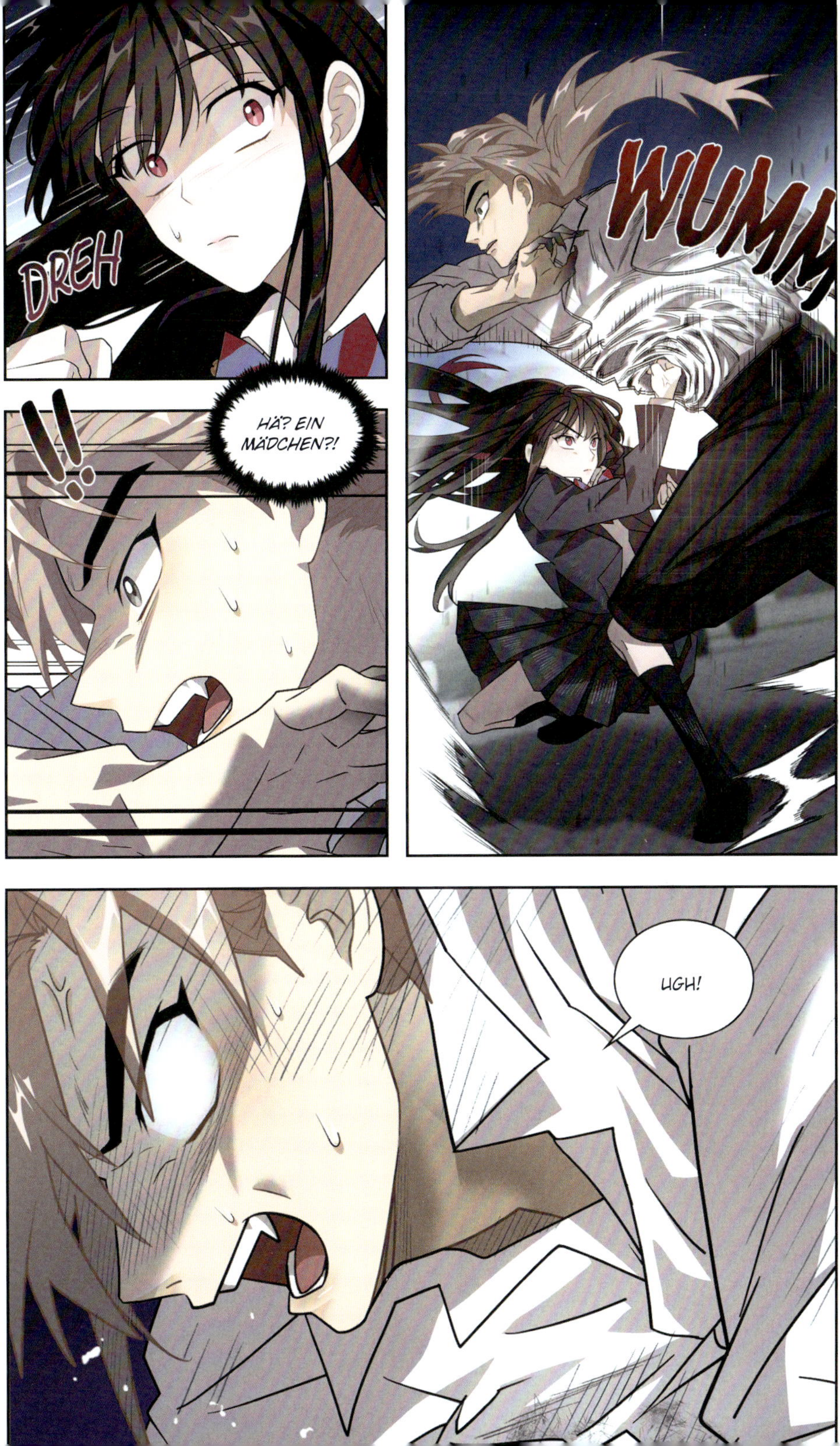
DREH
WUMM
!!
HÄ? EIN MÄDCHEN?!
UGH!

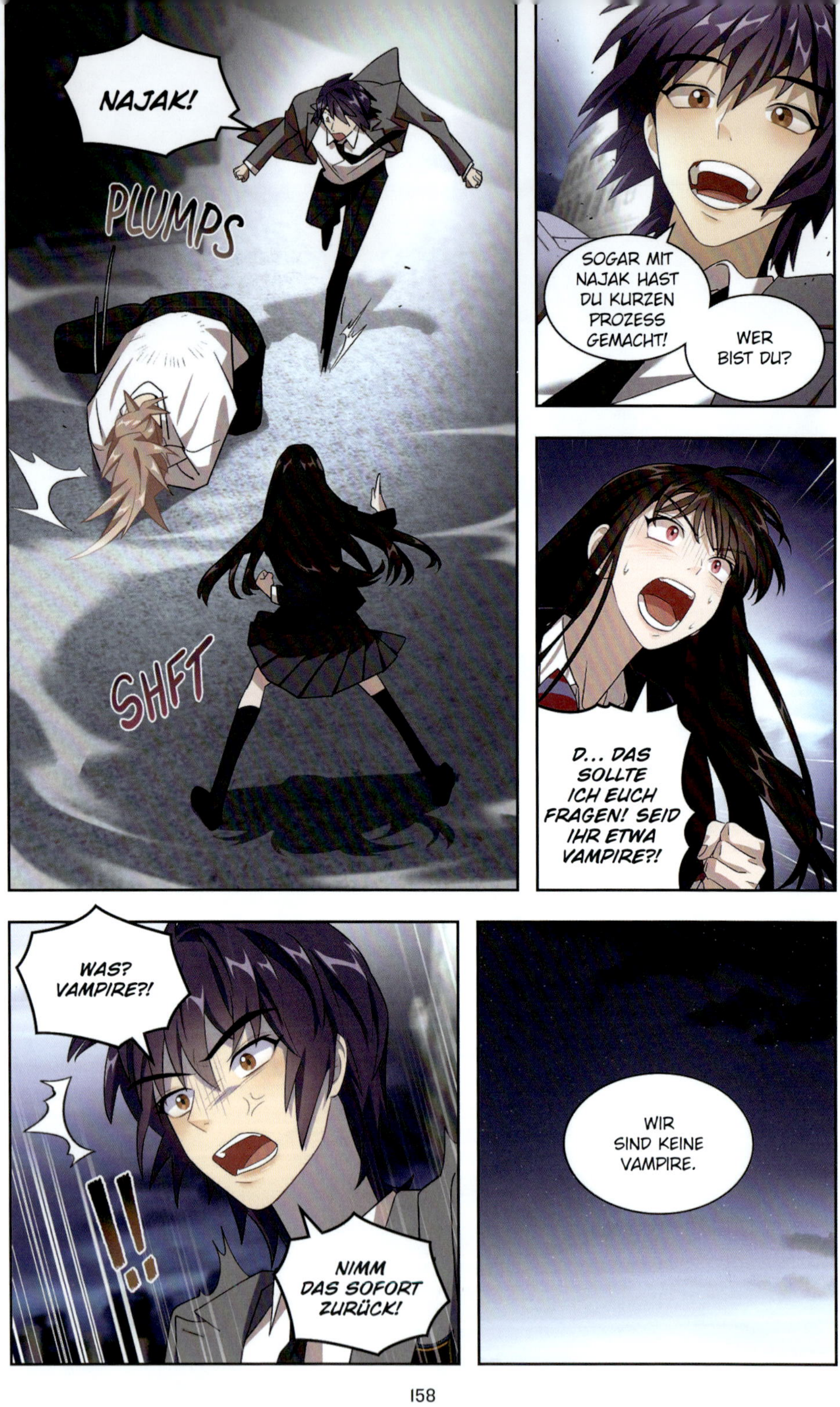
NAJAK!
PLUMPS
SHFT
SOGAR MIT NAJAK HAST DU KURZEN PROZESS GEMACHT!
WER BIST DU?
D... DAS SOLLTE ICH EUCH FRAGEN! SEID IHR ETWA VAMPIRE?!
WAS? VAMPIRE?!
!!
NIMM DAS SOFORT ZURÜCK!
WIR SIND KEINE VAMPIRE.

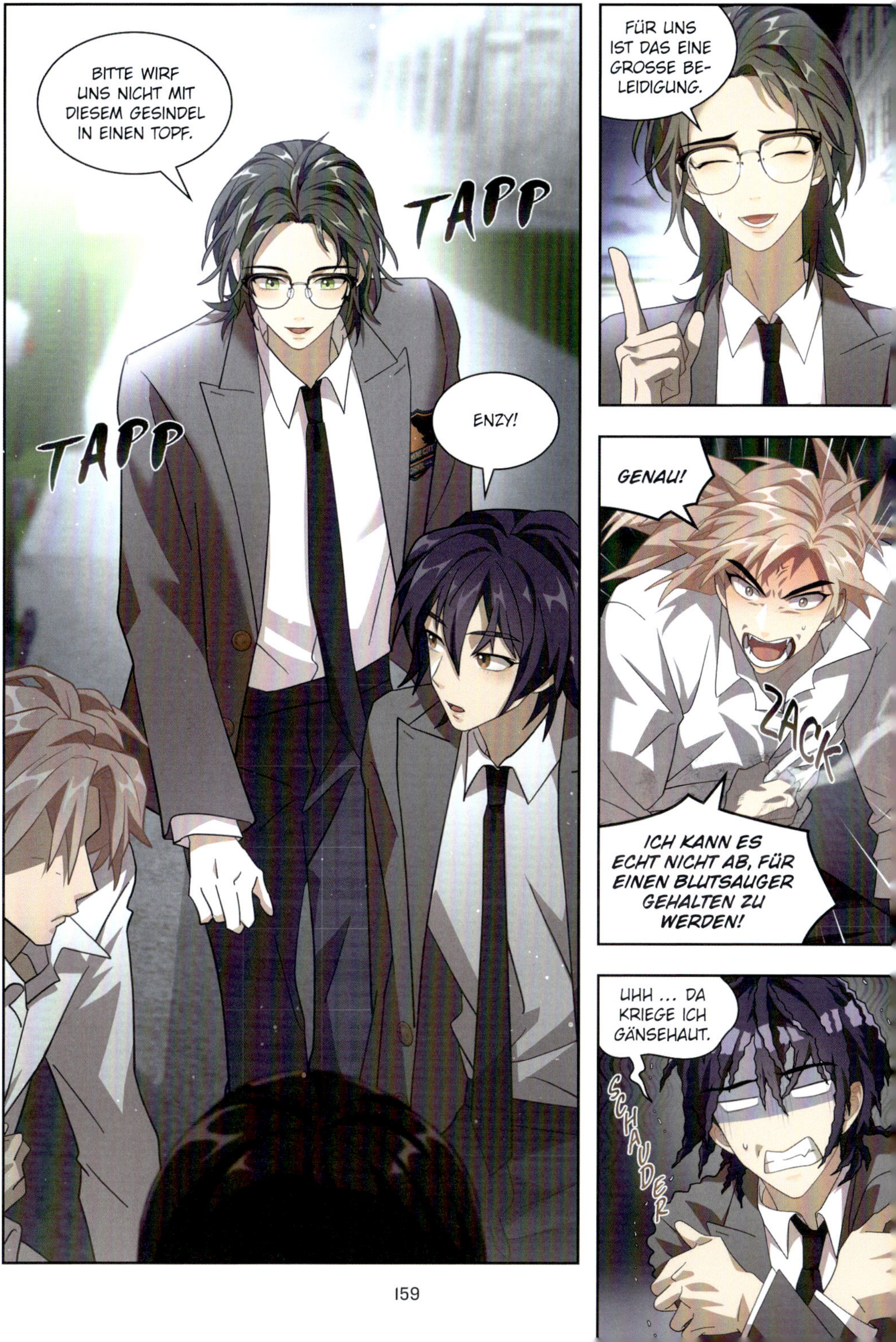
BITTE WIRF UNS NICHT MIT DIESEM GESINDEL IN EINEN TOPF.
TAPP
TAPP
ENZY!
FÜR UNS IST DAS EINE GROSSE BE-LEIDIGUNG.
GENAU!
ZACK
ICH KANN ES ECHT NICHT AB, FÜR EINEN BLUTSAUGER GEHALTEN ZU WERDEN!
UHH ... DA KRIEGE ICH GÄNSEHAUT.
SCHAUDER

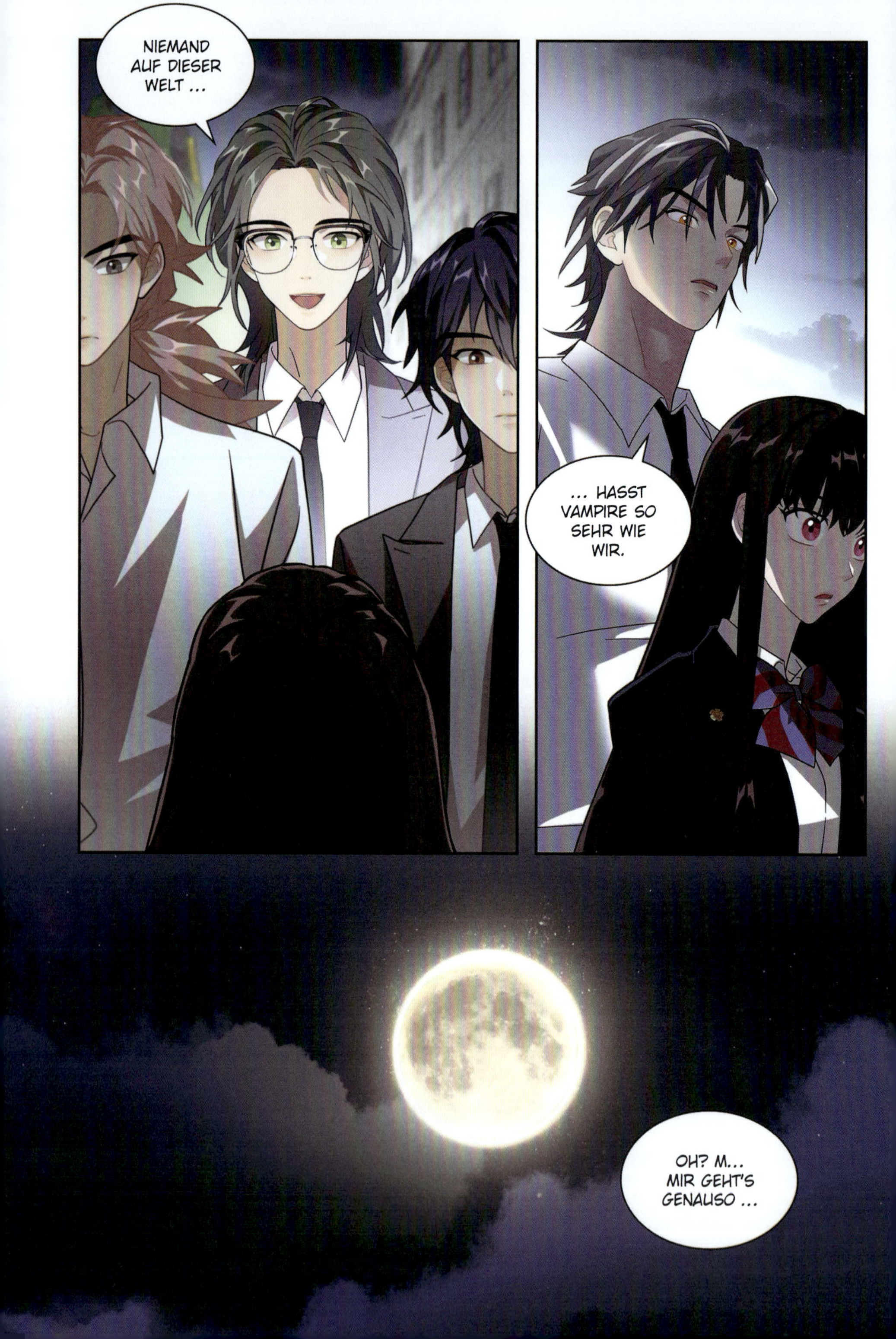
NIEMAND AUF DIESER WELT …
… HASST VAMPIRE SO SEHR WIE WIR.
OH? M… MIR GEHT'S GENAUSO …

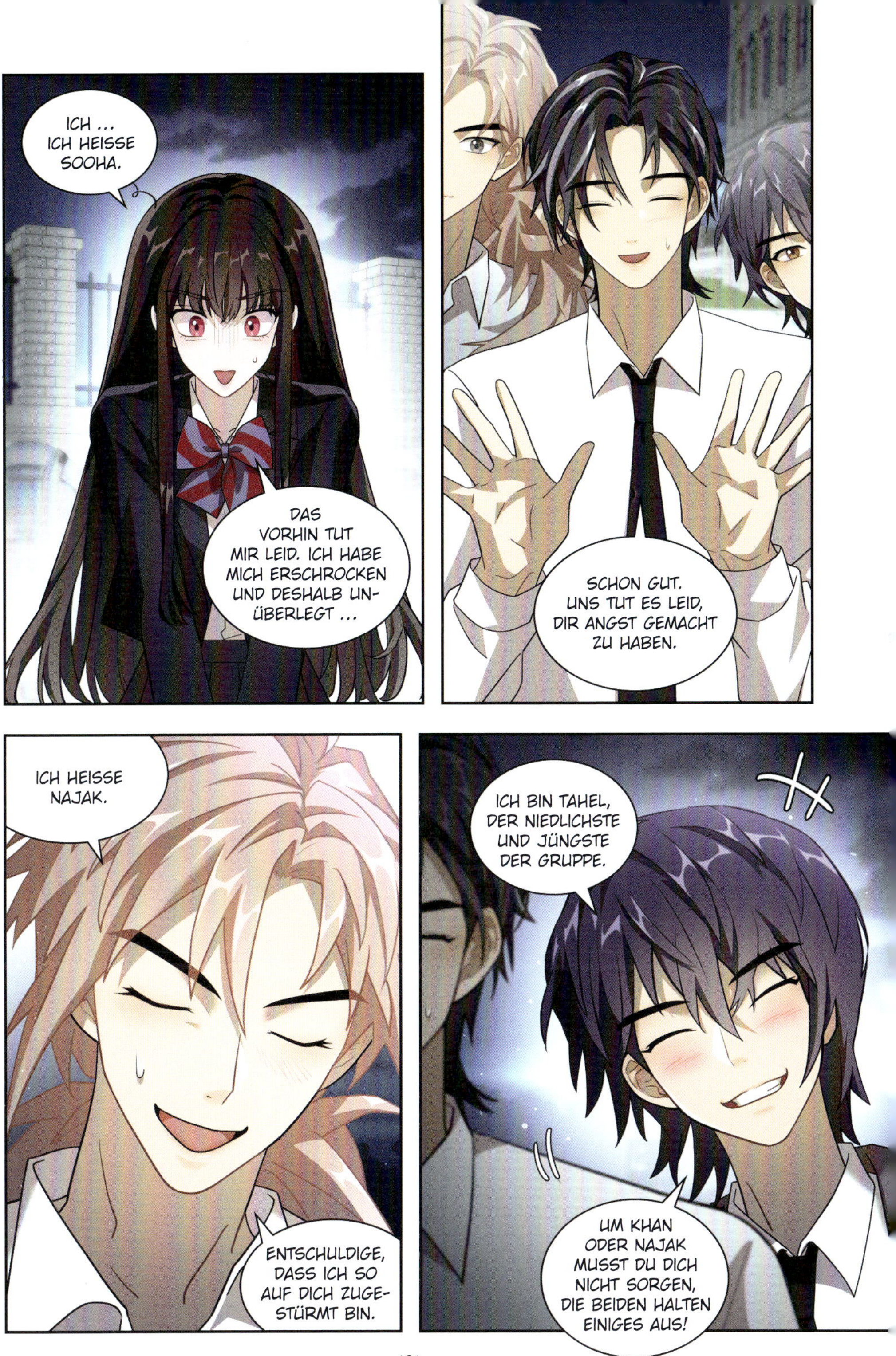
ICH ... ICH HEISSE SOOHA.
DAS VORHIN TUT MIR LEID. ICH HABE MICH ERSCHROCKEN UND DESHALB UN-ÜBERLEGT ...
SCHON GUT. UNS TUT ES LEID, DIR ANGST GEMACHT ZU HABEN.
ICH HEISSE NAJAK.
ENTSCHULDIGE, DASS ICH SO AUF DICH ZUGE-STÜRMT BIN.
ICH BIN TAHEL, DER NIEDLICHSTE UND JÜNGSTE DER GRUPPE.
UM KHAN ODER NAJAK MUSST DU DICH NICHT SORGEN, DIE BEIDEN HALTEN EINIGES AUS!

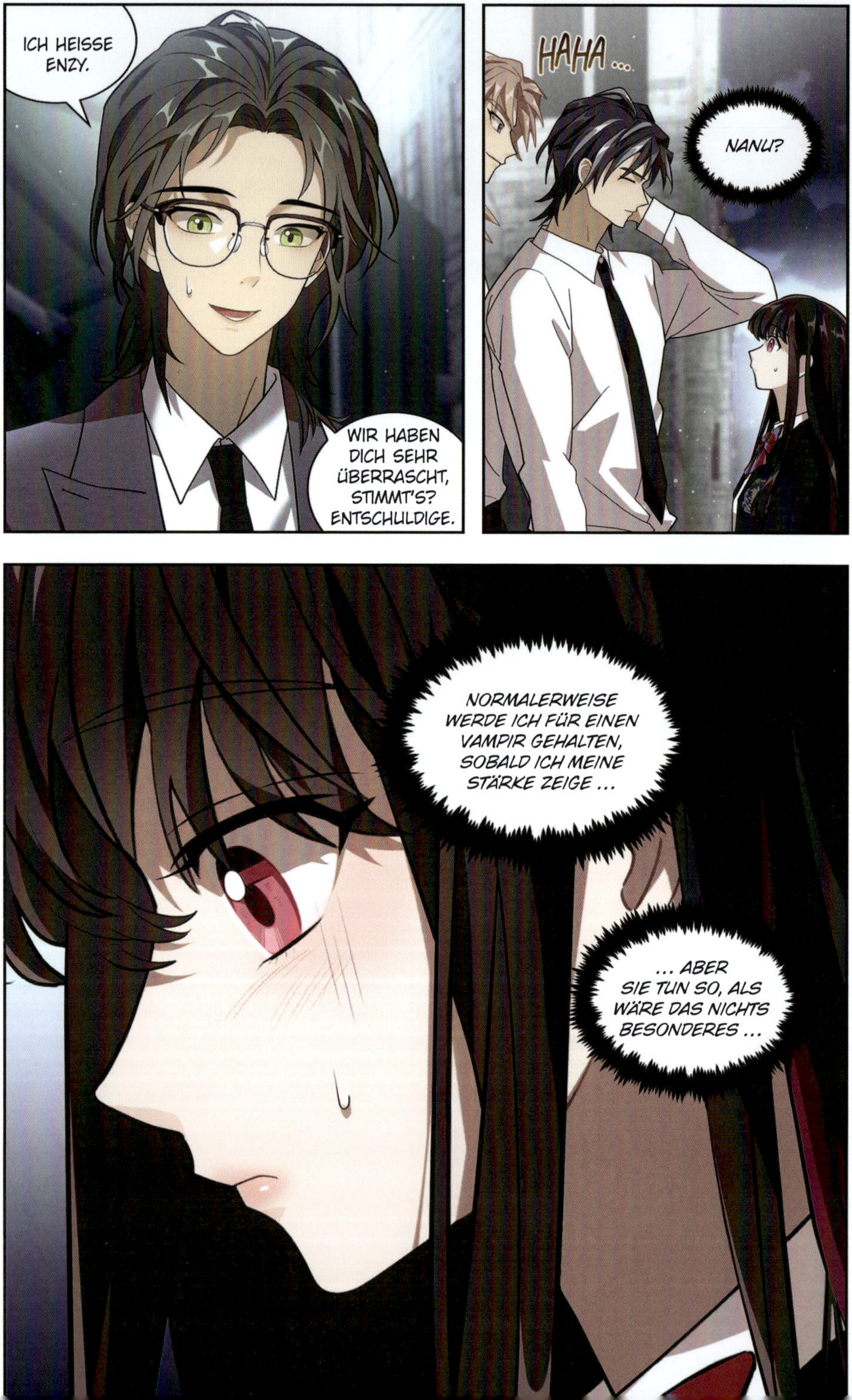
ICH HEISSE ENZY.
WIR HABEN DICH SEHR ÜBERRASCHT, STIMMT'S? ENTSCHULDIGE.
HAHA …
NANU?
NORMALERWEISE WERDE ICH FÜR EINEN VAMPIR GEHALTEN, SOBALD ICH MEINE STÄRKE ZEIGE …
… ABER SIE TUN SO, ALS WÄRE DAS NICHTS BESONDERES …

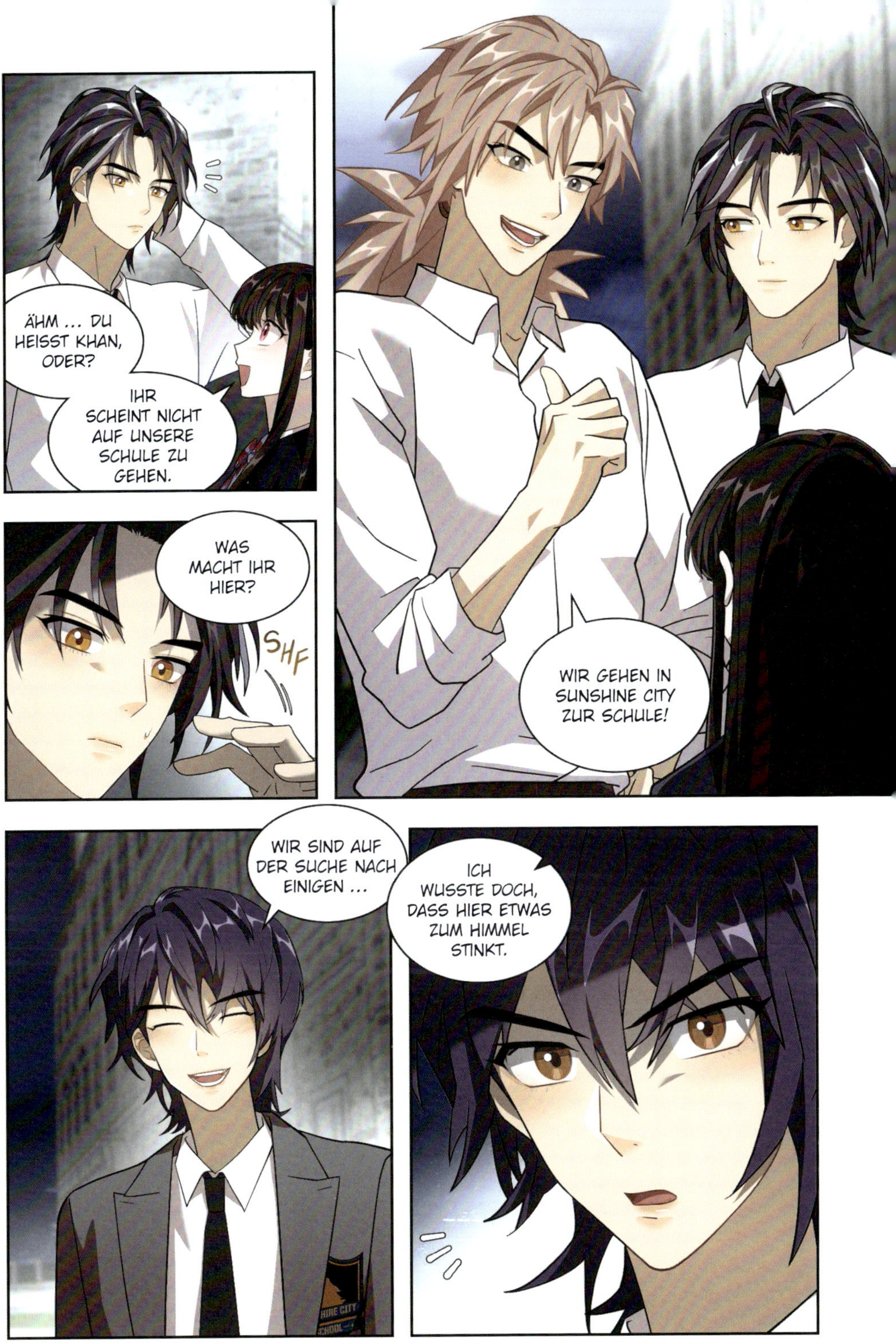
ÄHM … DU HEISST KHAN, ODER?
IHR SCHEINT NICHT AUF UNSERE SCHULE ZU GEHEN.
WAS MACHT IHR HIER?
SHF
WIR GEHEN IN SUNSHINE CITY ZUR SCHULE!
WIR SIND AUF DER SUCHE NACH EINIGEN …
ICH WUSSTE DOCH, DASS HIER ETWAS ZUM HIMMEL STINKT.

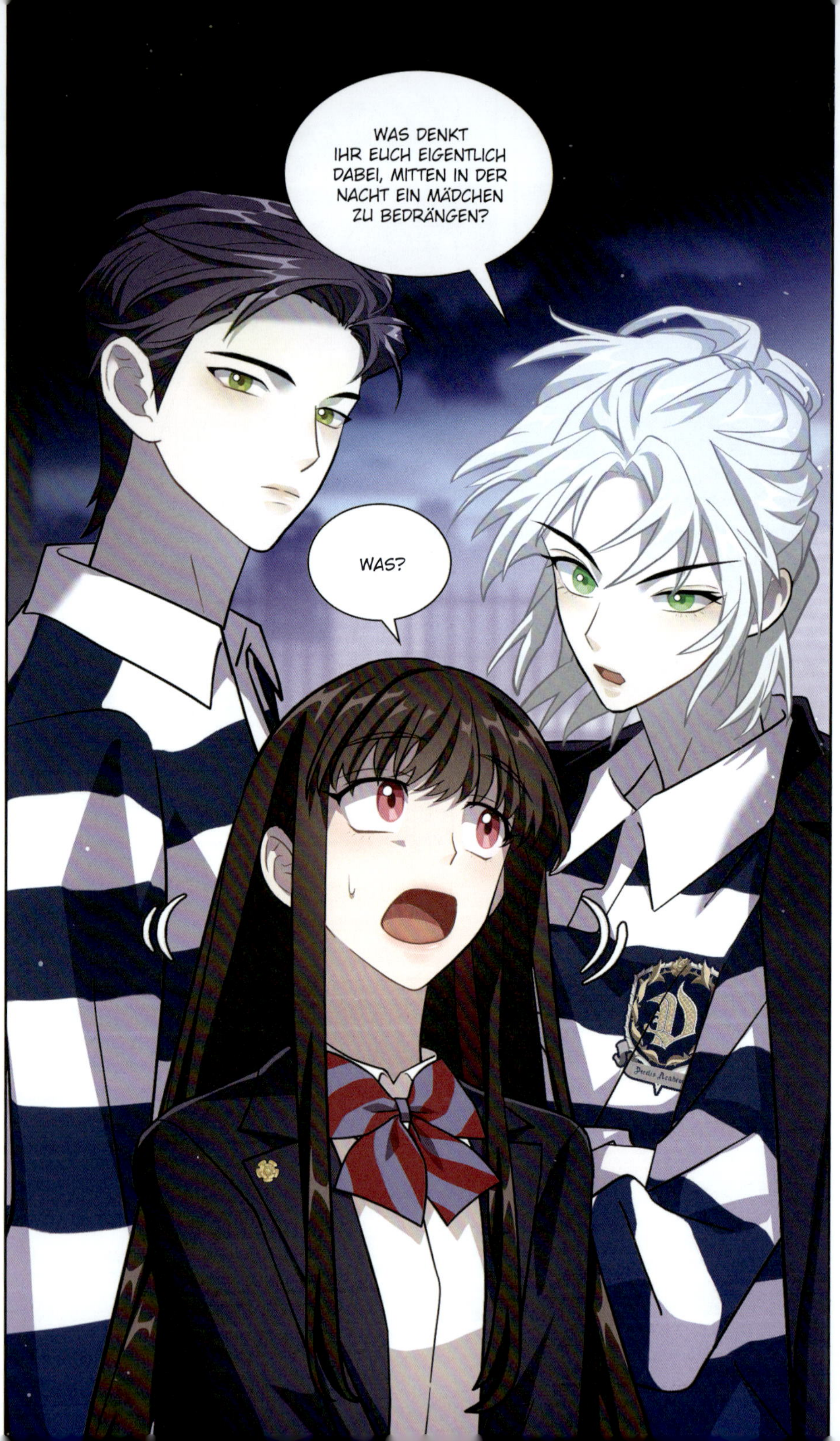
WAS DENKT IHR EUCH EIGENTLICH DABEI, MITTEN IN DER NACHT EIN MÄDCHEN ZU BEDRÄNGEN?
WAS?

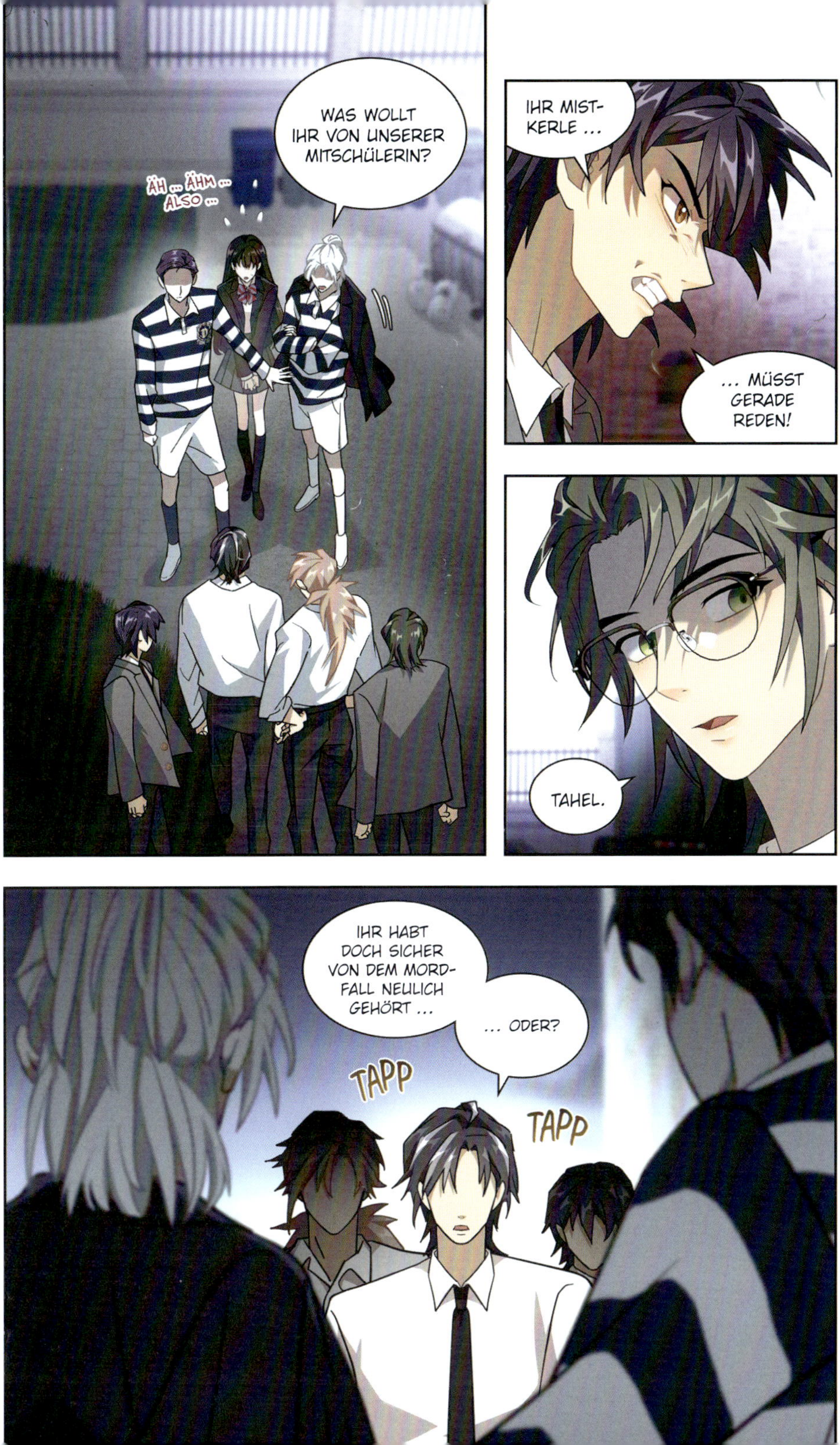
WAS WOLLT IHR VON UNSERER MITSCHÜLERIN?
ÄH ... ÄHM ... ALSO ...
IHR MIST-KERLE ...
... MÜSST GERADE REDEN!
TAHEL.
IHR HABT DOCH SICHER VON DEM MORD-FALL NEULICH GEHÖRT ...
... ODER?
TAPP
TAPP

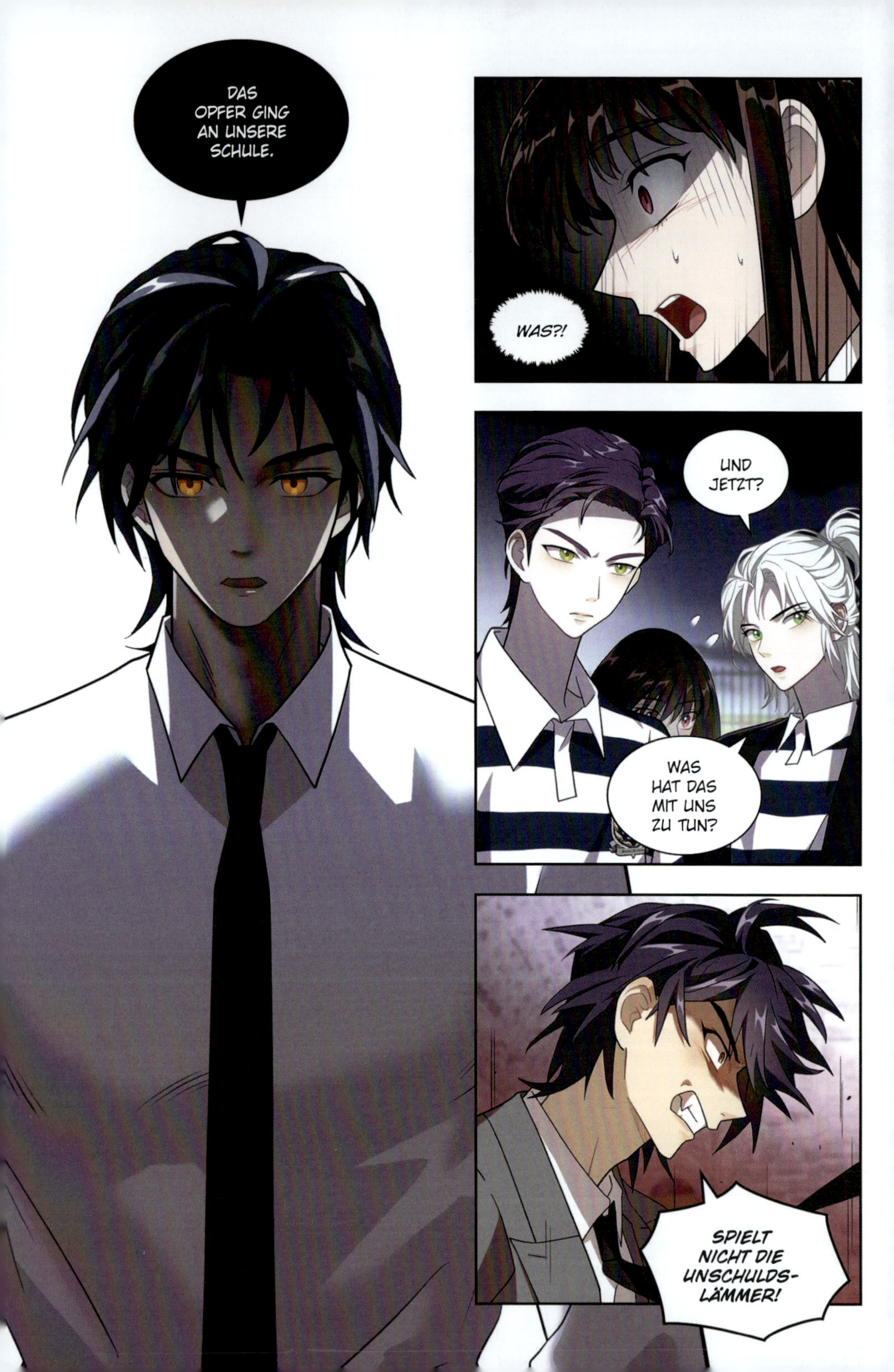
DAS OPFER GING AN UNSERE SCHULE.
WAS?!
UND JETZT?
WAS HAT DAS MIT UNS ZU TUN?
SPIELT NICHT DIE UNSCHULDS-LÄMMER!

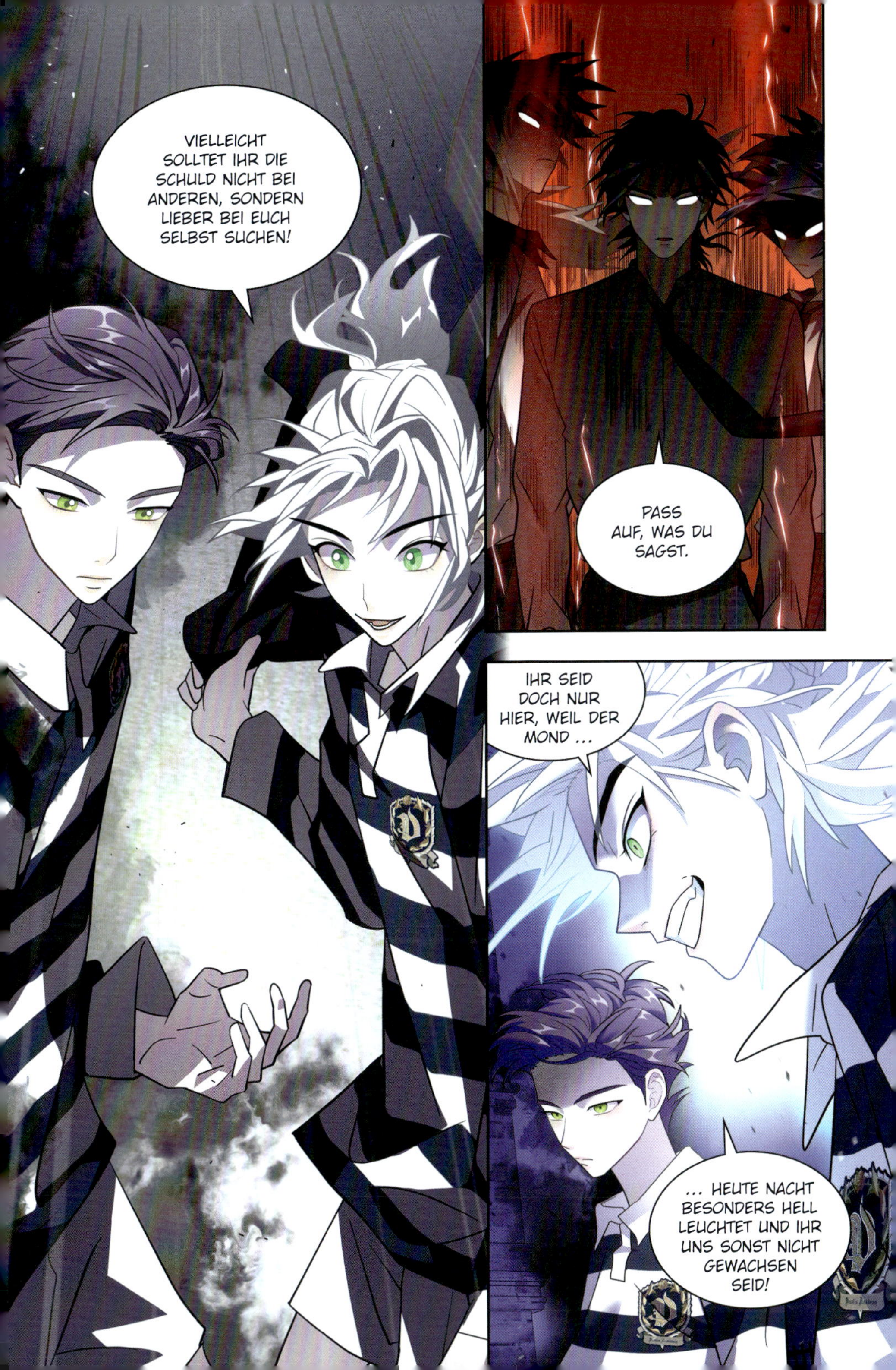
VIELLEICHT SOLLTET IHR DIE SCHULD NICHT BEI ANDEREN, SONDERN LIEBER BEI EUCH SELBST SUCHEN!
PASS AUF, WAS DU SAGST.
IHR SEID DOCH NUR HIER, WEIL DER MOND ...
... HEUTE NACHT BESONDERS HELL LEUCHTET UND IHR UNS SONST NICHT GEWACHSEN SEID!

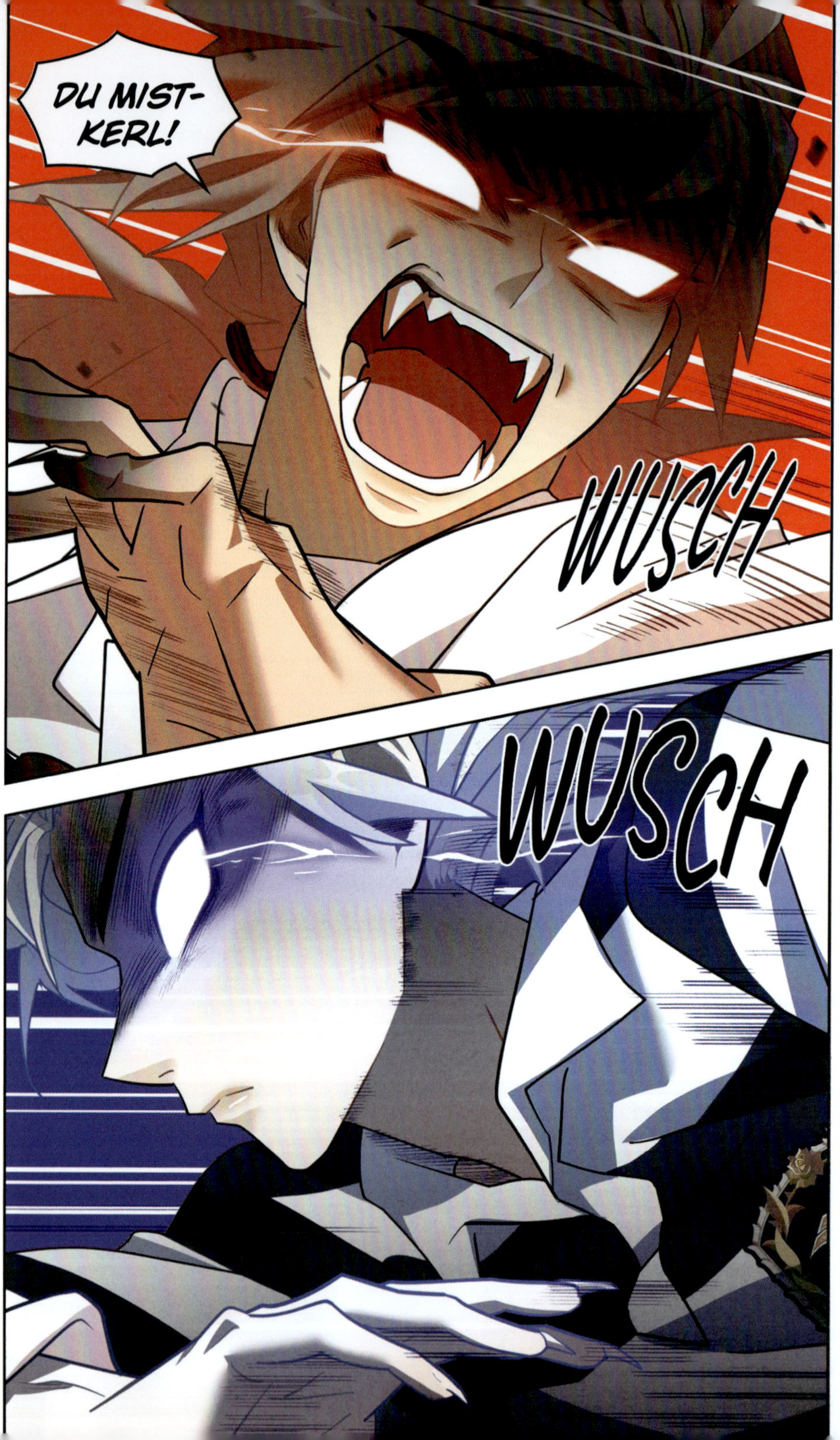
DU MIST-
KERL!
WUSCH
WUSCH

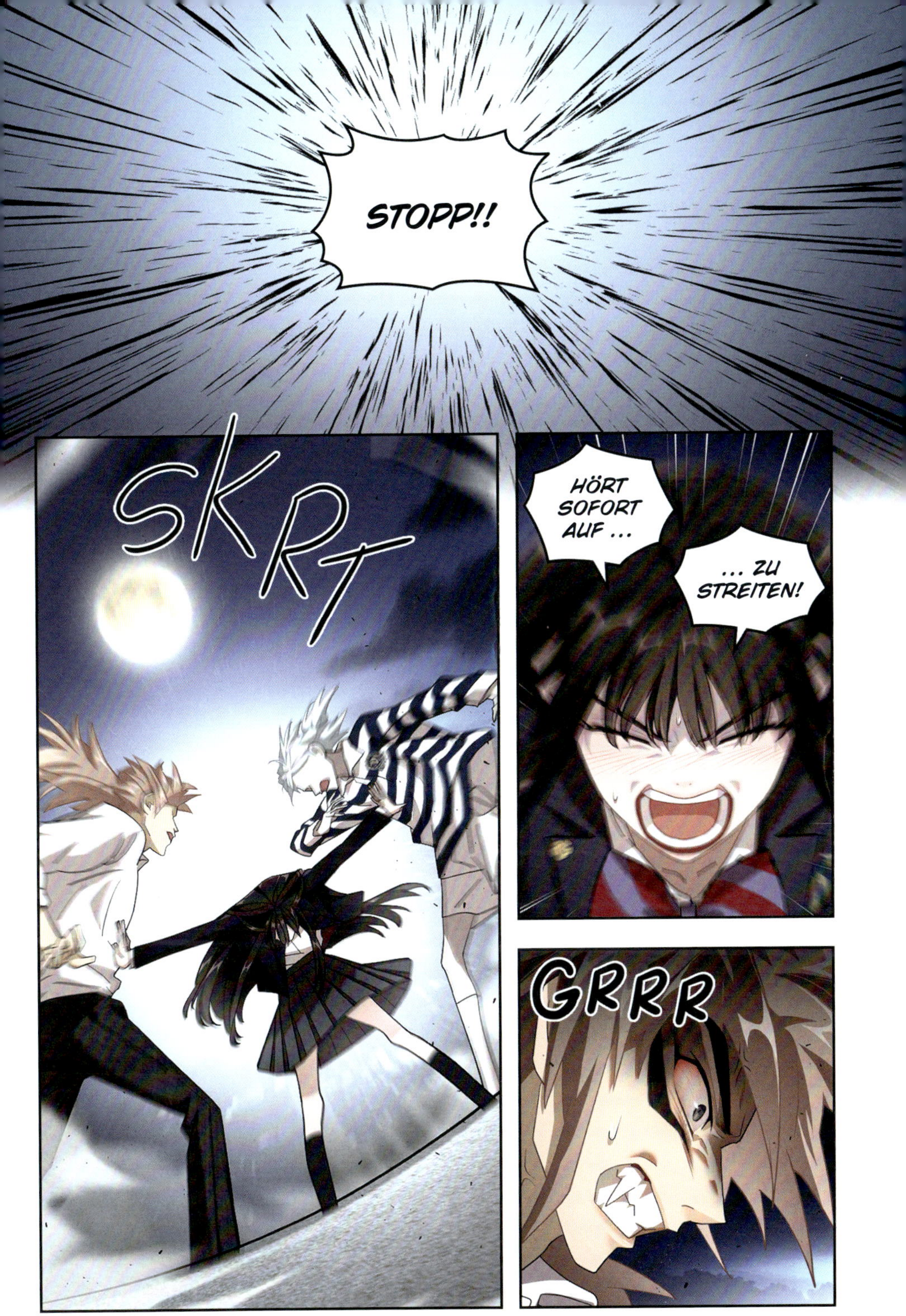
STOPP!!
SKRT
HÖRT SOFORT AUF …
… ZU STREITEN!
GRRR

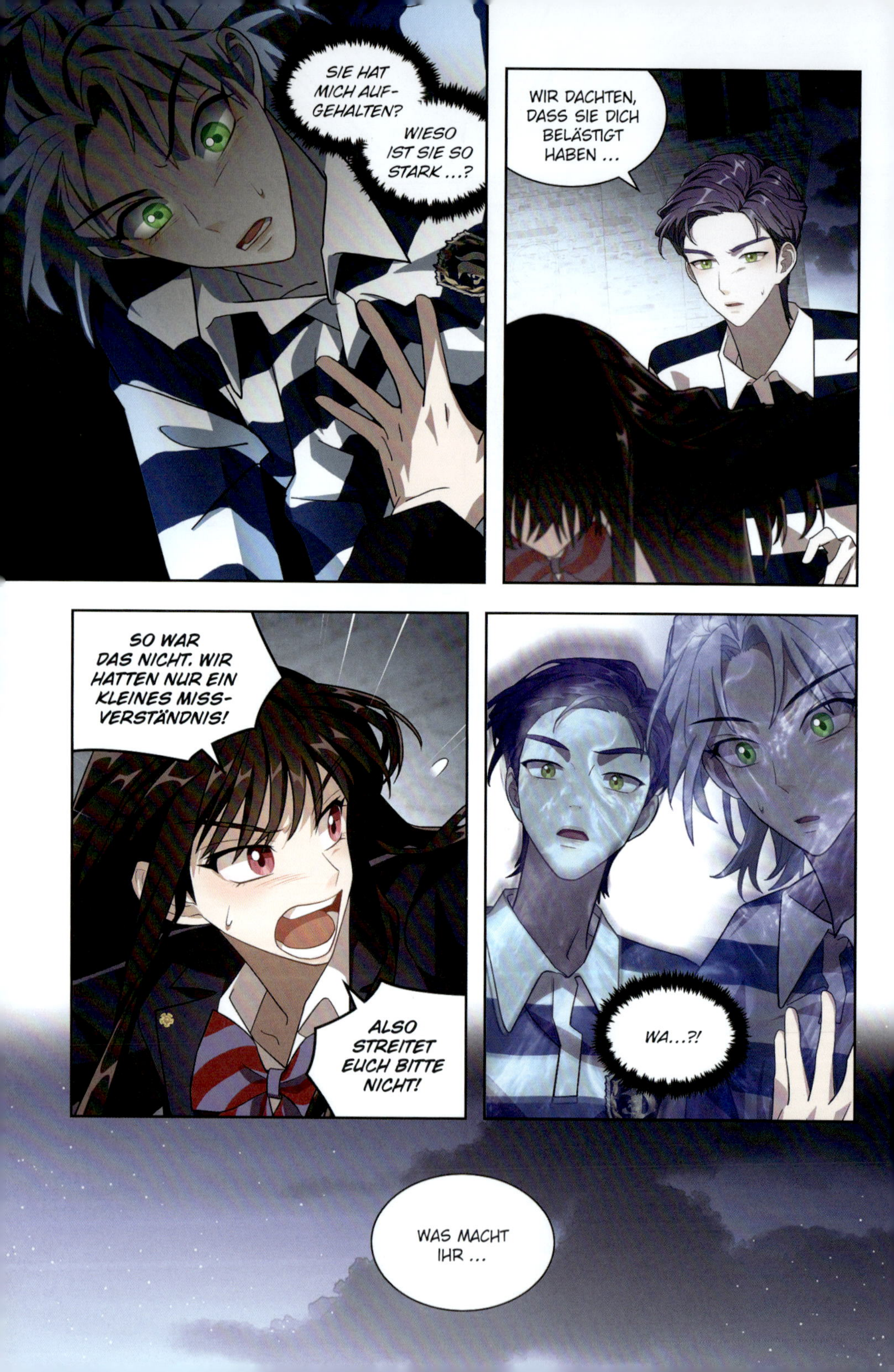
SIE HAT MICH AUF- GEHALTEN?
WIESO IST SIE SO STARK …?
WIR DACHTEN, DASS SIE DICH BELÄSTIGT HABEN …
SO WAR DAS NICHT. WIR HATTEN NUR EIN KLEINES MISS- VERSTÄNDNIS!
ALSO STREITET EUCH BITTE NICHT!
WA…?!
WAS MACHT IHR …

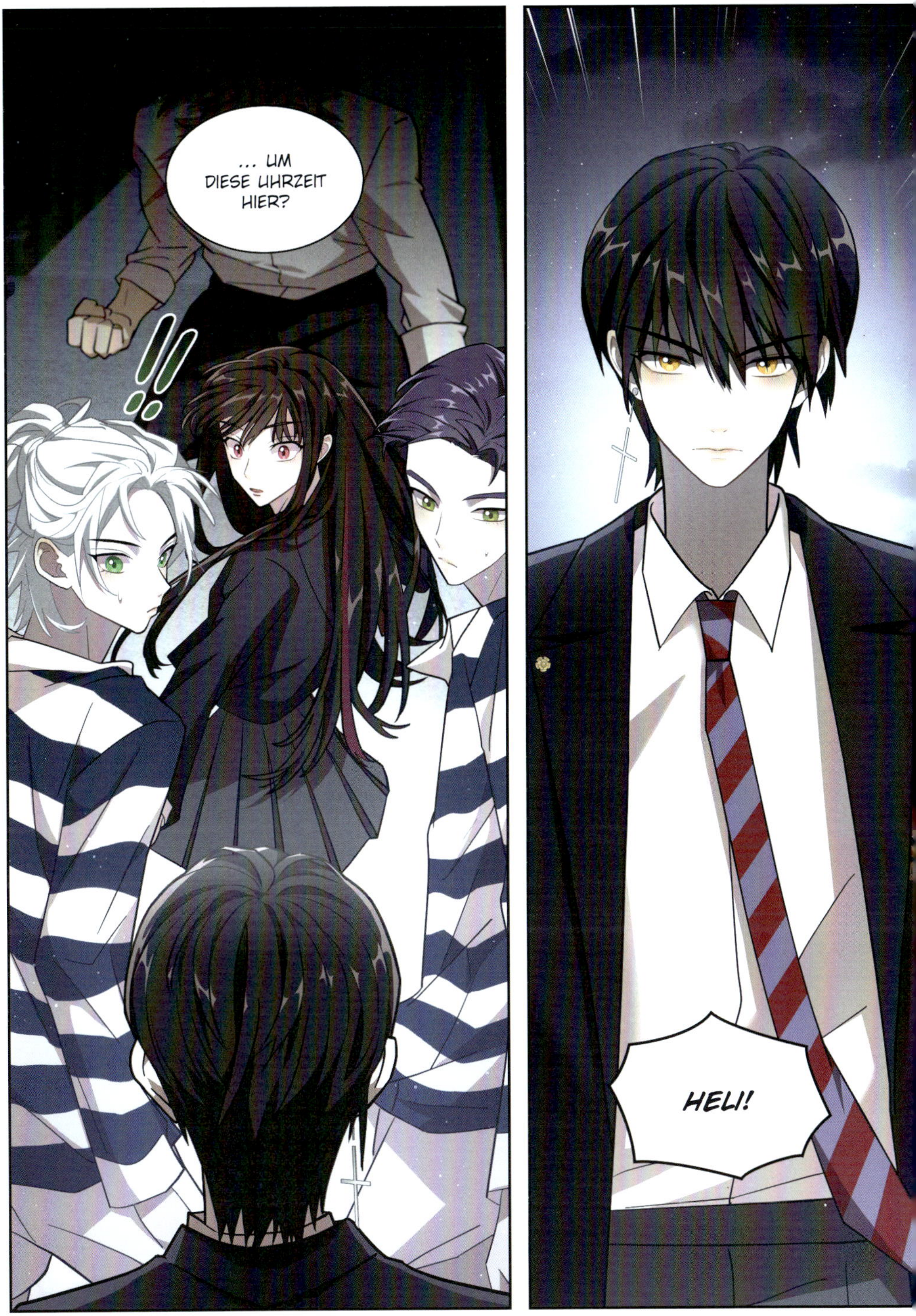
... UM
DIESE UHRZEIT
HIER?
!!
HELI!

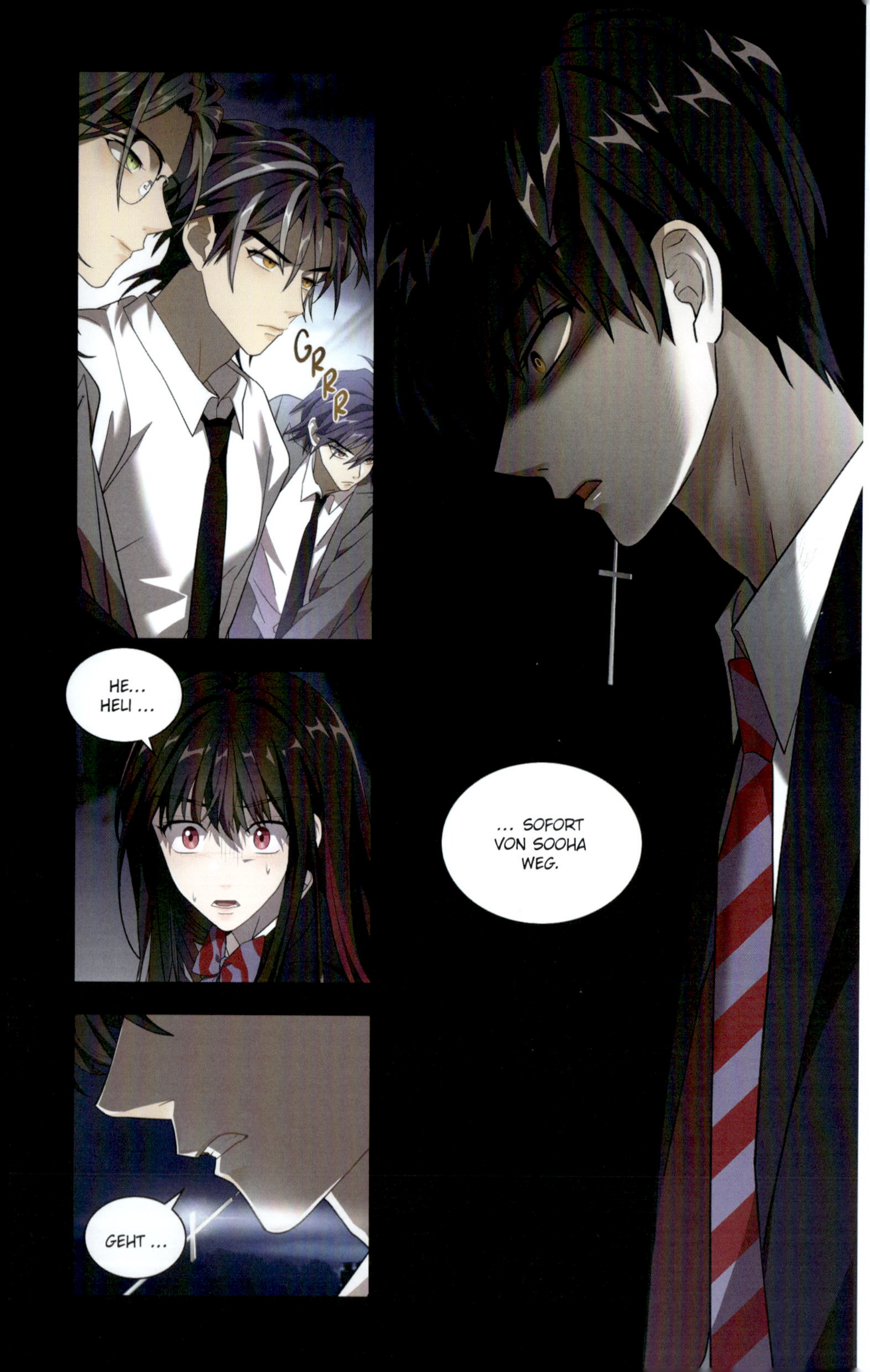
GRRR
HE... HELI ...
GEHT ...
... SOFORT VON SOOHA WEG.

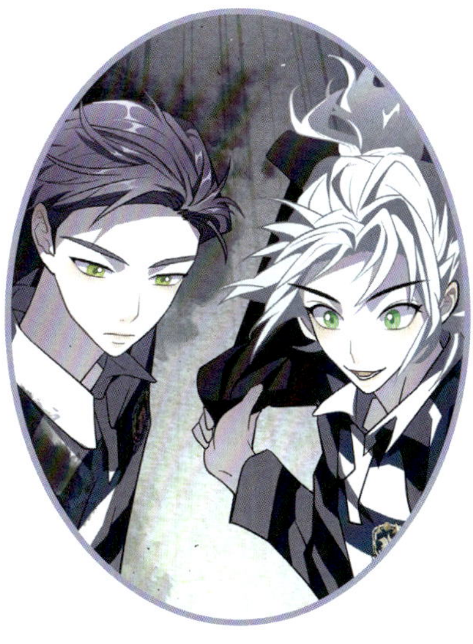

KAPITEL 7

FEINDE

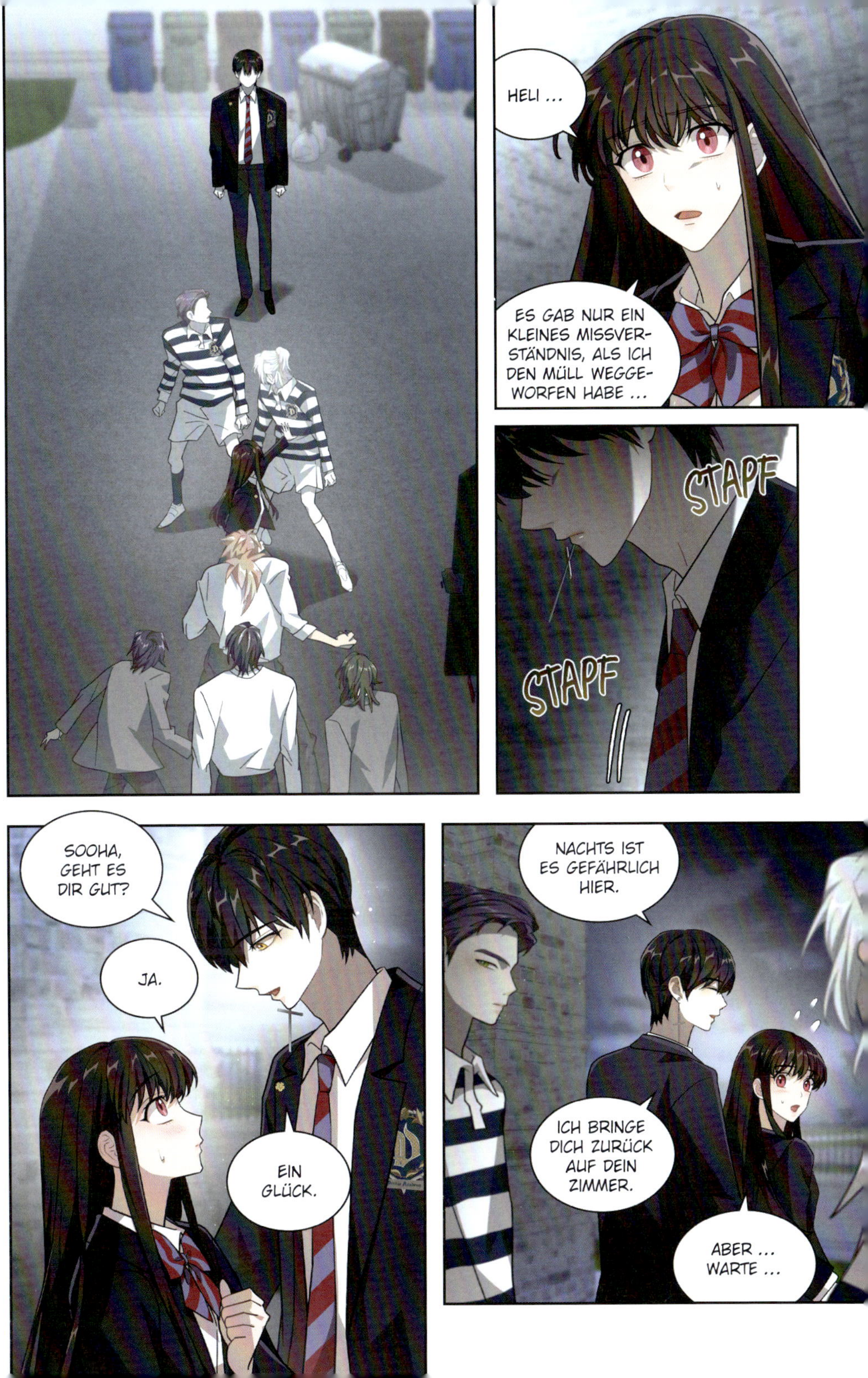
HELI …
ES GAB NUR EIN KLEINES MISSVERSTÄNDNIS, ALS ICH DEN MÜLL WEGGEWORFEN HABE …
STAPF
STAPF
SOOHA, GEHT ES DIR GUT?
JA.
EIN GLÜCK.
NACHTS IST ES GEFÄHRLICH HIER.
ICH BRINGE DICH ZURÜCK AUF DEIN ZIMMER.
ABER … WARTE …

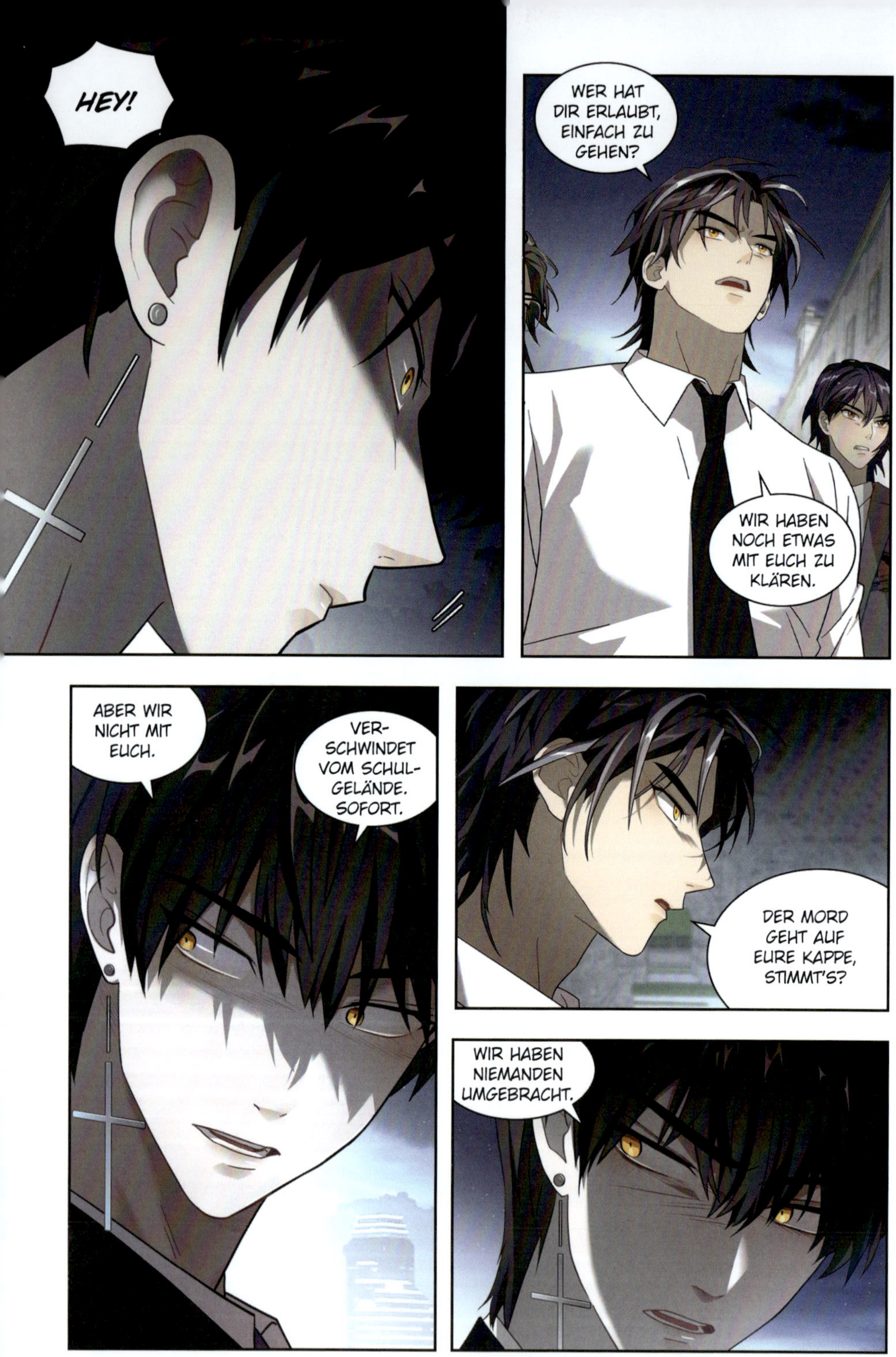
HEY!
WER HAT DIR ERLAUBT, EINFACH ZU GEHEN?
WIR HABEN NOCH ETWAS MIT EUCH ZU KLÄREN.
ABER WIR NICHT MIT EUCH.
VER-SCHWINDET VOM SCHUL-GELÄNDE. SOFORT.
DER MORD GEHT AUF EURE KAPPE, STIMMT'S?
WIR HABEN NIEMANDEN UMGEBRACHT.

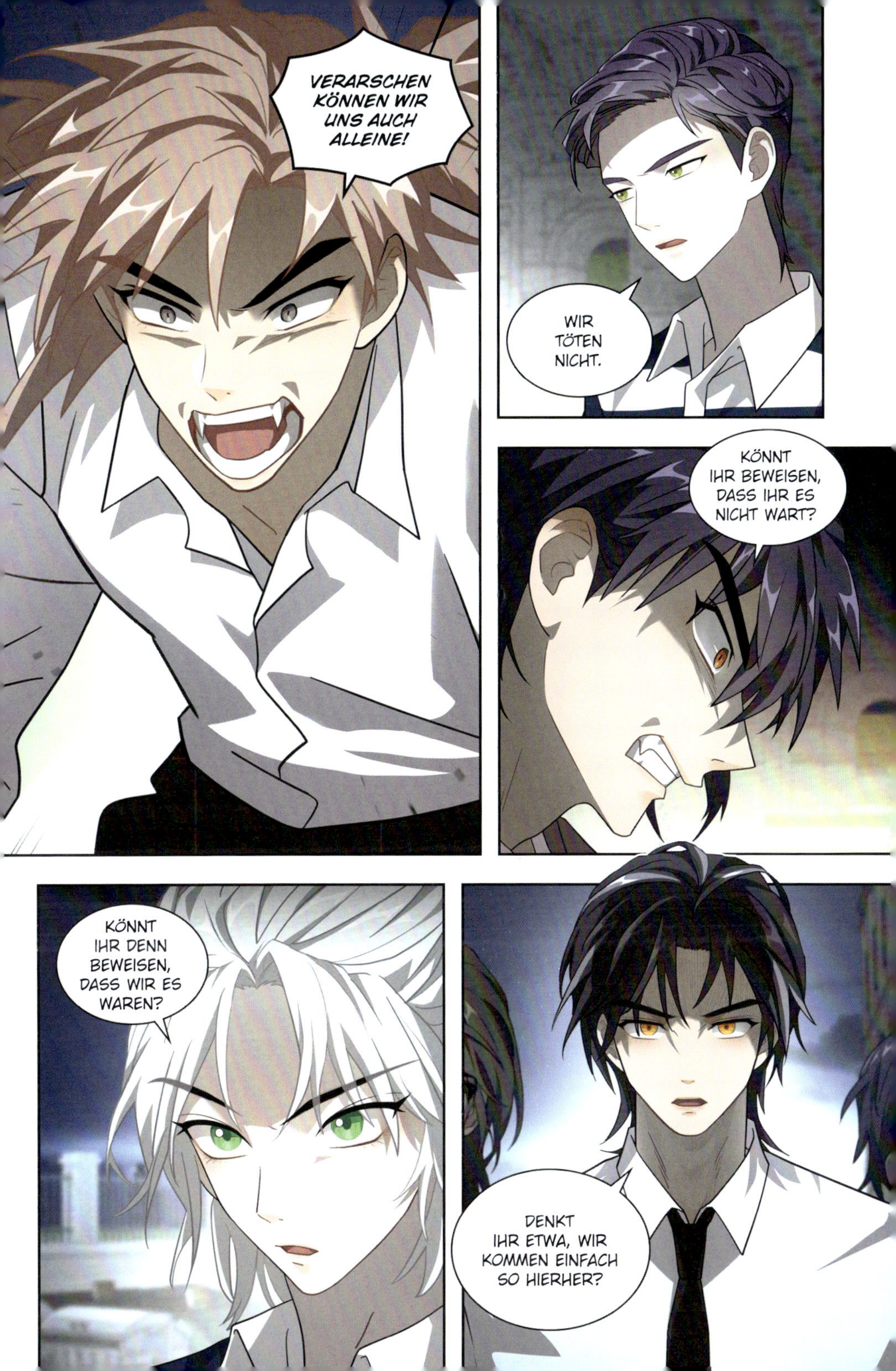
VERARSCHEN KÖNNEN WIR UNS AUCH ALLEINE!
WIR TÖTEN NICHT.
KÖNNT IHR BEWEISEN, DASS IHR ES NICHT WART?
KÖNNT IHR DENN BEWEISEN, DASS WIR ES WAREN?
DENKT IHR ETWA, WIR KOMMEN EINFACH SO HIERHER?

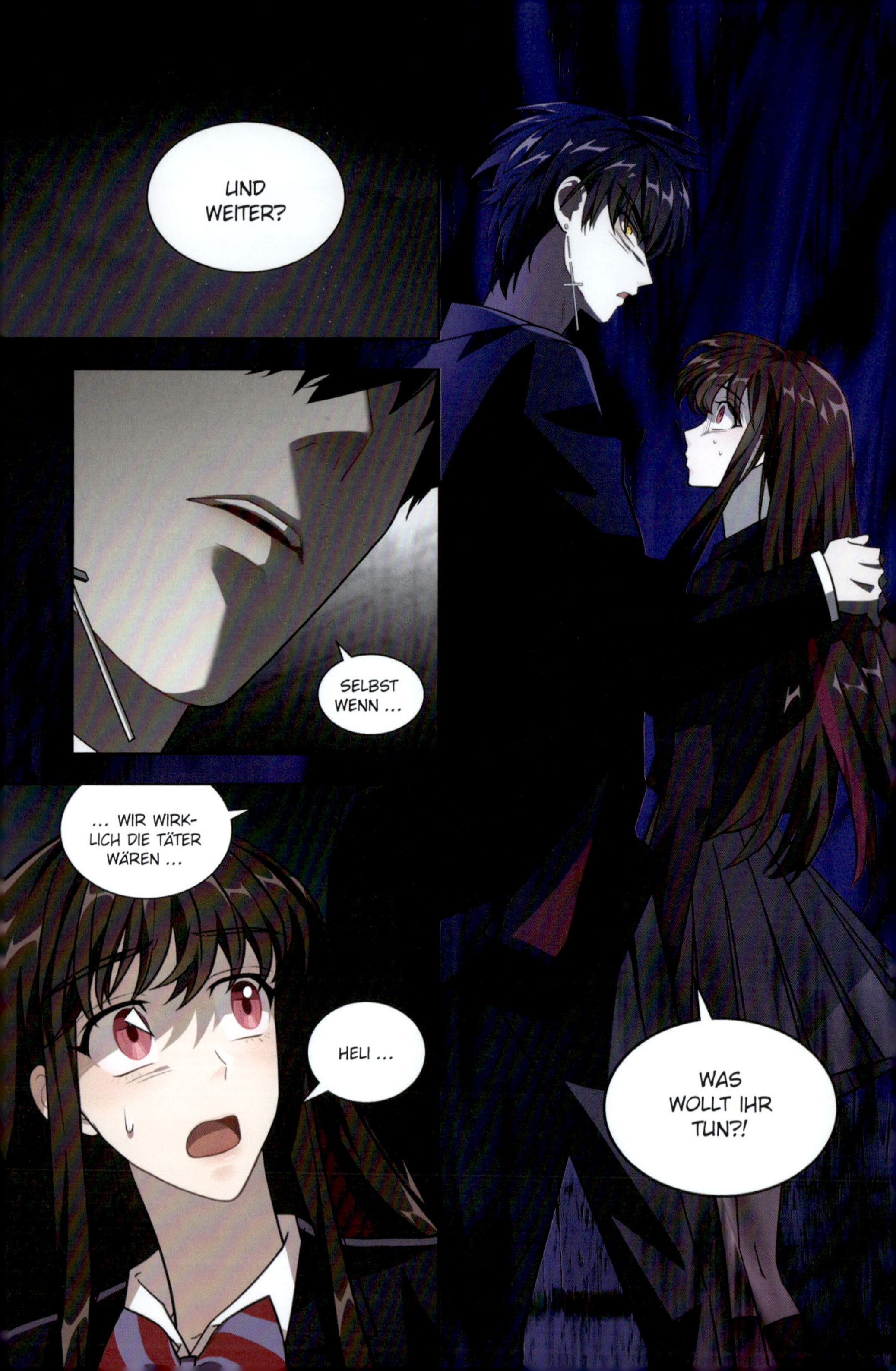
UND WEITER?
SELBST WENN …
… WIR WIRKLICH DIE TÄTER WÄREN …
HELI …
WAS WOLLT IHR TUN?!

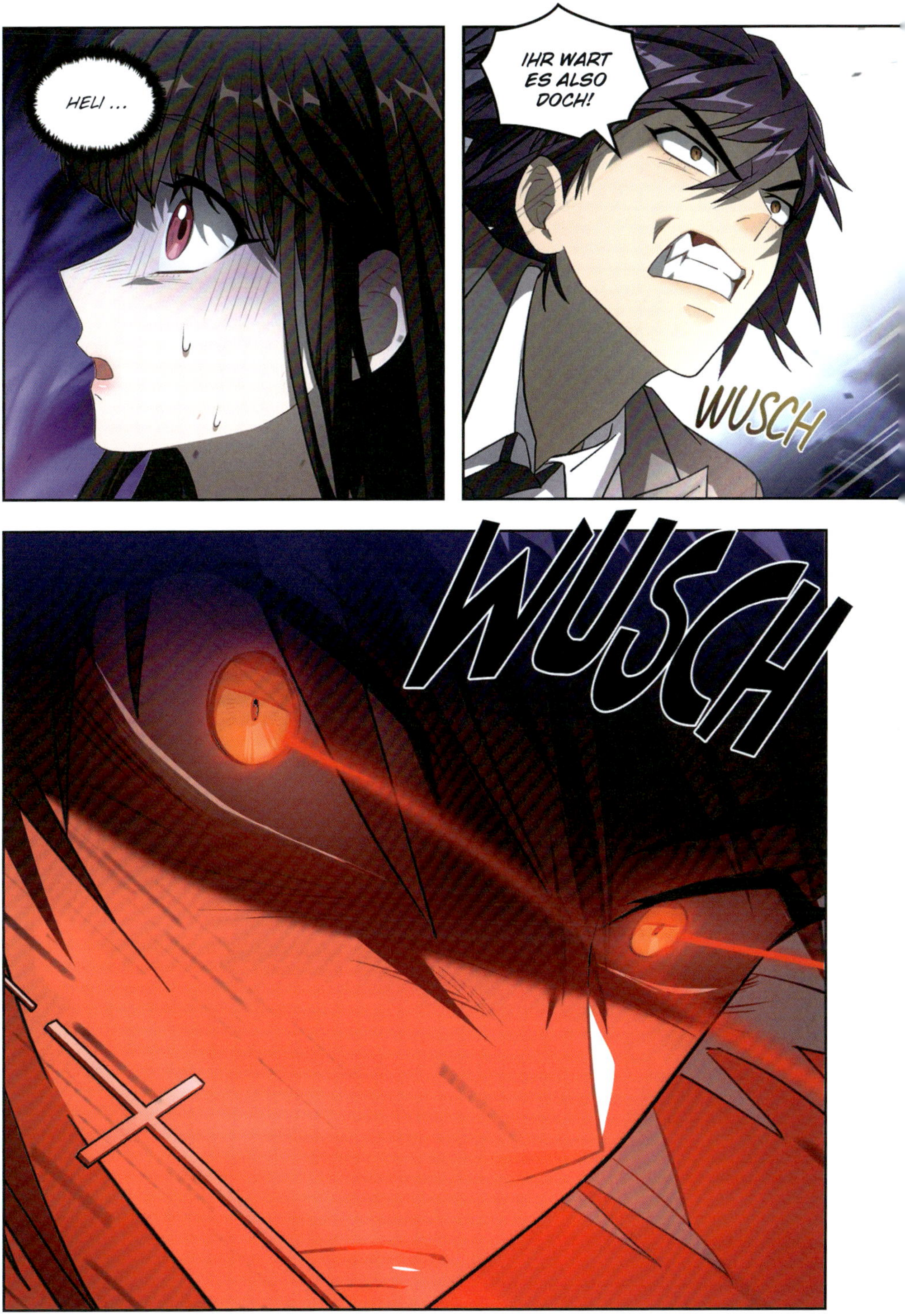
HELI …
IHR WART ES ALSO DOCH!
WUSCH
WUSCH

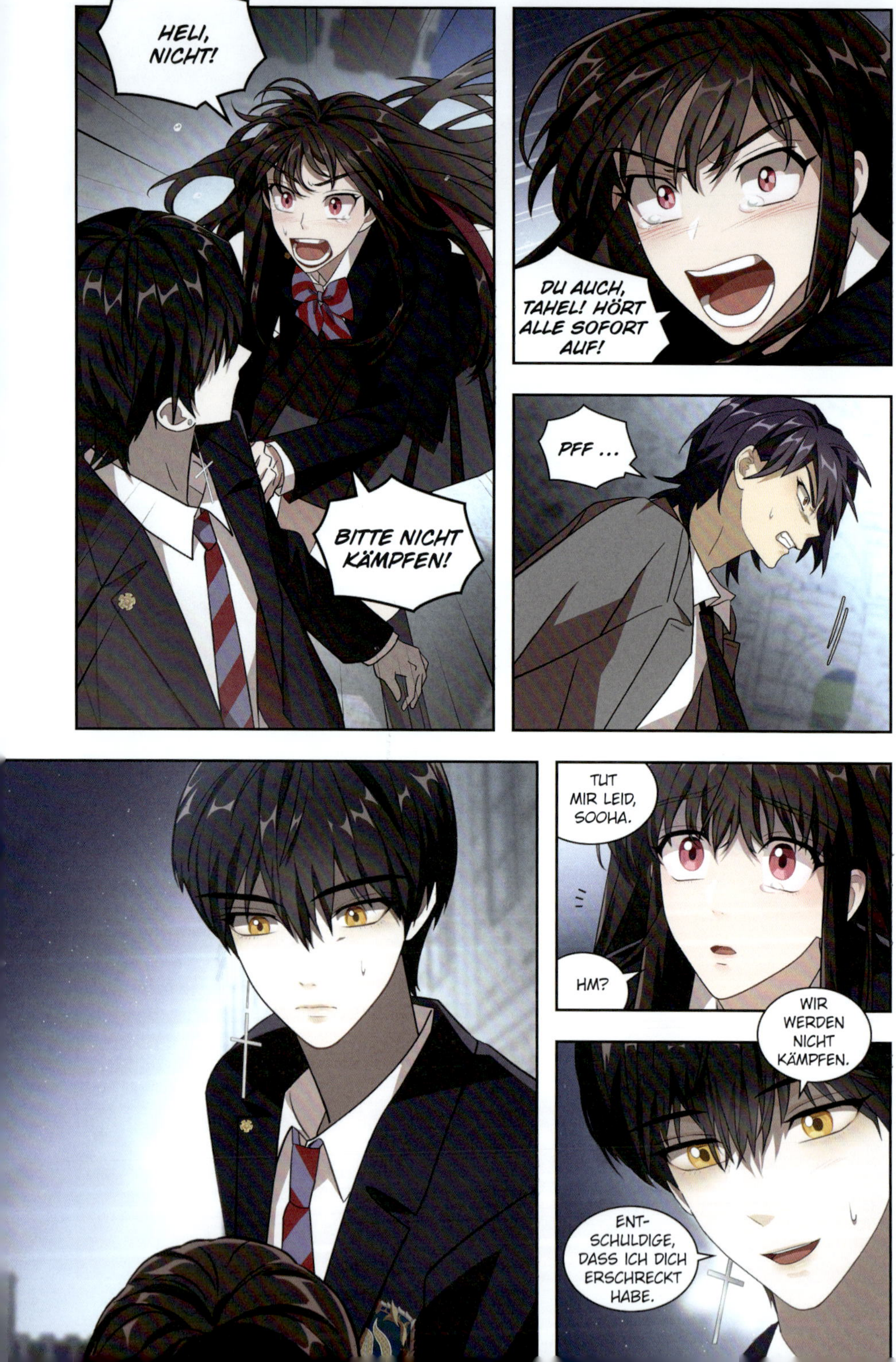
HELI, NICHT!
BITTE NICHT KÄMPFEN!
DU AUCH, TAHEL! HÖRT ALLE SOFORT AUF!
PFF …
TUT MIR LEID, SOOHA.
HM?
WIR WERDEN NICHT KÄMPFEN.
ENT-SCHULDIGE, DASS ICH DICH ERSCHRECKT HABE.

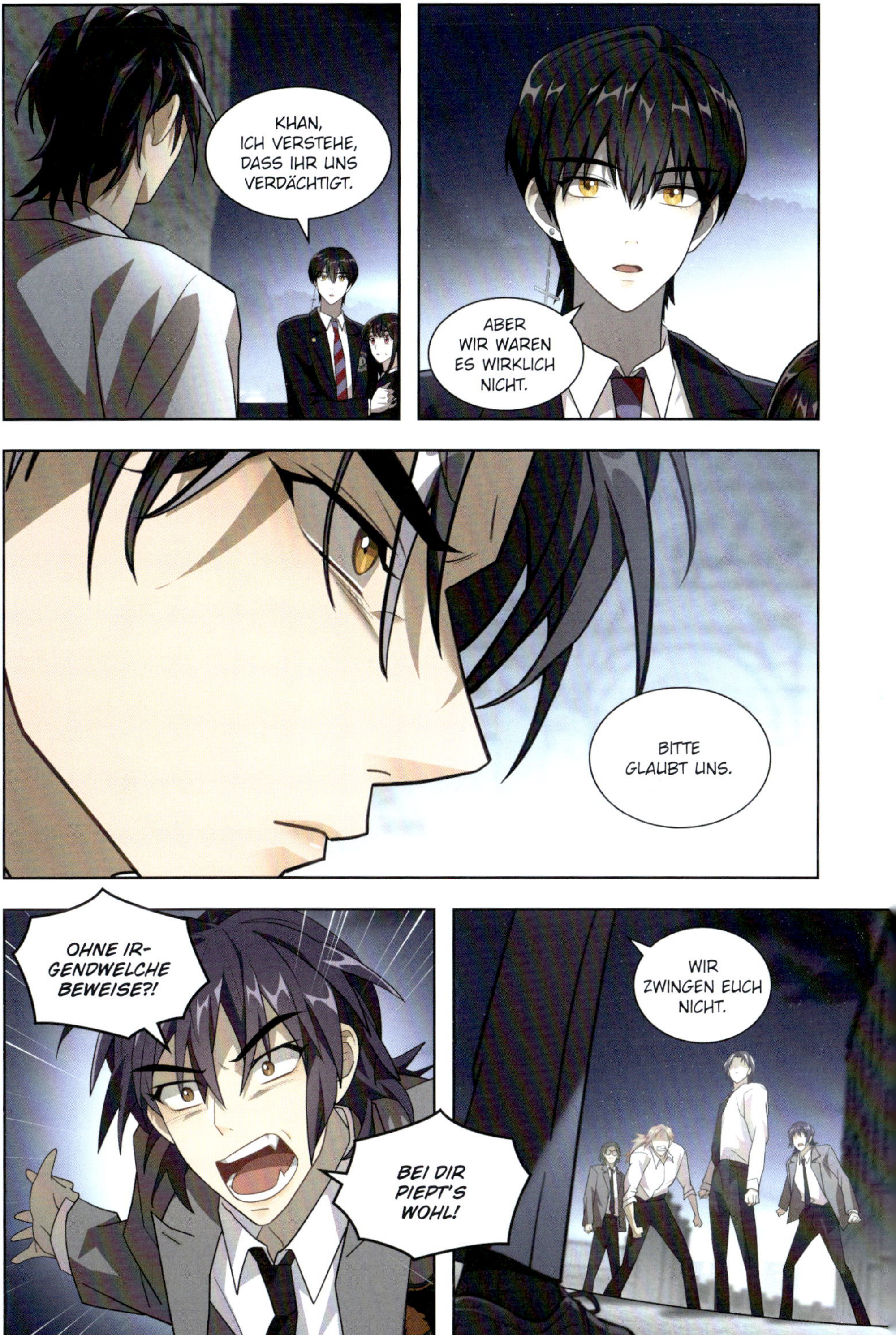
KHAN, ICH VERSTEHE, DASS IHR UNS VERDÄCHTIGT.
ABER WIR WAREN ES WIRKLICH NICHT.
BITTE GLAUBT UNS.
OHNE IR-GENDWELCHE BEWEISE?!
BEI DIR PIEPT'S WOHL!
WIR ZWINGEN EUCH NICHT.

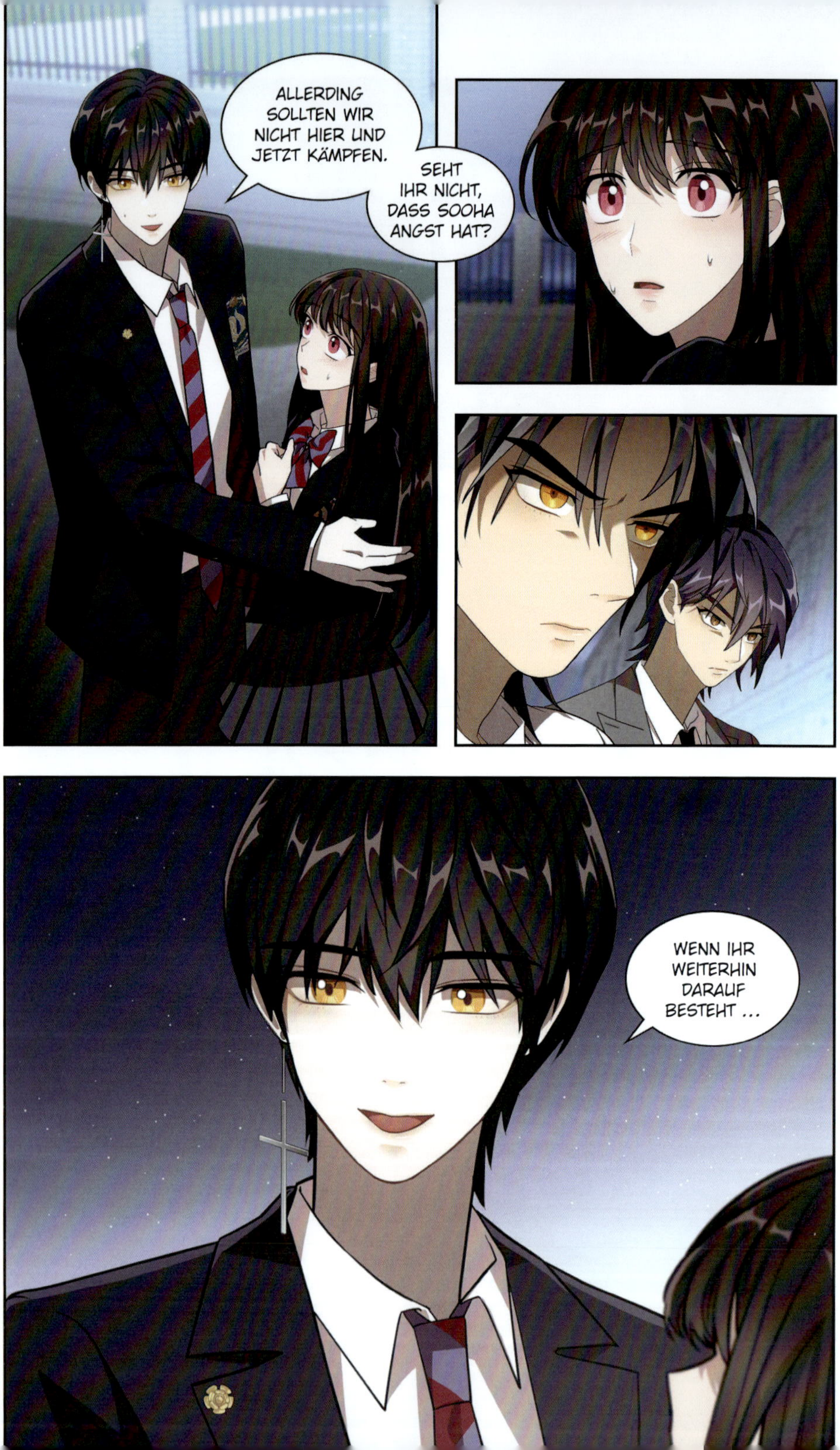
ALLERDING SOLLTEN WIR NICHT HIER UND JETZT KÄMPFEN.
SEHT IHR NICHT, DASS SOOHA ANGST HAT?
WENN IHR WEITERHIN DARAUF BESTEHT …

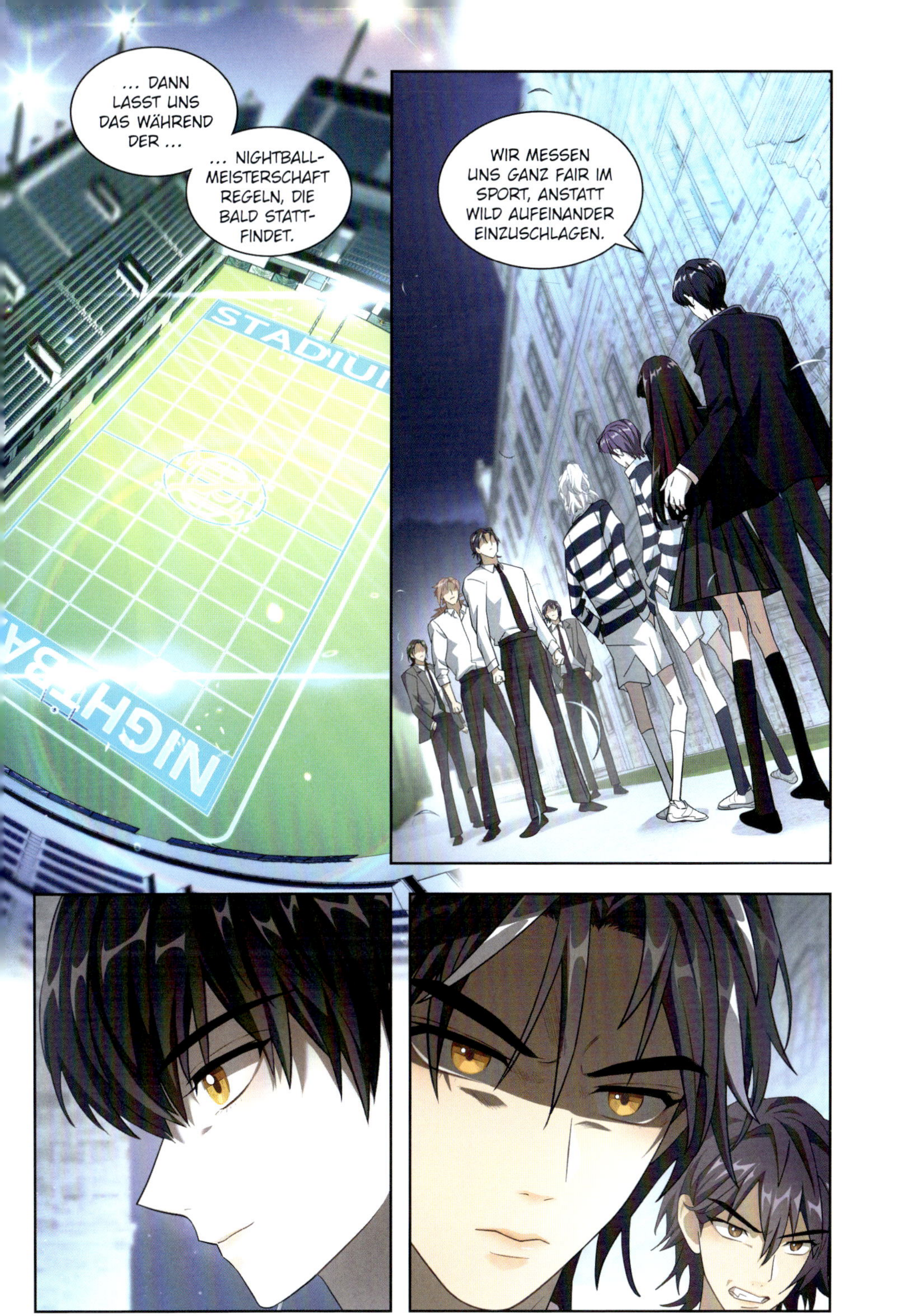

... DANN LASST UNS DAS WÄHREND DER ...
... NIGHTBALL-MEISTERSCHAFT REGELN, DIE BALD STATT-FINDET.
STADIUM
NIGHTBA
WIR MESSEN UNS GANZ FAIR IM SPORT, ANSTATT WILD AUFEINANDER EINZUSCHLAGEN.

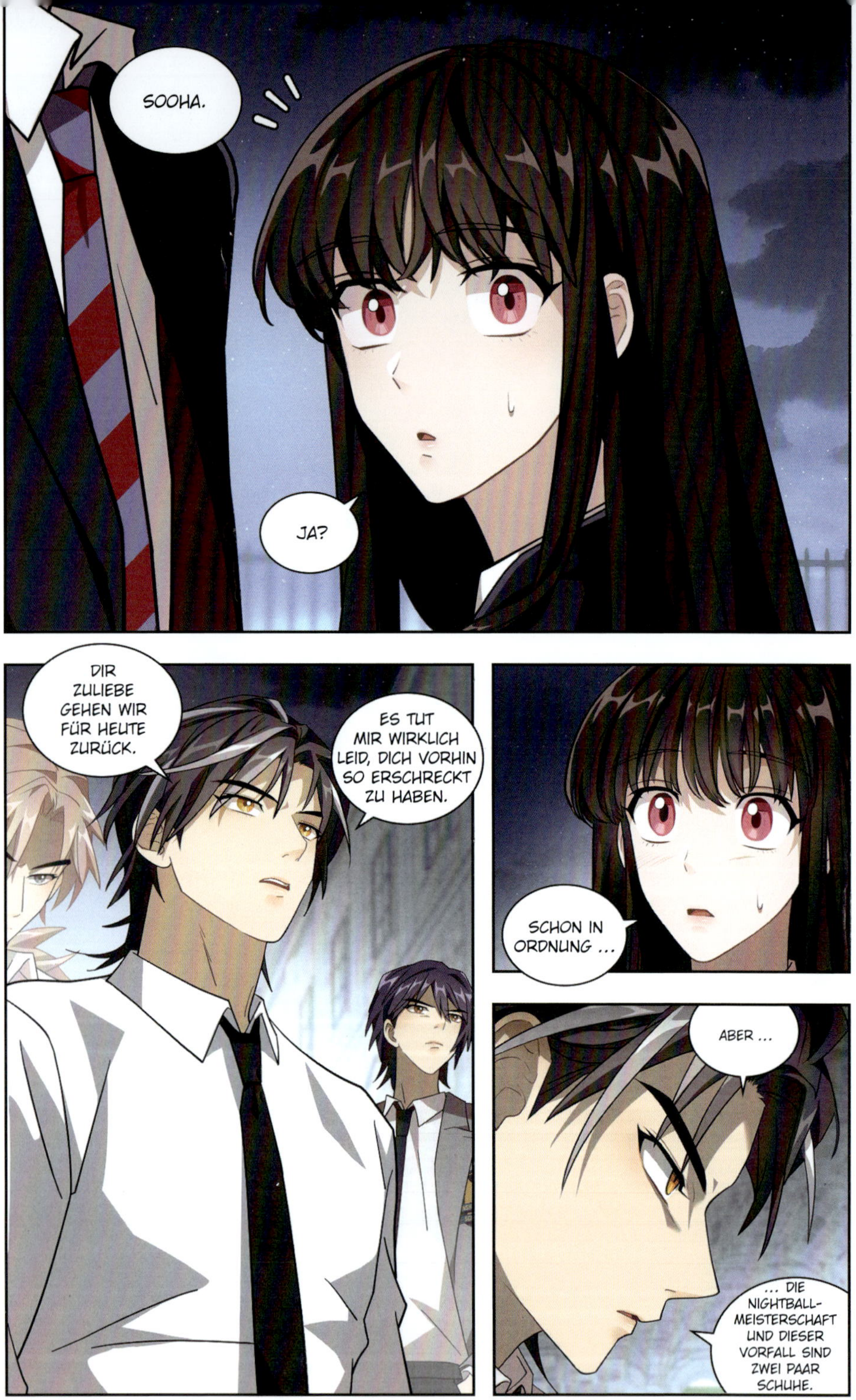
SOOHA.
JA?
DIR ZULIEBE GEHEN WIR FÜR HEUTE ZURÜCK.
ES TUT MIR WIRKLICH LEID, DICH VORHIN SO ERSCHRECKT ZU HABEN.
SCHON IN ORDNUNG …
ABER …
… DIE NIGHTBALL-MEISTERSCHAFT UND DIESER VORFALL SIND ZWEI PAAR SCHUHE.

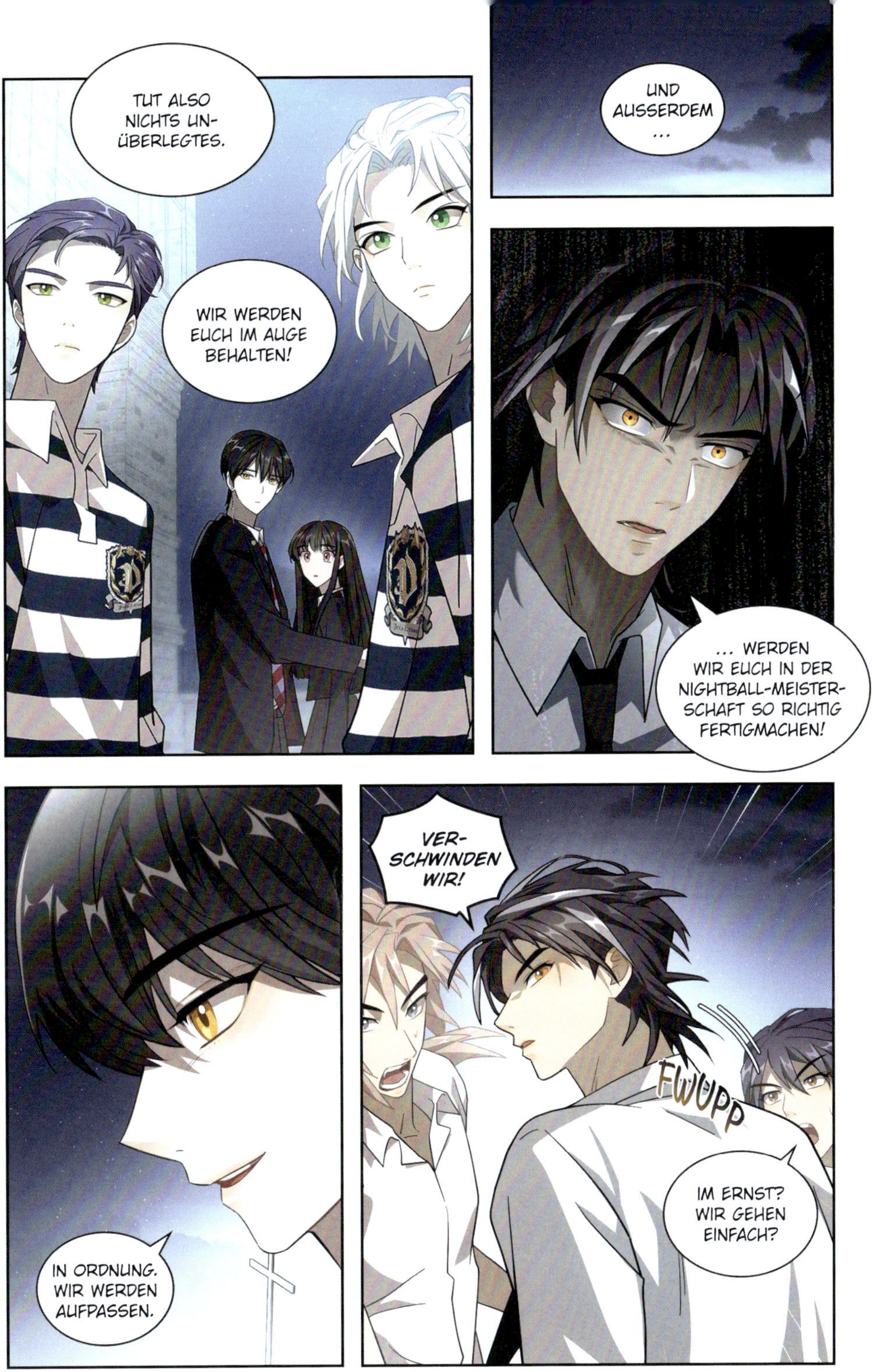
TUT ALSO NICHTS UN-ÜBERLEGTES.
WIR WERDEN EUCH IM AUGE BEHALTEN!
UND AUSSERDEM ...
... WERDEN WIR EUCH IN DER NIGHTBALL-MEISTER-SCHAFT SO RICHTIG FERTIGMACHEN!
IN ORDNUNG. WIR WERDEN AUFPASSEN.
VER-SCHWINDEN WIR!
FWUPP
IM ERNST? WIR GEHEN EINFACH?

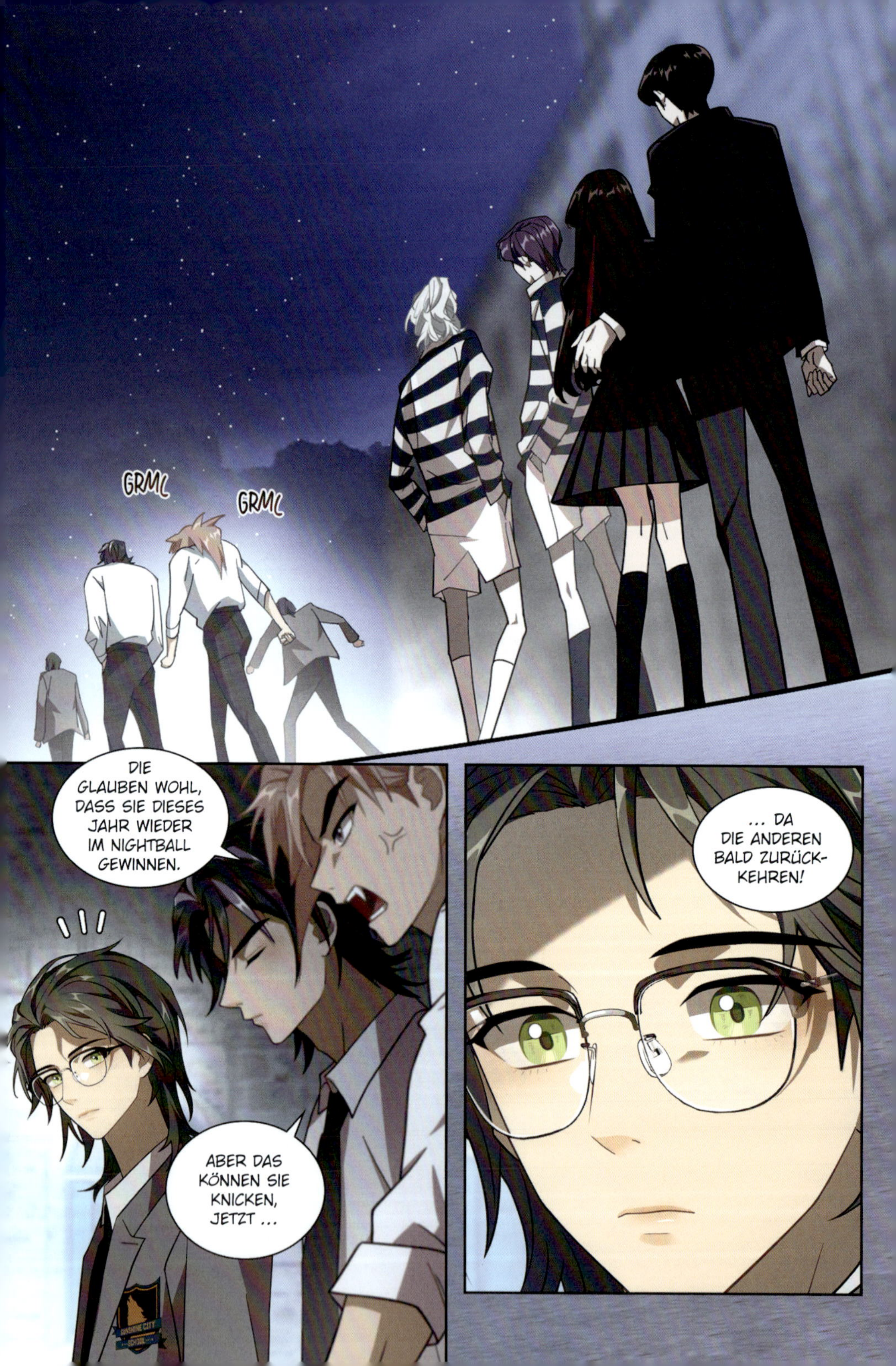
GRML
GRML
DIE GLAUBEN WOHL, DASS SIE DIESES JAHR WIEDER IM NIGHTBALL GEWINNEN.
AN ...
ABER DAS KÖNNEN SIE KNICKEN, JETZT ...
... DA DIE ANDEREN BALD ZURÜCK-KEHREN!

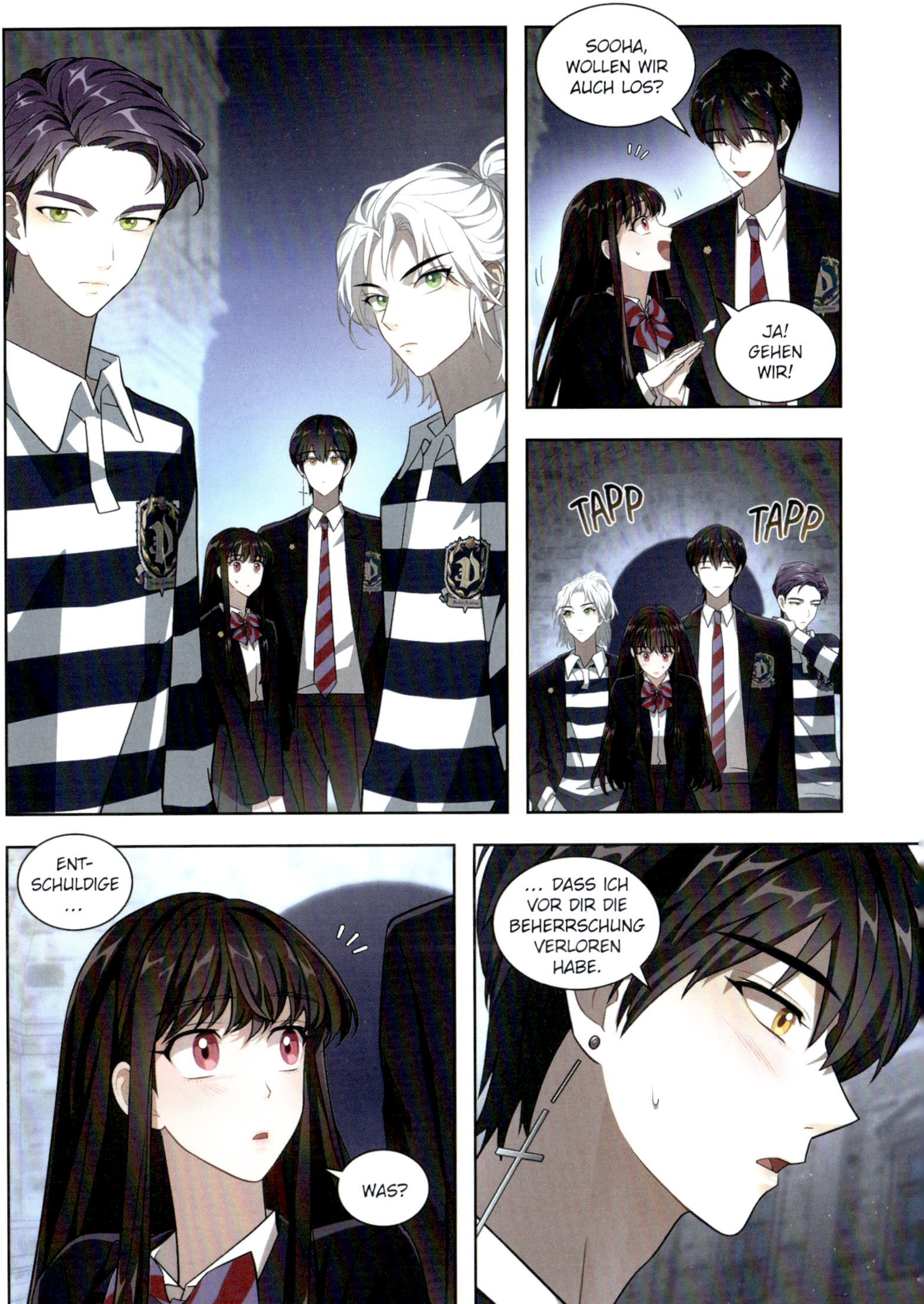
SOOHA, WOLLEN WIR AUCH LOS?
JA! GEHEN WIR!
TAPP
TAPP
ENT-SCHULDIGE …
WAS?
… DASS ICH VOR DIR DIE BEHERRSCHUNG VERLOREN HABE.

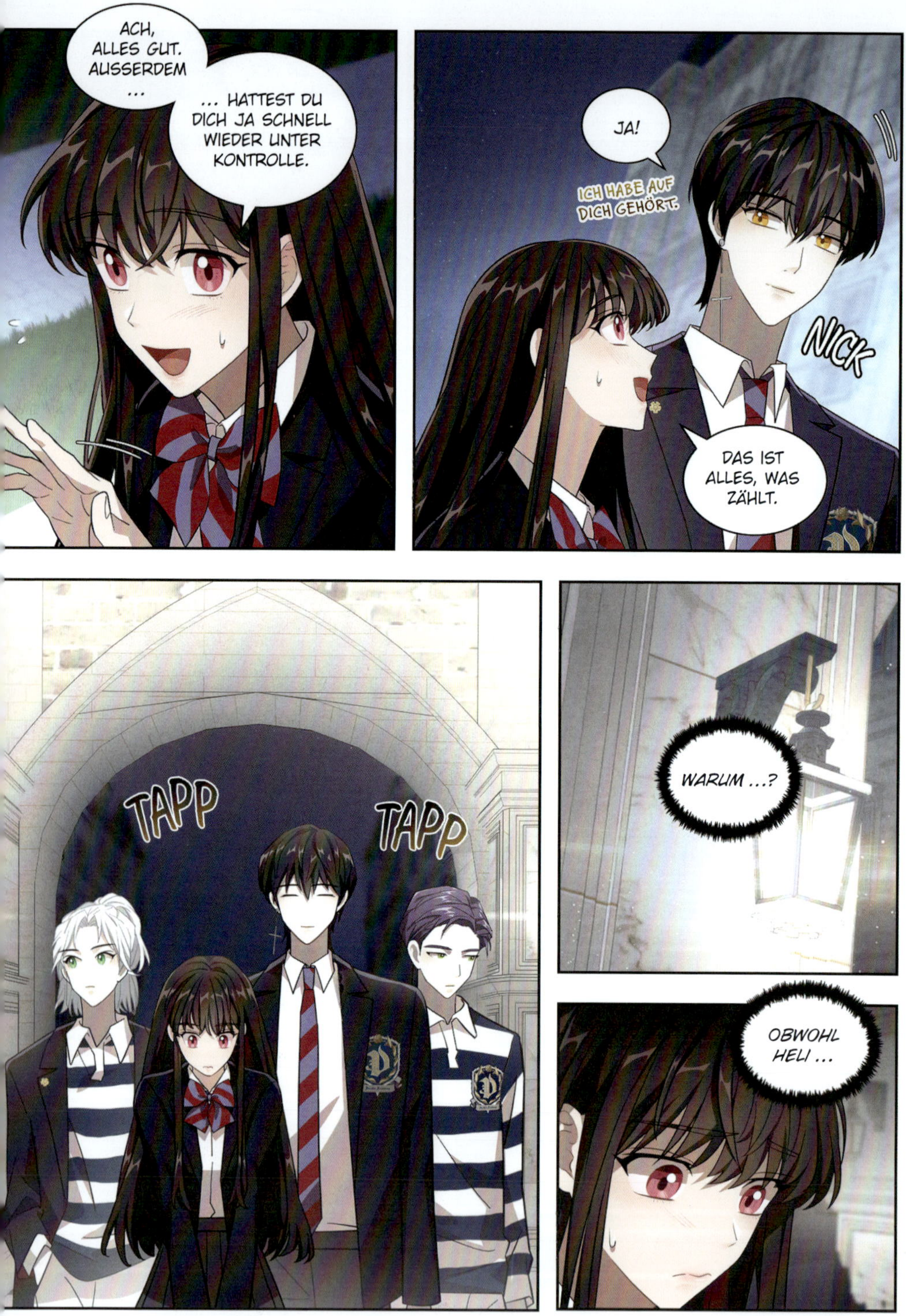
ACH, ALLES GUT. AUSSERDEM …
… HATTEST DU DICH JA SCHNELL WIEDER UNTER KONTROLLE.
JA!
ICH HABE AUF DICH GEHÖRT.
NICK
DAS IST ALLES, WAS ZÄHLT.
TAPP
TAPP
WARUM …?
OBWOHL HELI …

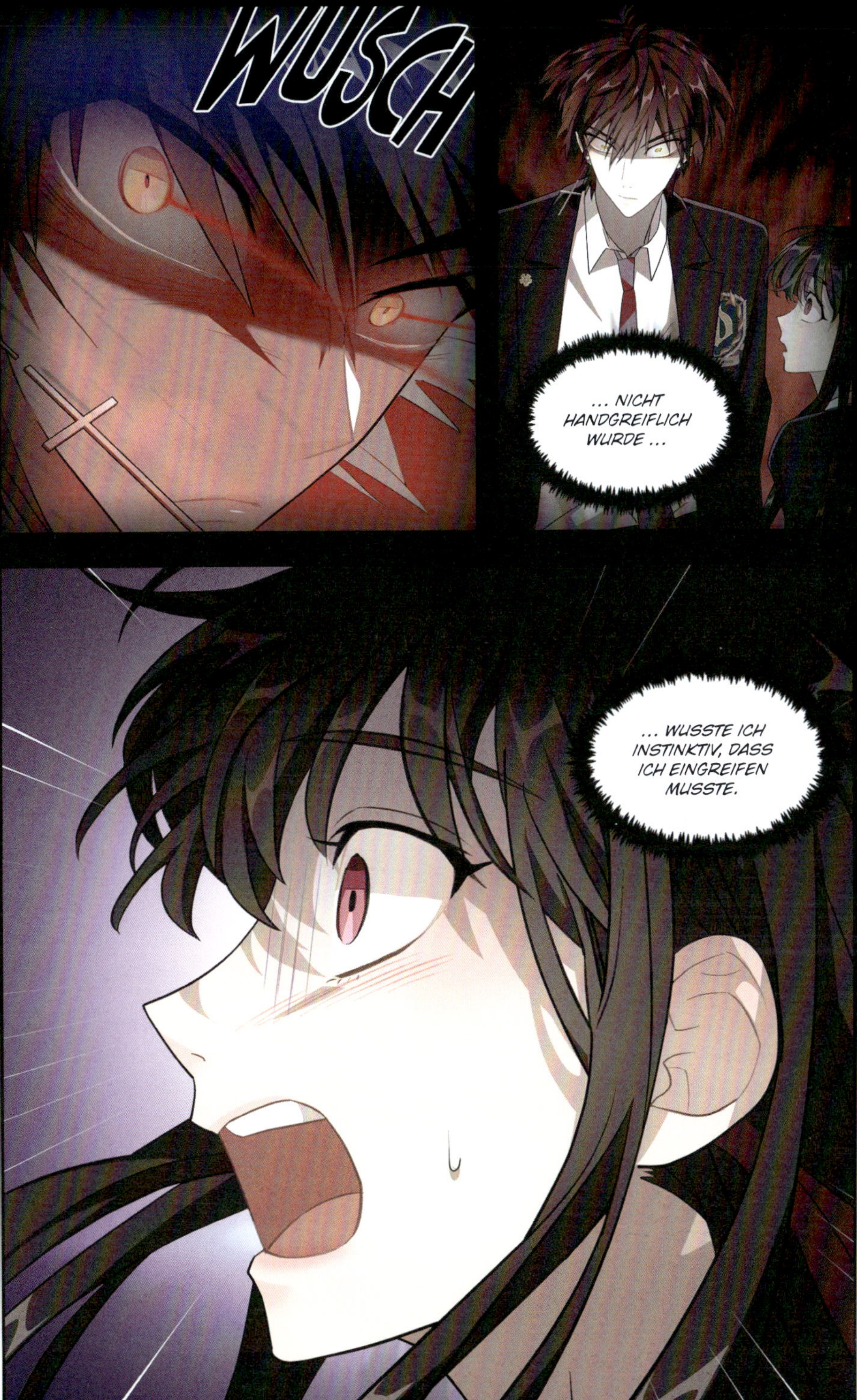
WUSCH
... NICHT HANDGREIFLICH WURDE ...
... WUSSTE ICH INSTINKTIV, DASS ICH EINGREIFEN MUSSTE.

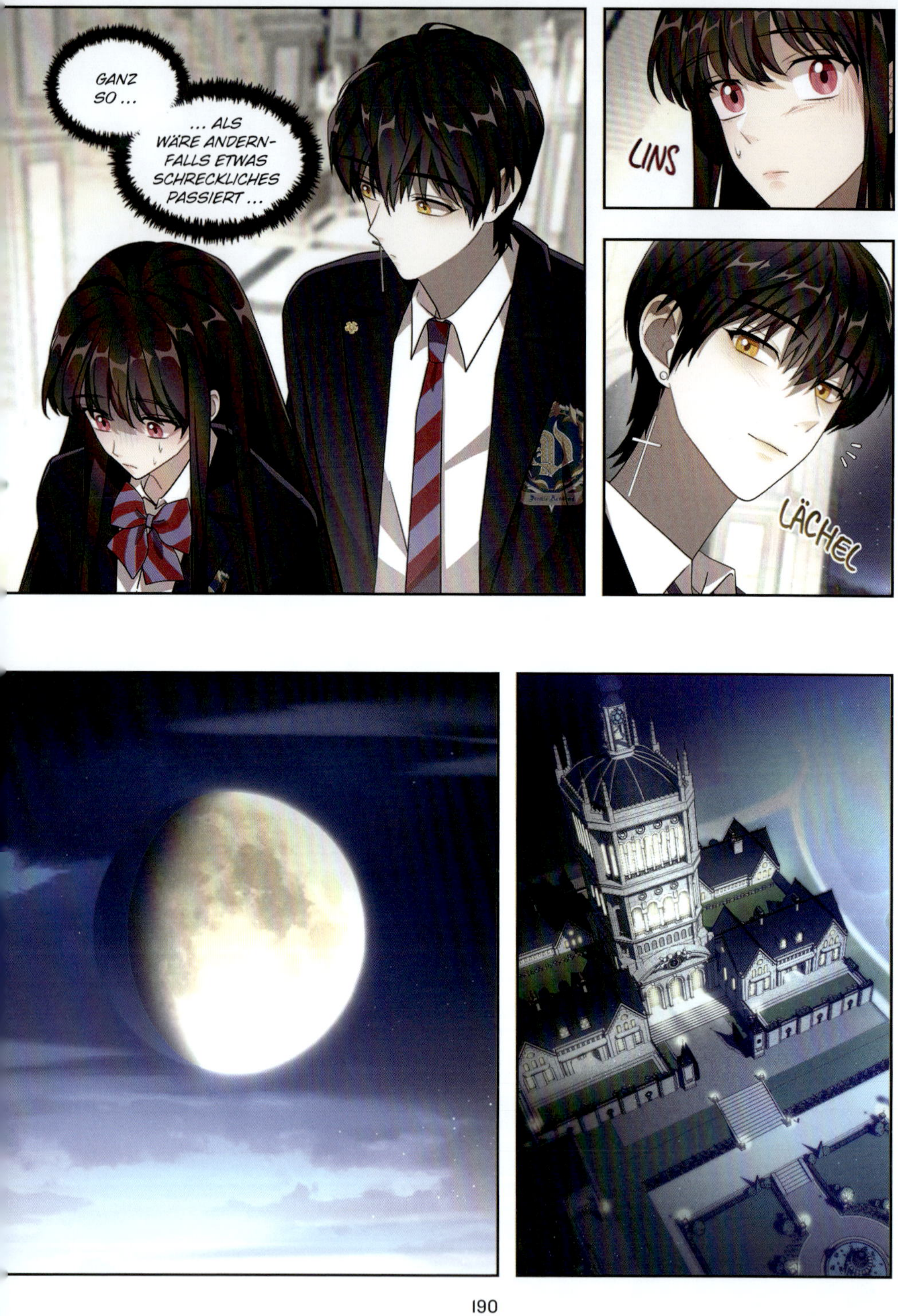
GANZ SO …
… ALS WÄRE ANDERN-FALLS ETWAS SCHRECKLICHES PASSIERT …
LINS
LÄCHEL

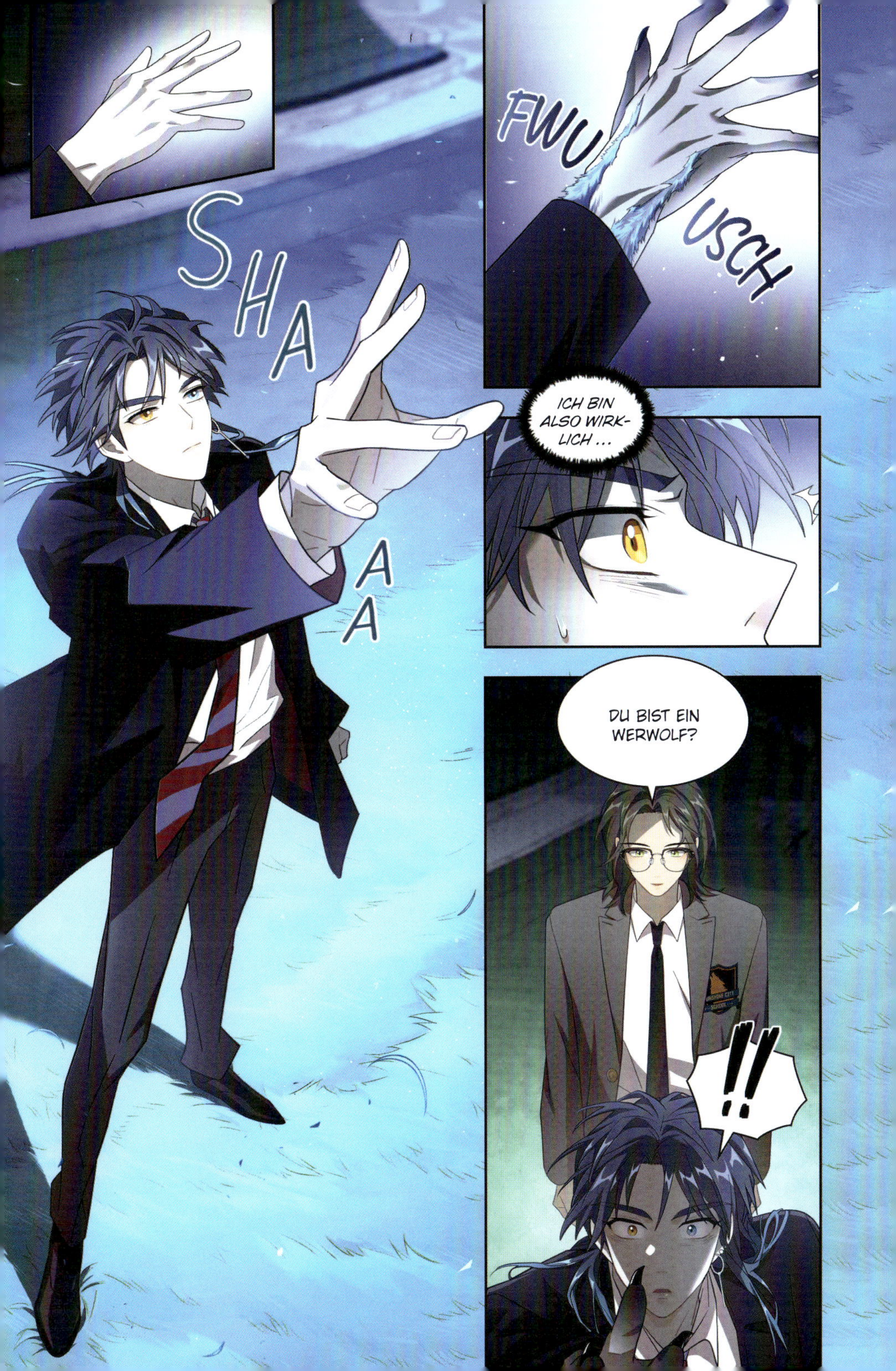
SHAAAA
FWUUSCH
ICH BIN ALSO WIRKLICH ...
DU BIST EIN WERWOLF?
!!

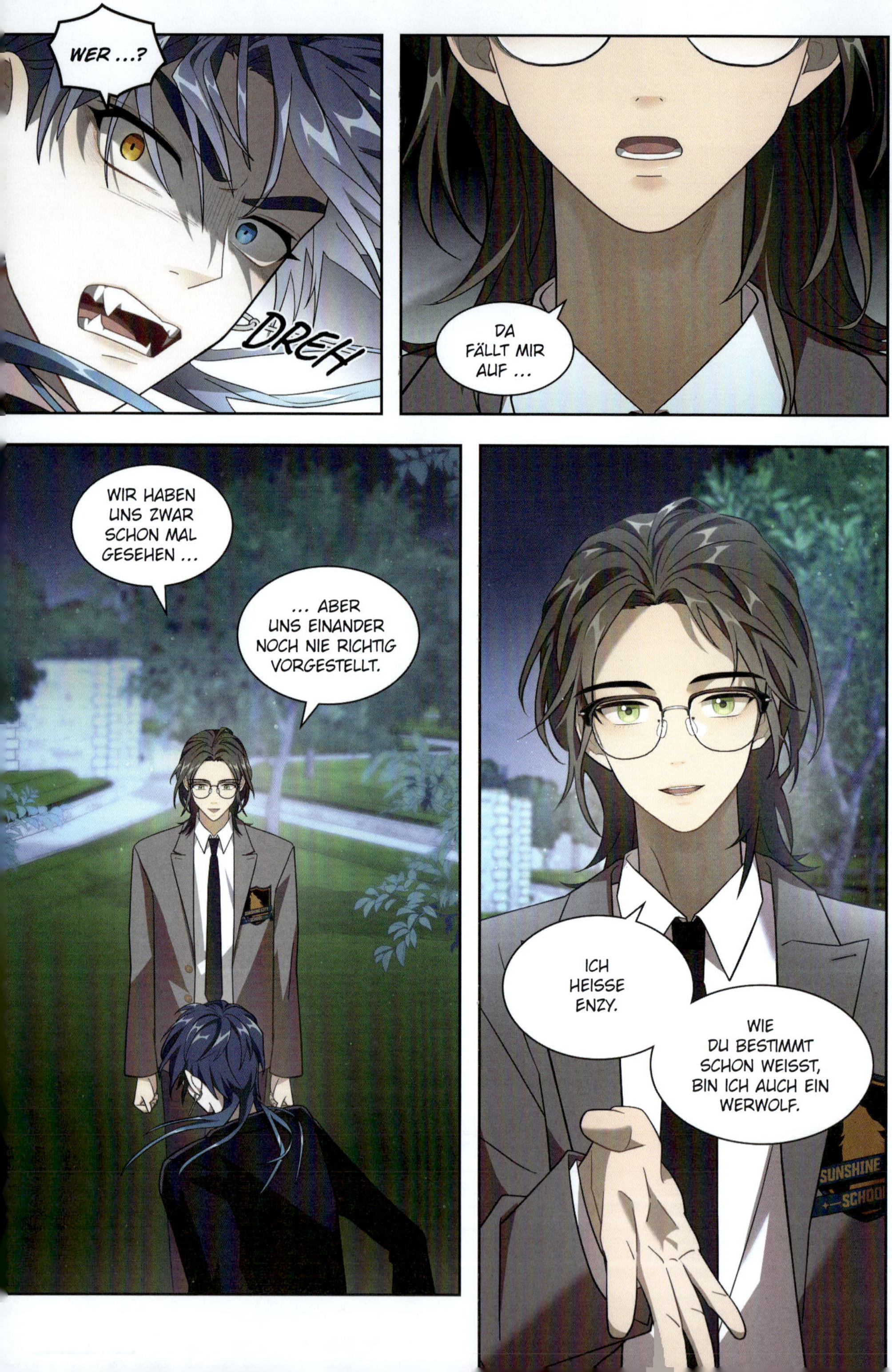
WER …?
DREH
DA FÄLLT MIR AUF …
WIR HABEN UNS ZWAR SCHON MAL GESEHEN …
… ABER UNS EINANDER NOCH NIE RICHTIG VORGESTELLT.
ICH HEISSE ENZY.
WIE DU BESTIMMT SCHON WEISST, BIN ICH AUCH EIN WERWOLF.

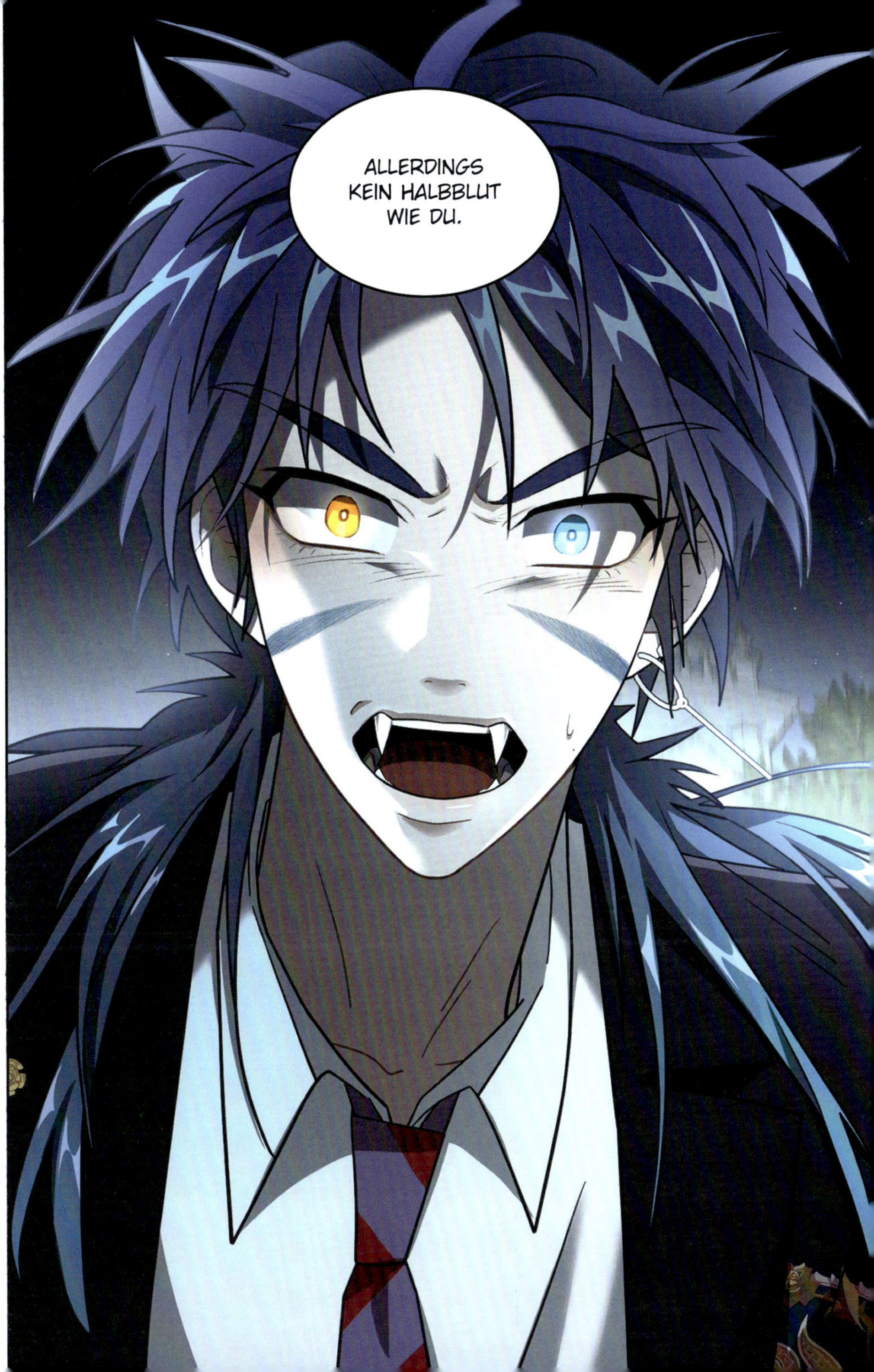
ALLERDINGS KEIN HALBBLUT WIE DU.

KAPITEL 8

WER BIST DU?

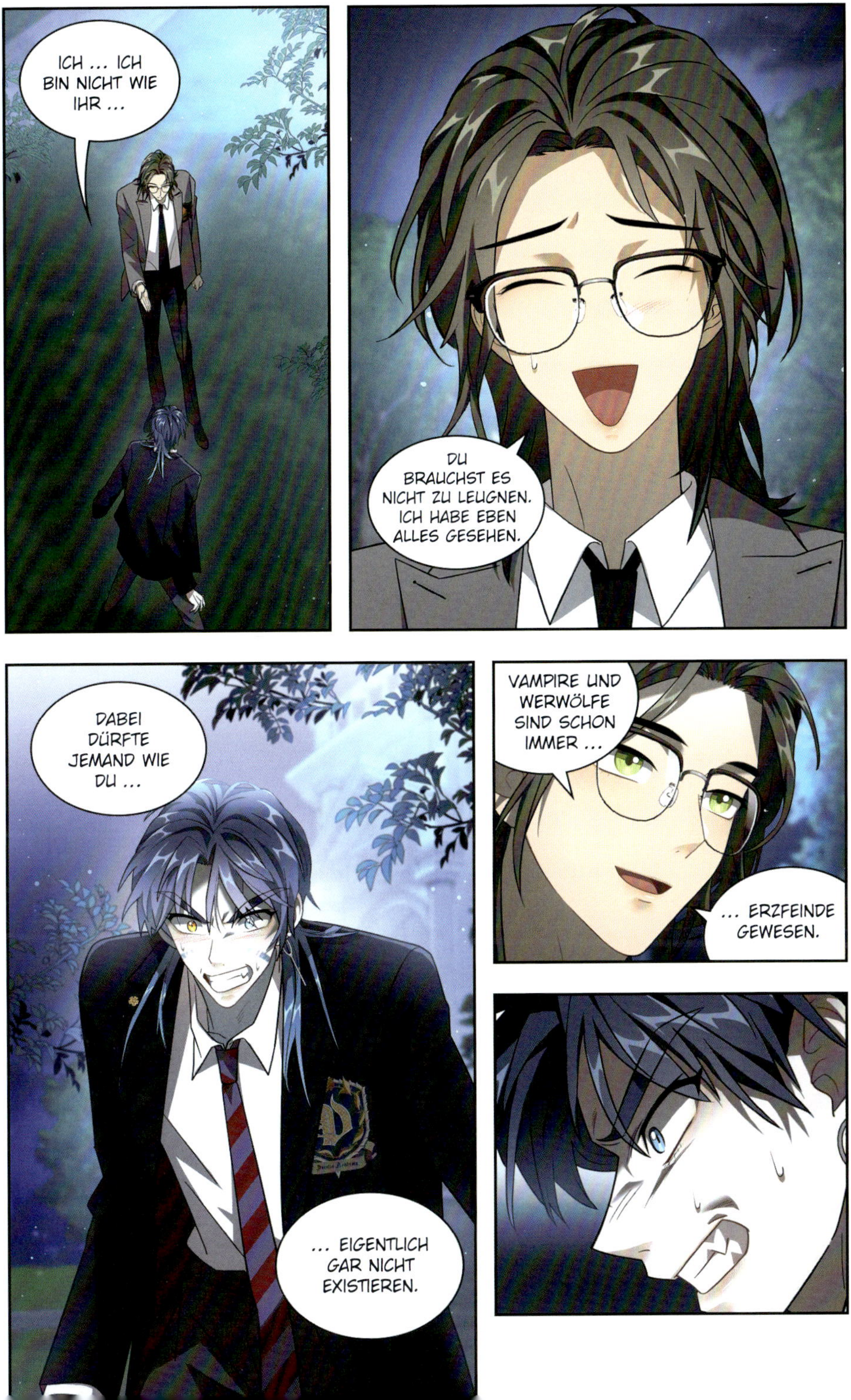
ICH … ICH BIN NICHT WIE IHR …
DU BRAUCHST ES NICHT ZU LEUGNEN. ICH HABE EBEN ALLES GESEHEN.
DABEI DÜRFTE JEMAND WIE DU …
… EIGENTLICH GAR NICHT EXISTIEREN.
VAMPIRE UND WERWÖLFE SIND SCHON IMMER …
… ERZFEINDE GEWESEN.

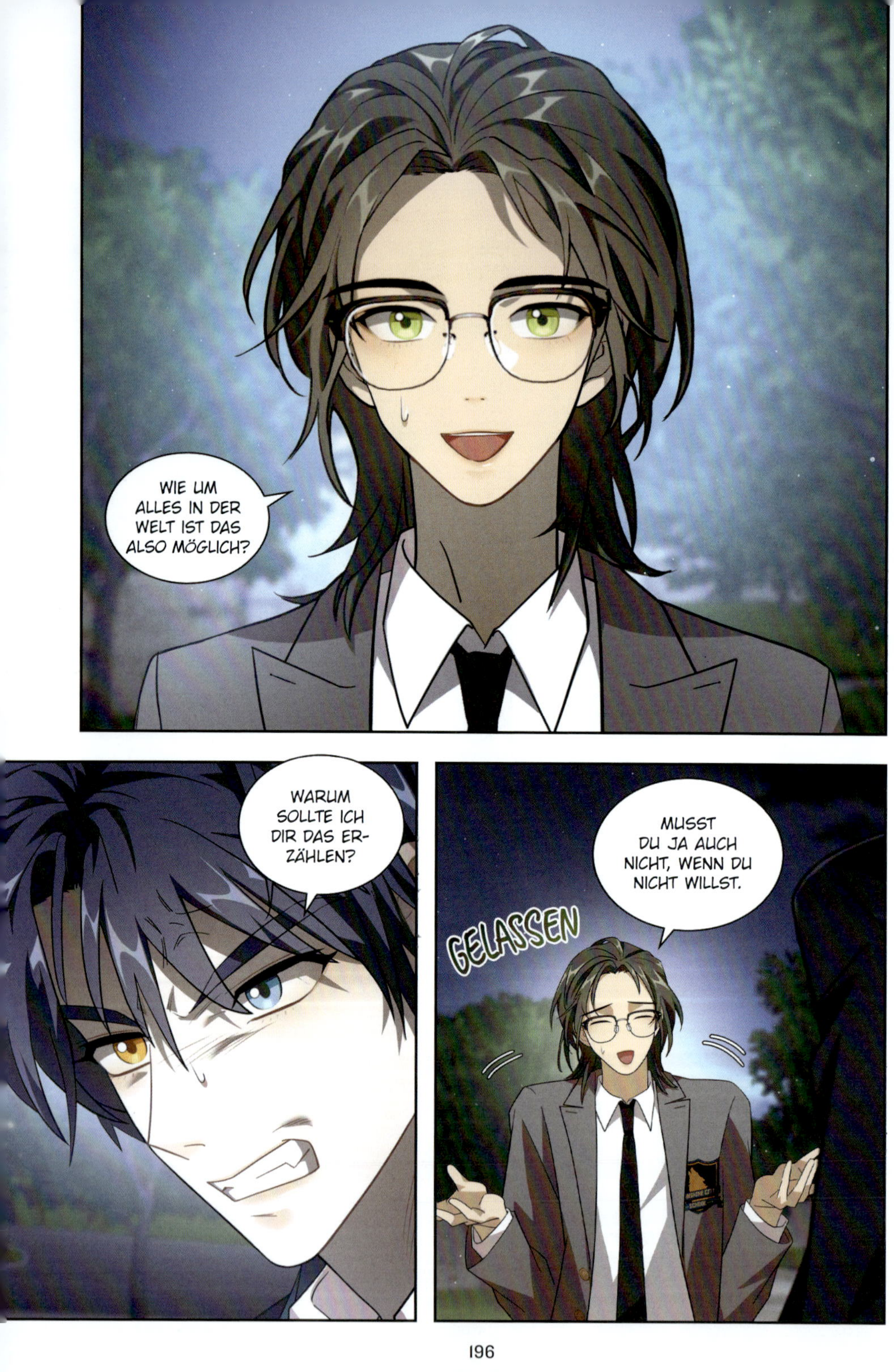
WIE UM ALLES IN DER WELT IST DAS ALSO MÖGLICH?
WARUM SOLLTE ICH DIR DAS ER-ZÄHLEN?
MUSST DU JA AUCH NICHT, WENN DU NICHT WILLST.
GELASSEN

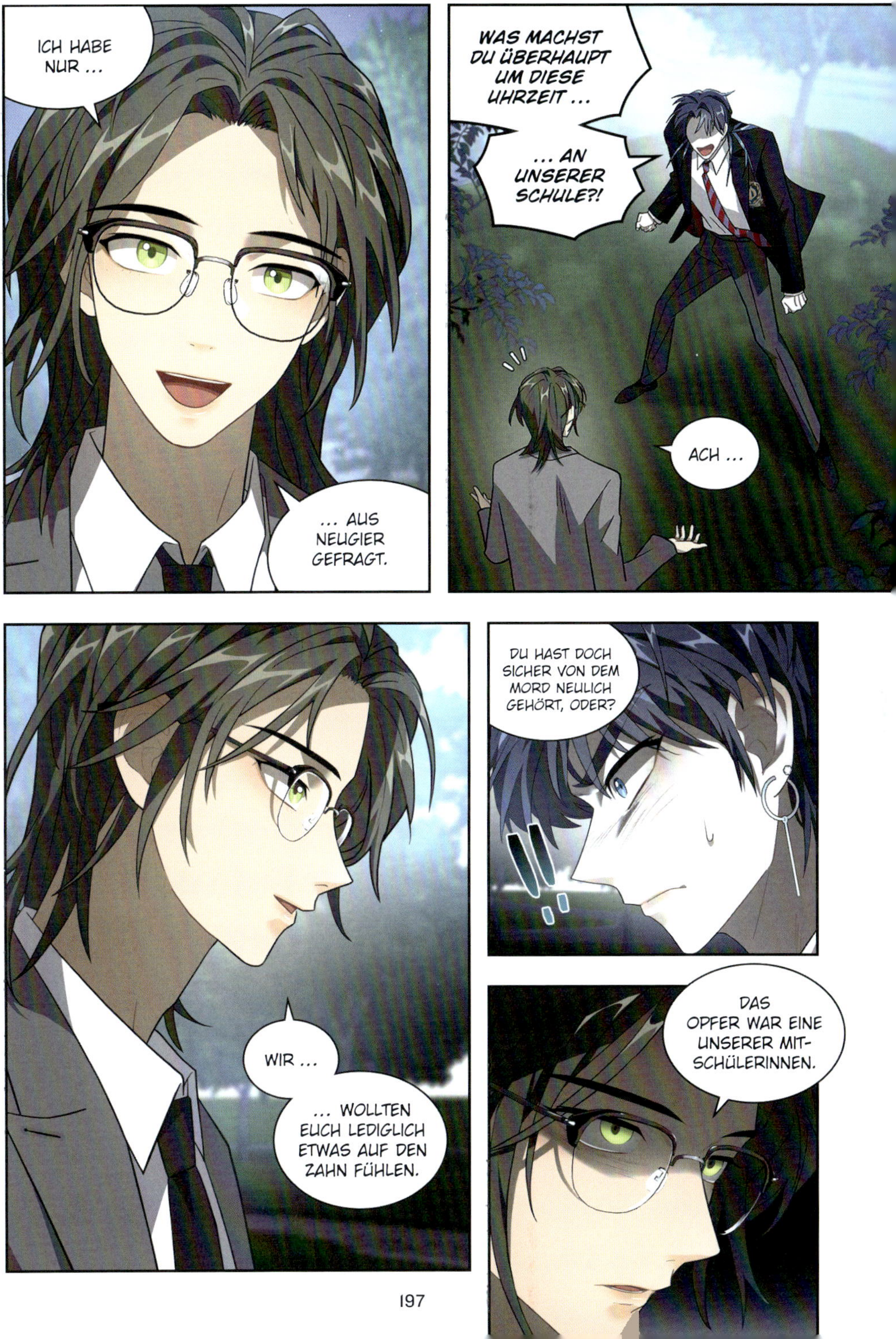
ICH HABE NUR …
… AUS NEUGIER GEFRAGT.
WAS MACHST DU ÜBERHAUPT UM DIESE UHRZEIT …
… AN UNSERER SCHULE?!
ACH …
WIR …
… WOLLTEN EUCH LEDIGLICH ETWAS AUF DEN ZAHN FÜHLEN.
DU HAST DOCH SICHER VON DEM MORD NEULICH GEHÖRT, ODER?
DAS OPFER WAR EINE UNSERER MIT-SCHÜLERINNEN.

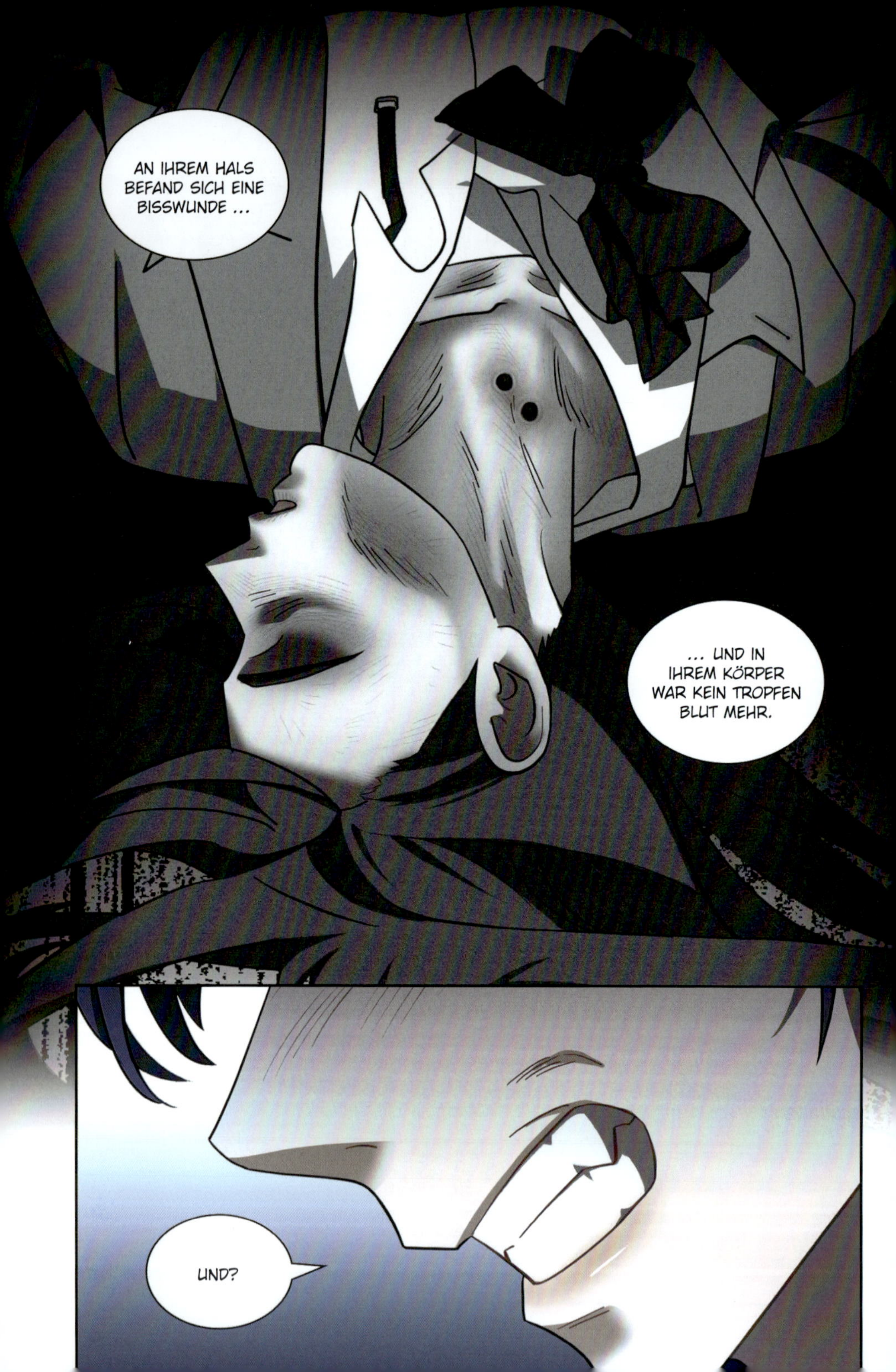
AN IHREM HALS BEFAND SICH EINE BISSWUNDE ...
... UND IN IHREM KÖRPER WAR KEIN TROPFEN BLUT MEHR.
UND?

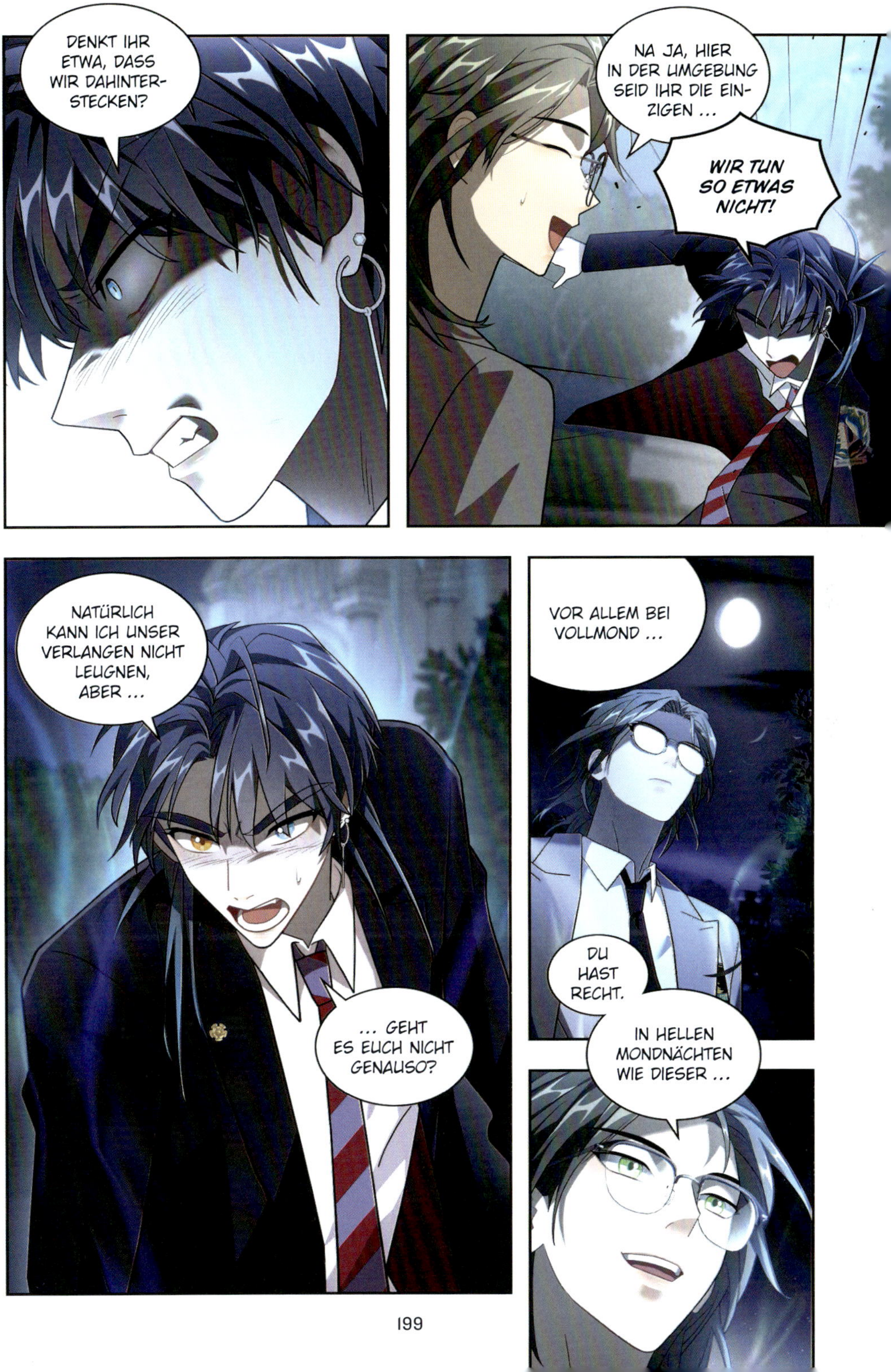
DENKT IHR ETWA, DASS WIR DAHINTER-STECKEN?
NA JA, HIER IN DER UMGEBUNG SEID IHR DIE EIN-ZIGEN …
WIR TUN SO ETWAS NICHT!
NATÜRLICH KANN ICH UNSER VERLANGEN NICHT LEUGNEN, ABER …
… GEHT ES EUCH NICHT GENAUSO?
VOR ALLEM BEI VOLLMOND …
DU HAST RECHT.
IN HELLEN MONDNÄCHTEN WIE DIESER …

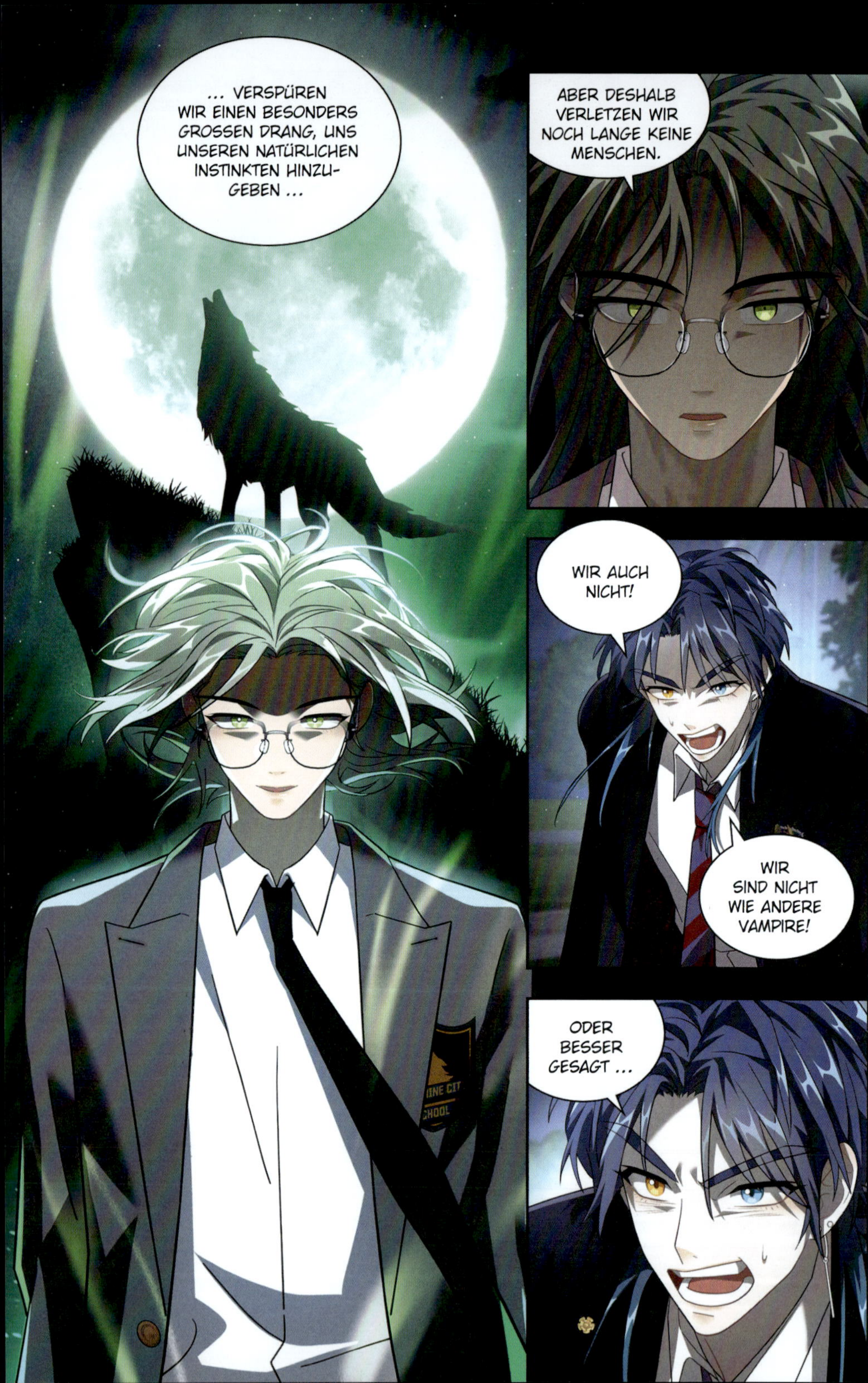
… VERSPÜREN WIR EINEN BESONDERS GROSSEN DRANG, UNS UNSEREN NATÜRLICHEN INSTINKTEN HINZUGEBEN …
ABER DESHALB VERLETZEN WIR NOCH LANGE KEINE MENSCHEN.
WIR AUCH NICHT!
WIR SIND NICHT WIE ANDERE VAMPIRE!
ODER BESSER GESAGT …

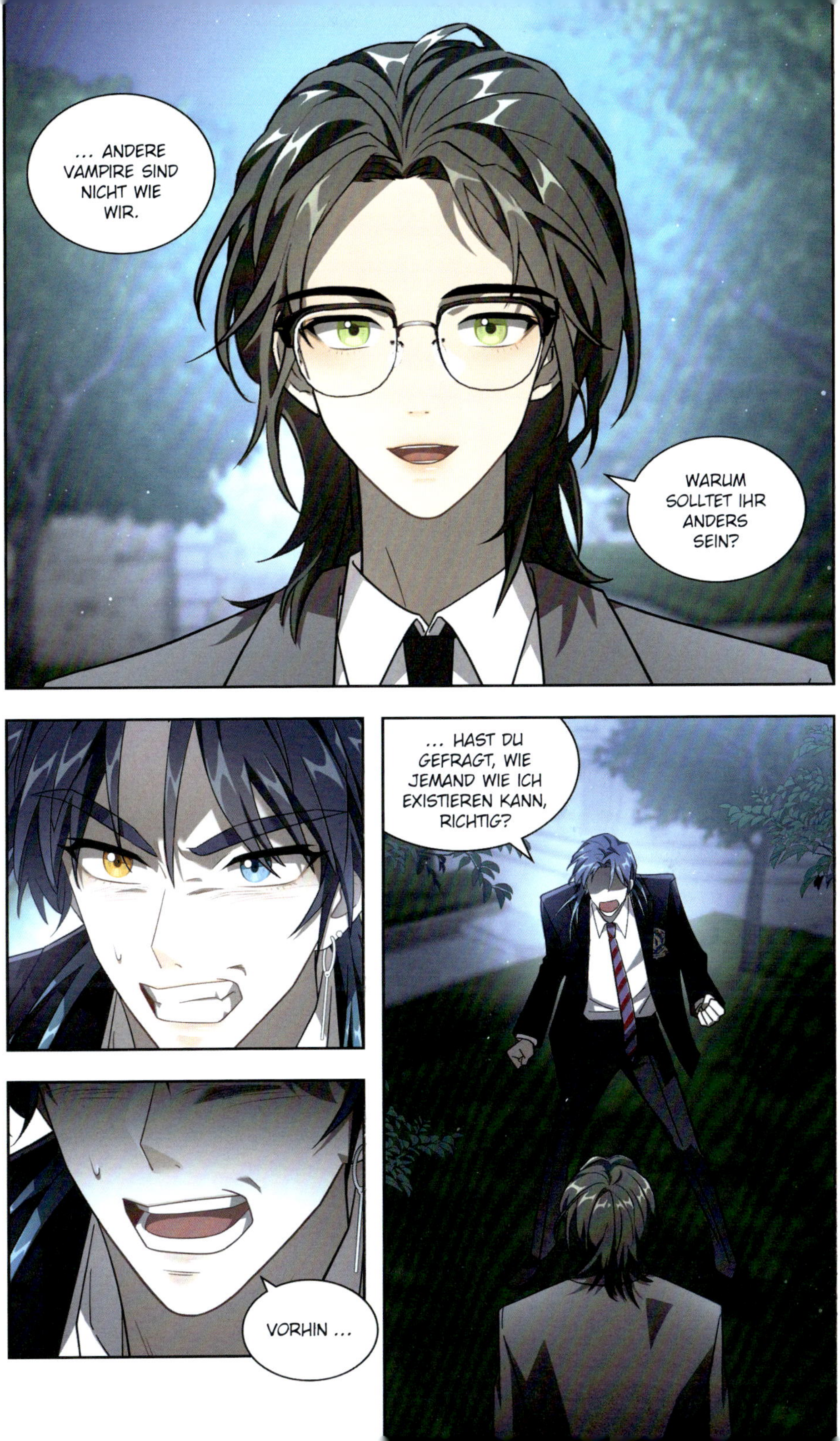
... ANDERE VAMPIRE SIND NICHT WIE WIR.
WARUM SOLLTET IHR ANDERS SEIN?
VORHIN ...
... HAST DU GEFRAGT, WIE JEMAND WIE ICH EXISTIEREN KANN, RICHTIG?

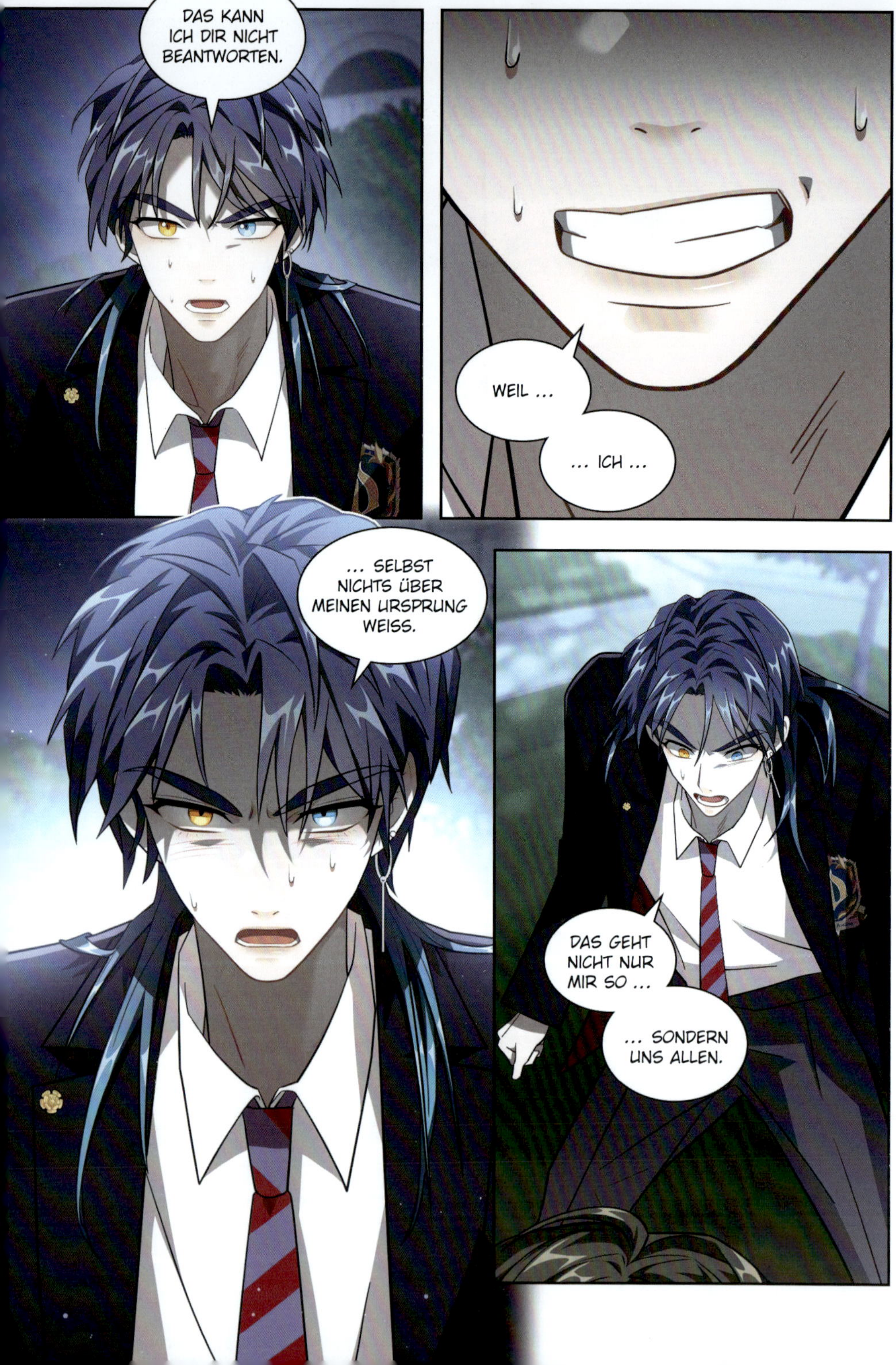
DAS KANN ICH DIR NICHT BEANTWORTEN.
WEIL ...
... ICH ...
... SELBST NICHTS ÜBER MEINEN URSPRUNG WEISS.
DAS GEHT NICHT NUR MIR SO ...
... SONDERN UNS ALLEN.

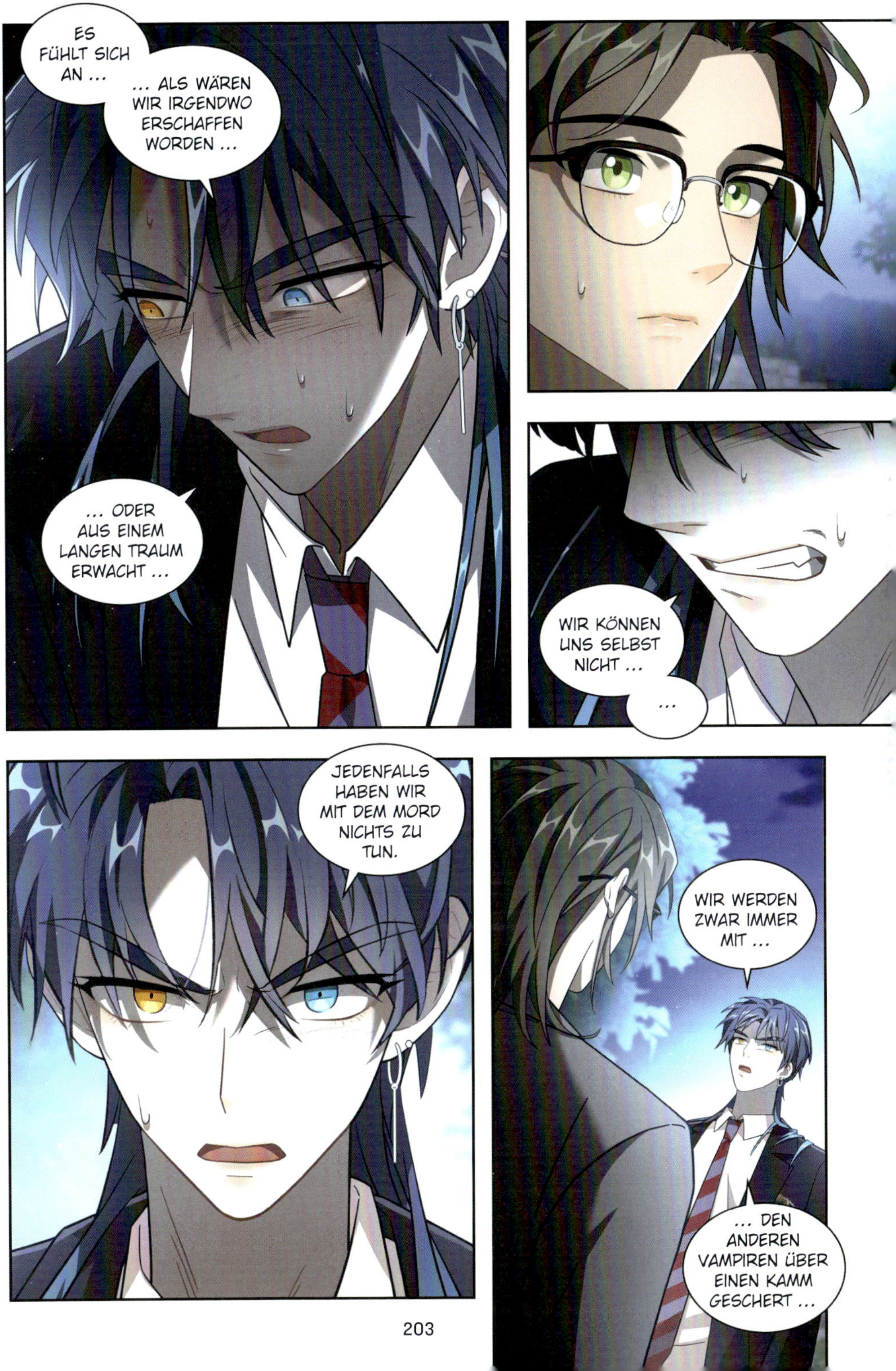
ES FÜHLT SICH AN ...
... ALS WÄREN WIR IRGENDWO ERSCHAFFEN WORDEN ...
... ODER AUS EINEM LANGEN TRAUM ERWACHT ...
WIR KÖNNEN UNS SELBST NICHT ...
...
JEDENFALLS HABEN WIR MIT DEM MORD NICHTS ZU TUN.
WIR WERDEN ZWAR IMMER MIT ...
... DEN ANDEREN VAMPIREN ÜBER EINEN KAMM GESCHERT ...

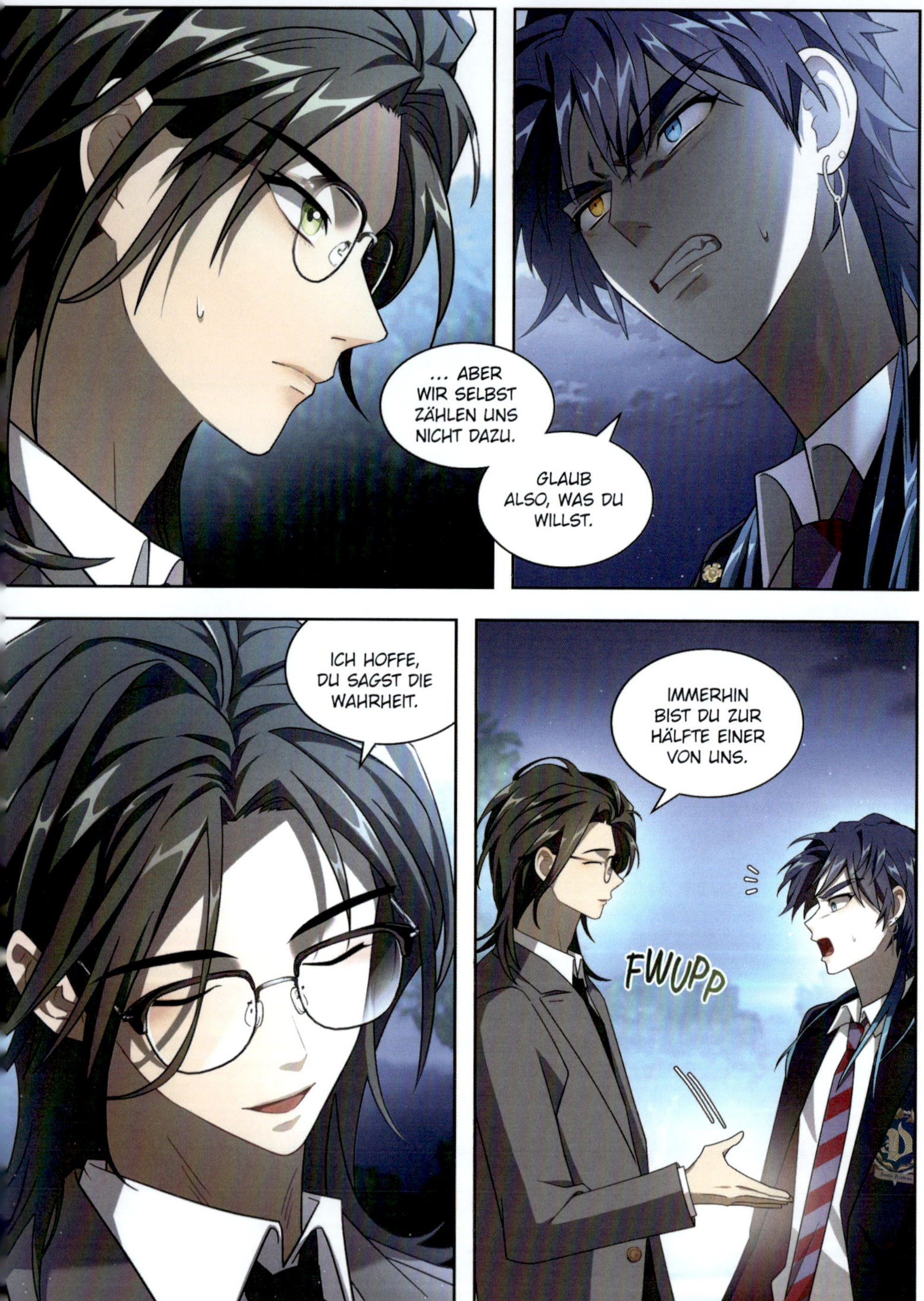
... ABER WIR SELBST ZÄHLEN UNS NICHT DAZU.
GLAUB ALSO, WAS DU WILLST.
ICH HOFFE, DU SAGST DIE WAHRHEIT.
IMMERHIN BIST DU ZUR HÄLFTE EINER VON UNS.
FWUPP

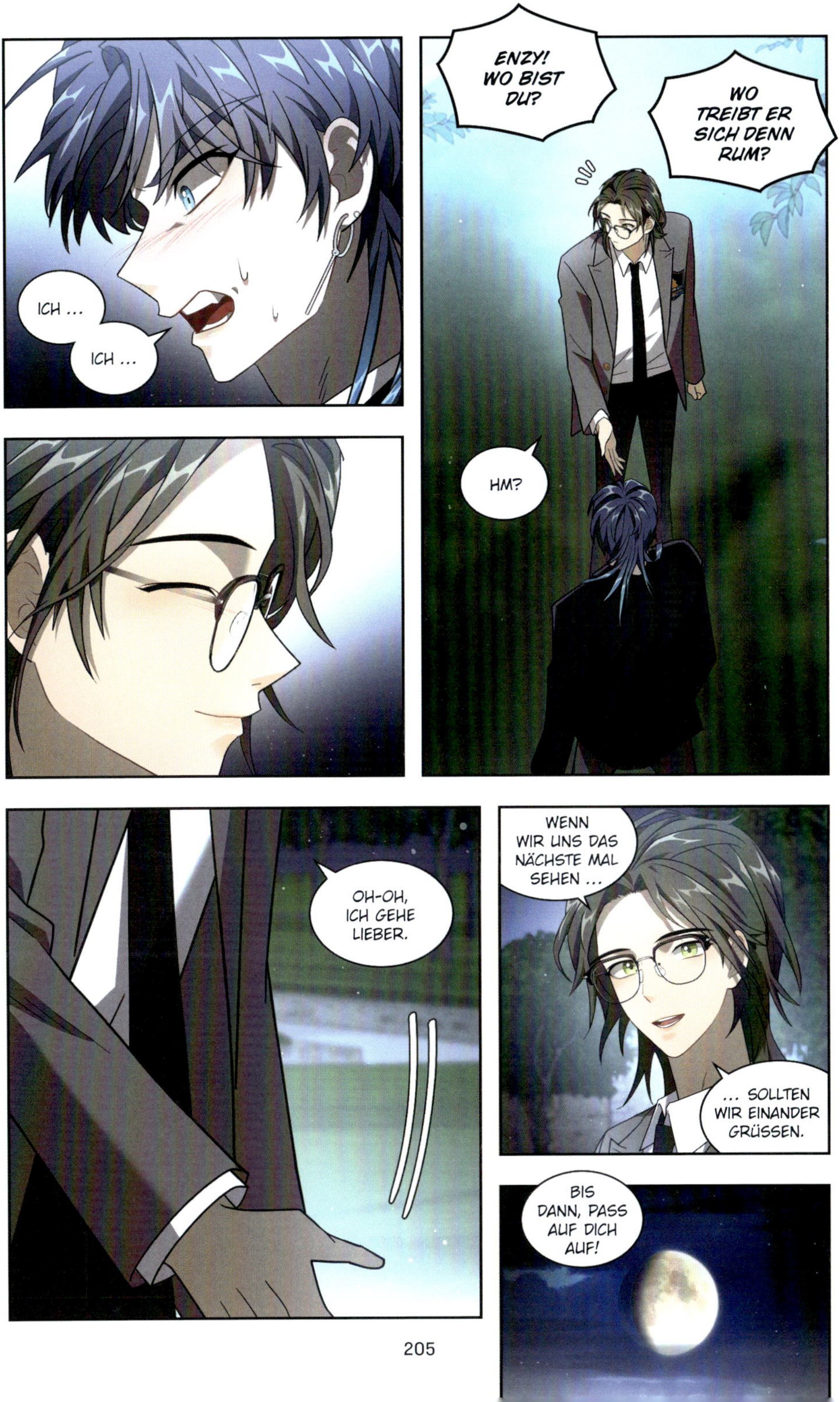
ICH …
ICH …
ENZY! WO BIST DU?
WO TREIBT ER SICH DENN RUM?
HM?
OH-OH, ICH GEHE LIEBER.
WENN WIR UNS DAS NÄCHSTE MAL SEHEN …
… SOLLTEN WIR EINANDER GRÜSSEN.
BIS DANN, PASS AUF DICH AUF!

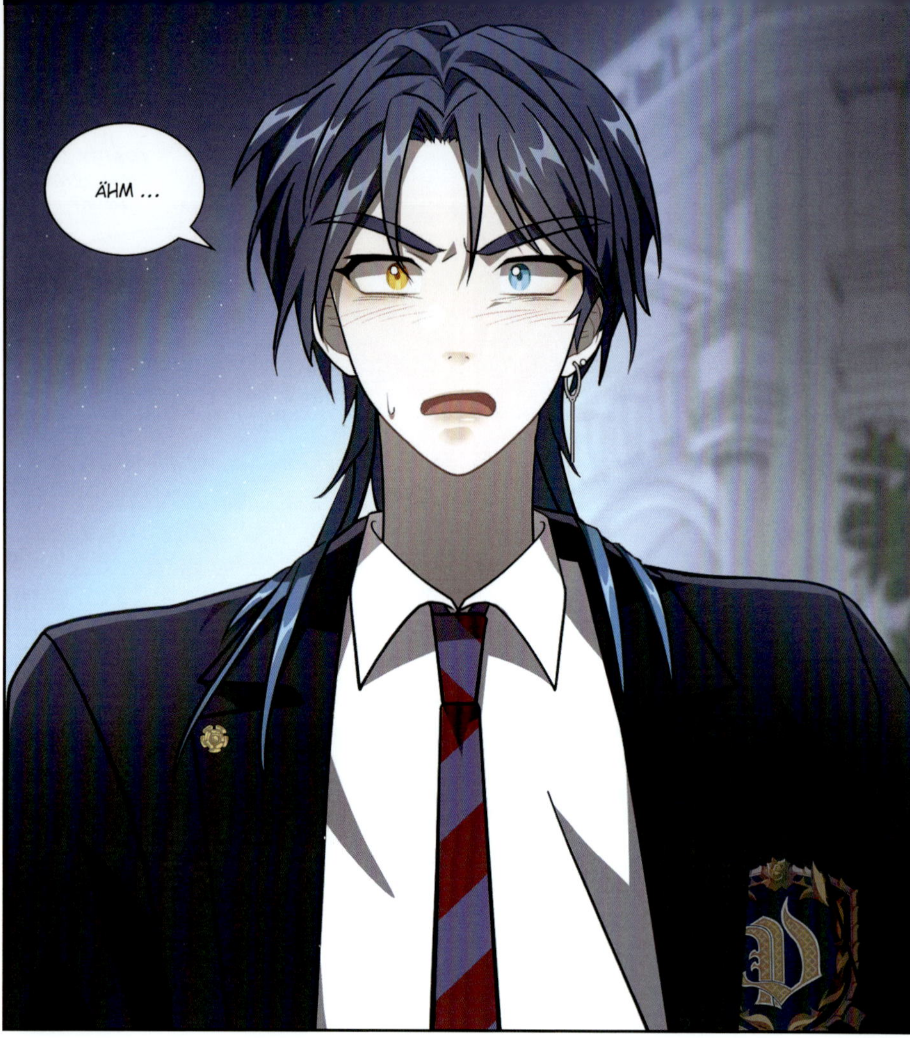
ÄHM ...

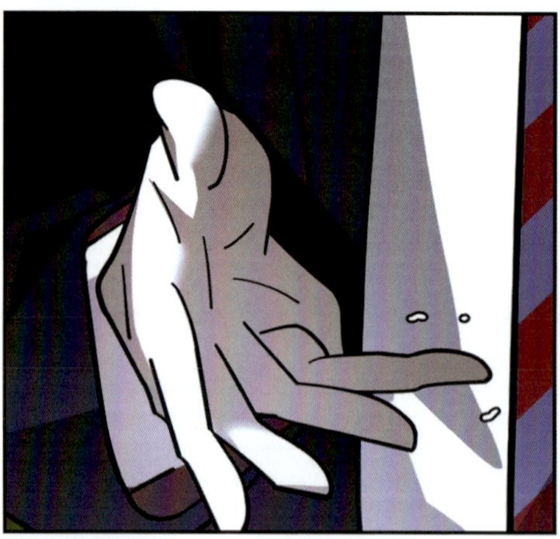

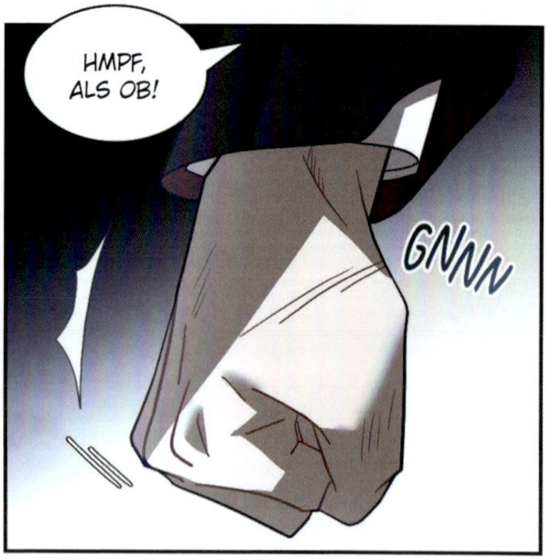
HMPF,
ALS OB!
GNNN

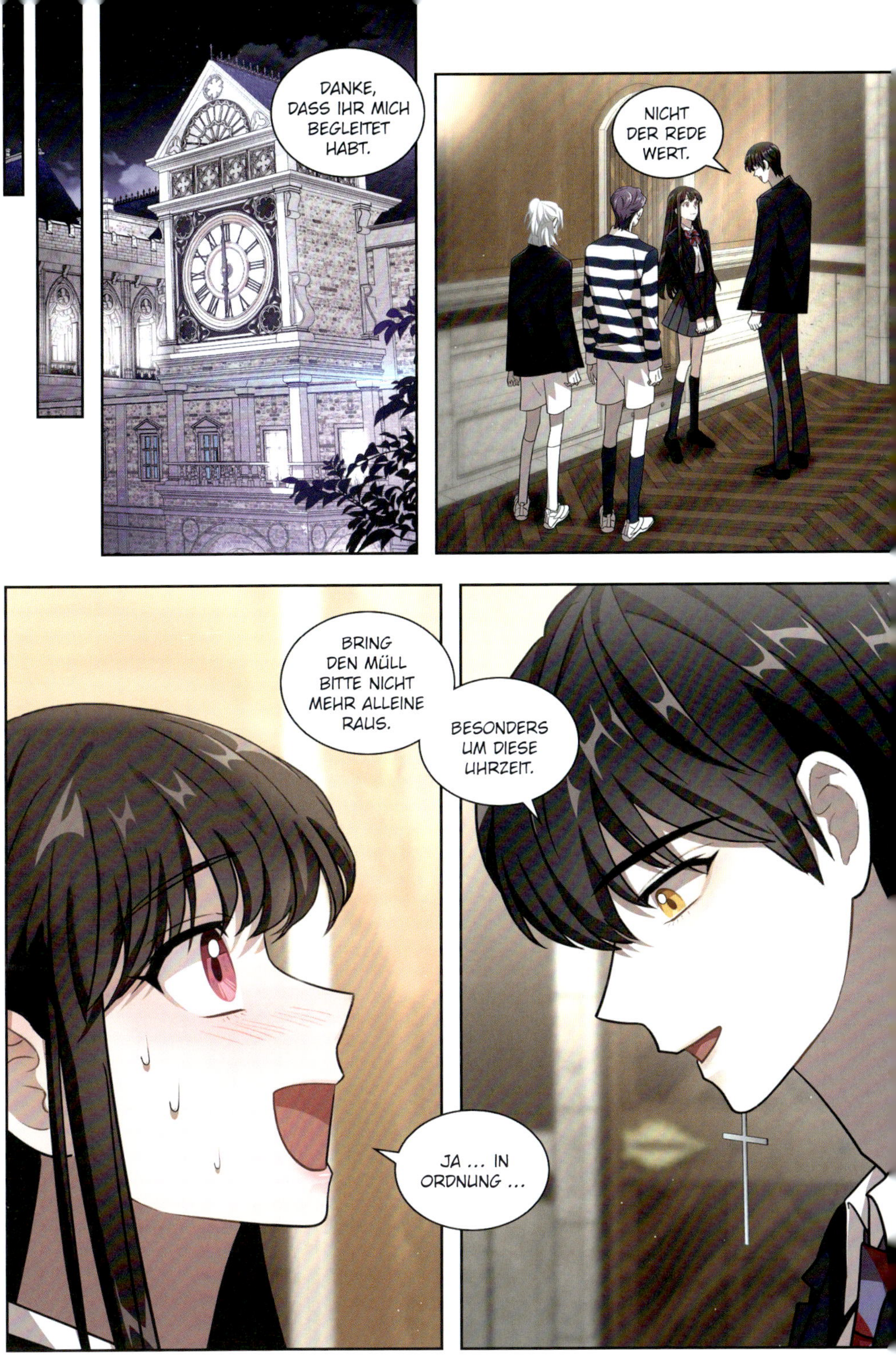

DANKE, DASS IHR MICH BEGLEITET HABT.
NICHT DER REDE WERT.
BRING DEN MÜLL BITTE NICHT MEHR ALLEINE RAUS.
BESONDERS UM DIESE UHRZEIT.
JA ... IN ORDNUNG ...

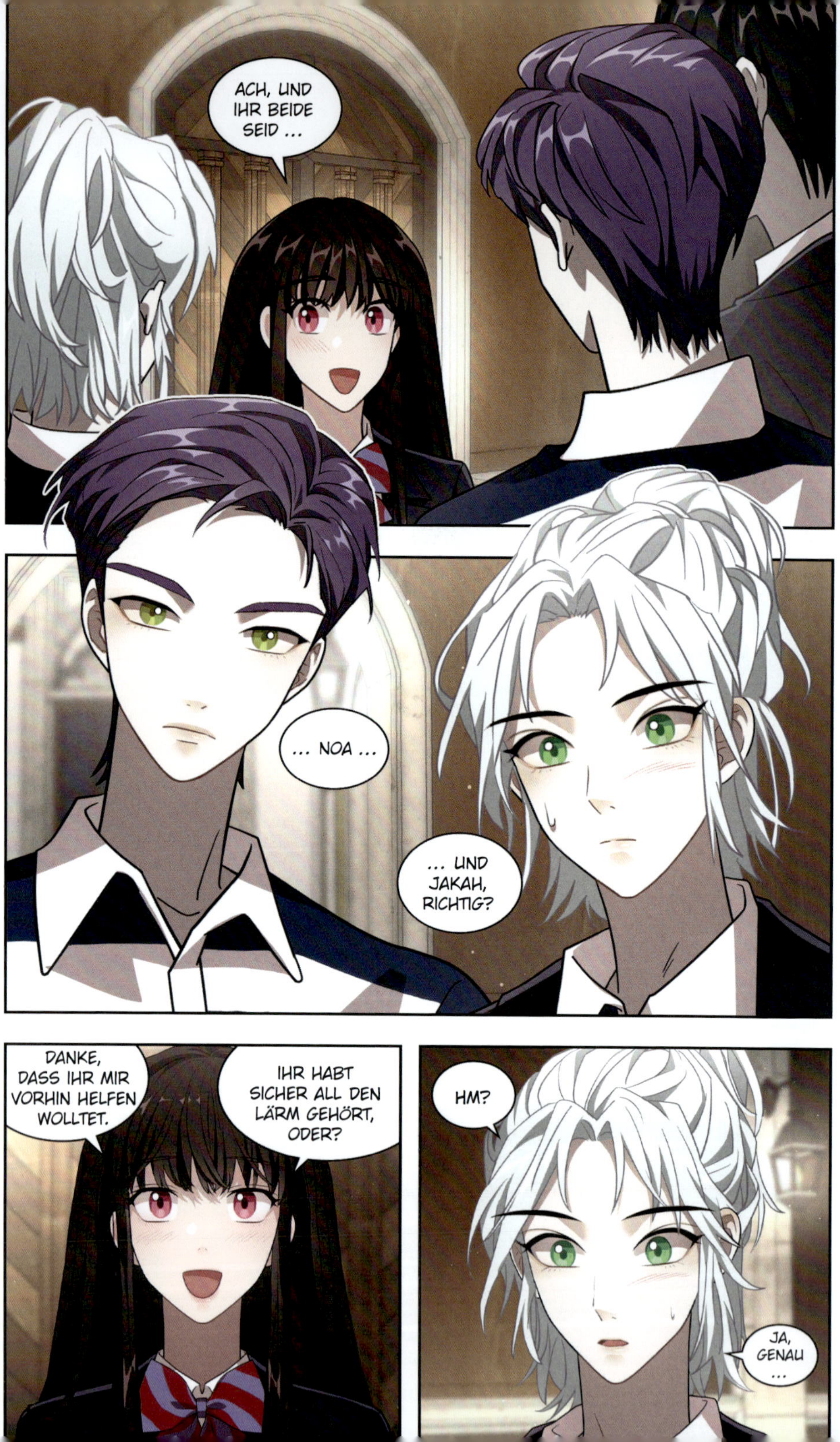
ACH, UND IHR BEIDE SEID …
… NOA …
… UND JAKAH, RICHTIG?
DANKE, DASS IHR MIR VORHIN HELFEN WOLLTET.
IHR HABT SICHER ALL DEN LÄRM GEHÖRT, ODER?
HM?
JA, GENAU …

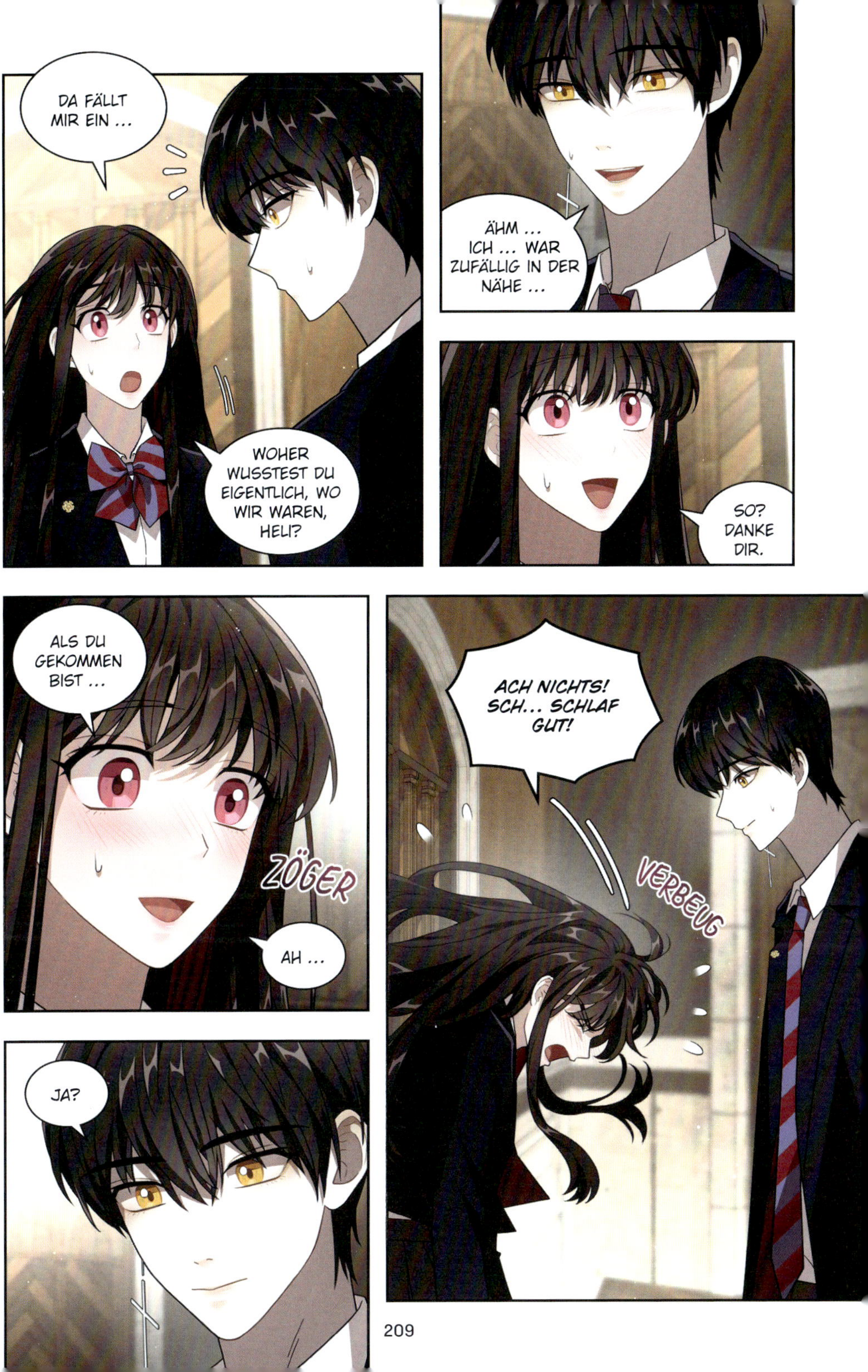
DA FÄLLT MIR EIN ...
WOHER WUSSTEST DU EIGENTLICH, WO WIR WAREN, HELI?
ÄHM ... ICH ... WAR ZUFÄLLIG IN DER NÄHE ...
SO? DANKE DIR.
ALS DU GEKOMMEN BIST ...
ZÖGER
AH ...
JA?
ACH NICHTS! SCH... SCHLAF GUT!
VERBEUG

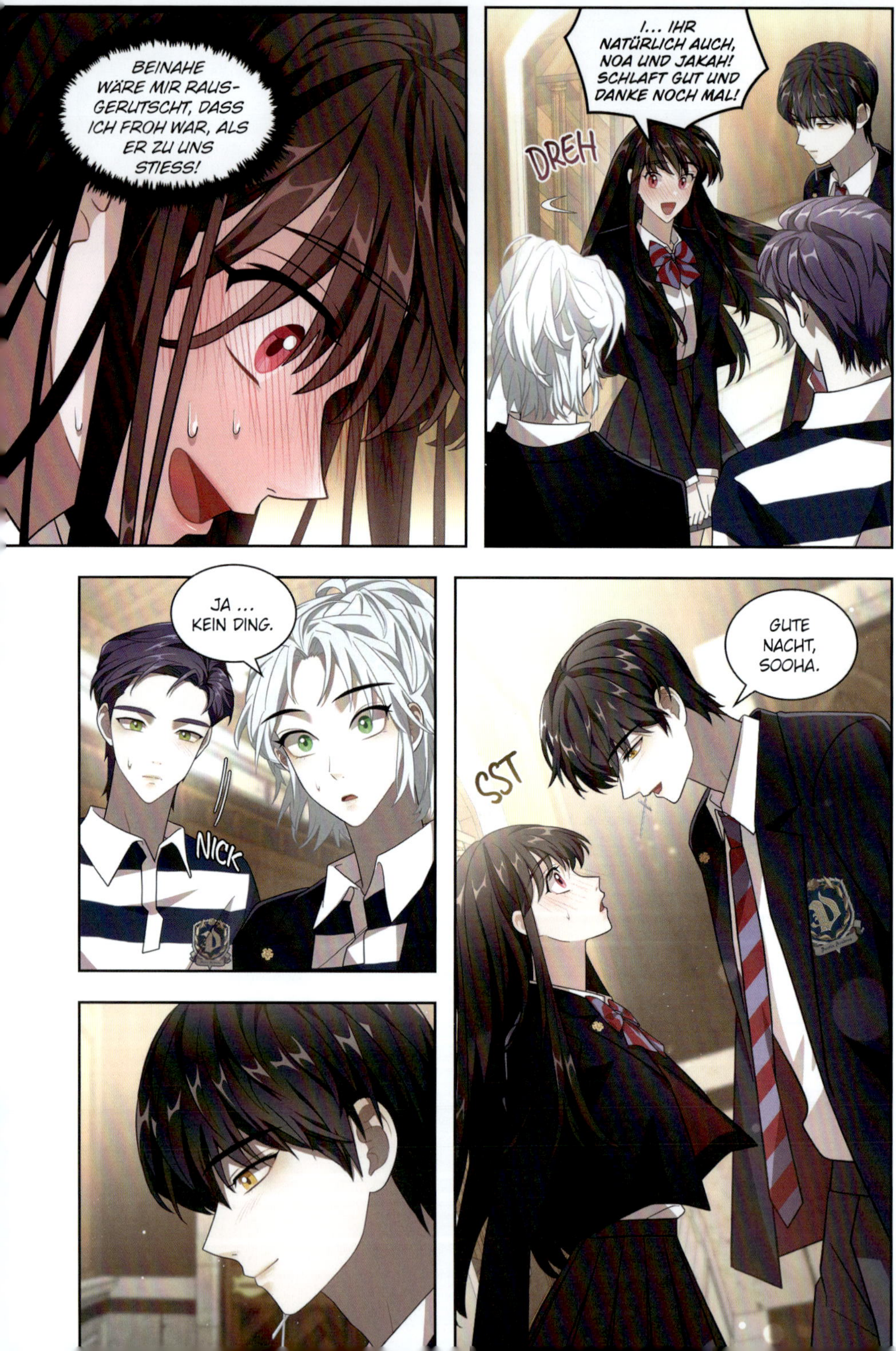
BEINAHE WÄRE MIR RAUS-GERUTSCHT, DASS ICH FROH WAR, ALS ER ZU UNS STIESS!
I… IHR NATÜRLICH AUCH, NOA UND JAKAH! SCHLAFT GUT UND DANKE NOCH MAL!
DREH
JA … KEIN DING.
NICK
GUTE NACHT, SOOHA.
SST

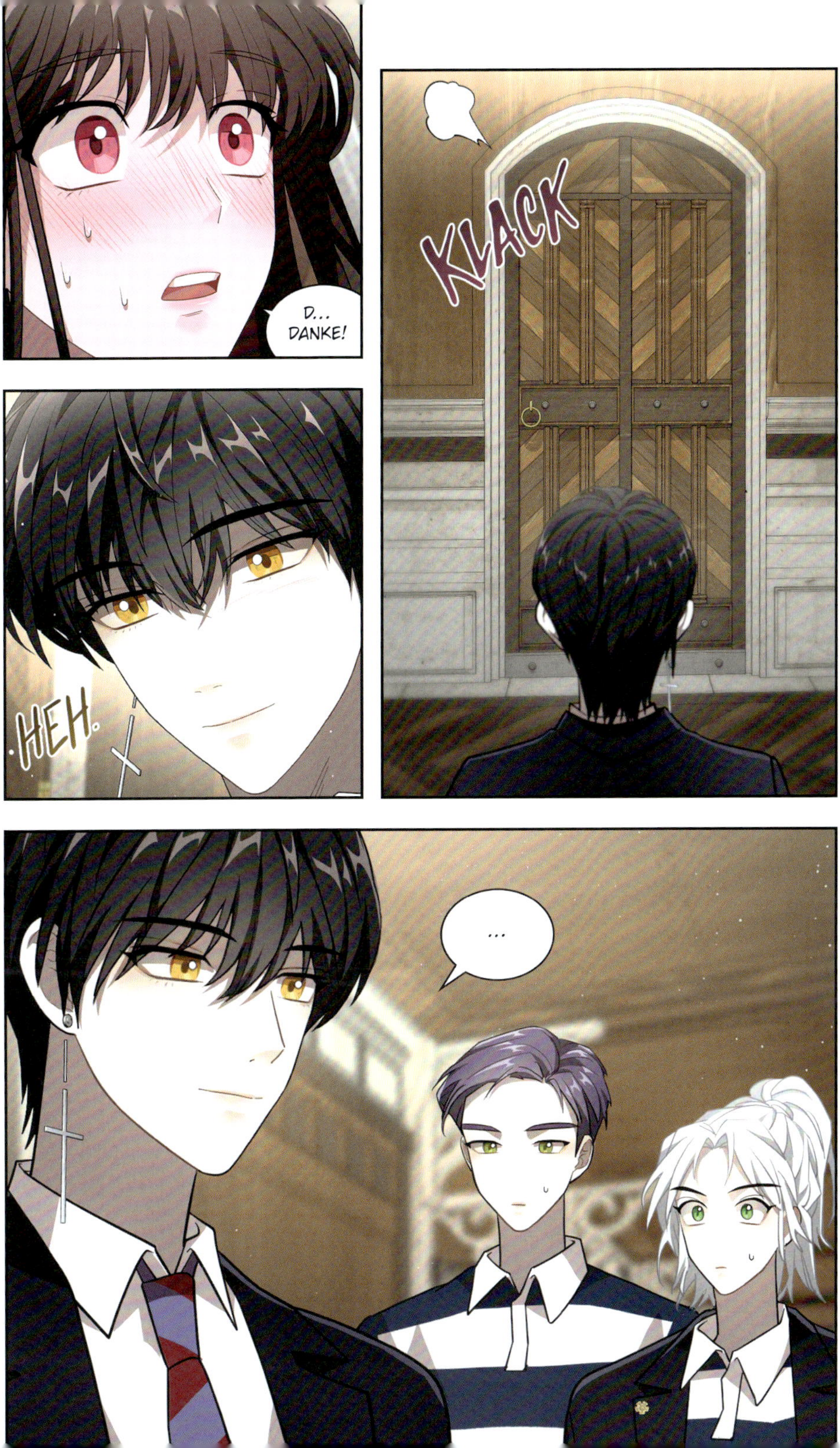
D... DANKE!
KLACK
HEH.
...

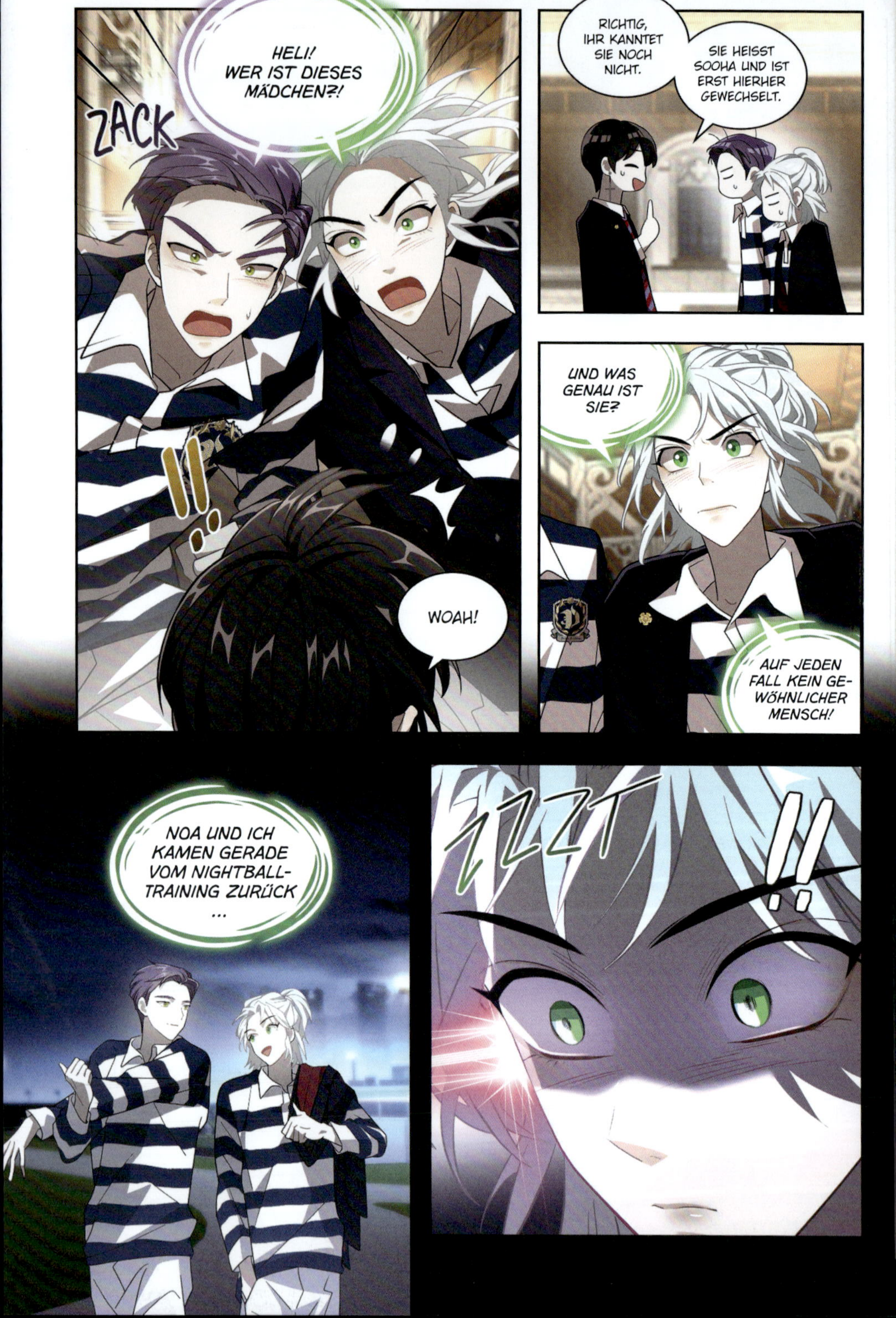

HELI! WER IST DIESES MÄDCHEN?!
ZACK
WOAH!
RICHTIG, IHR KANNTET SIE NOCH NICHT.
SIE HEISST SOOHA UND IST ERST HIERHER GEWECHSELT.
UND WAS GENAU IST SIE?
AUF JEDEN FALL KEIN GEWÖHNLICHER MENSCH!
NOA UND ICH KAMEN GERADE VOM NIGHTBALL-TRAINING ZURÜCK ...
ZZZT

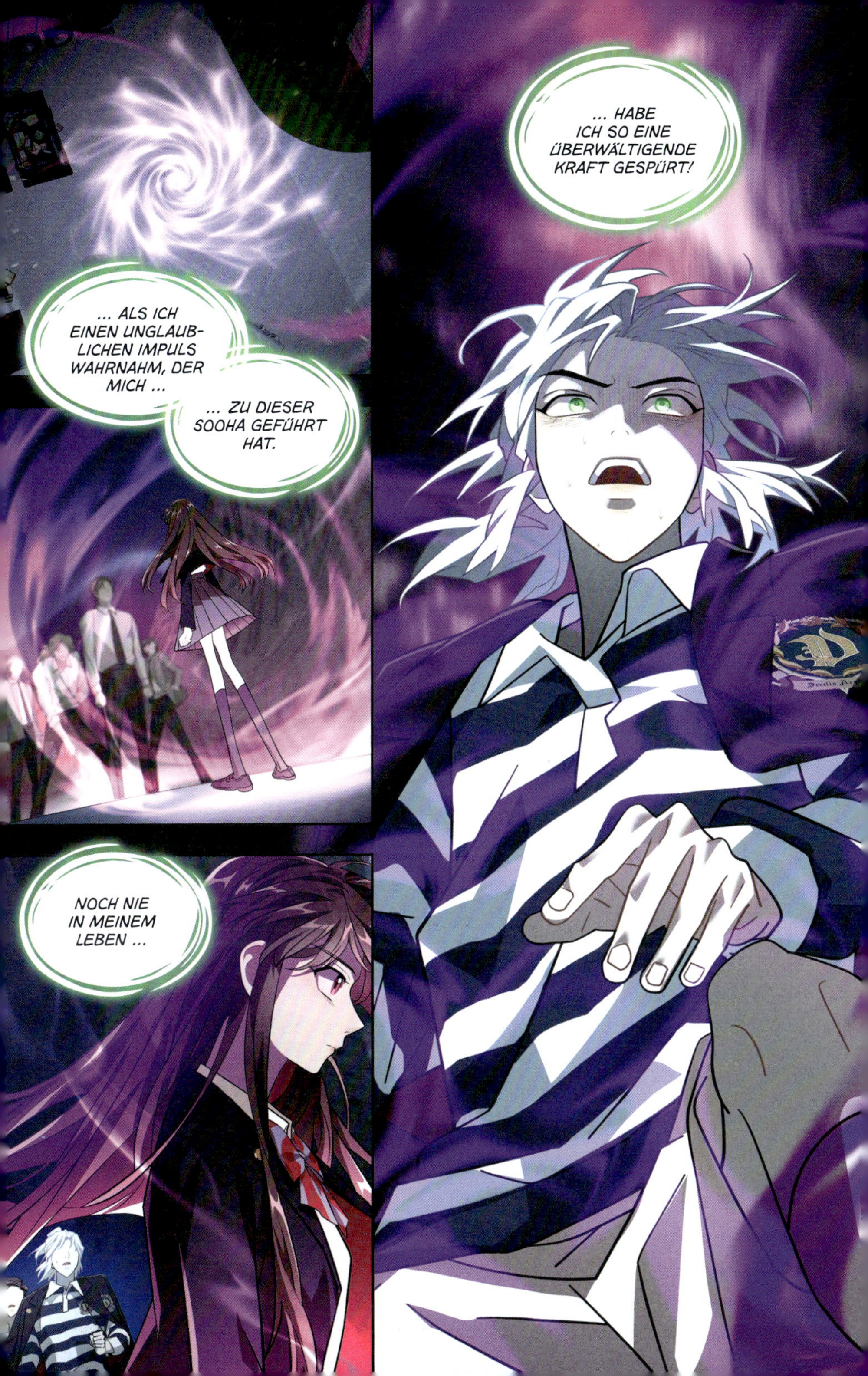
... ALS ICH EINEN UNGLAUB-LICHEN IMPULS WAHRNAHM, DER MICH ...
... ZU DIESER SOOHA GEFÜHRT HAT.
NOCH NIE IN MEINEM LEBEN ...
... HABE ICH SO EINE ÜBERWÄLTIGENDE KRAFT GESPÜRT!

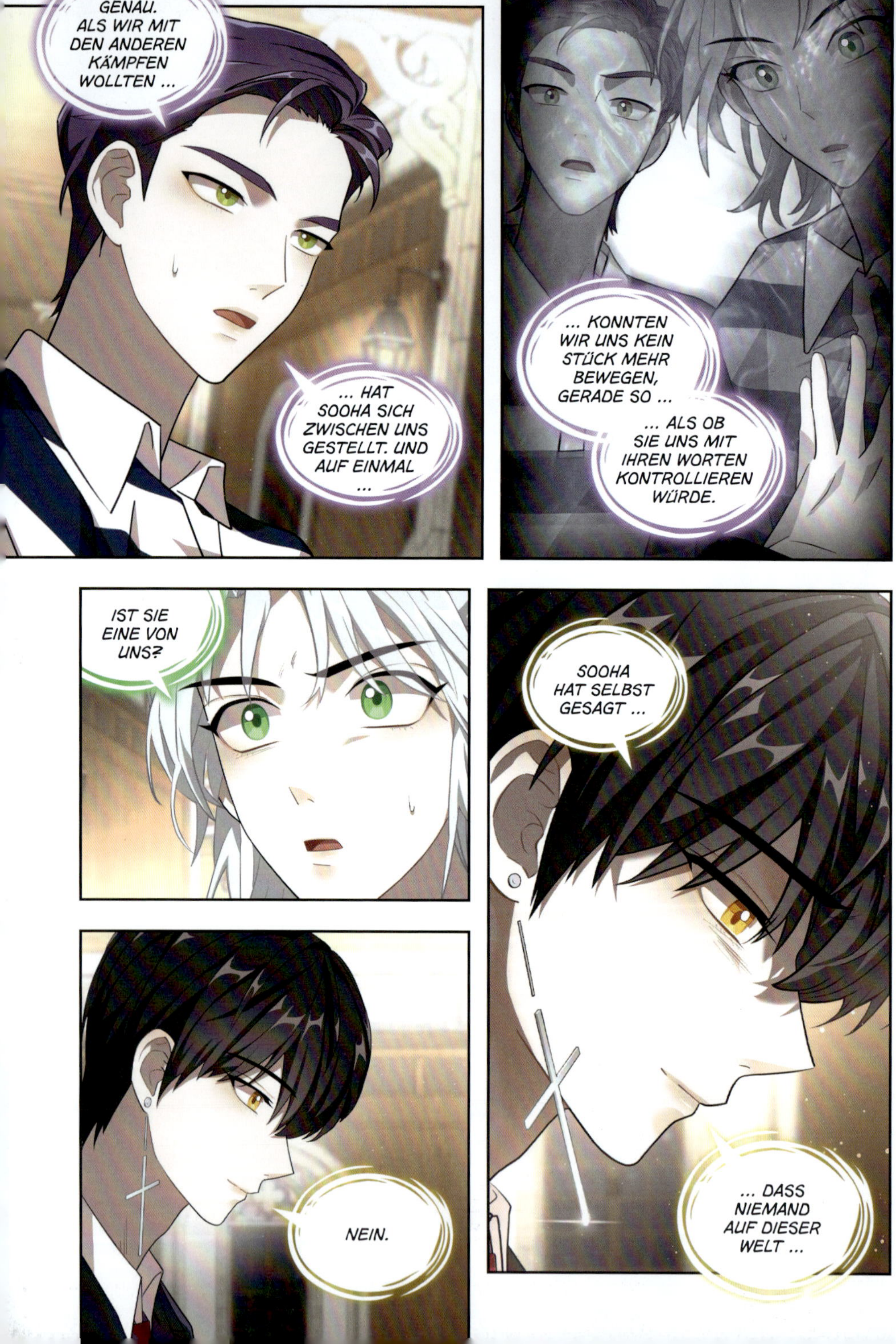
GENAU. ALS WIR MIT DEN ANDEREN KÄMPFEN WOLLTEN …
… HAT SOOHA SICH ZWISCHEN UNS GESTELLT. UND AUF EINMAL …
… KONNTEN WIR UNS KEIN STÜCK MEHR BEWEGEN, GERADE SO …
… ALS OB SIE UNS MIT IHREN WORTEN KONTROLLIEREN WÜRDE.
IST SIE EINE VON UNS?
NEIN.
SOOHA HAT SELBST GESAGT …
… DASS NIEMAND AUF DIESER WELT …

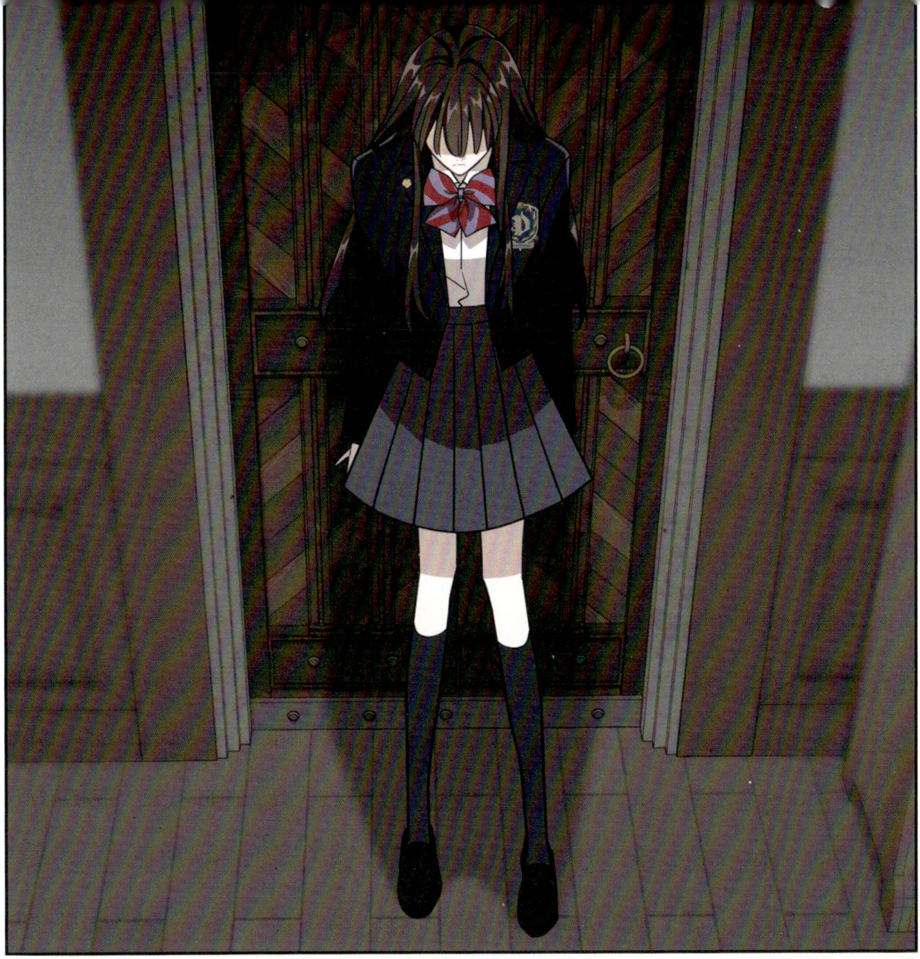

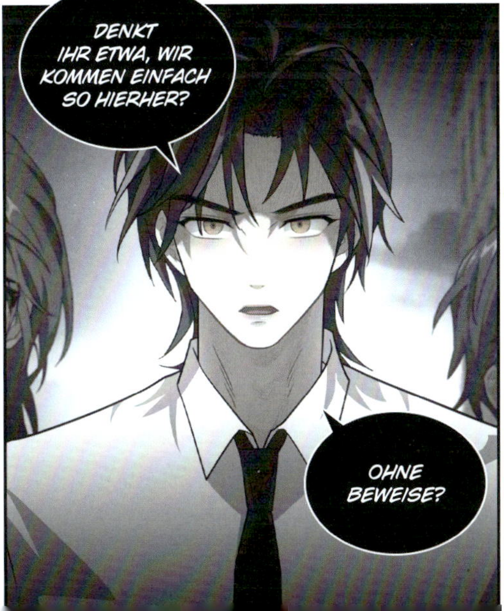
DENKT IHR ETWA, WIR KOMMEN EINFACH SO HIERHER?
OHNE BEWEISE?

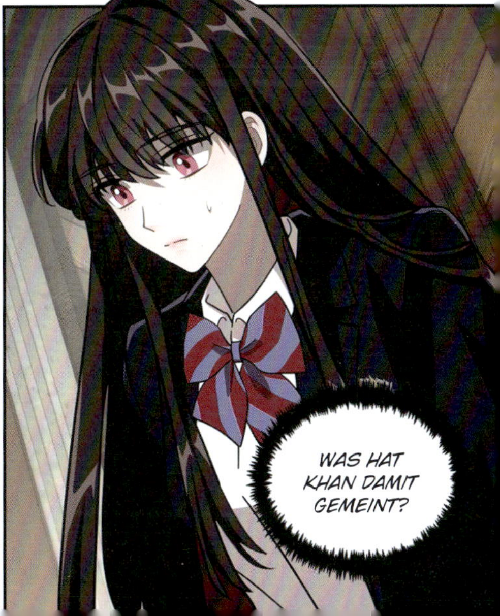
WAS HAT KHAN DAMIT GEMEINT?

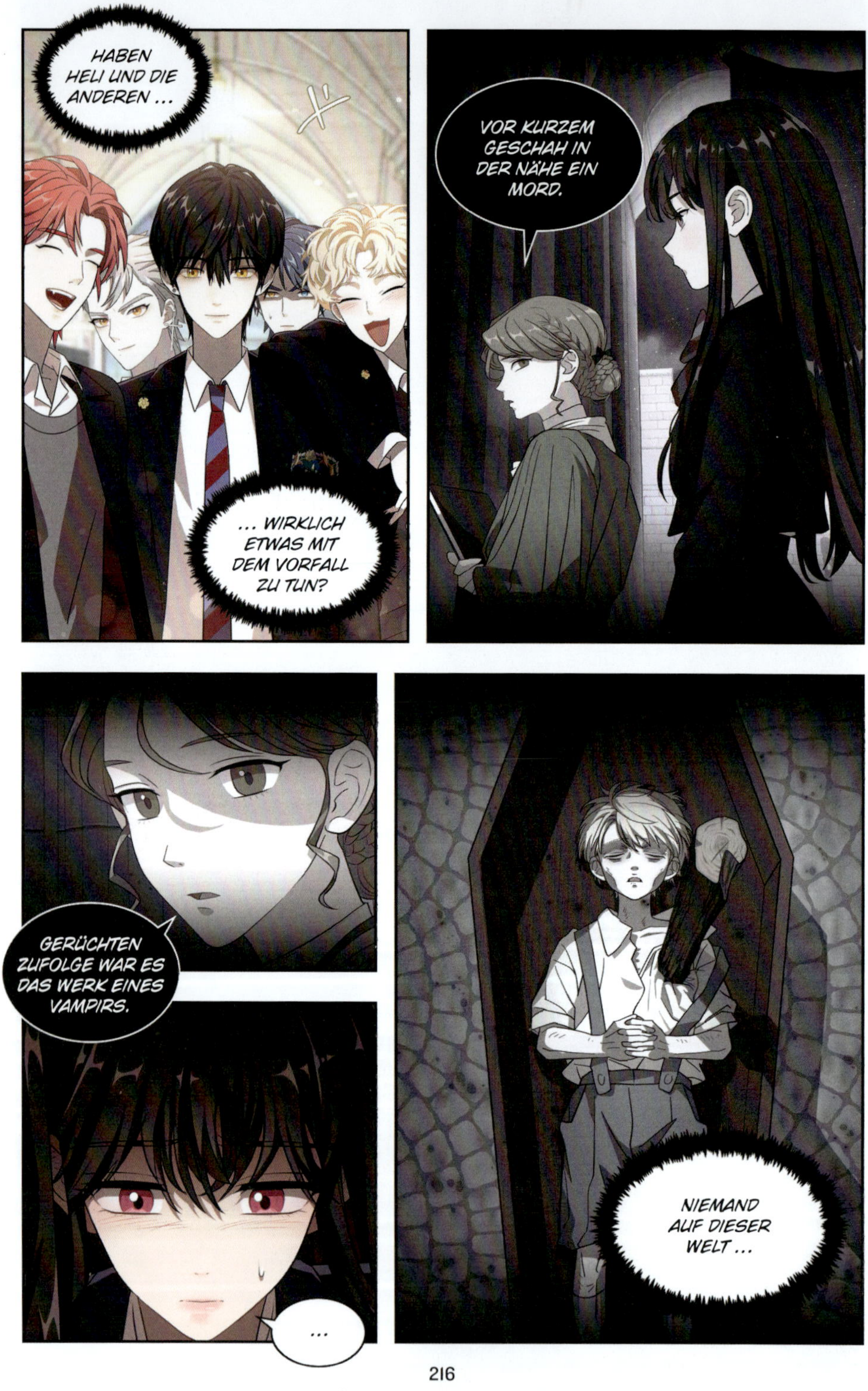
HABEN HELI UND DIE ANDEREN …
… WIRKLICH ETWAS MIT DEM VORFALL ZU TUN?
VOR KURZEM GESCHAH IN DER NÄHE EIN MORD.
GERÜCHTEN ZUFOLGE WAR ES DAS WERK EINES VAMPIRS.
…
NIEMAND AUF DIESER WELT …

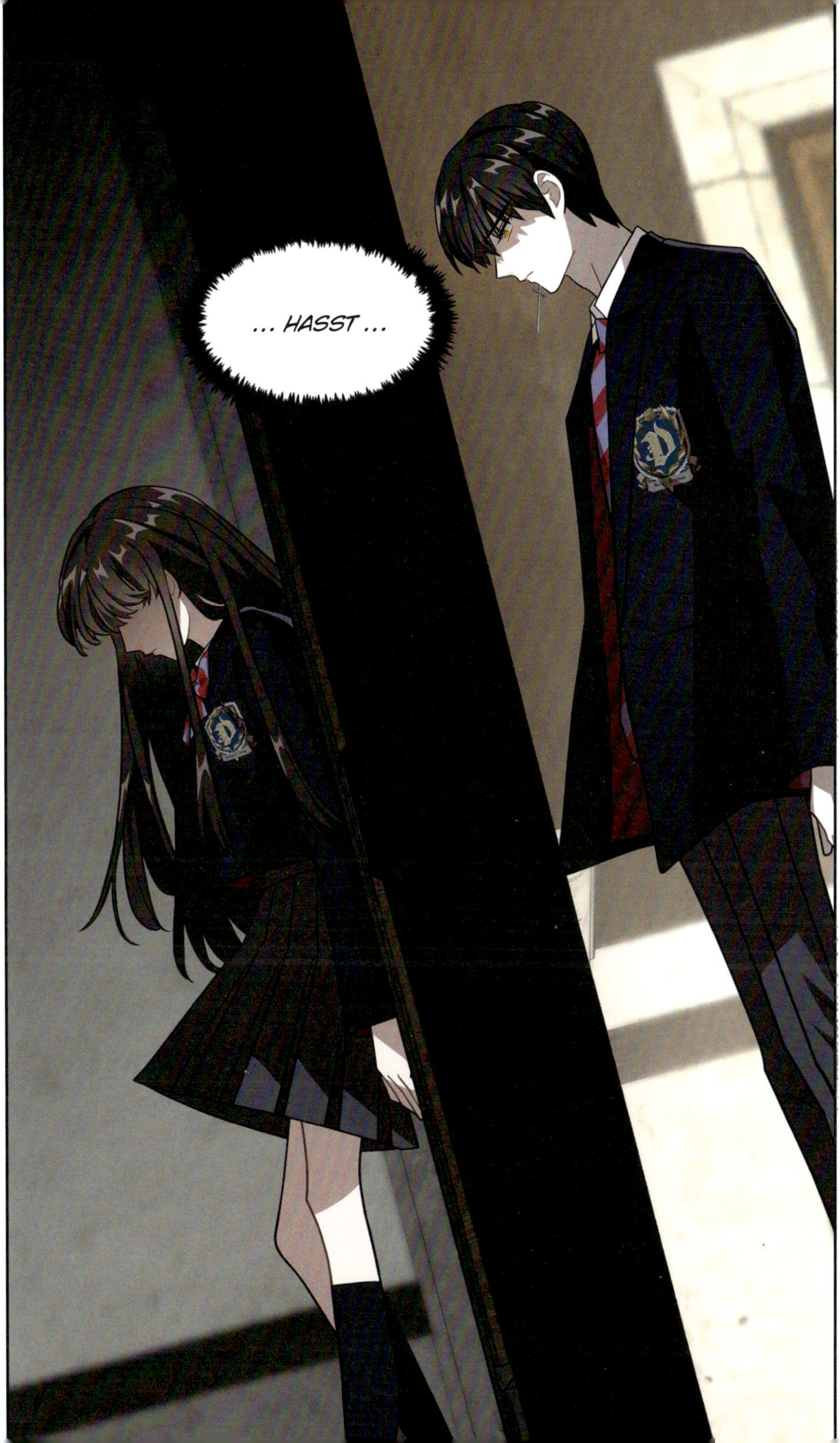
… HASST …

KAPITEL 9

HALTET EUCH VON SOOHA FERN!

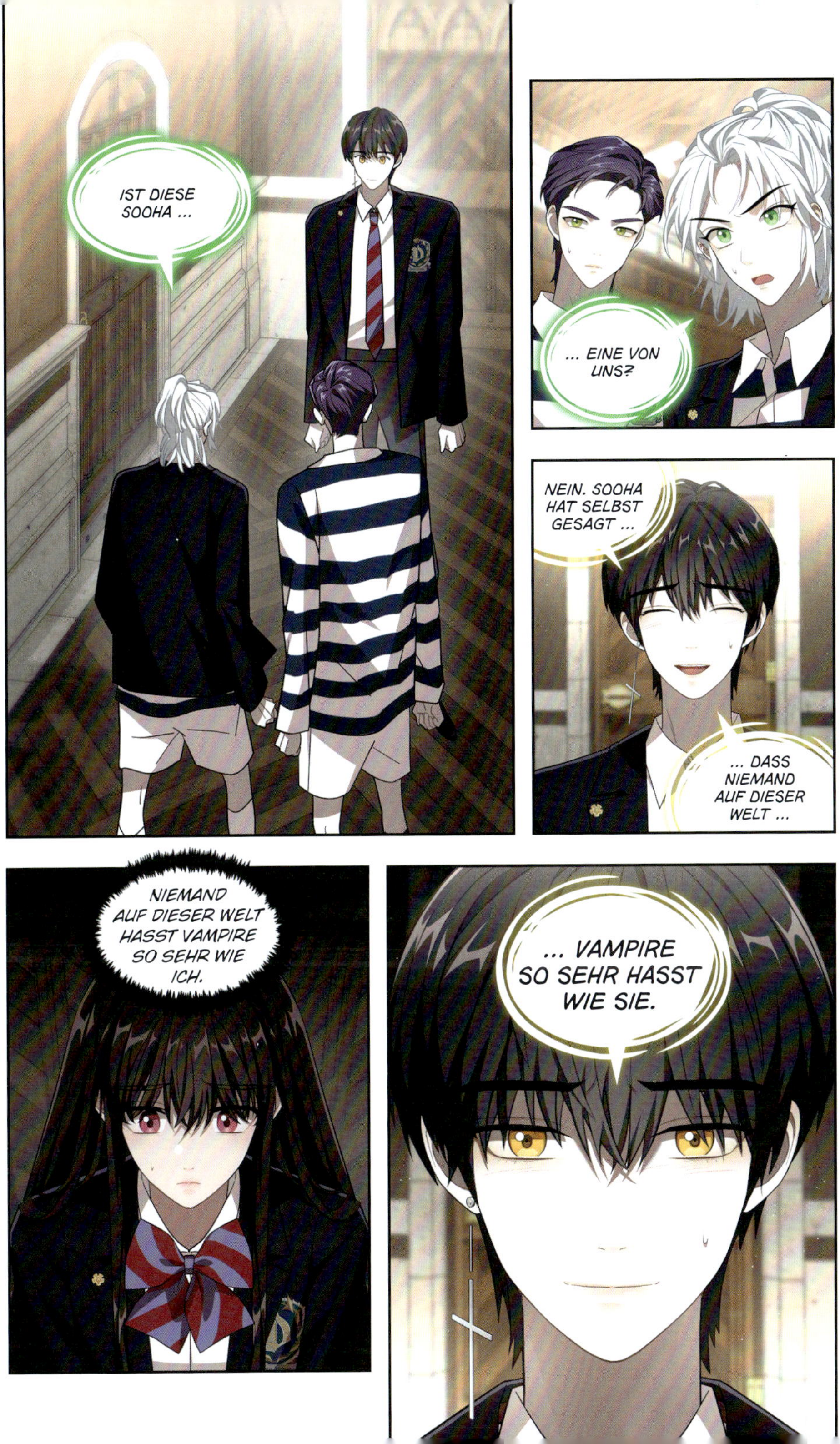
IST DIESE SOOHA ...
... EINE VON UNS?
NEIN. SOOHA HAT SELBST GESAGT ...
... DASS NIEMAND AUF DIESER WELT ...
NIEMAND AUF DIESER WELT HASST VAMPIRE SO SEHR WIE ICH.
... VAMPIRE SO SEHR HASST WIE SIE.

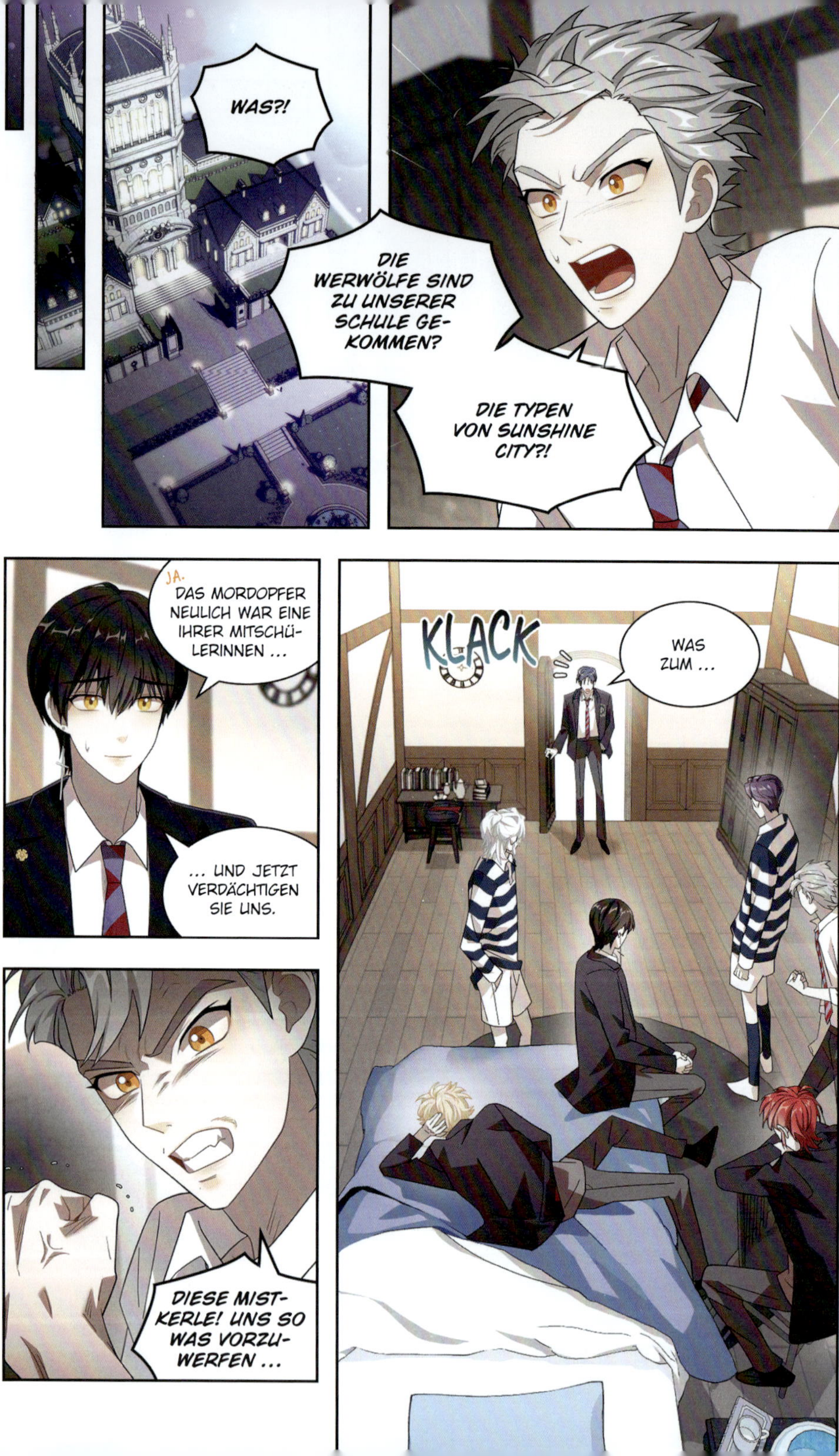
WAS?!
DIE WERWÖLFE SIND ZU UNSERER SCHULE GE-KOMMEN?
DIE TYPEN VON SUNSHINE CITY?!
JA.
DAS MORDOPFER NEULICH WAR EINE IHRER MITSCHÜ-LERINNEN …
… UND JETZT VERDÄCHTIGEN SIE UNS.
DIESE MIST-KERLE! UNS SO WAS VORZU-WERFEN …
KLACK
WAS ZUM …

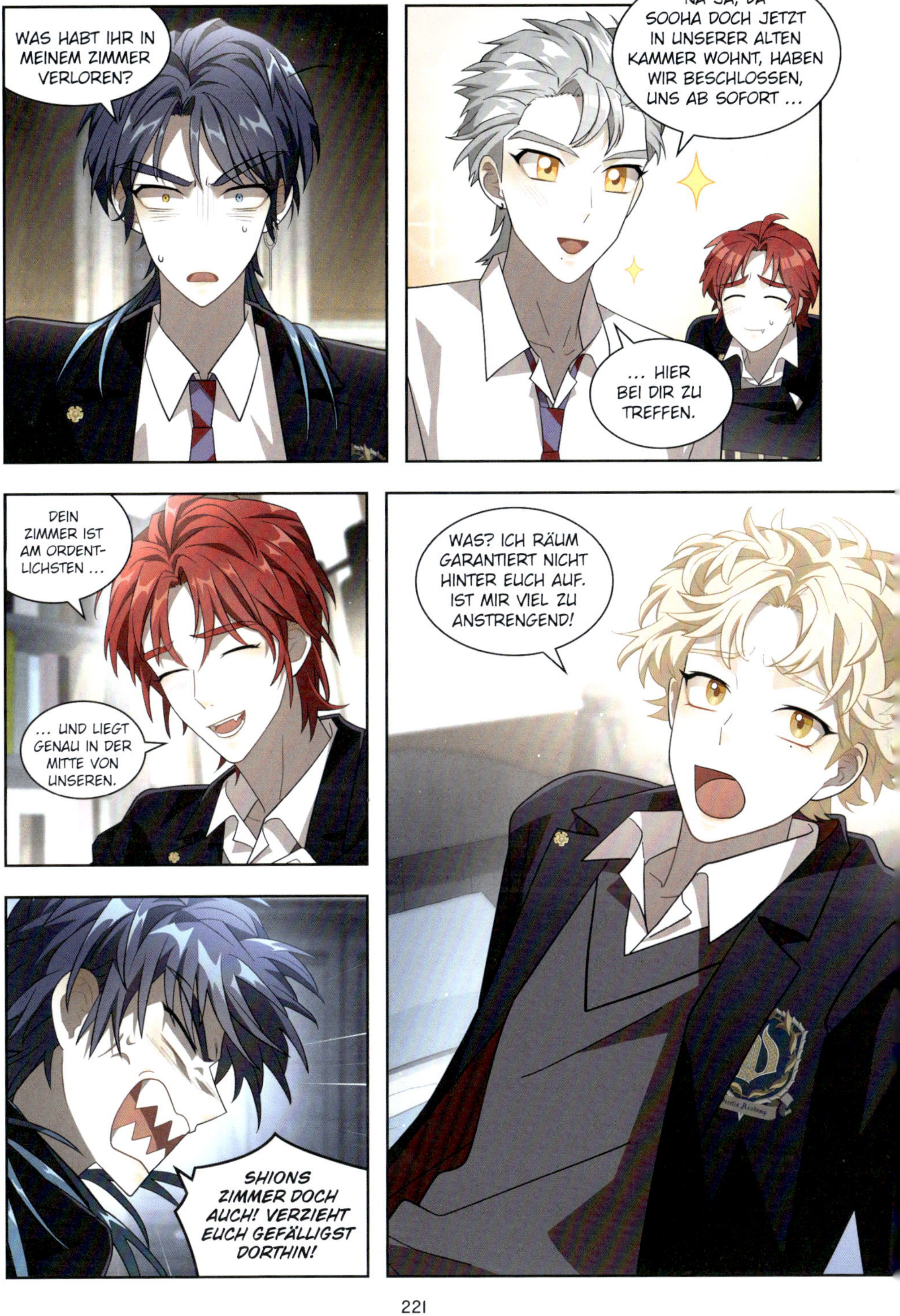
WAS HABT IHR IN MEINEM ZIMMER VERLOREN?
NA JA, DA SOOHA DOCH JETZT IN UNSERER ALTEN KAMMER WOHNT, HABEN WIR BESCHLOSSEN, UNS AB SOFORT …
… HIER BEI DIR ZU TREFFEN.
DEIN ZIMMER IST AM ORDENTLICHSTEN …
… UND LIEGT GENAU IN DER MITTE VON UNSEREN.
WAS? ICH RÄUM GARANTIERT NICHT HINTER EUCH AUF. IST MIR VIEL ZU ANSTRENGEND!
SHIONS ZIMMER DOCH AUCH! VERZIEHT EUCH GEFÄLLIGST DORTHIN!

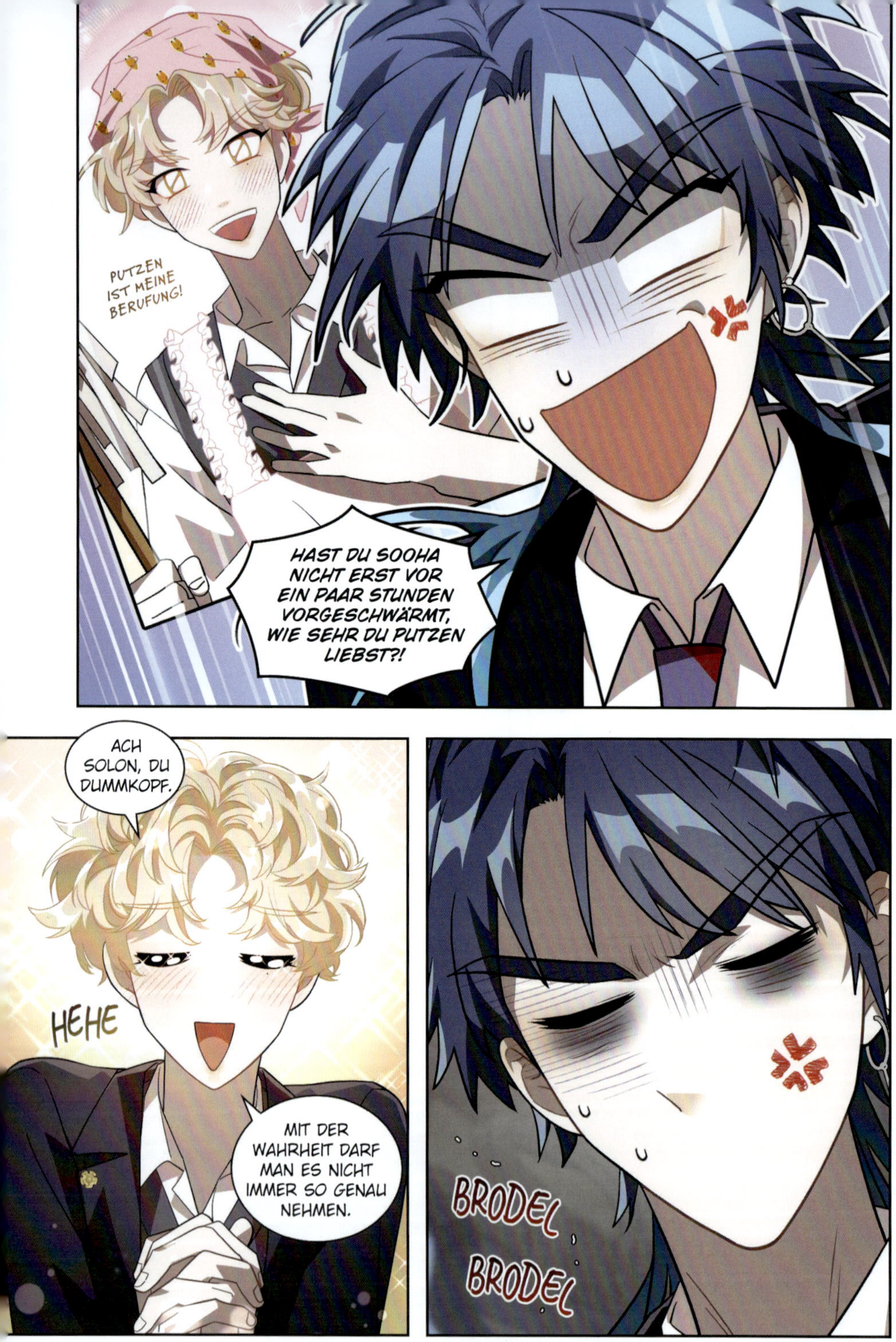
PUTZEN IST MEINE BERUFUNG!
HAST DU SOOHA NICHT ERST VOR EIN PAAR STUNDEN VORGESCHWÄRMT, WIE SEHR DU PUTZEN LIEBST?!
ACH SOLON, DU DUMMKOPF.
HEHE
MIT DER WAHRHEIT DARF MAN ES NICHT IMMER SO GENAU NEHMEN.
BRODEL
BRODEL

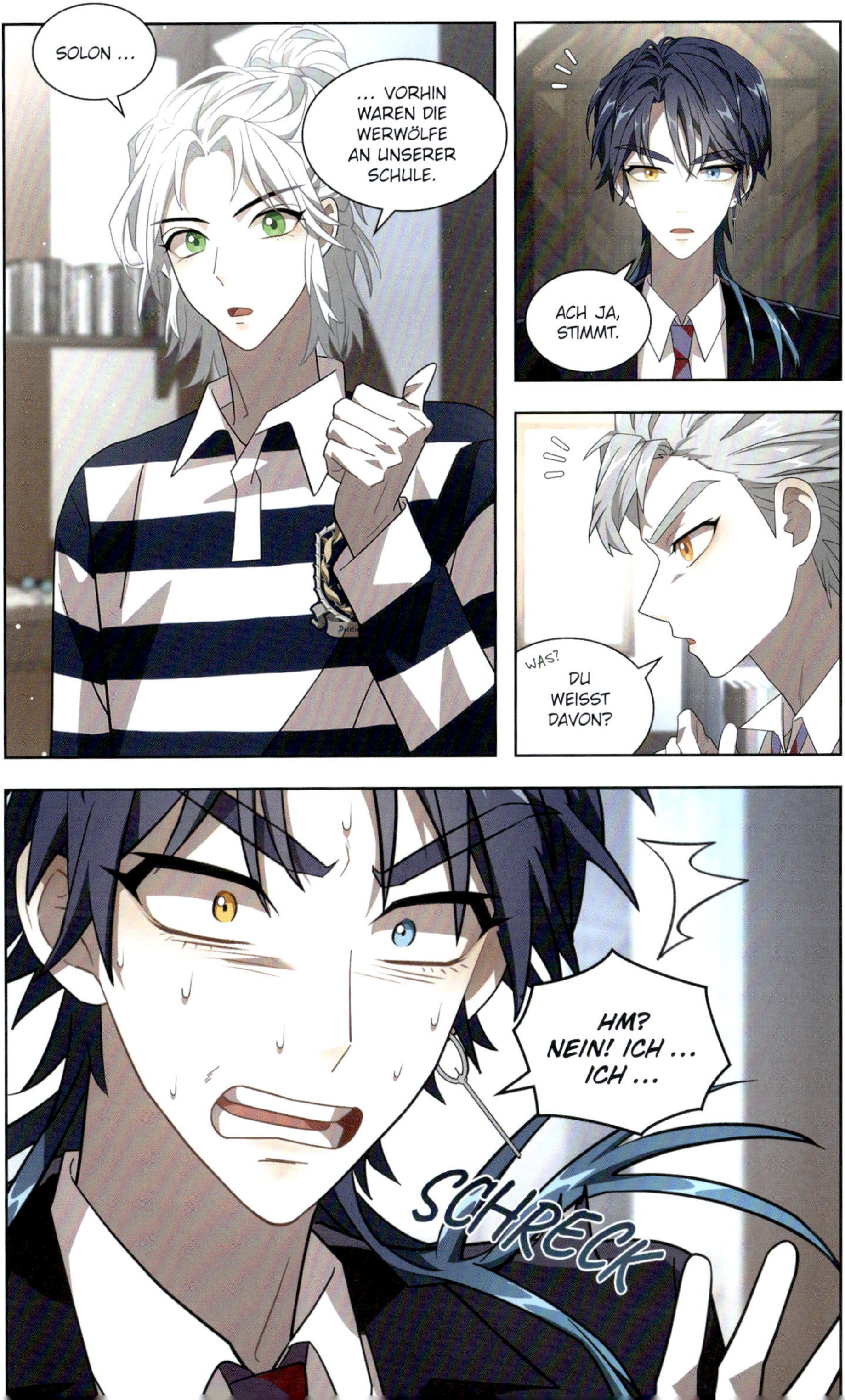
SOLON …
… VORHIN WAREN DIE WERWÖLFE AN UNSERER SCHULE.
ACH JA, STIMMT.
WAS?
DU WEISST DAVON?
HM? NEIN! ICH … ICH …
SCHRECK

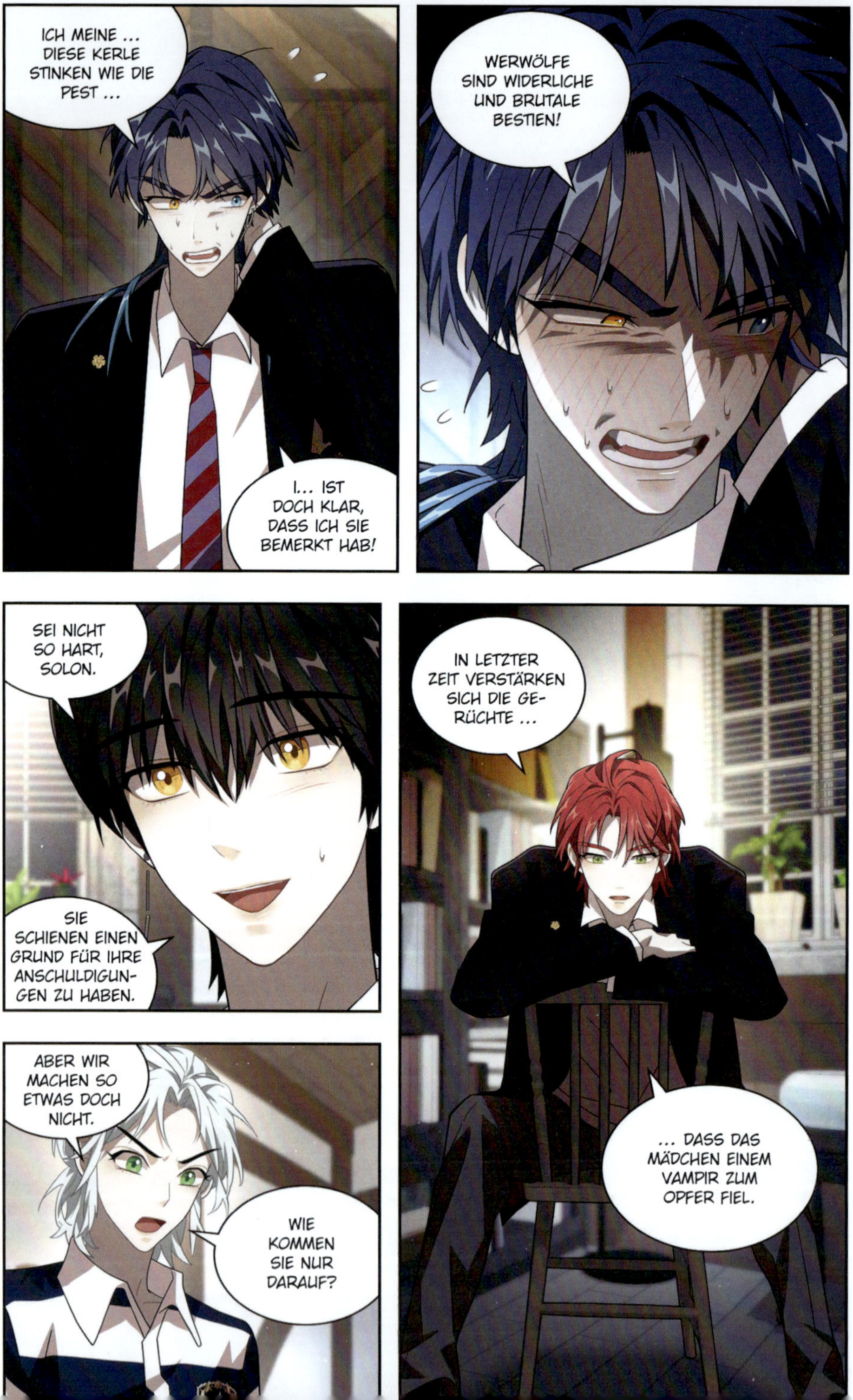
ICH MEINE … DIESE KERLE STINKEN WIE DIE PEST …
I… IST DOCH KLAR, DASS ICH SIE BEMERKT HAB!
WERWÖLFE SIND WIDERLICHE UND BRUTALE BESTIEN!
SEI NICHT SO HART, SOLON.
SIE SCHIENEN EINEN GRUND FÜR IHRE ANSCHULDIGUNGEN ZU HABEN.
IN LETZTER ZEIT VERSTÄRKEN SICH DIE GERÜCHTE …
… DASS DAS MÄDCHEN EINEM VAMPIR ZUM OPFER FIEL.
ABER WIR MACHEN SO ETWAS DOCH NICHT.
WIE KOMMEN SIE NUR DARAUF?

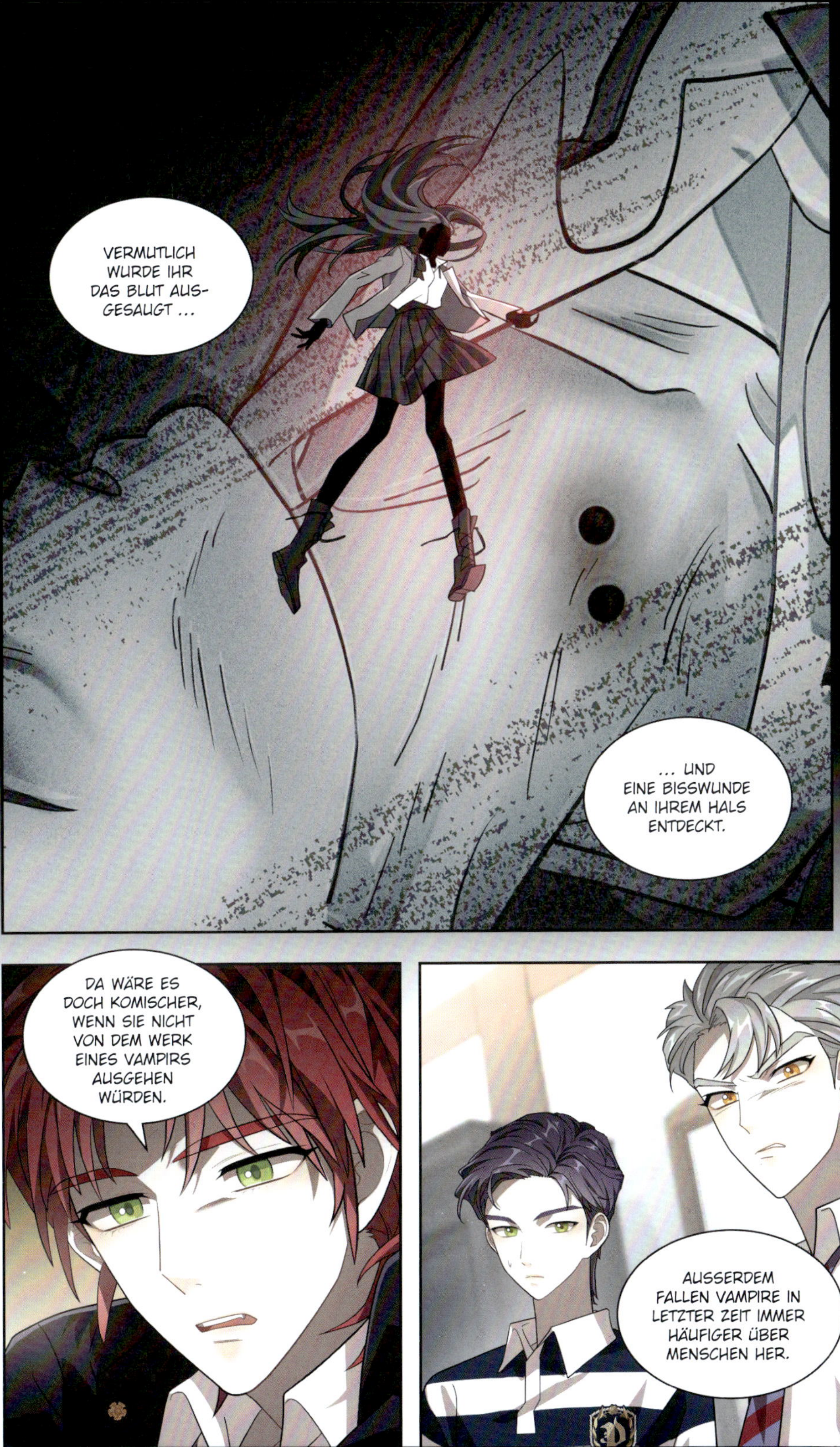
VERMUTLICH WURDE IHR DAS BLUT AUS-GESAUGT …
… UND EINE BISSWUNDE AN IHREM HALS ENTDECKT.
DA WÄRE ES DOCH KOMISCHER, WENN SIE NICHT VON DEM WERK EINES VAMPIRS AUSGEHEN WÜRDEN.
AUSSERDEM FALLEN VAMPIRE IN LETZTER ZEIT IMMER HÄUFIGER ÜBER MENSCHEN HER.

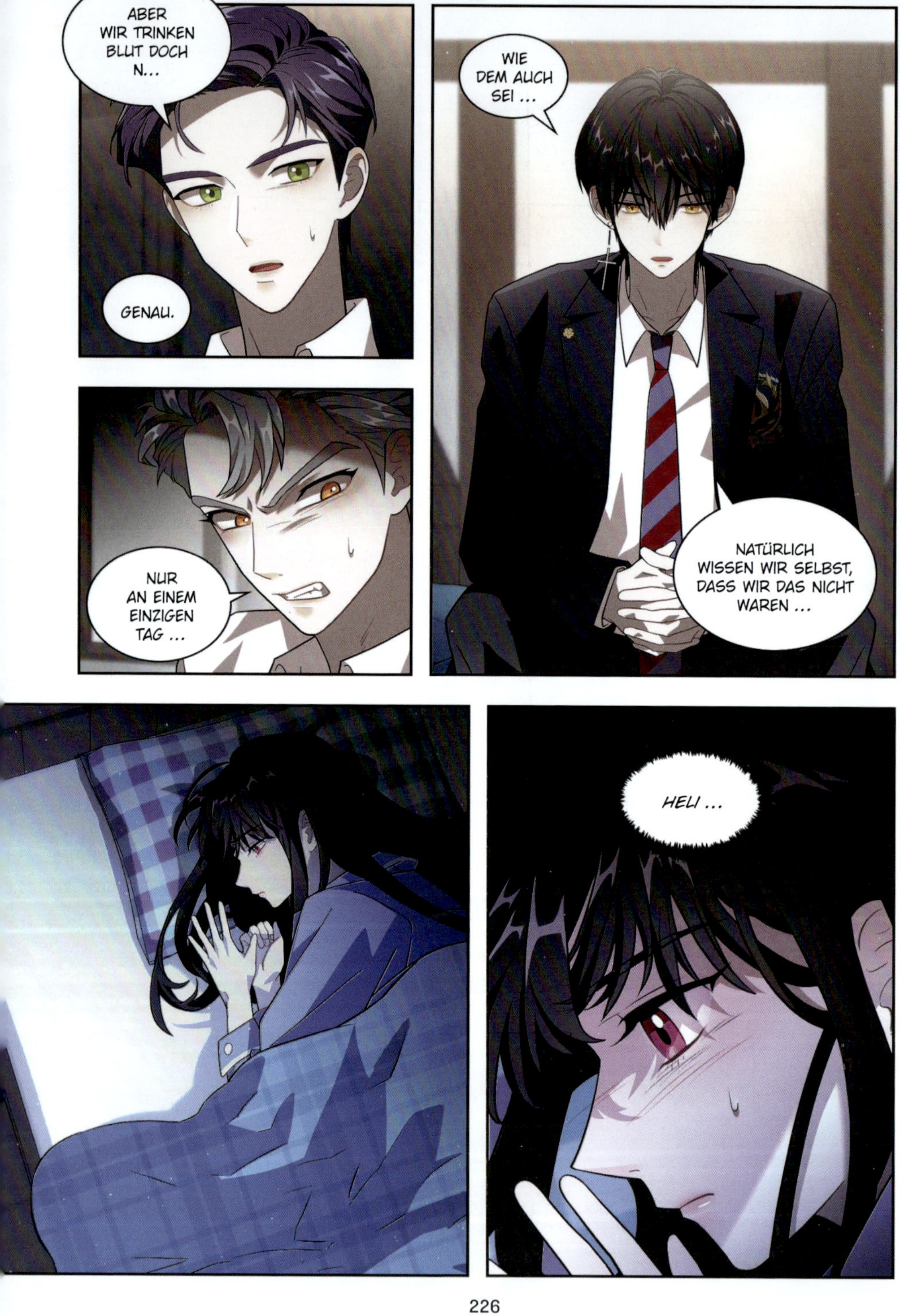
ABER WIR TRINKEN BLUT DOCH N...
GENAU.
WIE DEM AUCH SEI ...
NUR AN EINEM EINZIGEN TAG ...
NATÜRLICH WISSEN WIR SELBST, DASS WIR DAS NICHT WAREN ...
HELI ...

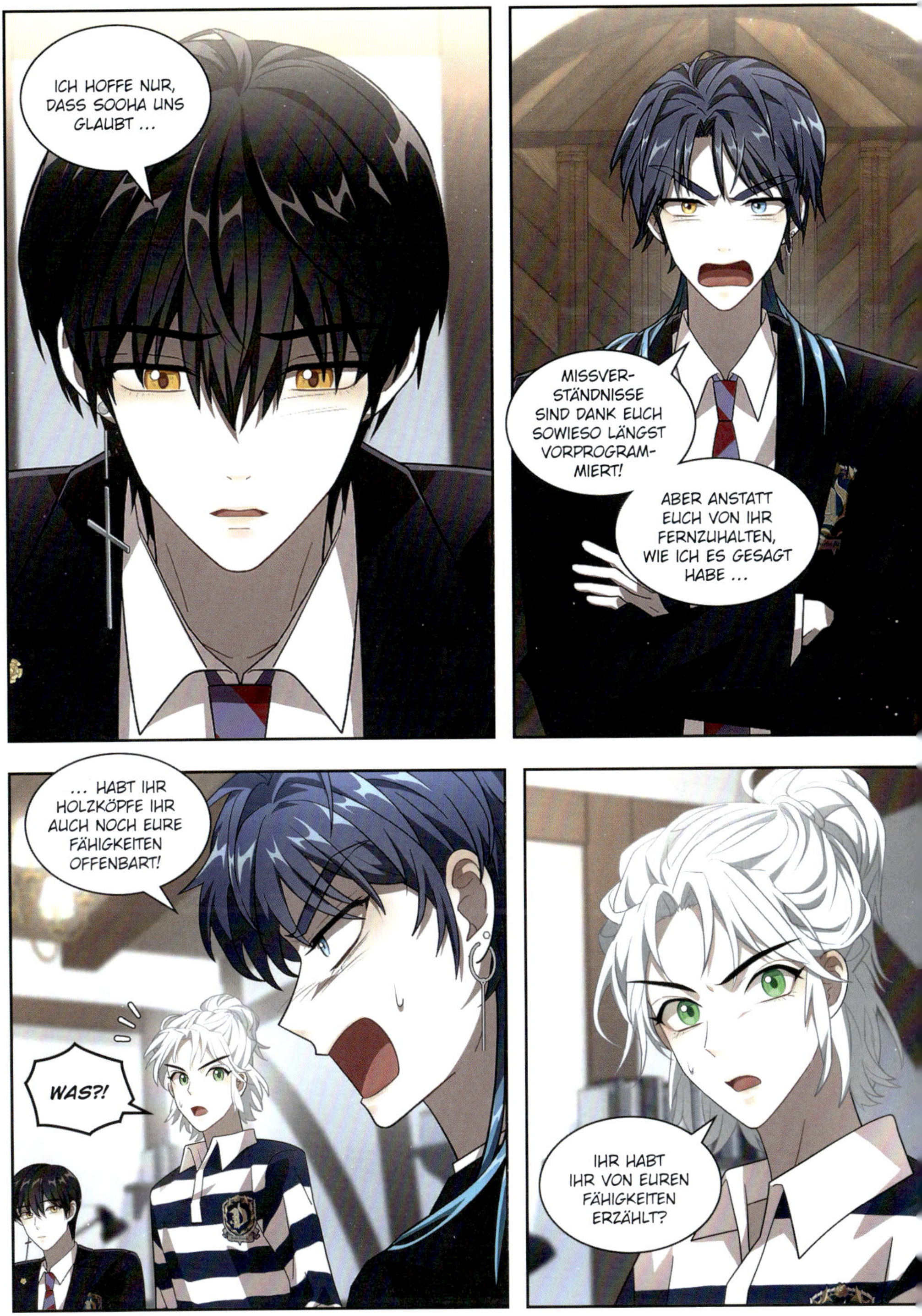
ICH HOFFE NUR, DASS SOOHA UNS GLAUBT …
MISSVER-STÄNDNISSE SIND DANK EUCH SOWIESO LÄNGST VORPROGRAM-MIERT!
ABER ANSTATT EUCH VON IHR FERNZUHALTEN, WIE ICH ES GESAGT HABE …
… HABT IHR HOLZKÖPFE IHR AUCH NOCH EURE FÄHIGKEITEN OFFENBART!
WAS?!
IHR HABT IHR VON EUREN FÄHIGKEITEN ERZÄHLT?

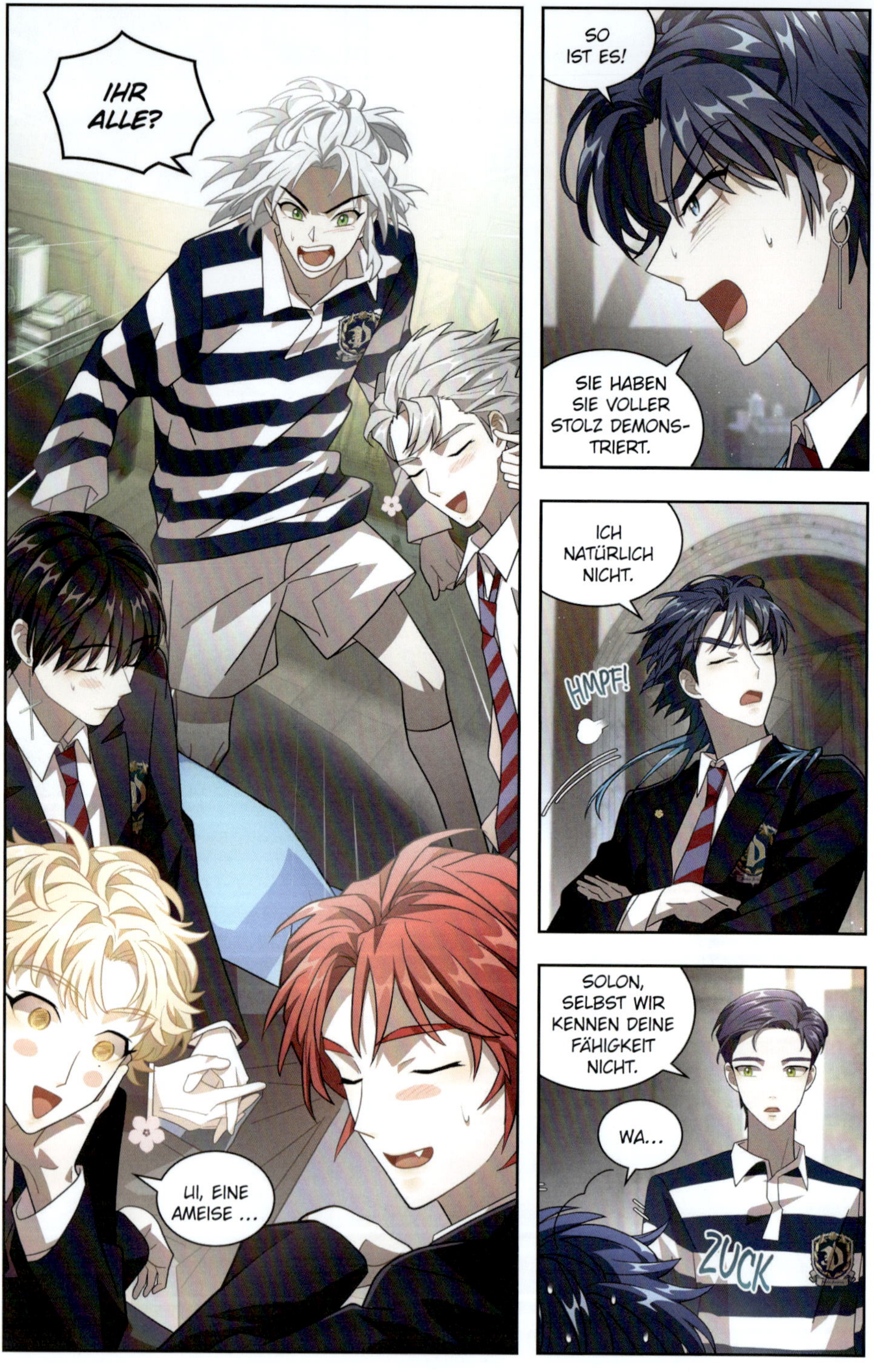
IHR ALLE?
UI, EINE AMEISE ...
SO IST ES!
SIE HABEN SIE VOLLER STOLZ DEMONSTRIERT.
ICH NATÜRLICH NICHT.
HMPF!
SOLON, SELBST WIR KENNEN DEINE FÄHIGKEIT NICHT.
WA...
ZUCK

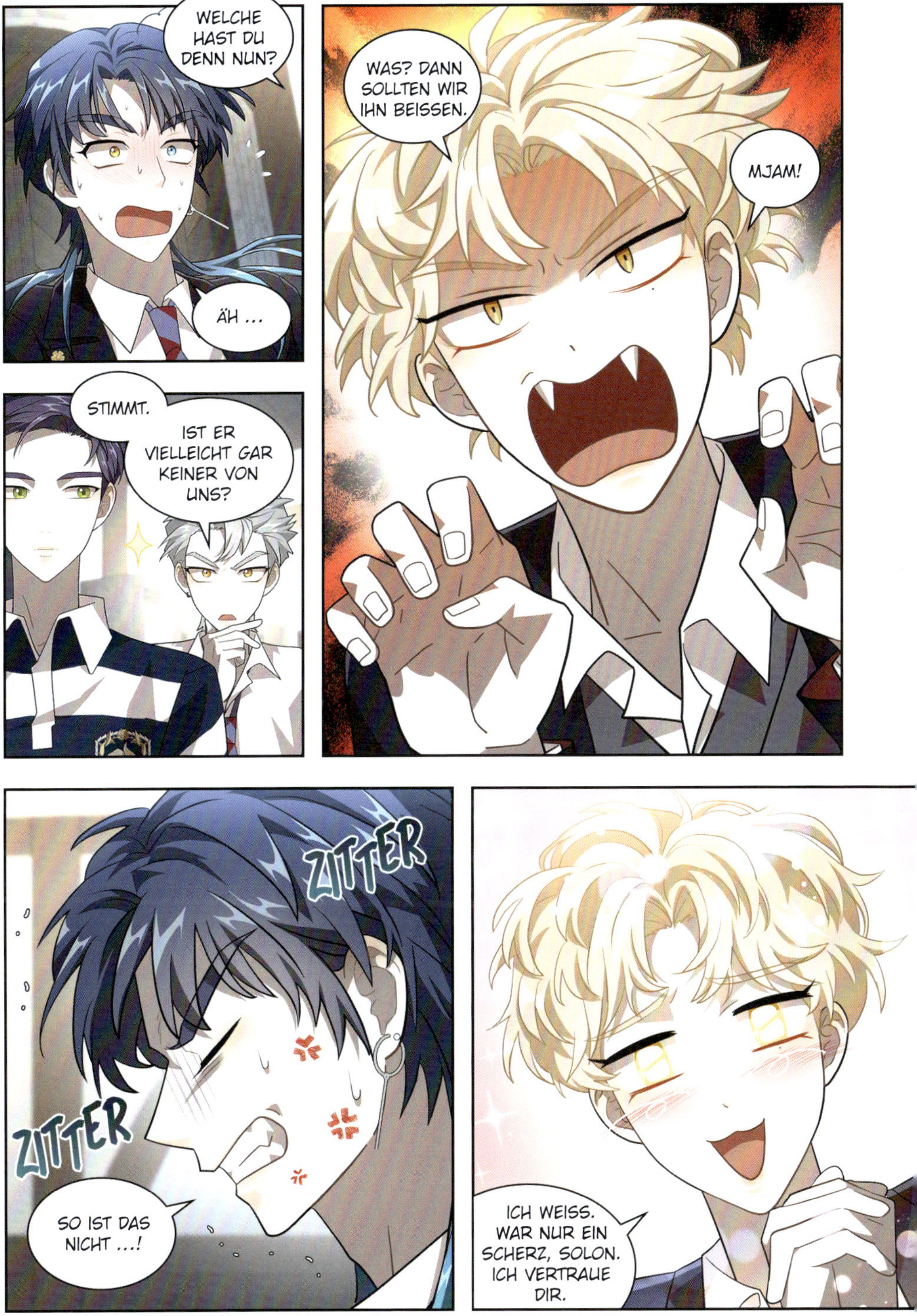
WELCHE HAST DU DENN NUN?
ÄH ...
WAS? DANN SOLLTEN WIR IHN BEISSEN.
MJAM!
STIMMT.
IST ER VIELLEICHT GAR KEINER VON UNS?
ZITTER
ZITTER
SO IST DAS NICHT ...!
ICH WEISS. WAR NUR EIN SCHERZ, SOLON. ICH VERTRAUE DIR.

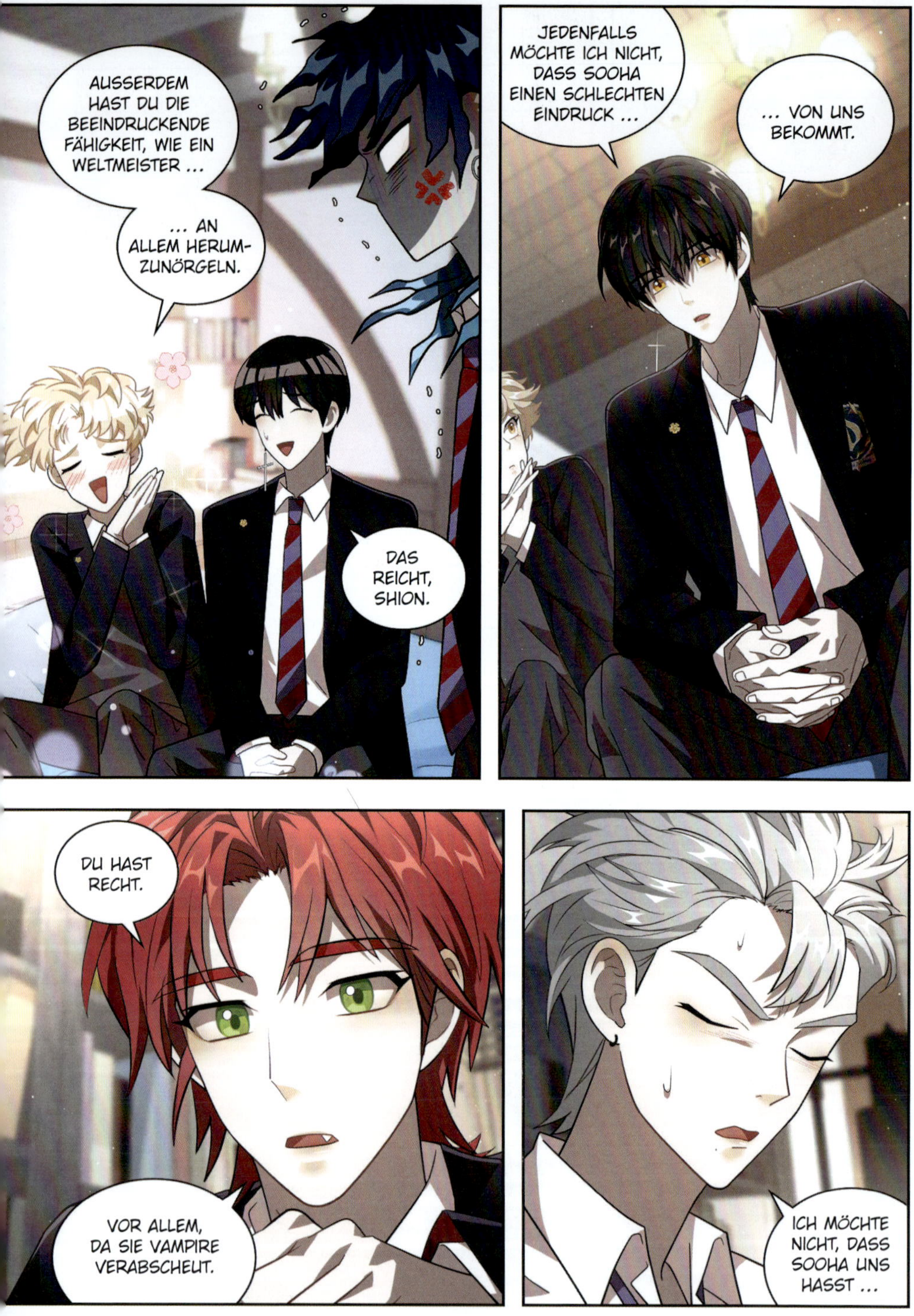
AUSSERDEM HAST DU DIE BEEINDRUCKENDE FÄHIGKEIT, WIE EIN WELTMEISTER …
… AN ALLEM HERUMZUNÖRGELN.
DAS REICHT, SHION.
JEDENFALLS MÖCHTE ICH NICHT, DASS SOOHA EINEN SCHLECHTEN EINDRUCK …
… VON UNS BEKOMMT.
DU HAST RECHT.
VOR ALLEM, DA SIE VAMPIRE VERABSCHEUT.
ICH MÖCHTE NICHT, DASS SOOHA UNS HASST …

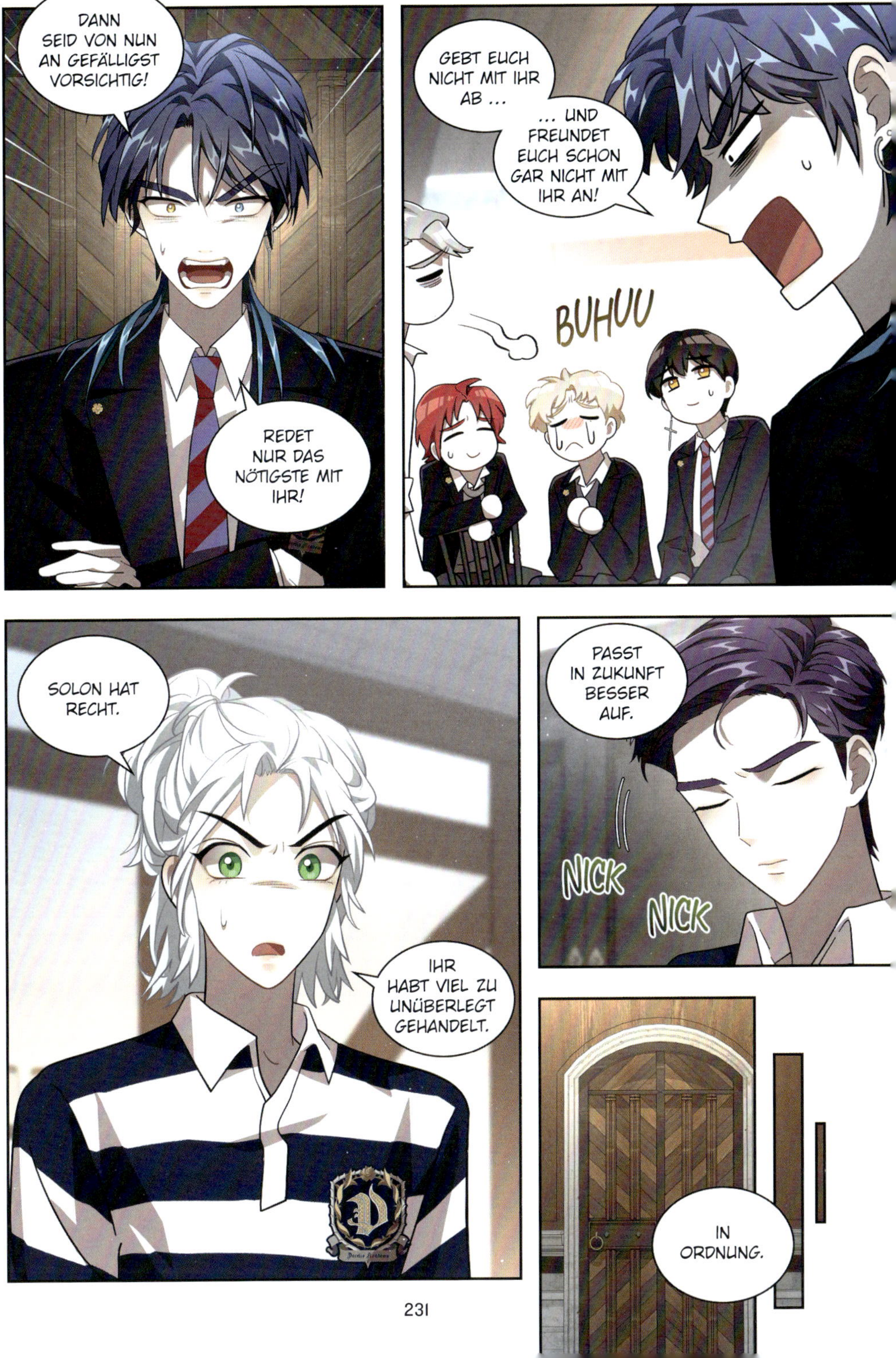
DANN SEID VON NUN AN GEFÄLLIGST VORSICHTIG!
REDET NUR DAS NÖTIGSTE MIT IHR!
GEBT EUCH NICHT MIT IHR AB …
… UND FREUNDET EUCH SCHON GAR NICHT MIT IHR AN!
BUHUU
SOLON HAT RECHT.
IHR HABT VIEL ZU UNÜBERLEGT GEHANDELT.
PASST IN ZUKUNFT BESSER AUF.
NICK
NICK
IN ORDNUNG.

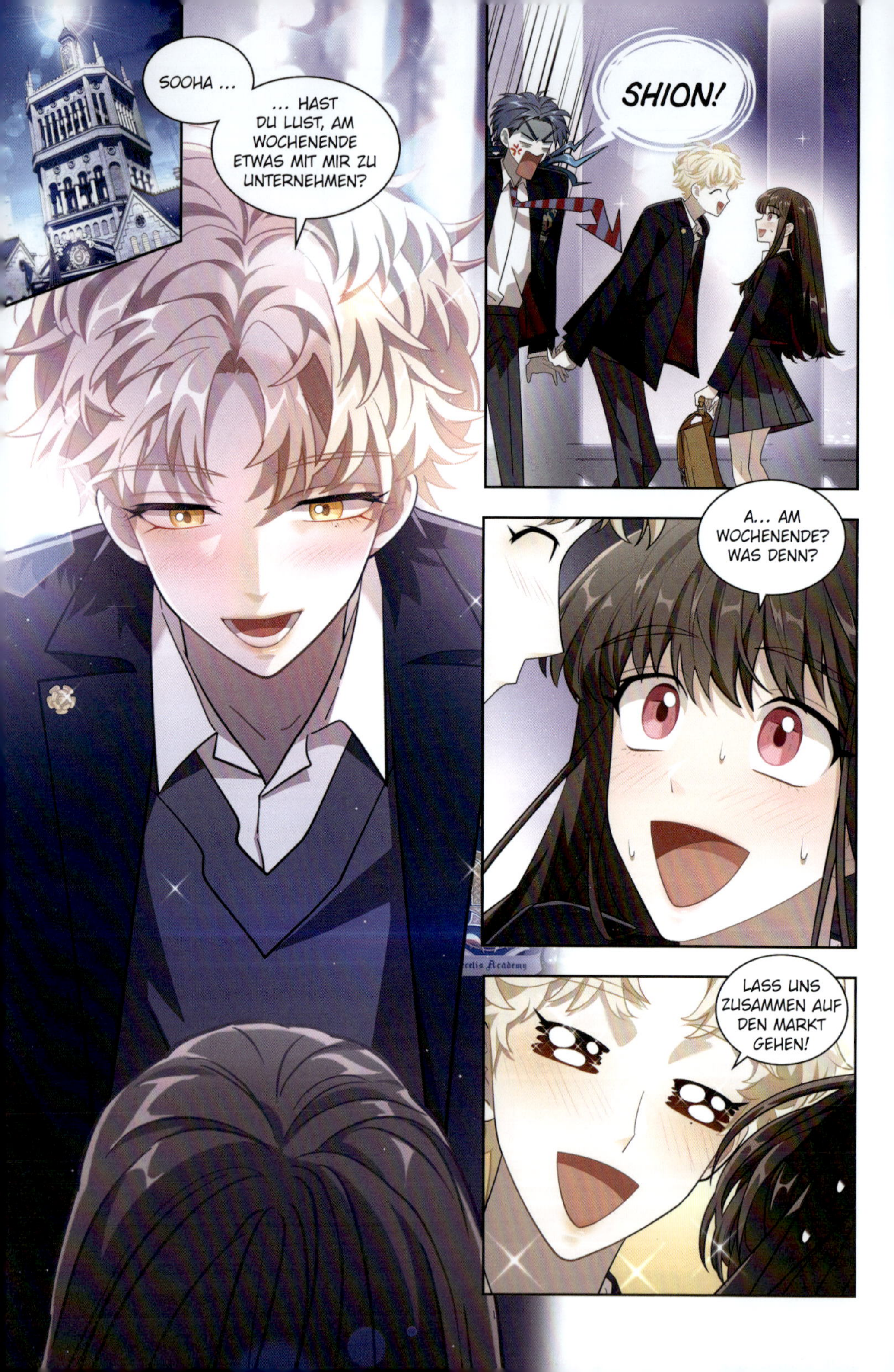
SOOHA ...
... HAST DU LUST, AM WOCHENENDE ETWAS MIT MIR ZU UNTERNEHMEN?
SHION!
A... AM WOCHENENDE? WAS DENN?
LASS UNS ZUSAMMEN AUF DEN MARKT GEHEN!

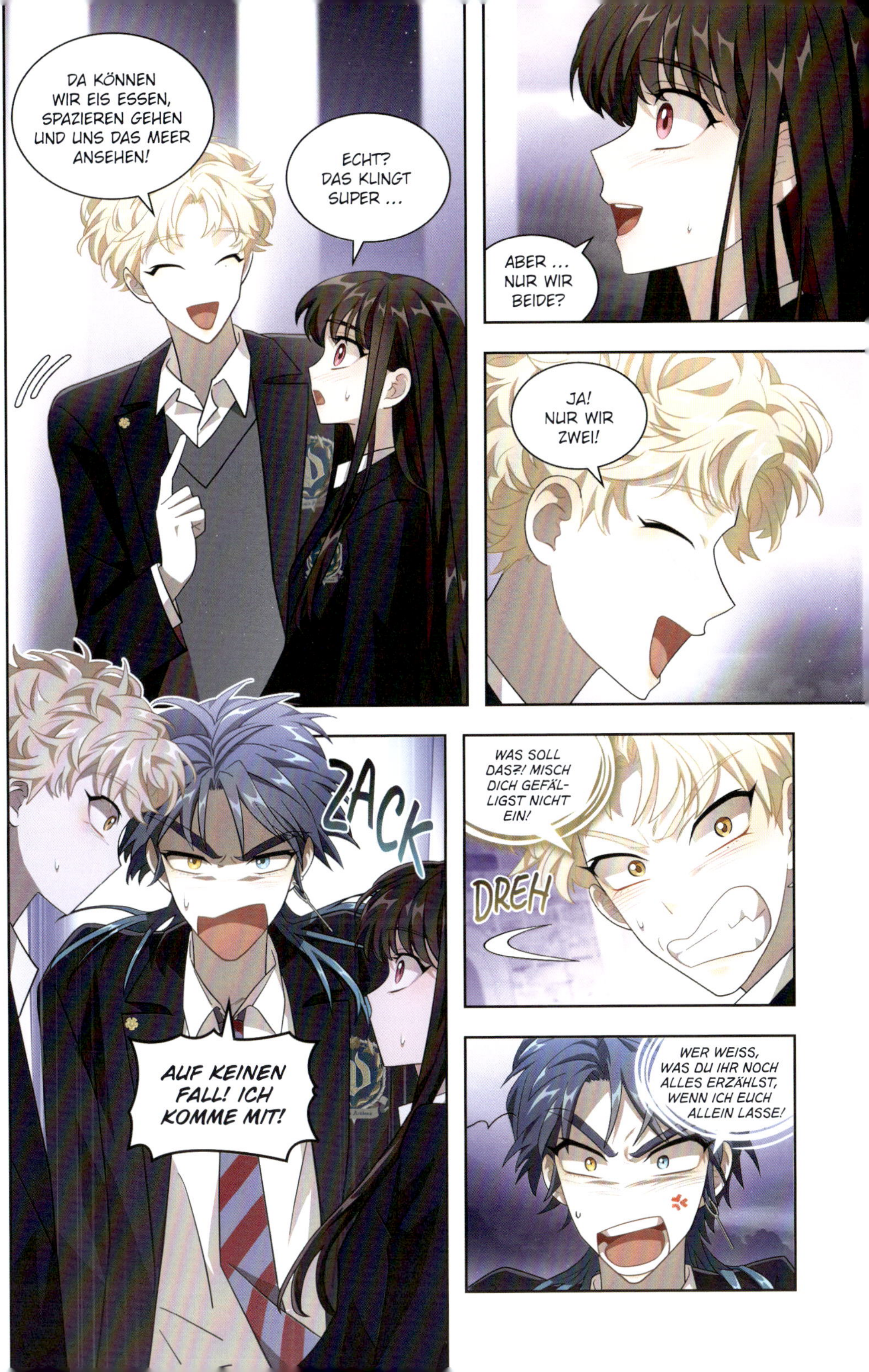
DA KÖNNEN WIR EIS ESSEN, SPAZIEREN GEHEN UND UNS DAS MEER ANSEHEN!
ECHT? DAS KLINGT SUPER ...
ABER ... NUR WIR BEIDE?
JA! NUR WIR ZWEI!
ZACK
AUF KEINEN FALL! ICH KOMME MIT!
WAS SOLL DAS?! MISCH DICH GEFÄL-LIGST NICHT EIN!
DREH
WER WEISS, WAS DU IHR NOCH ALLES ERZÄHLST, WENN ICH EUCH ALLEIN LASSE!

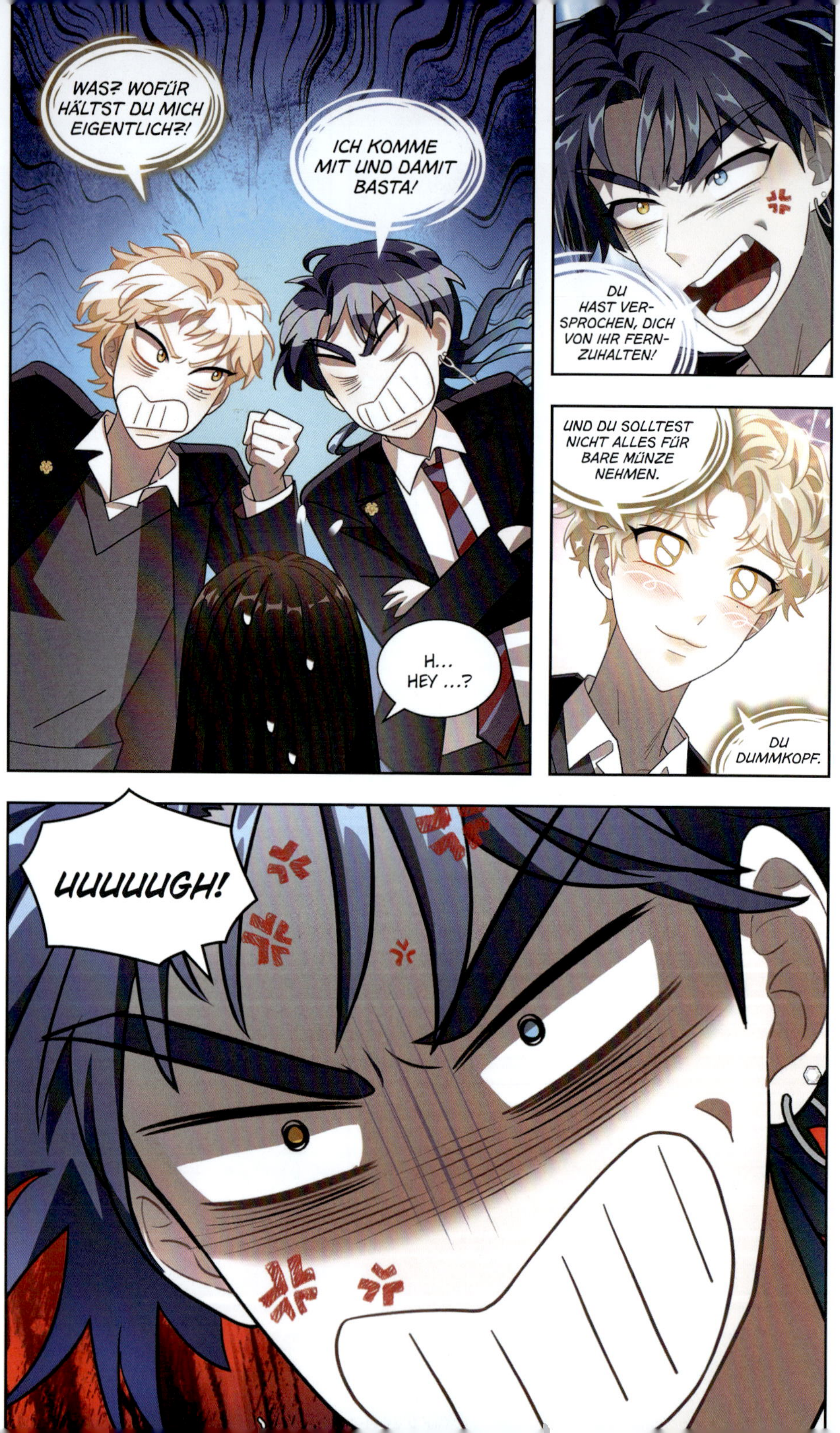
WAS? WOFÜR HÄLTST DU MICH EIGENTLICH?!
ICH KOMME MIT UND DAMIT BASTA!
H… HEY …?
DU HAST VER-SPROCHEN, DICH VON IHR FERN-ZUHALTEN!
UND DU SOLLTEST NICHT ALLES FÜR BARE MÜNZE NEHMEN.
DU DUMMKOPF.
UUUUUGH!

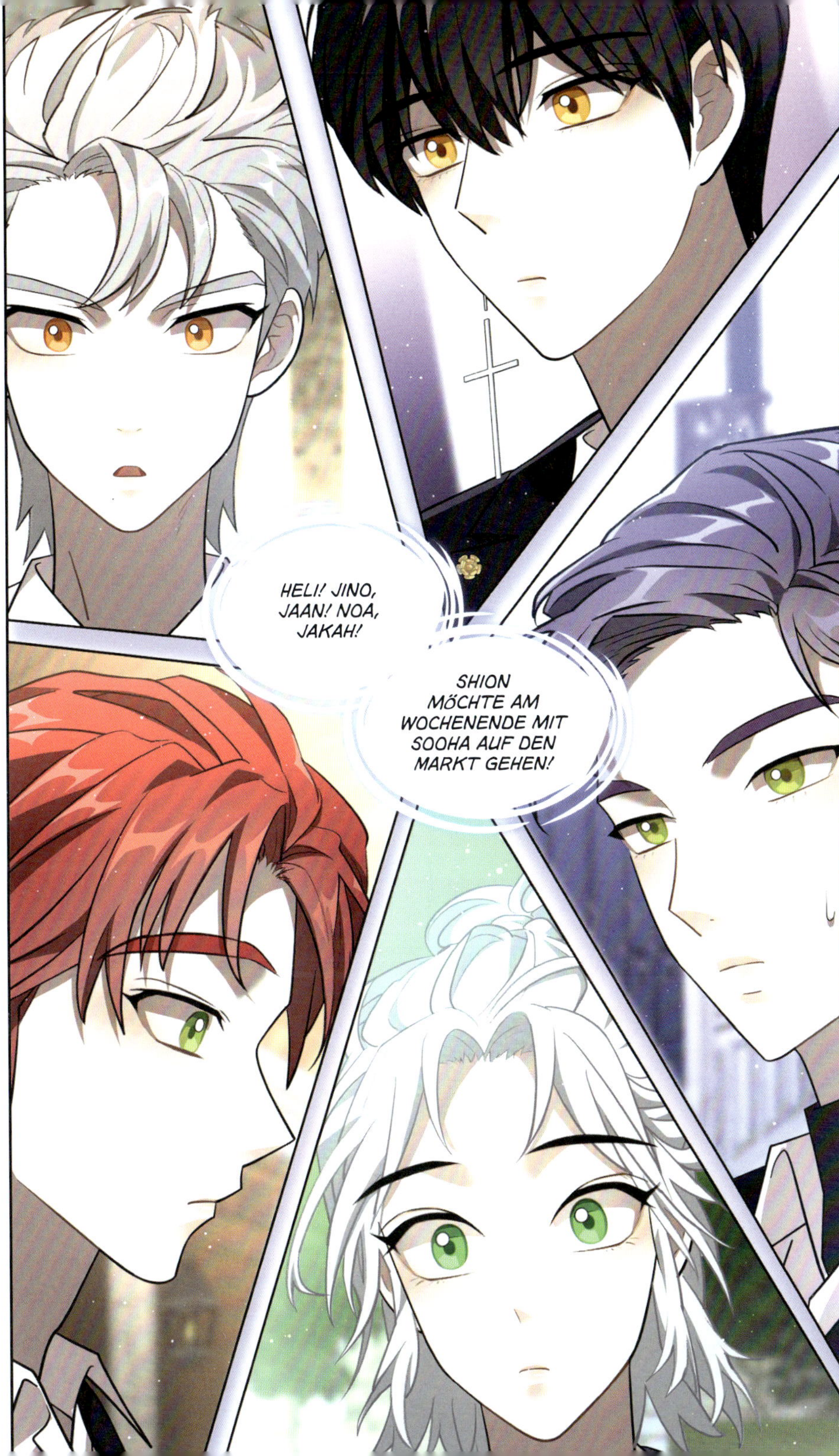
HELI! JINO, JAAN! NOA, JAKAH!
SHION MÖCHTE AM WOCHENENDE MIT SOOHA AUF DEN MARKT GEHEN!

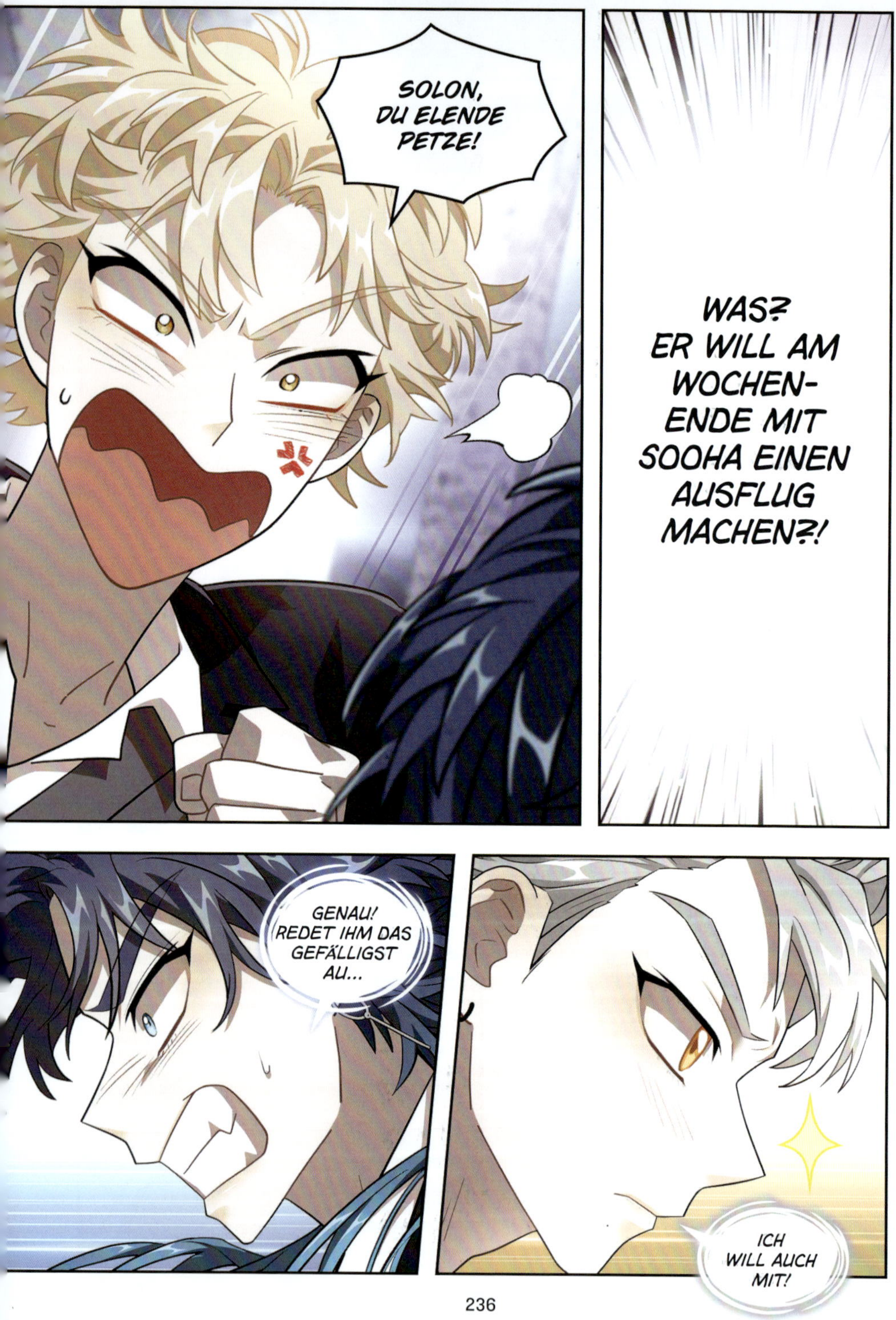
SOLON, DU ELENDE PETZE!
WAS? ER WILL AM WOCHEN-ENDE MIT SOOHA EINEN AUSFLUG MACHEN?!
GENAU! REDET IHM DAS GEFÄLLIGST AU...
ICH WILL AUCH MIT!

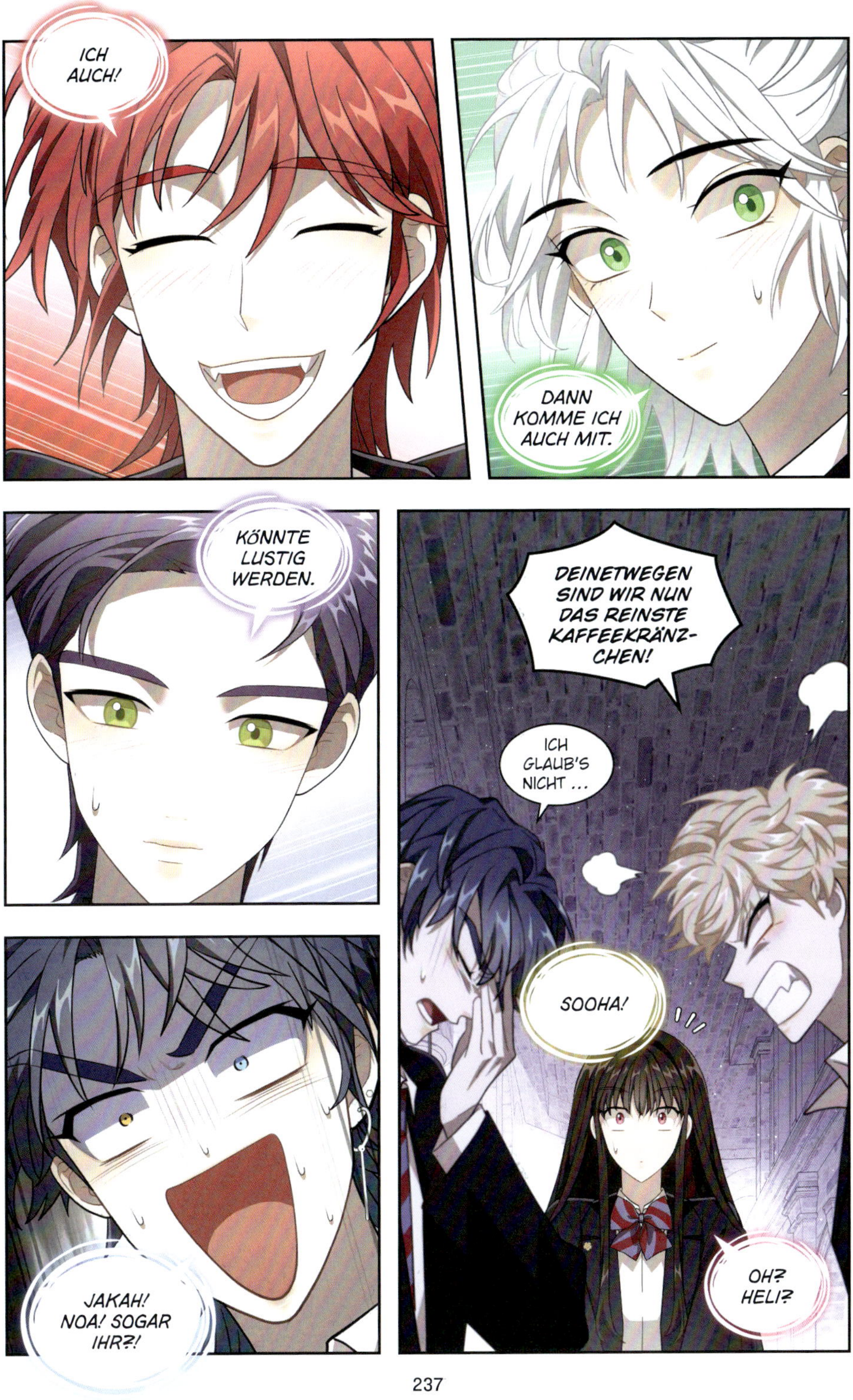
ICH AUCH!
DANN KOMME ICH AUCH MIT.
KÖNNTE LUSTIG WERDEN.
DEINETWEGEN SIND WIR NUN DAS REINSTE KAFFEEKRÄNZ-CHEN!
ICH GLAUB'S NICHT ...
JAKAH! NOA! SOGAR IHR?!
SOOHA!
OH? HELI?

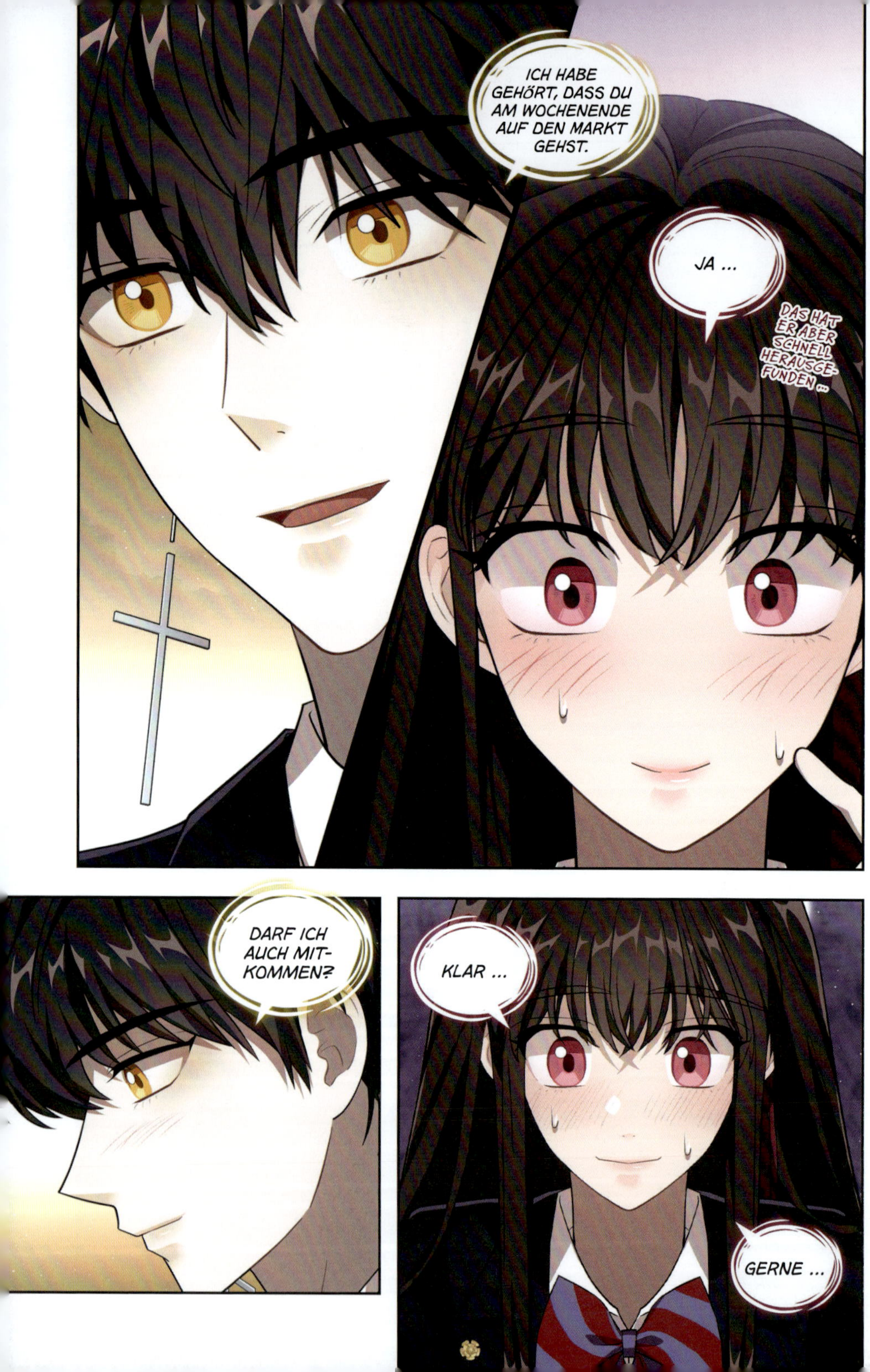
ICH HABE GEHÖRT, DASS DU AM WOCHENENDE AUF DEN MARKT GEHST.
JA ...
DAS HAT ER ABER SCHNELL HERAUSGEFUNDEN ...
DARF ICH AUCH MITKOMMEN?
KLAR ...
GERNE ...

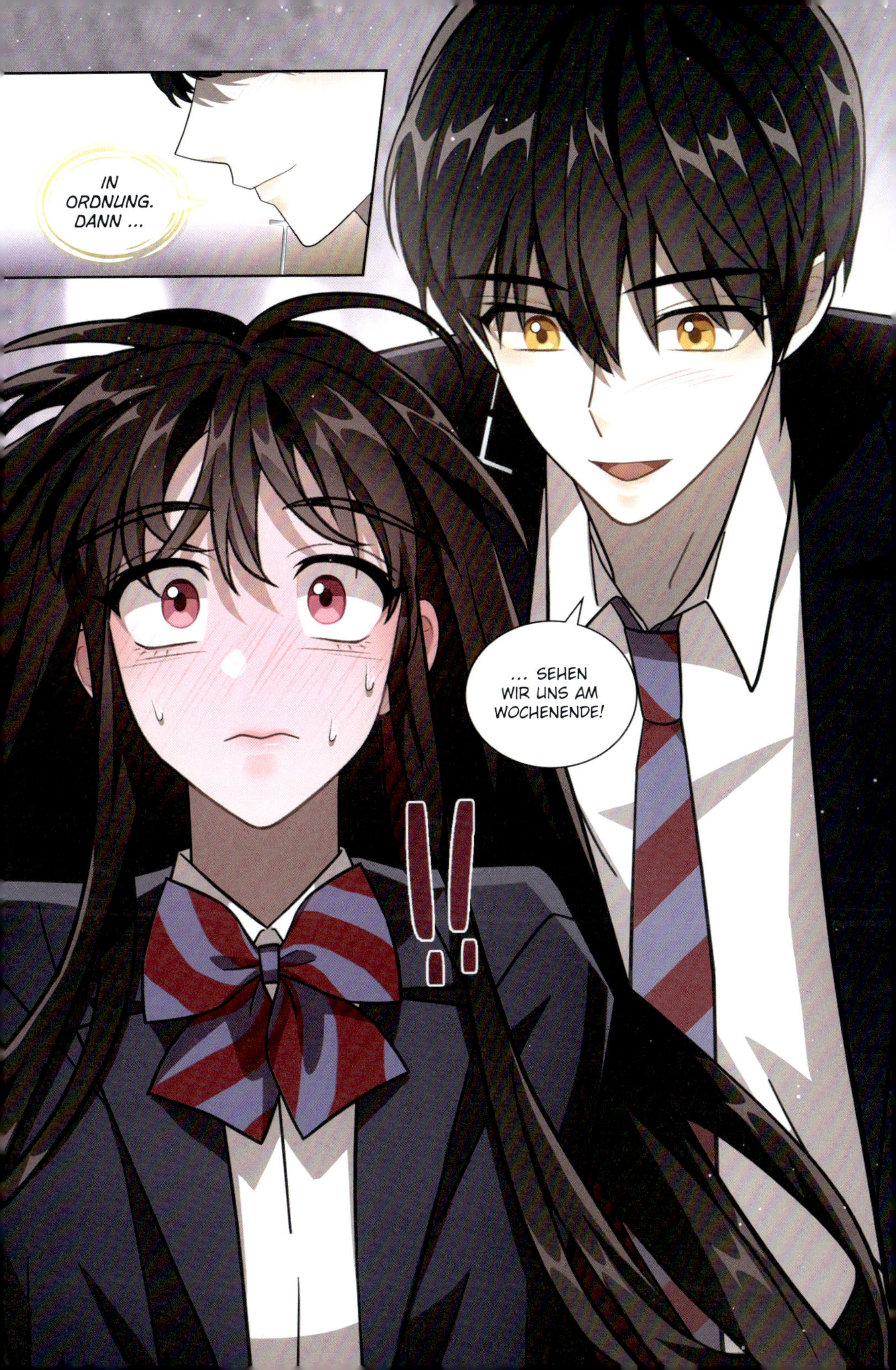
IN ORDNUNG. DANN ...
... SEHEN WIR UNS AM WOCHENENDE!
!!

KAPITEL 10

DER AUSFLUG AUF DEN MARKT

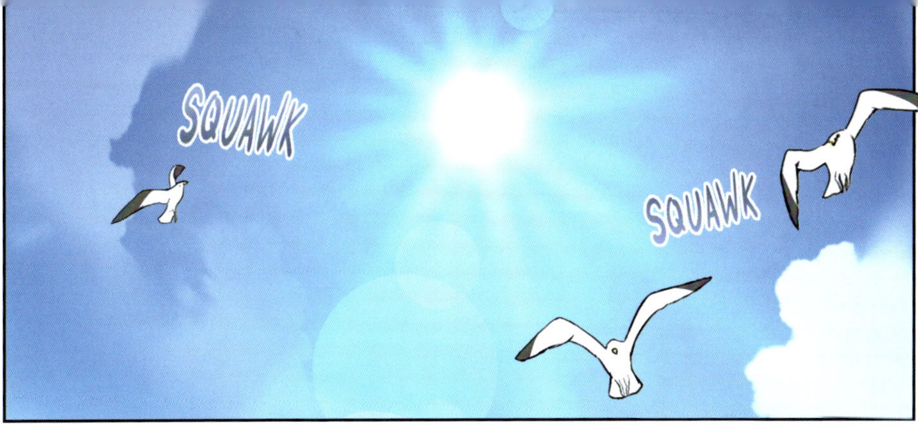
SQUAWK
SQUAWK

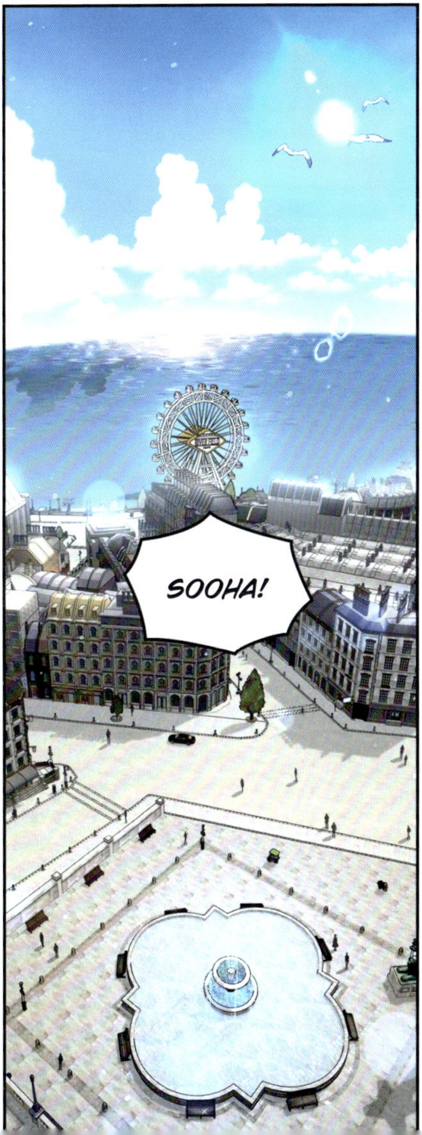
SOOHA!

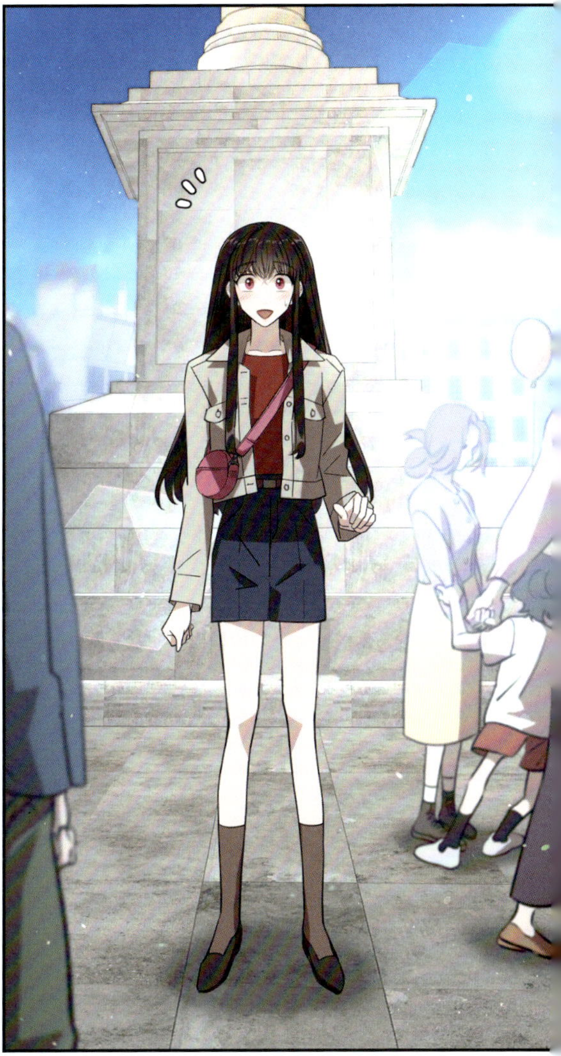

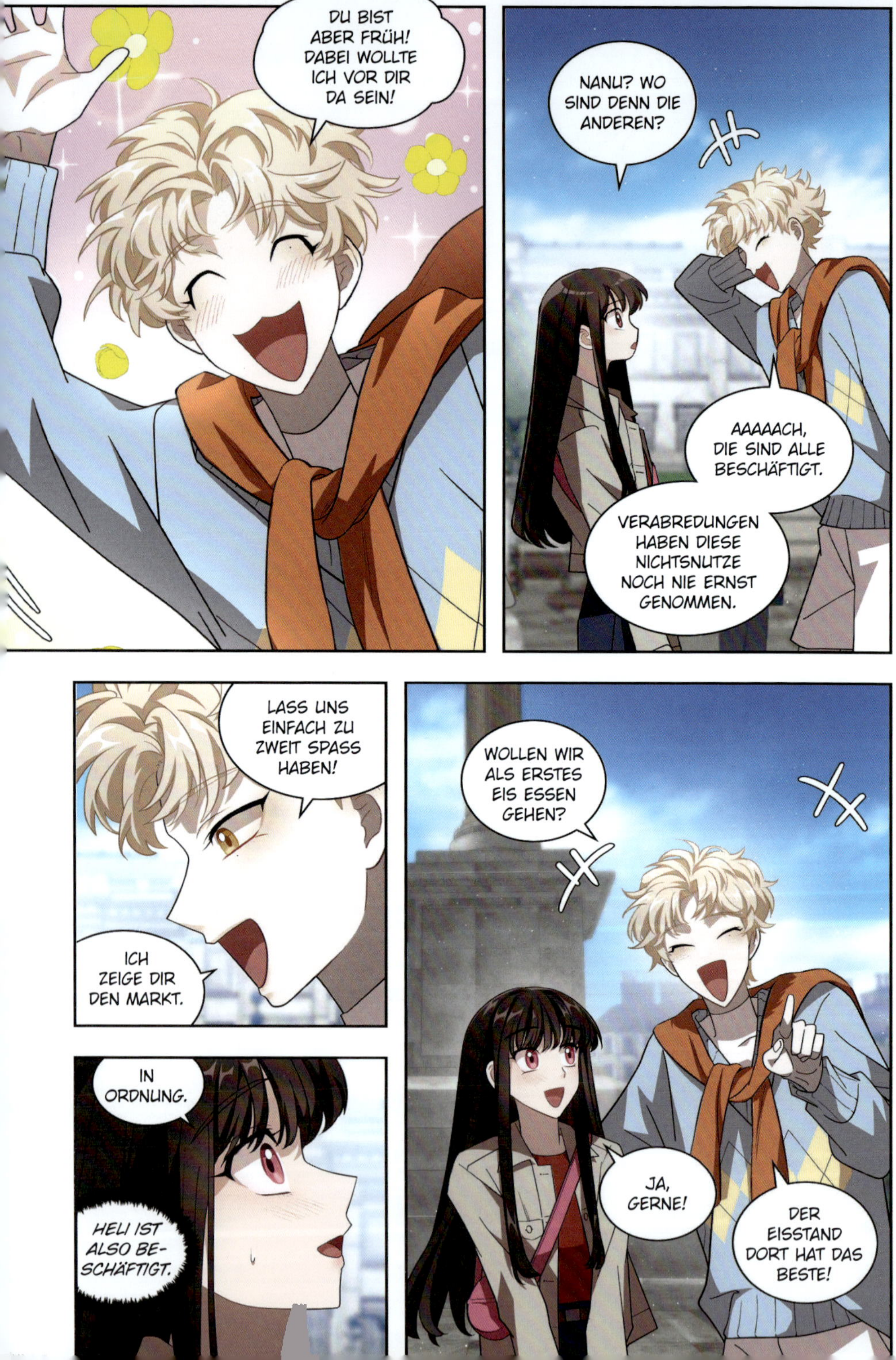
DU BIST ABER FRÜH! DABEI WOLLTE ICH VOR DIR DA SEIN!
NANU? WO SIND DENN DIE ANDEREN?
AAAAACH, DIE SIND ALLE BESCHÄFTIGT.
VERABREDUNGEN HABEN DIESE NICHTSNUTZE NOCH NIE ERNST GENOMMEN.
LASS UNS EINFACH ZU ZWEIT SPASS HABEN!
ICH ZEIGE DIR DEN MARKT.
IN ORDNUNG.
HELI IST ALSO BESCHÄFTIGT.
WOLLEN WIR ALS ERSTES EIS ESSEN GEHEN?
JA, GERNE!
DER EISSTAND DORT HAT DAS BESTE!

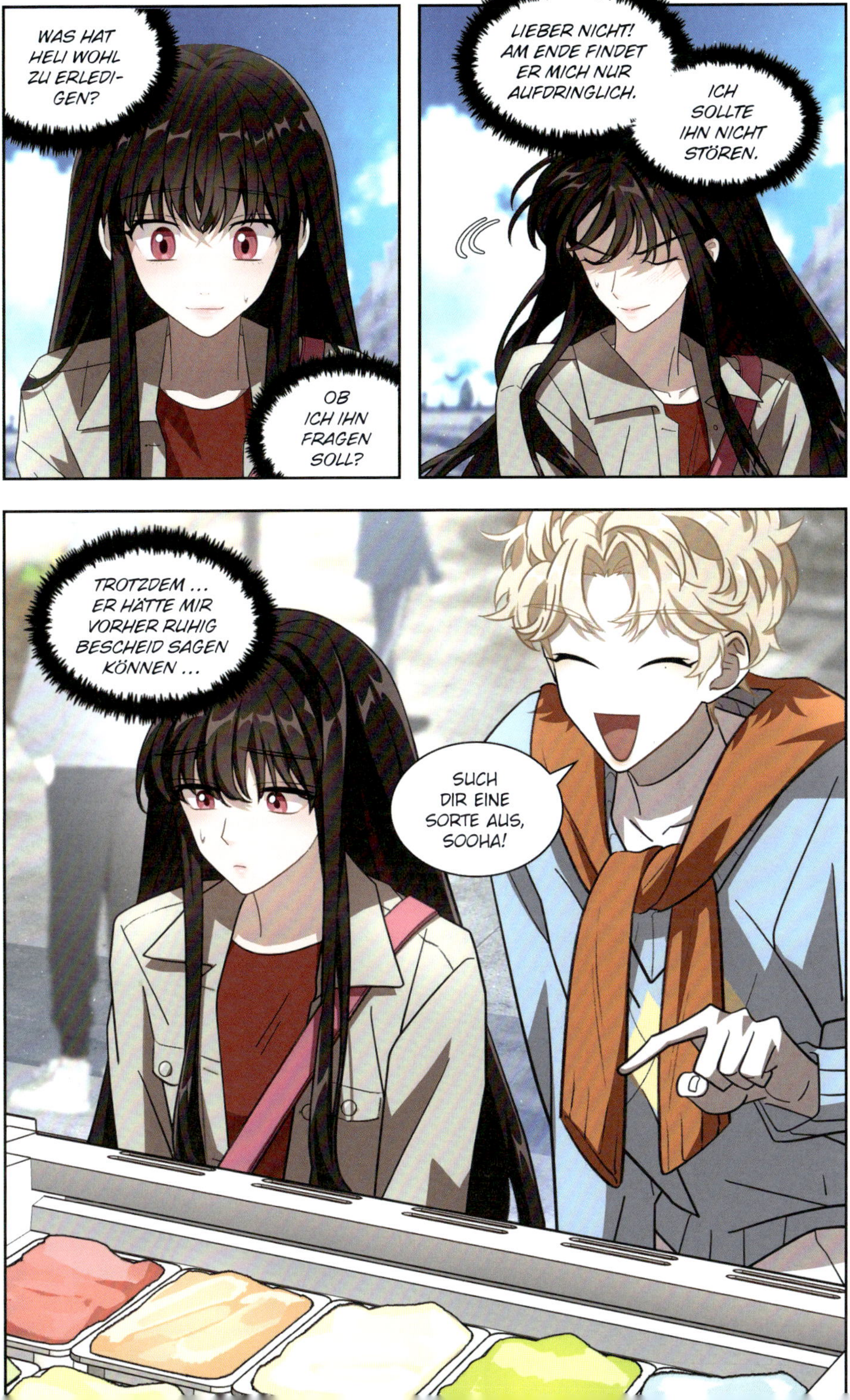
WAS HAT HELI WOHL ZU ERLEDIGEN?
OB ICH IHN FRAGEN SOLL?
LIEBER NICHT! AM ENDE FINDET ER MICH NUR AUFDRINGLICH.
ICH SOLLTE IHN NICHT STÖREN.
TROTZDEM ... ER HÄTTE MIR VORHER RUHIG BESCHEID SAGEN KÖNNEN ...
SUCH DIR EINE SORTE AUS, SOOHA!

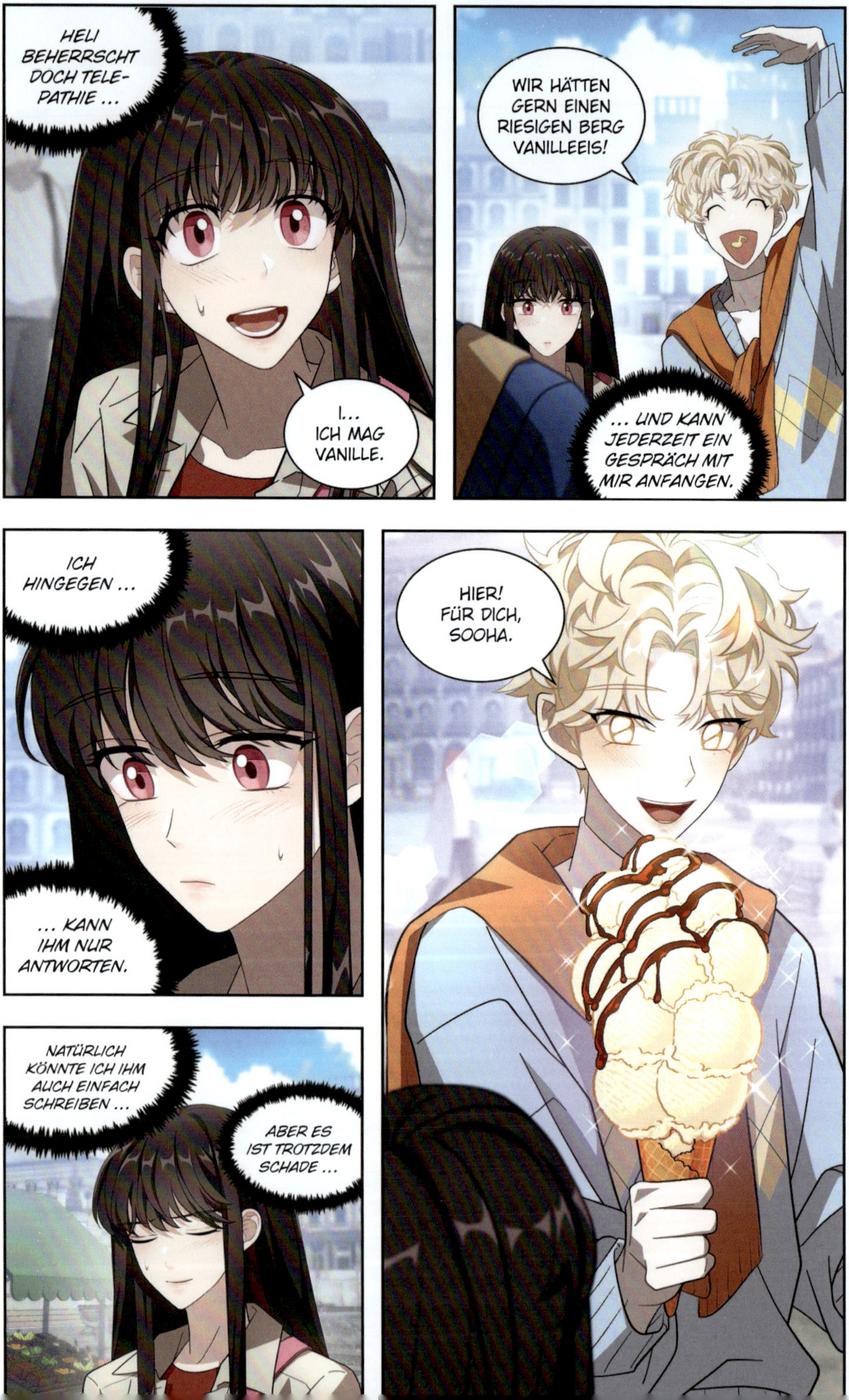
HELI BEHERRSCHT DOCH TELE-PATHIE …
I… ICH MAG VANILLE.
WIR HÄTTEN GERN EINEN RIESIGEN BERG VANILLEEIS!
… UND KANN JEDERZEIT EIN GESPRÄCH MIT MIR ANFANGEN.
ICH HINGEGEN …
… KANN IHM NUR ANTWORTEN.
NATÜRLICH KÖNNTE ICH IHM AUCH EINFACH SCHREIBEN …
ABER ES IST TROTZDEM SCHADE …
HIER! FÜR DICH, SOOHA.

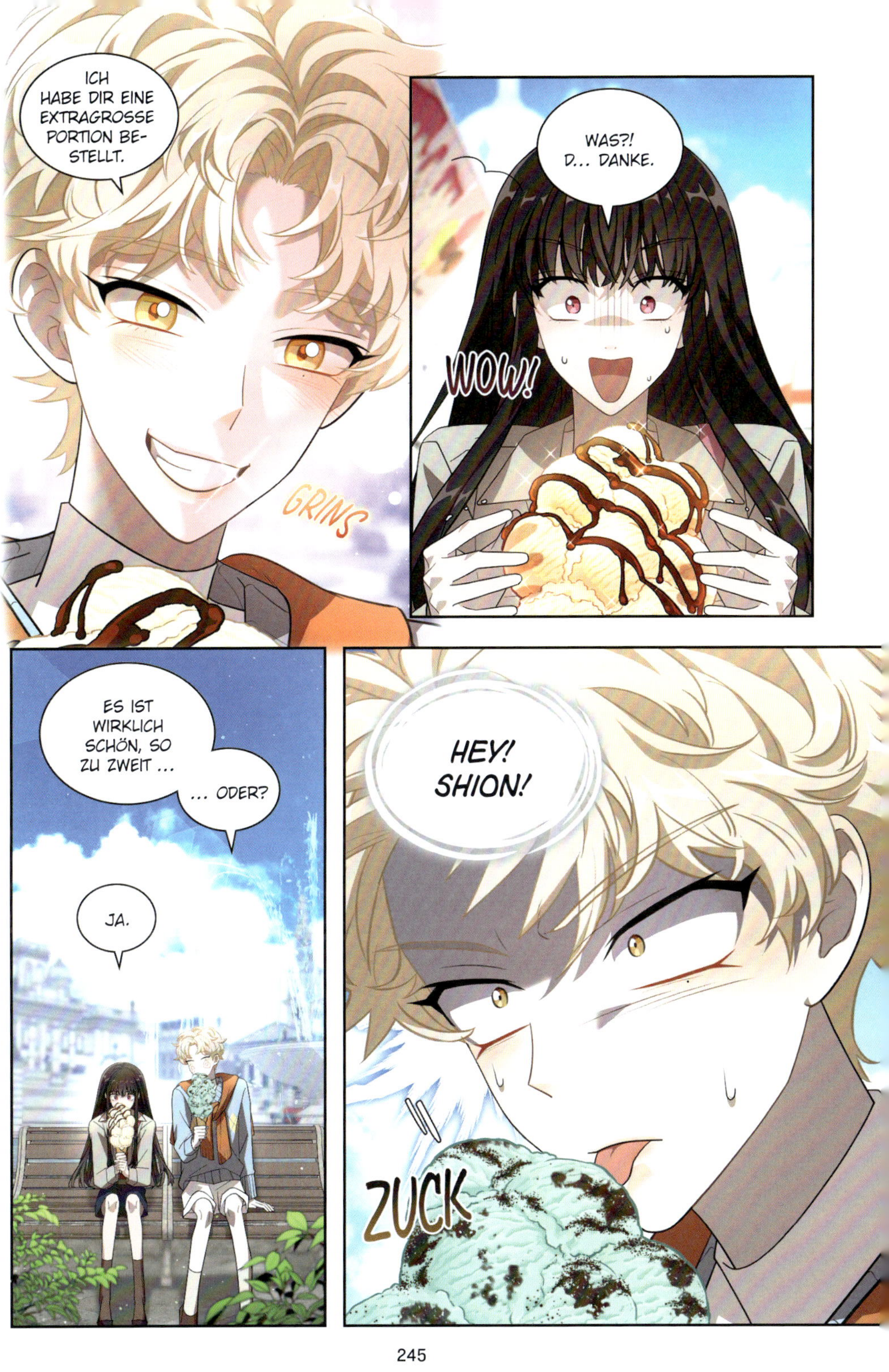
ICH HABE DIR EINE EXTRAGROSSE PORTION BE-STELLT.
GRINS
WAS?! D... DANKE.
WOW!
ES IST WIRKLICH SCHÖN, SO ZU ZWEIT ...
... ODER?
JA.
HEY! SHION!
ZUCK

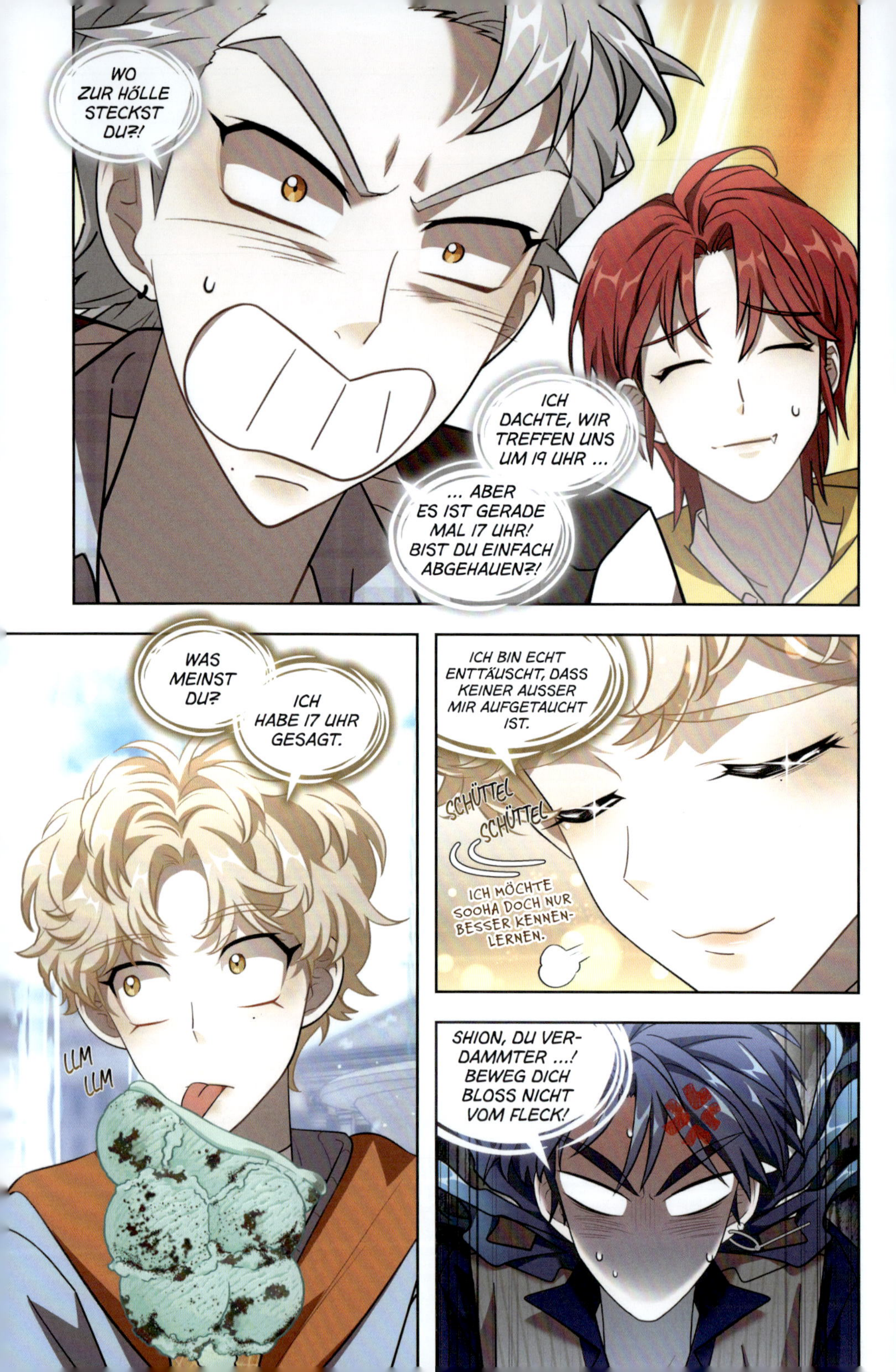
WO ZUR HÖLLE STECKST DU?!
ICH DACHTE, WIR TREFFEN UNS UM 19 UHR …
… ABER ES IST GERADE MAL 17 UHR! BIST DU EINFACH ABGEHAUEN?!
WAS MEINST DU?
ICH HABE 17 UHR GESAGT.
LLM LLM
ICH BIN ECHT ENTTÄUSCHT, DASS KEINER AUSSER MIR AUFGETAUCHT IST.
SCHÜTTEL SCHÜTTEL
ICH MÖCHTE SOOHA DOCH NUR BESSER KENNEN-LERNEN.
SHION, DU VER-DAMMTER …! BEWEG DICH BLOSS NICHT VOM FLECK!

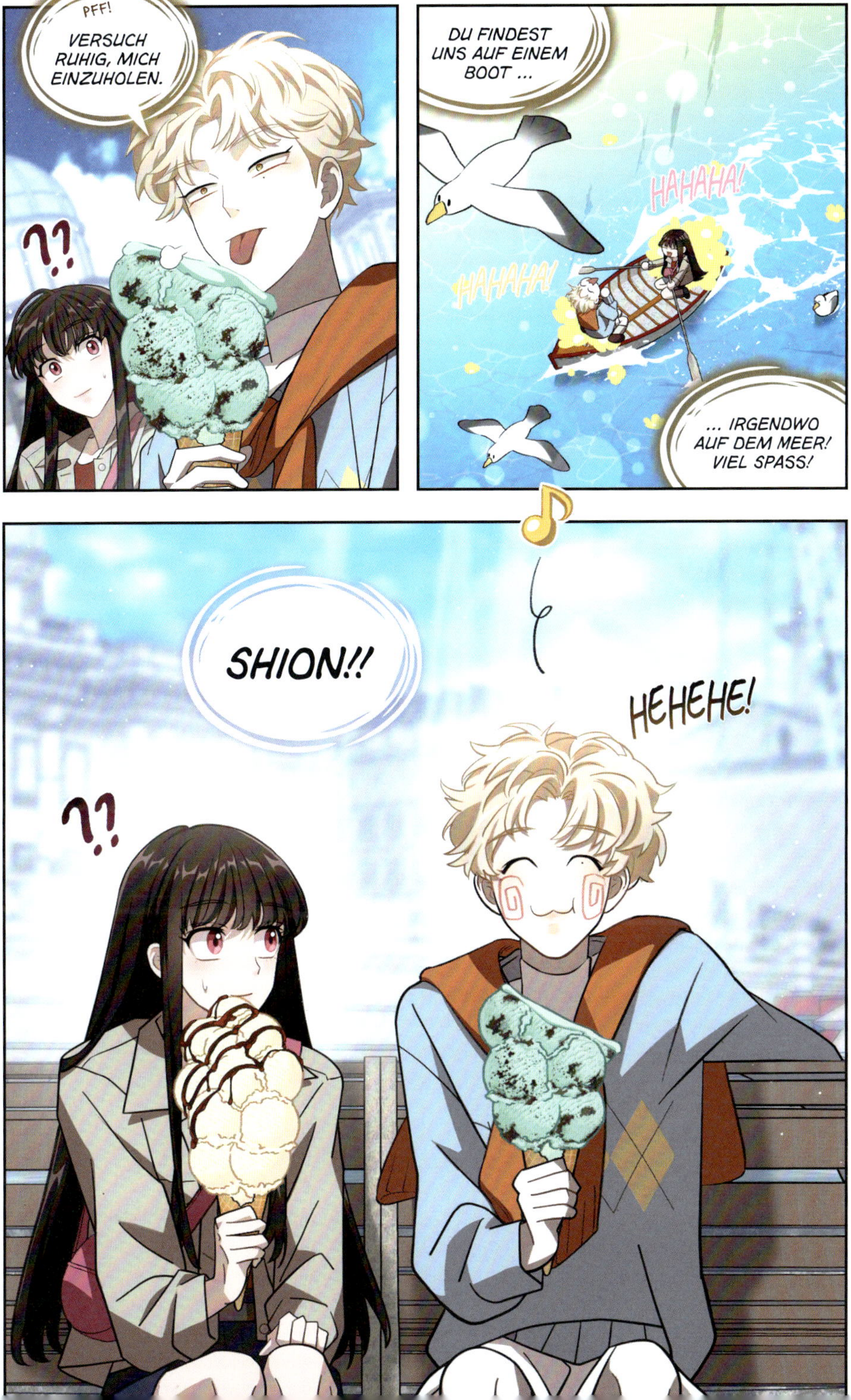
PFF!
VERSUCH RUHIG, MICH EINZUHOLEN.
??
DU FINDEST UNS AUF EINEM BOOT ...
HAHAHA!
HAHAHA!
... IRGENDWO AUF DEM MEER! VIEL SPASS!
SHION!!
HEHEHE!
??

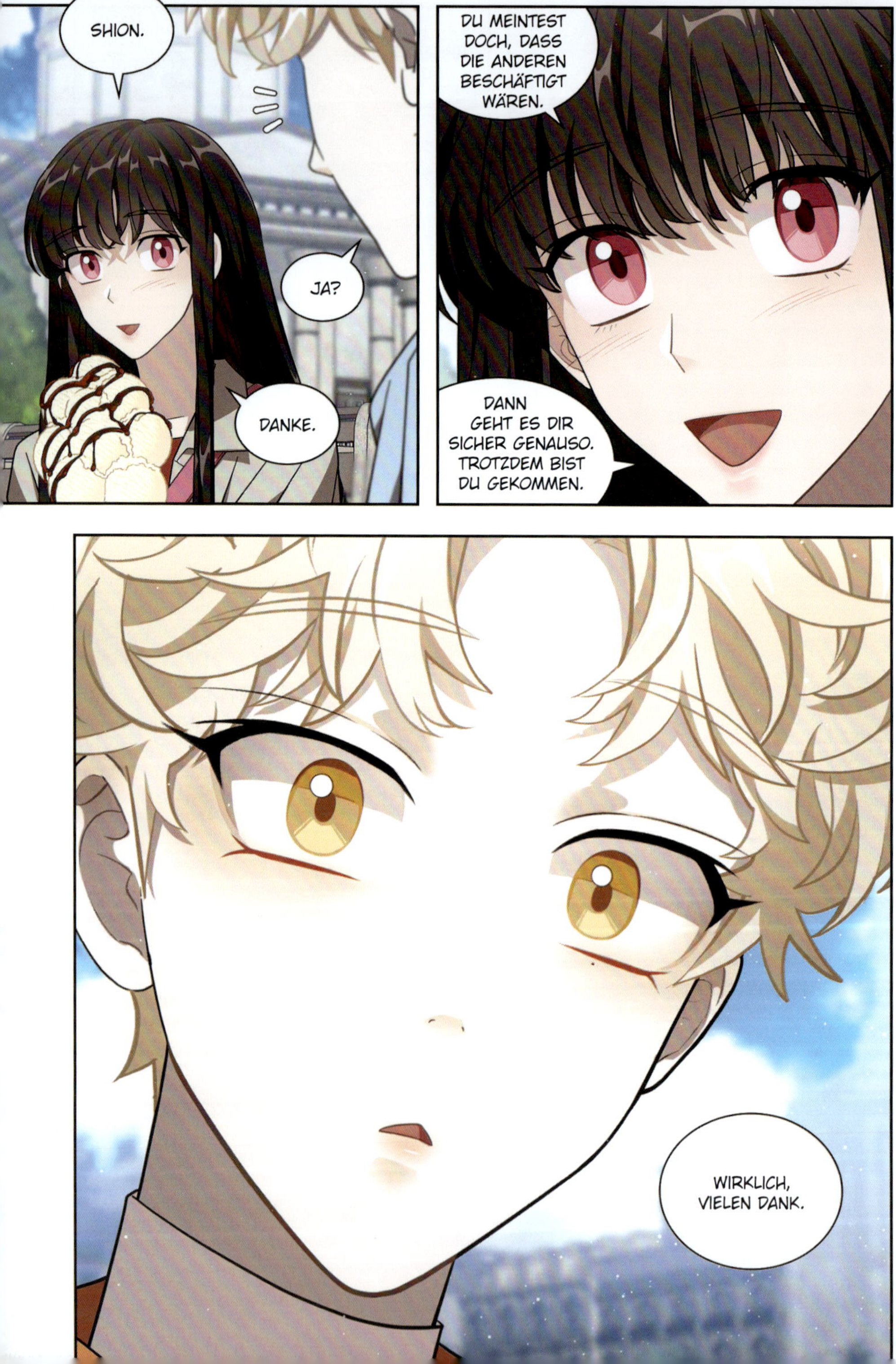
SHION.
JA?
DANKE.
DU MEINTEST DOCH, DASS DIE ANDEREN BESCHÄFTIGT WÄREN.
DANN GEHT ES DIR SICHER GENAUSO. TROTZDEM BIST DU GEKOMMEN.
WIRKLICH, VIELEN DANK.

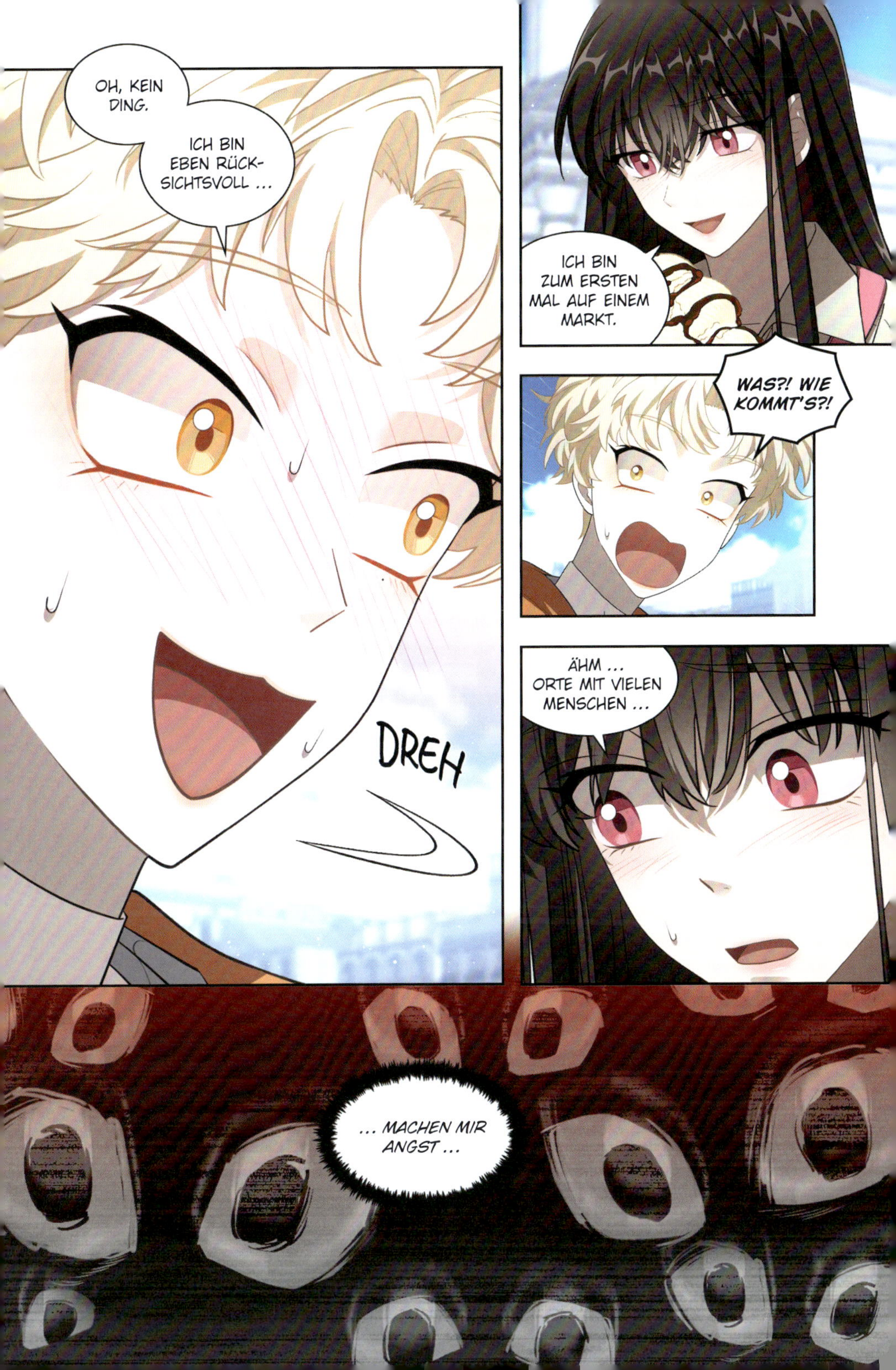
OH, KEIN DING.
ICH BIN EBEN RÜCK-SICHTSVOLL …
DREH
ICH BIN ZUM ERSTEN MAL AUF EINEM MARKT.
WAS?! WIE KOMMT'S?!
ÄHM … ORTE MIT VIELEN MENSCHEN …
… MACHEN MIR ANGST …

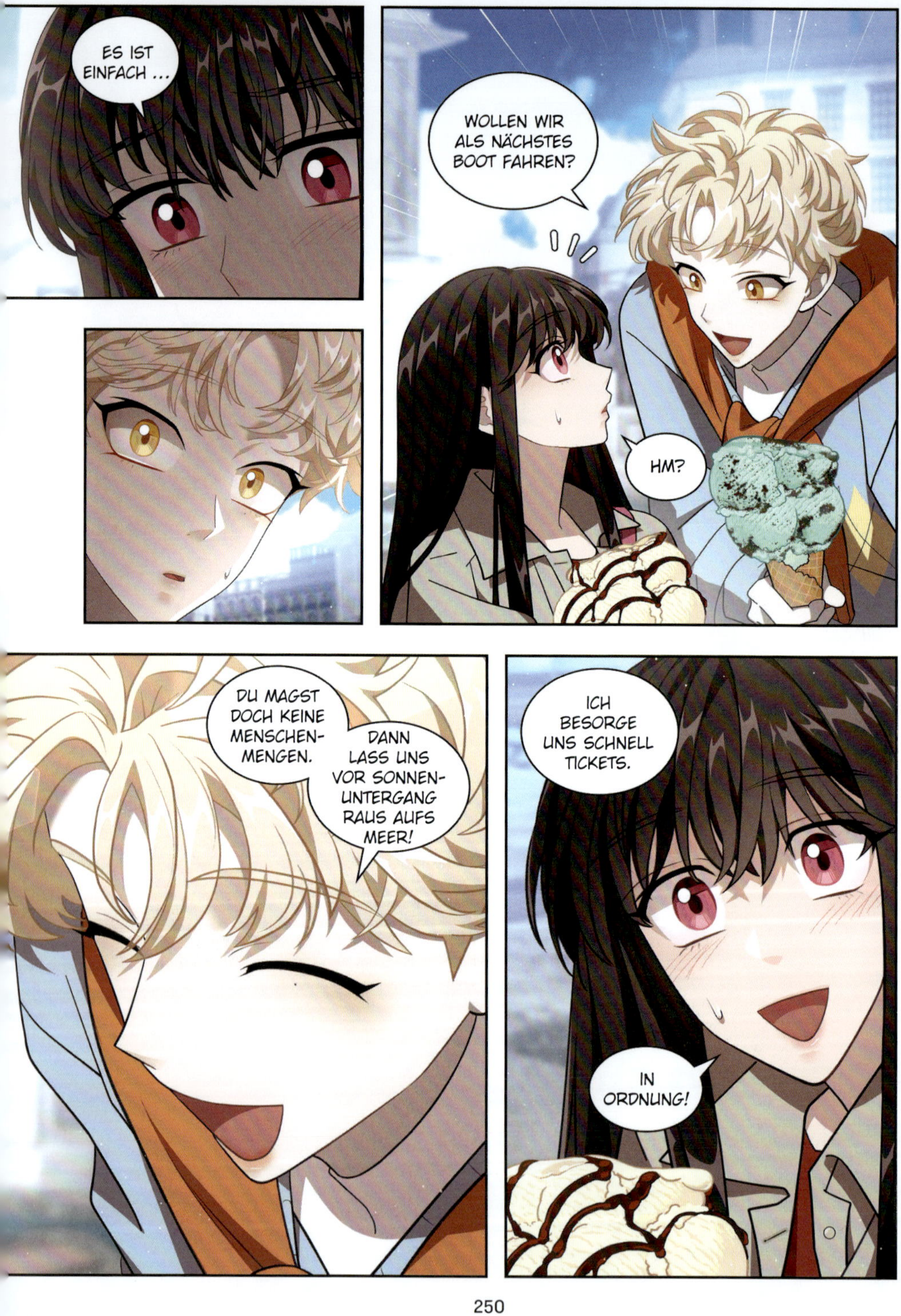

ES IST EINFACH ...
WOLLEN WIR ALS NÄCHSTES BOOT FAHREN?
HM?
DU MAGST DOCH KEINE MENSCHEN-MENGEN.
DANN LASS UNS VOR SONNEN-UNTERGANG RAUS AUFS MEER!
ICH BESORGE UNS SCHNELL TICKETS.
IN ORDNUNG!

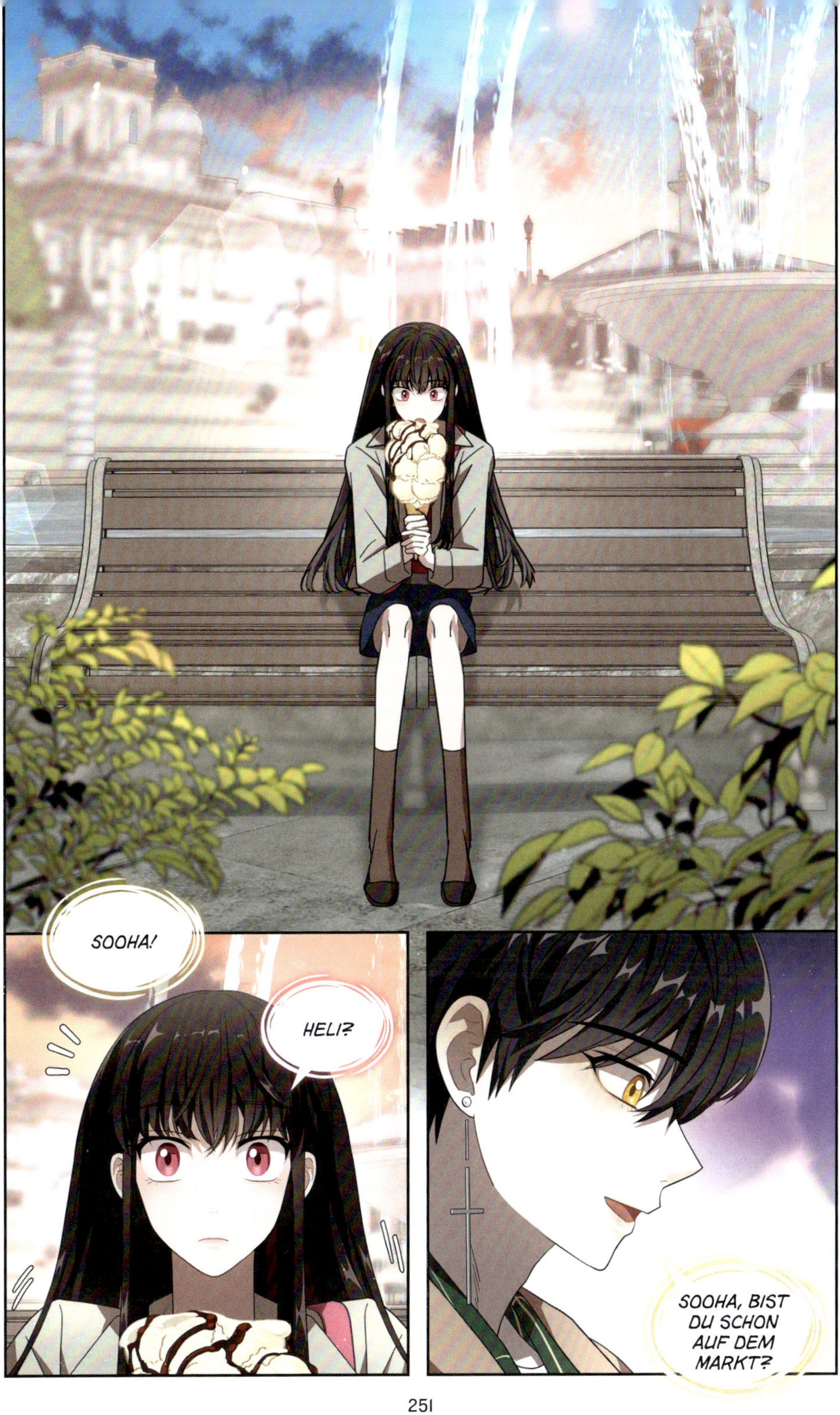
SOOHA!
HELI?
SOOHA, BIST DU SCHON AUF DEM MARKT?

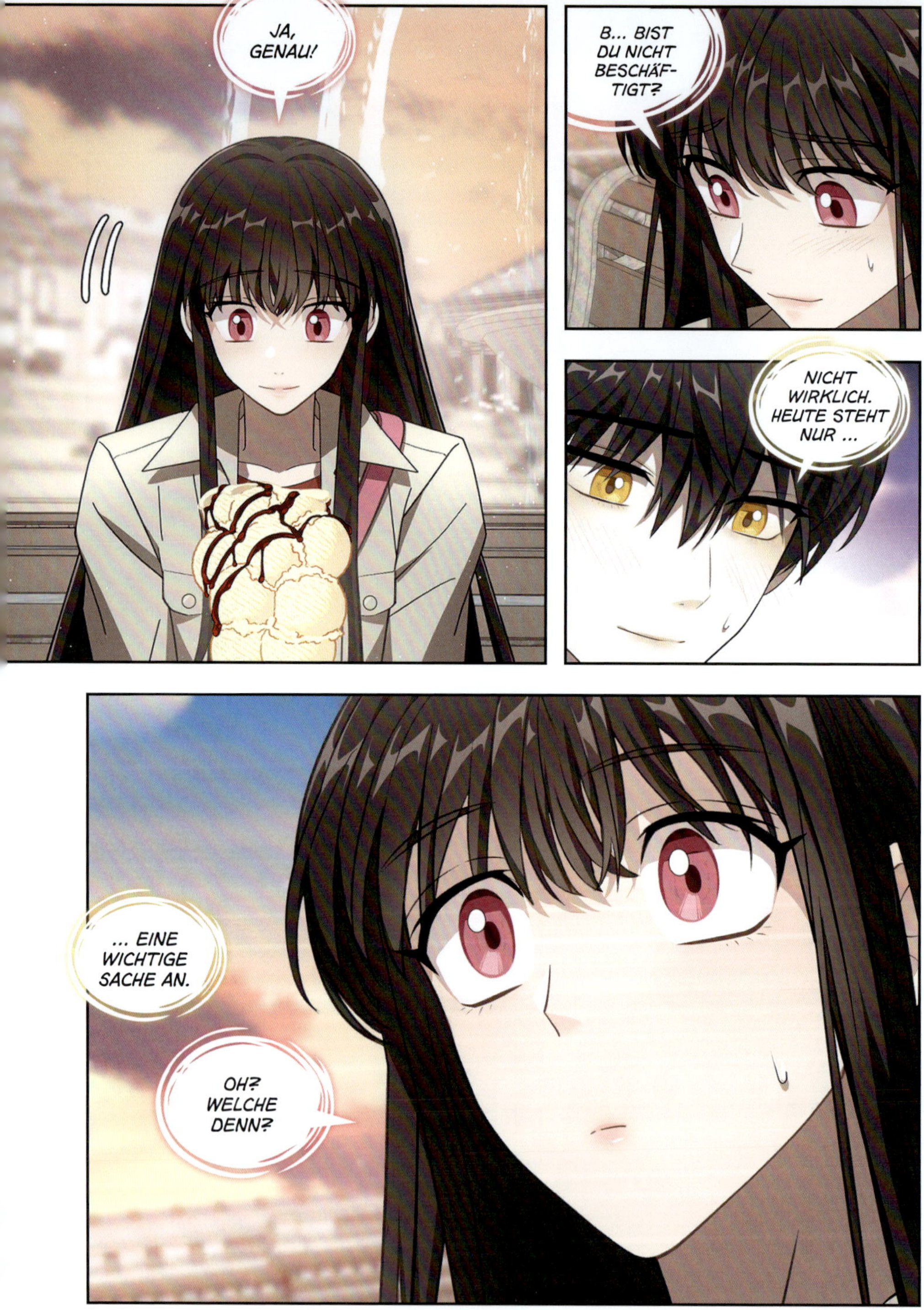
JA, GENAU!
B... BIST DU NICHT BESCHÄF-TIGT?
NICHT WIRKLICH. HEUTE STEHT NUR ...
... EINE WICHTIGE SACHE AN.
OH? WELCHE DENN?

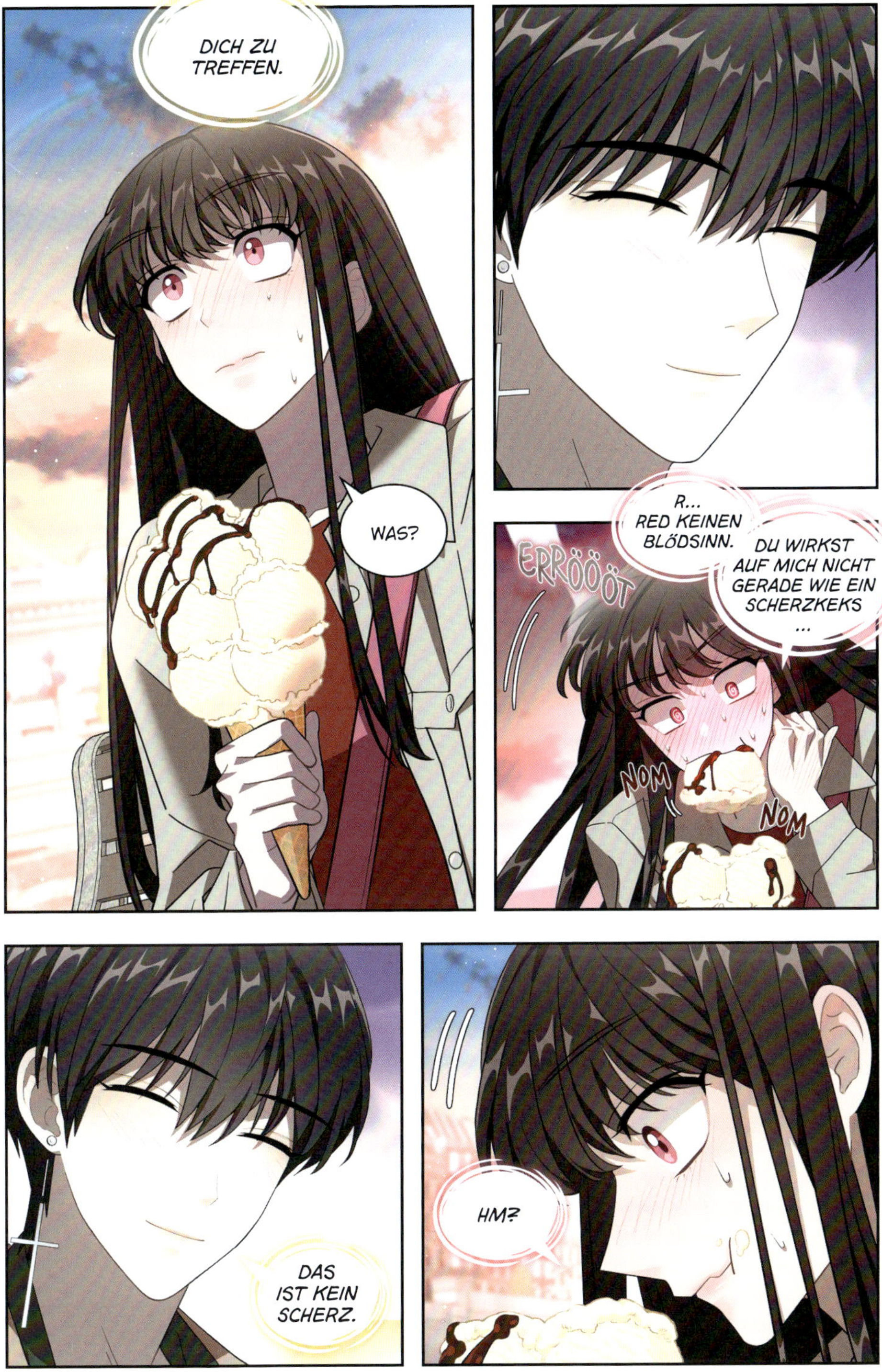
DICH ZU TREFFEN.
WAS?
R... RED KEINEN BLÖDSINN.
DU WIRKST AUF MICH NICHT GERADE WIE EIN SCHERZKEKS ...
ERRÖÖÖT
NOM
NOM
DAS IST KEIN SCHERZ.
HM?

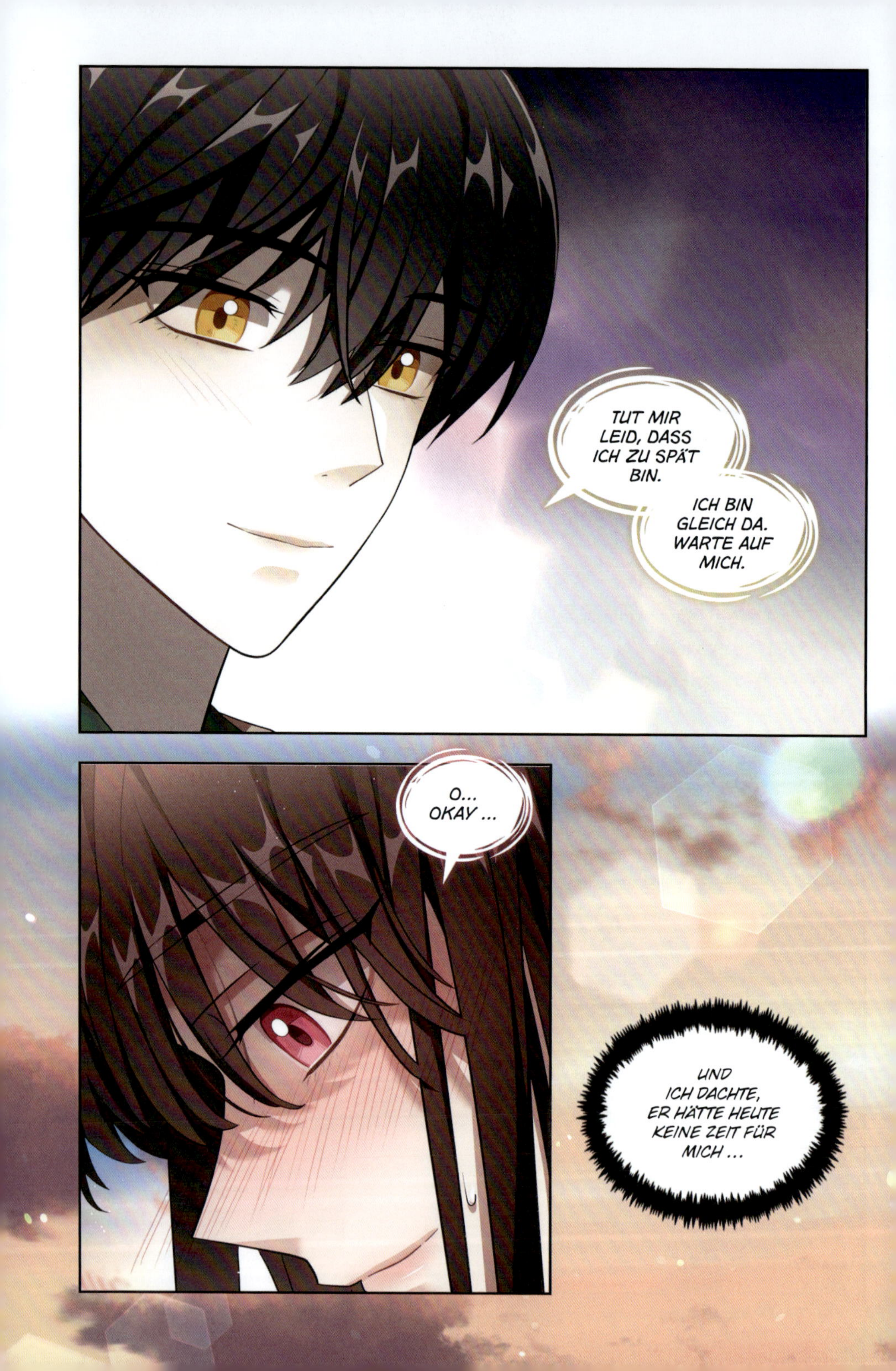
TUT MIR LEID, DASS ICH ZU SPÄT BIN.
ICH BIN GLEICH DA. WARTE AUF MICH.
O... OKAY ...
UND ICH DACHTE, ER HÄTTE HEUTE KEINE ZEIT FÜR MICH ...

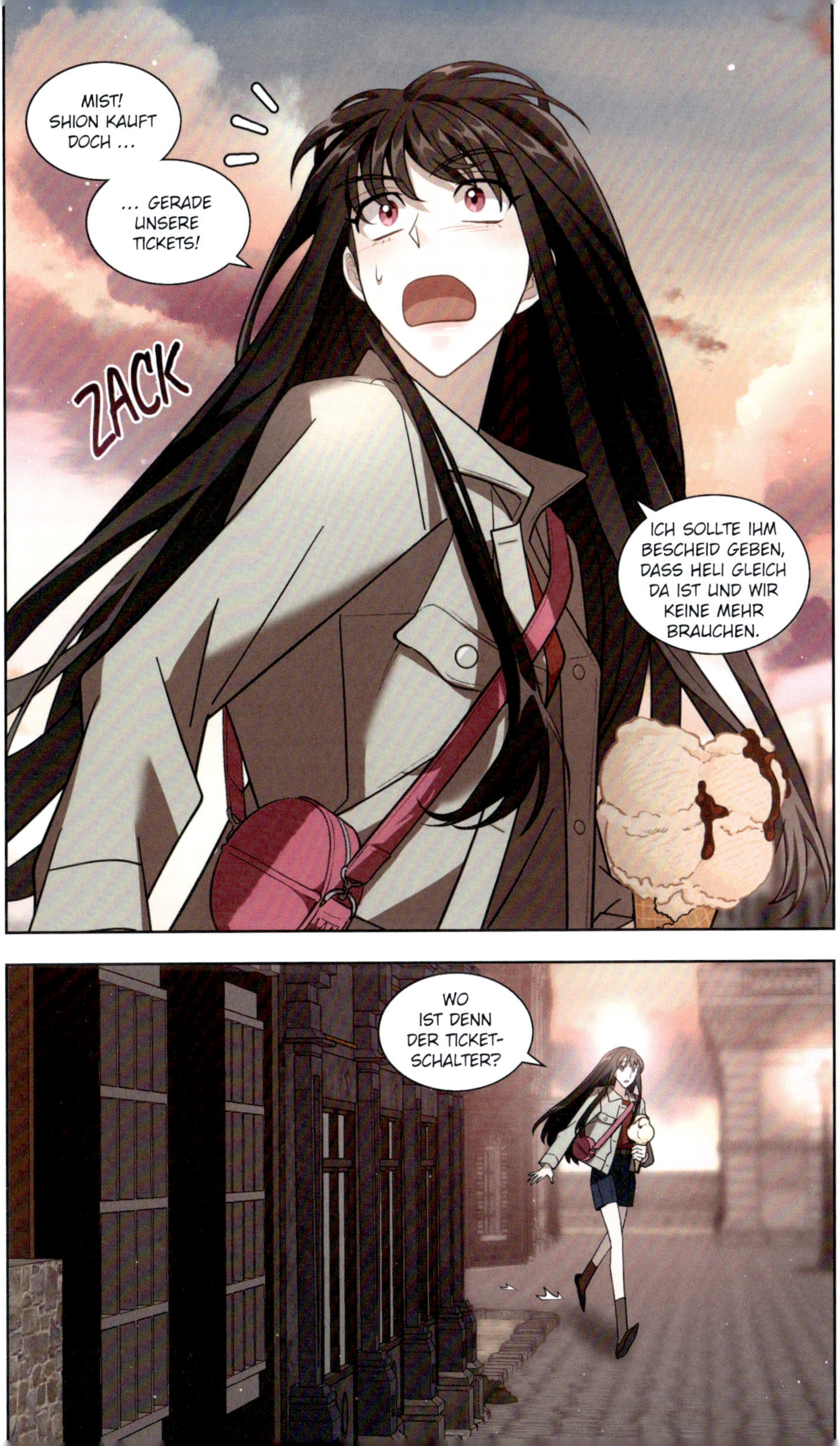
MIST! SHION KAUFT DOCH ...
... GERADE UNSERE TICKETS!
ZACK
ICH SOLLTE IHM BESCHEID GEBEN, DASS HELI GLEICH DA IST UND WIR KEINE MEHR BRAUCHEN.
WO IST DENN DER TICKET-SCHALTER?

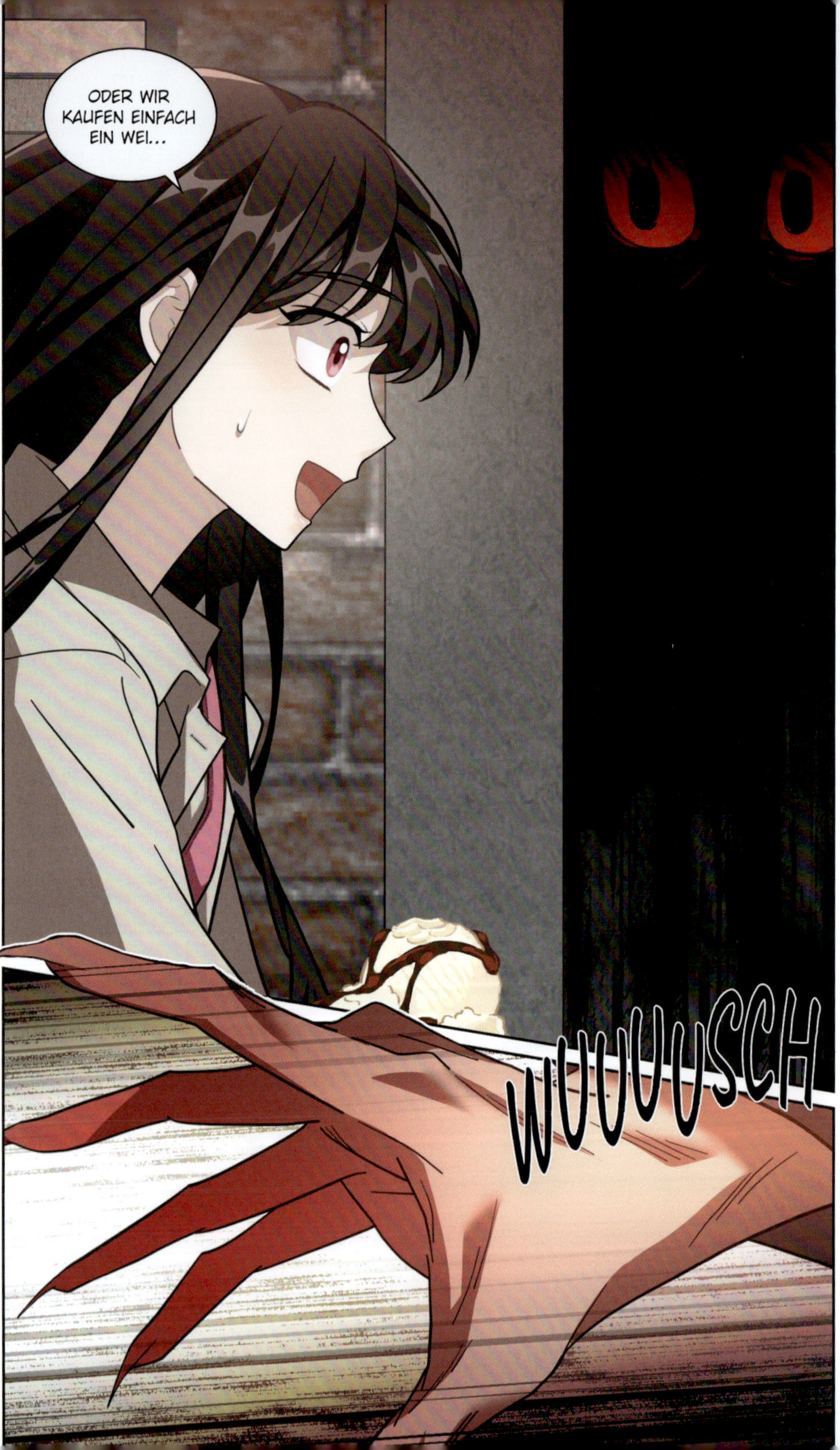
ODER WIR KAUFEN EINFACH EIN WEI…
WUUUUSCH

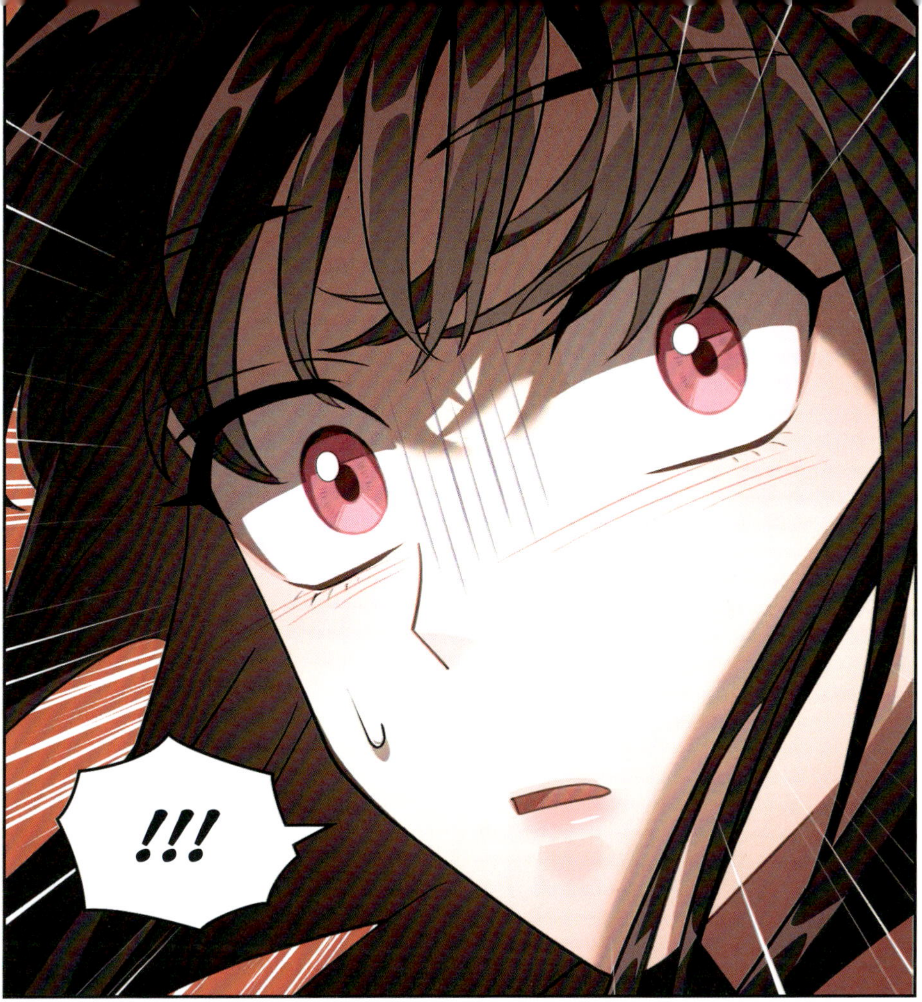
!!!

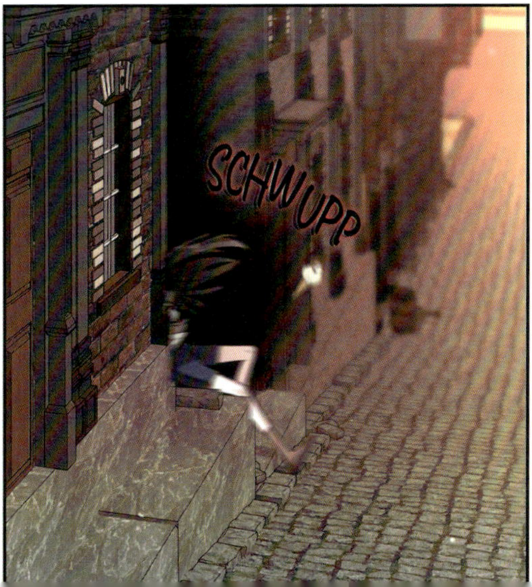
SCHWUPP

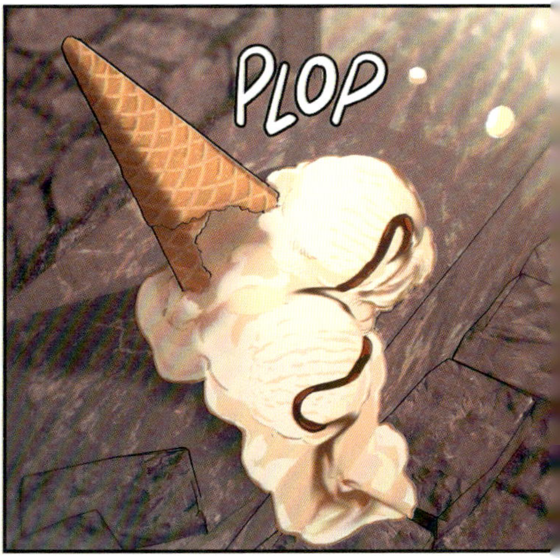
PLOP

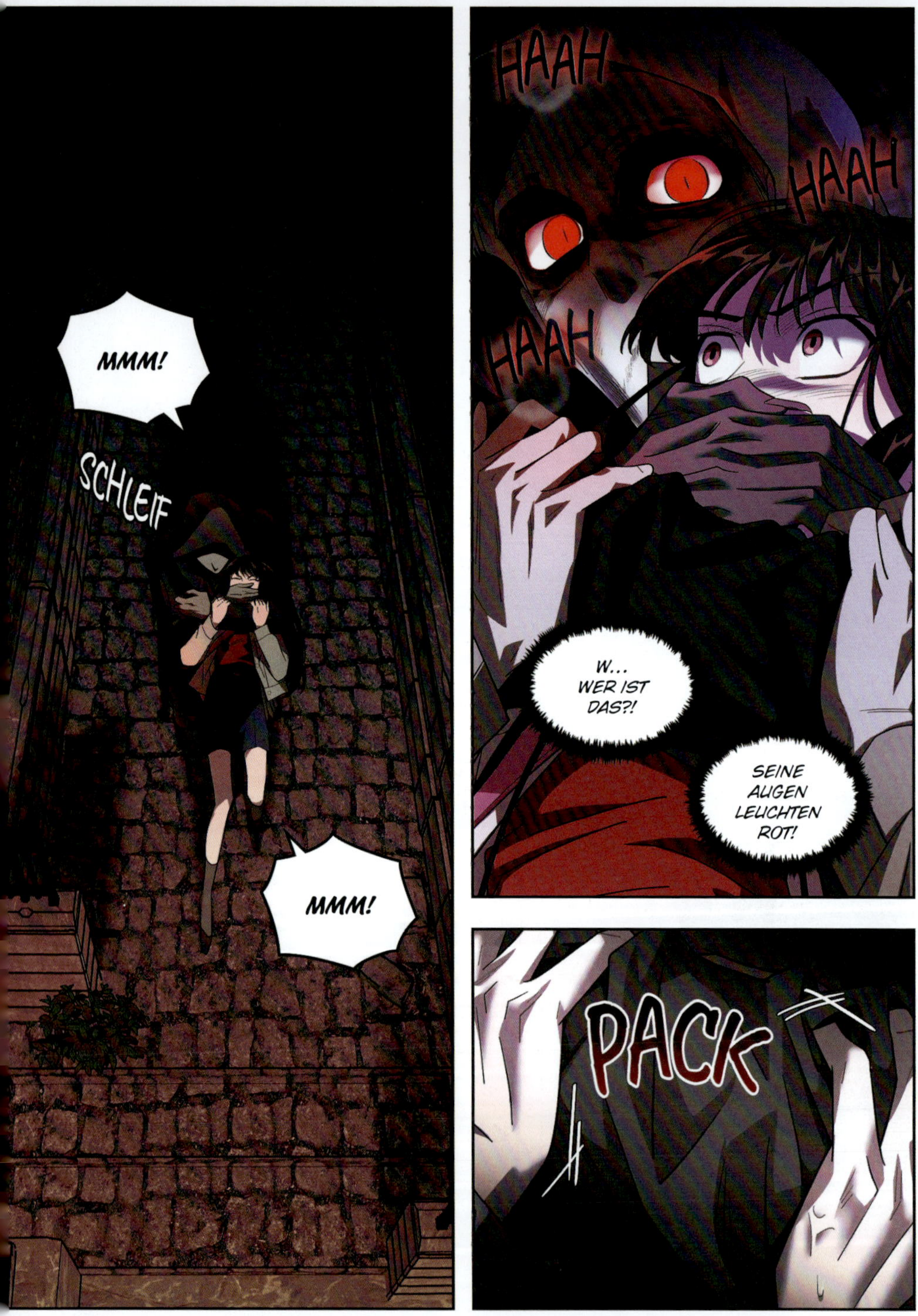
MMM!
SCHLEIF
MMM!
HAAH
HAAH
HAAH
W... WER IST DAS?!
SEINE AUGEN LEUCHTEN ROT!
PACK

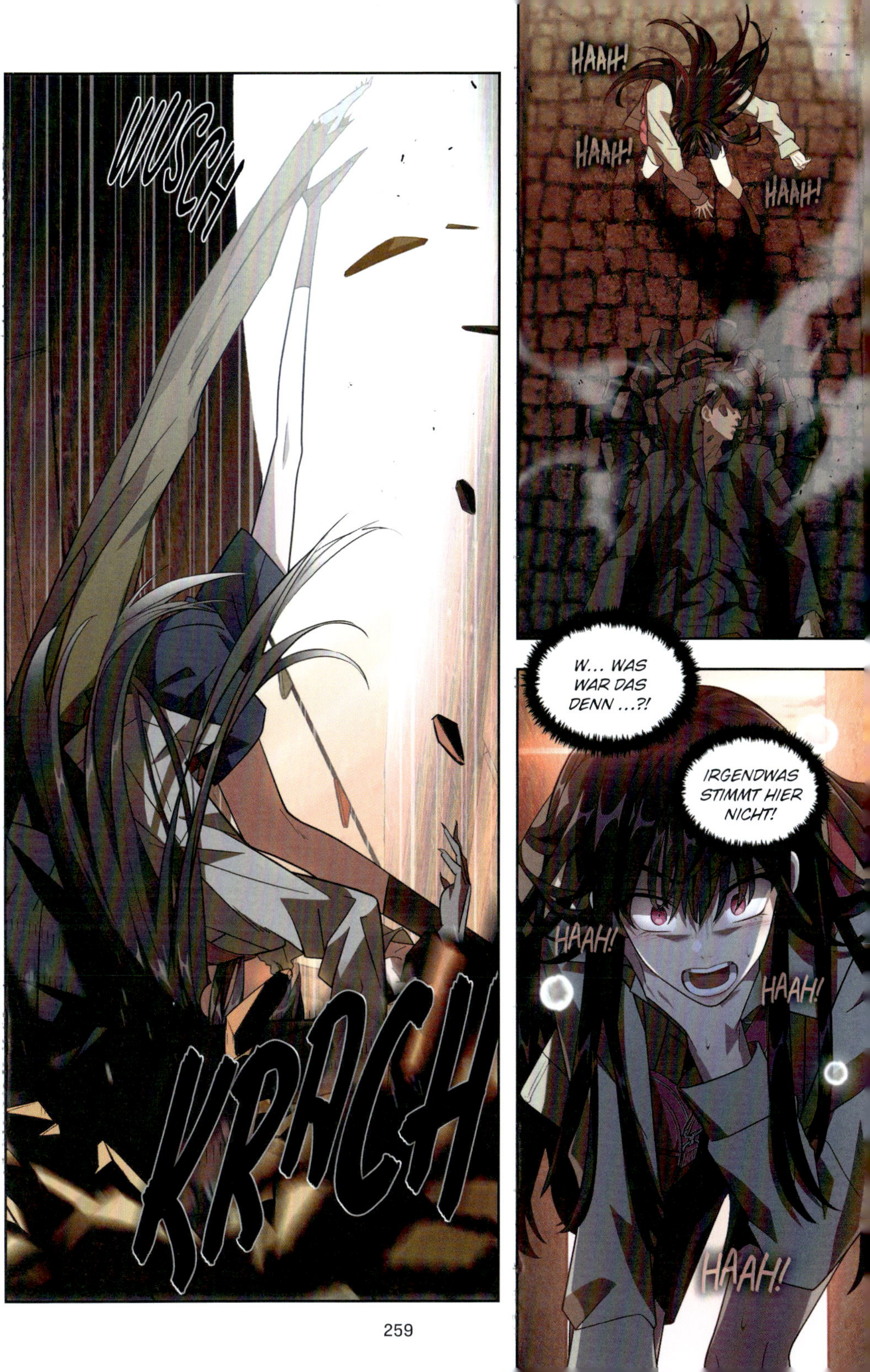
WUSCH
KRACH
HAAH!
HAAH!
HAAH!
W... WAS WAR DAS DENN ...?!
IRGENDWAS STIMMT HIER NICHT!
HAAH!
HAAH!
HAAH!

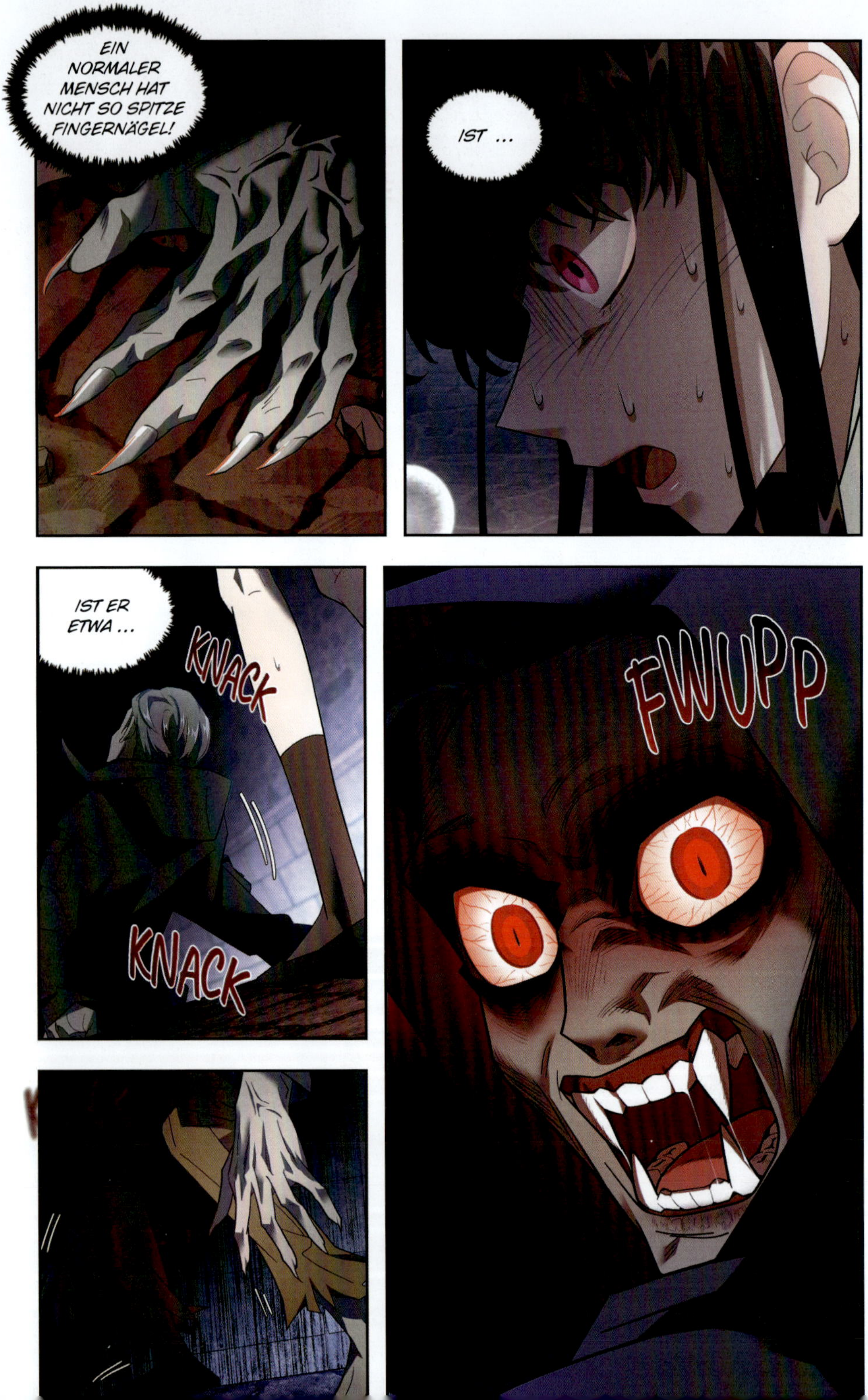
EIN NORMALER MENSCH HAT NICHT SO SPITZE FINGERNÄGEL!
IST …
IST ER ETWA …
KNACK
KNACK
FWUPP

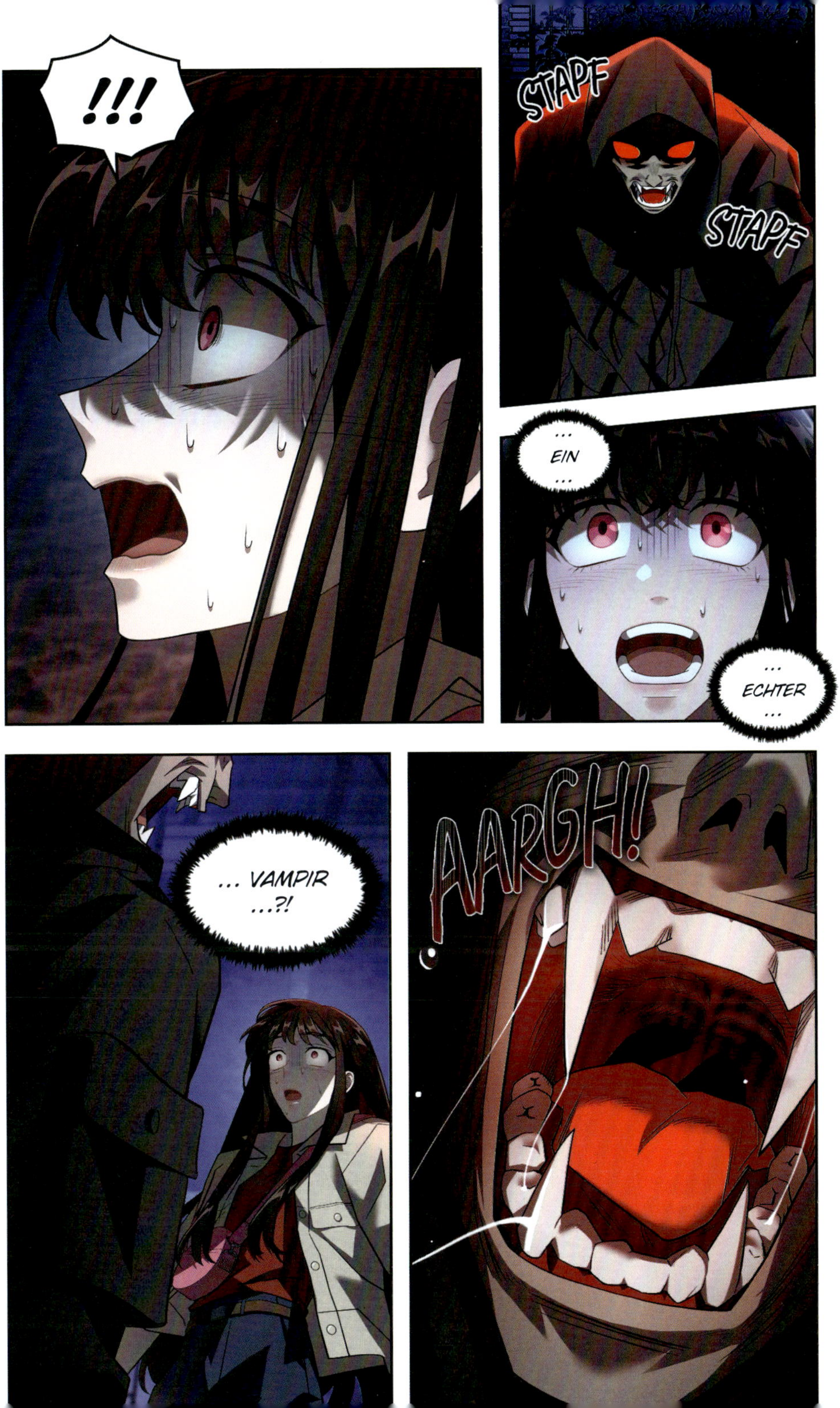
!!!
STAPF
STAPF
... EIN ...
... ECHTER ...
... VAMPIR ...?!
AARGH!

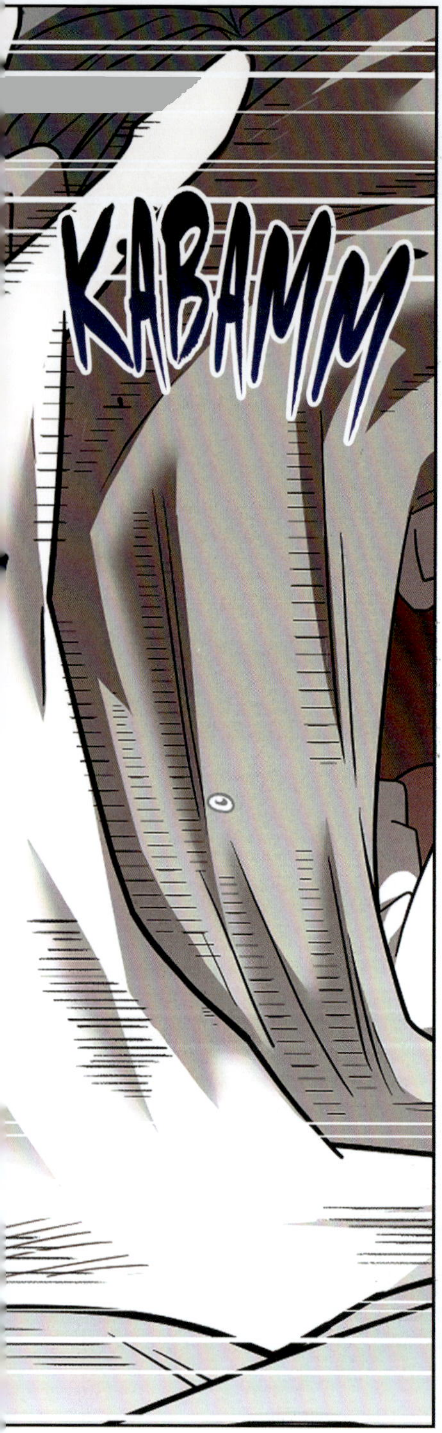
KABAMM

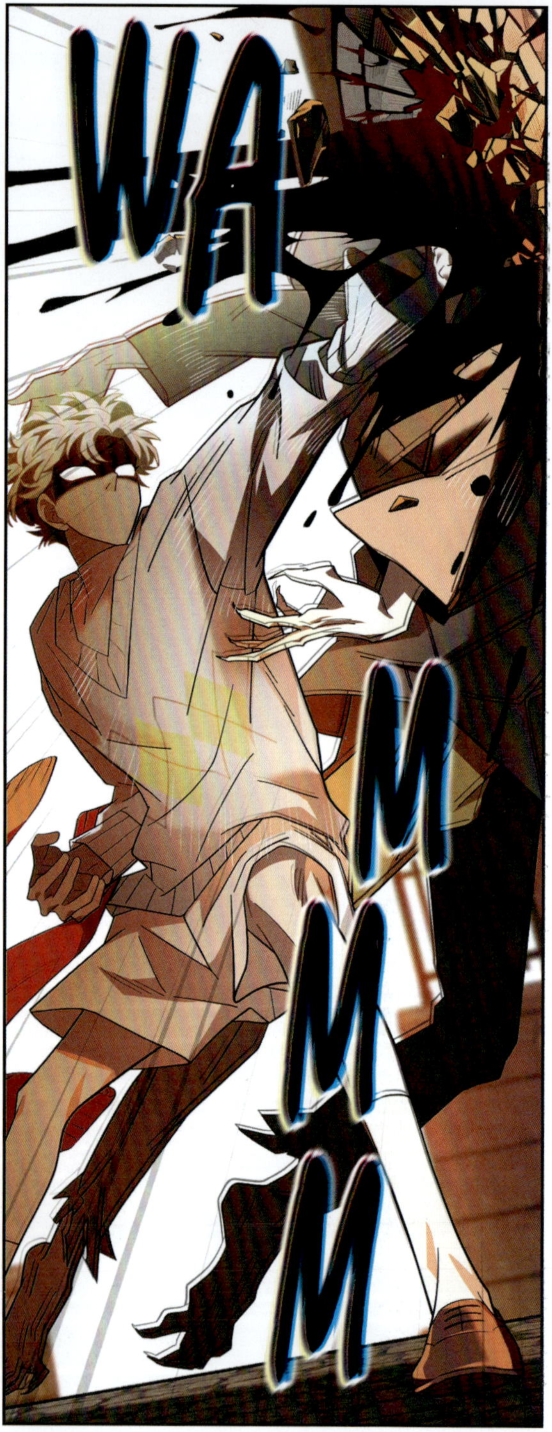
WAMMMM

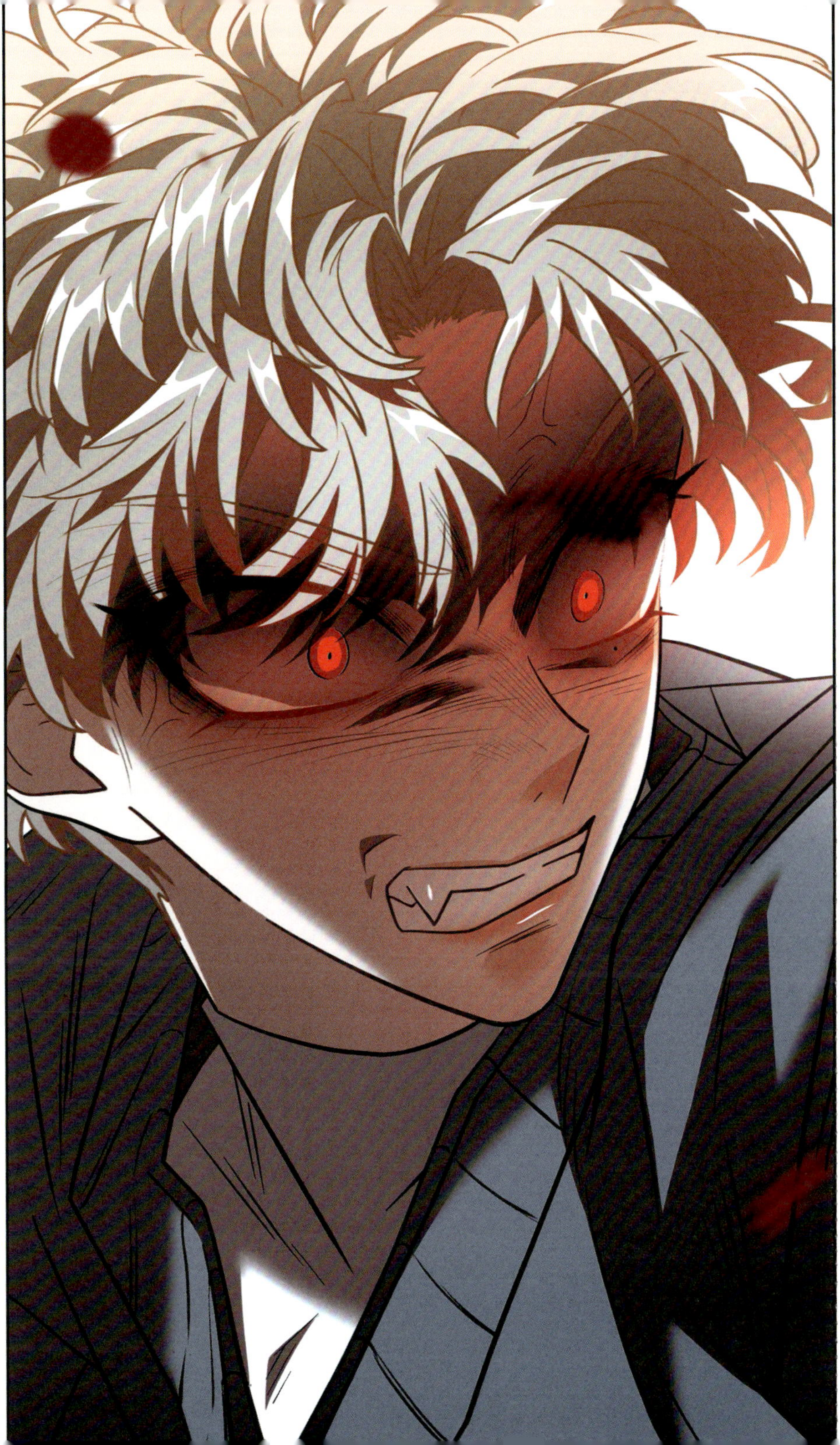

Decelis Academy

SCHULHANDBUCH

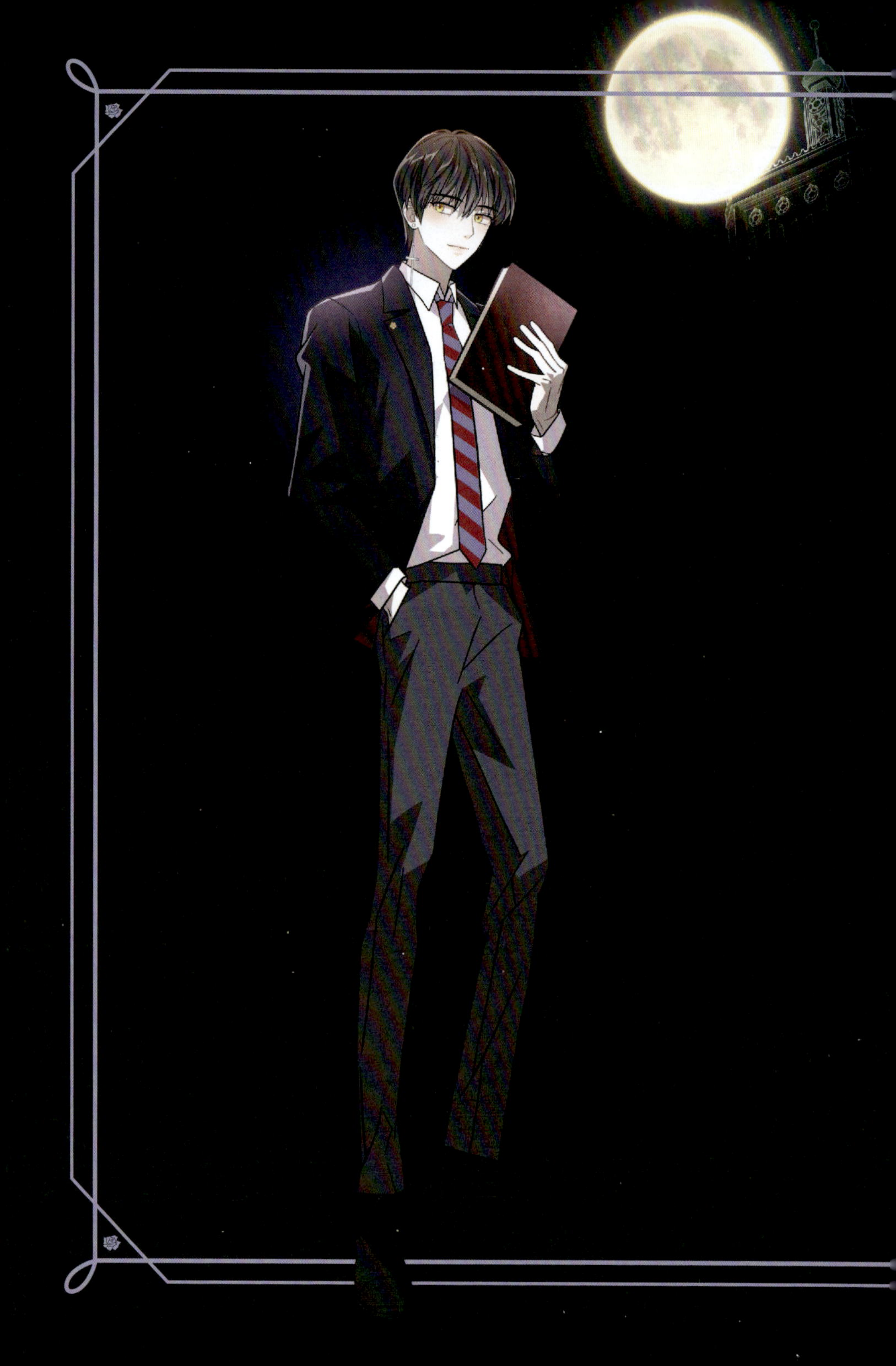

HELI

„Heli ist sehr geduldig und hat das Herz am rechten Fleck. Dank seiner besonderen Kräfte kann er mit seinen Brüdern über Gedanken kommunizieren. Sooha weckt in ihm eine undefinierbare Sehnsucht, doch um mehr darüber zu erfahren, musst du tiefer in die Geschichte eintauchen.“

—HEESEUNG

EXKLUSIVES COVER ARTWORK

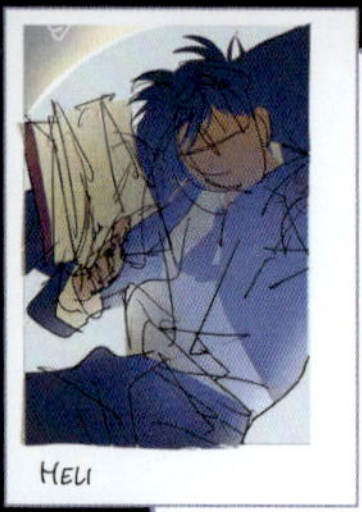

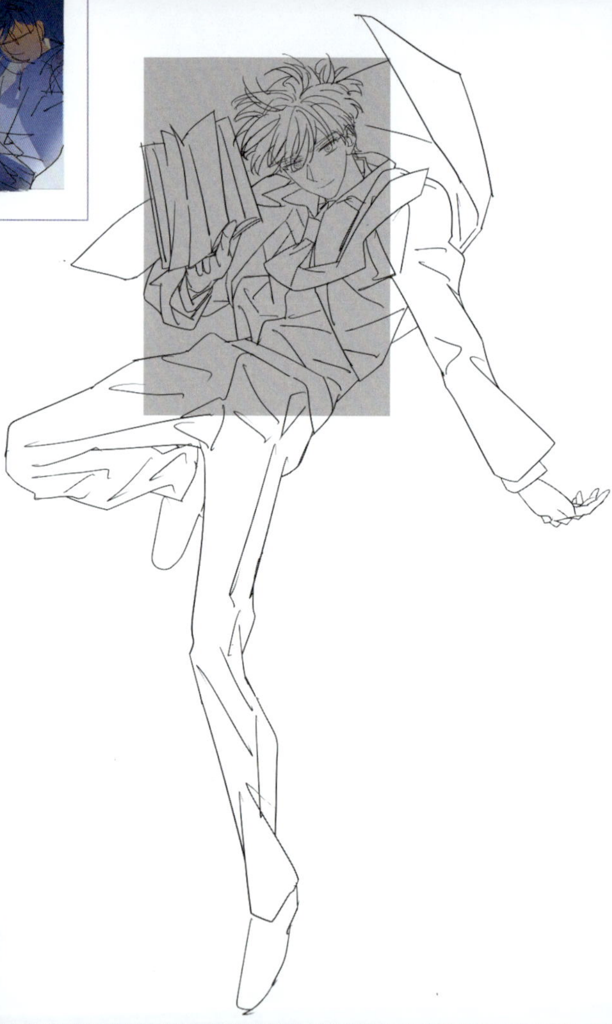

SKIZZE ZUM COVER FÜR BAND 1

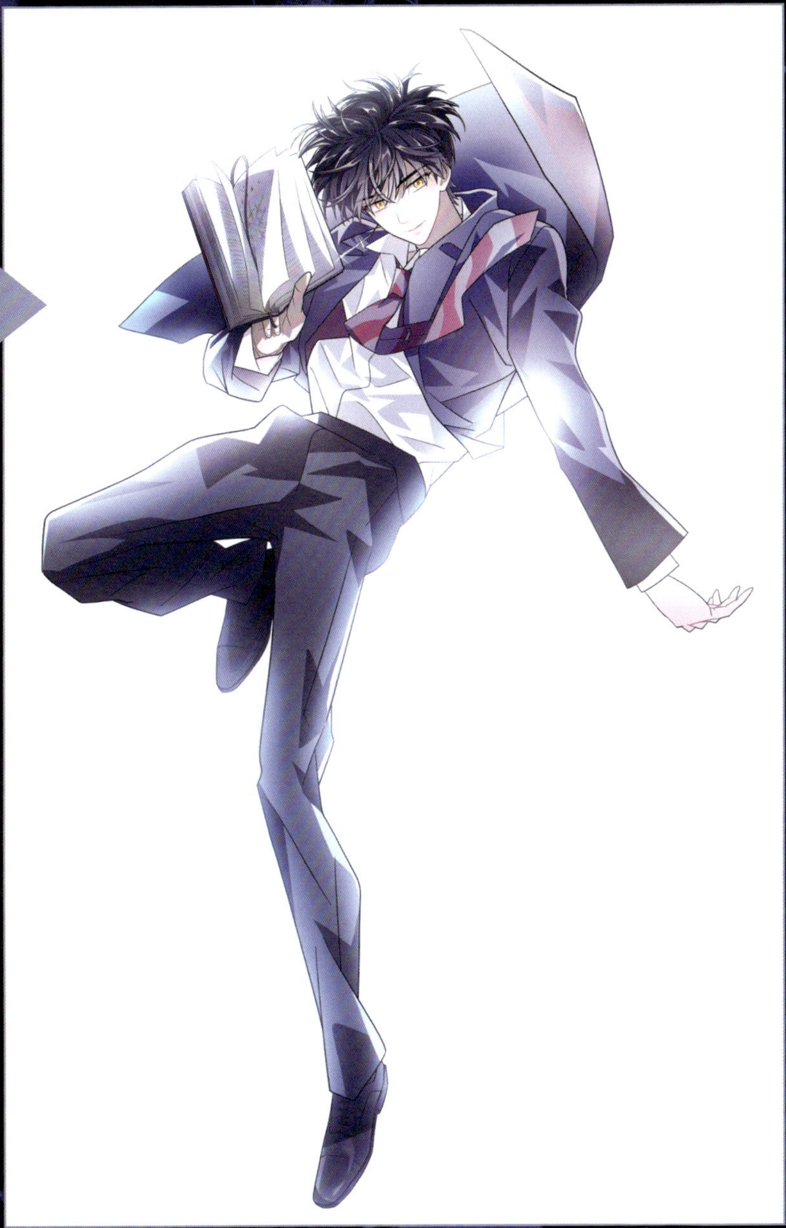

REINZEICHNUNG FÜR BAND 1

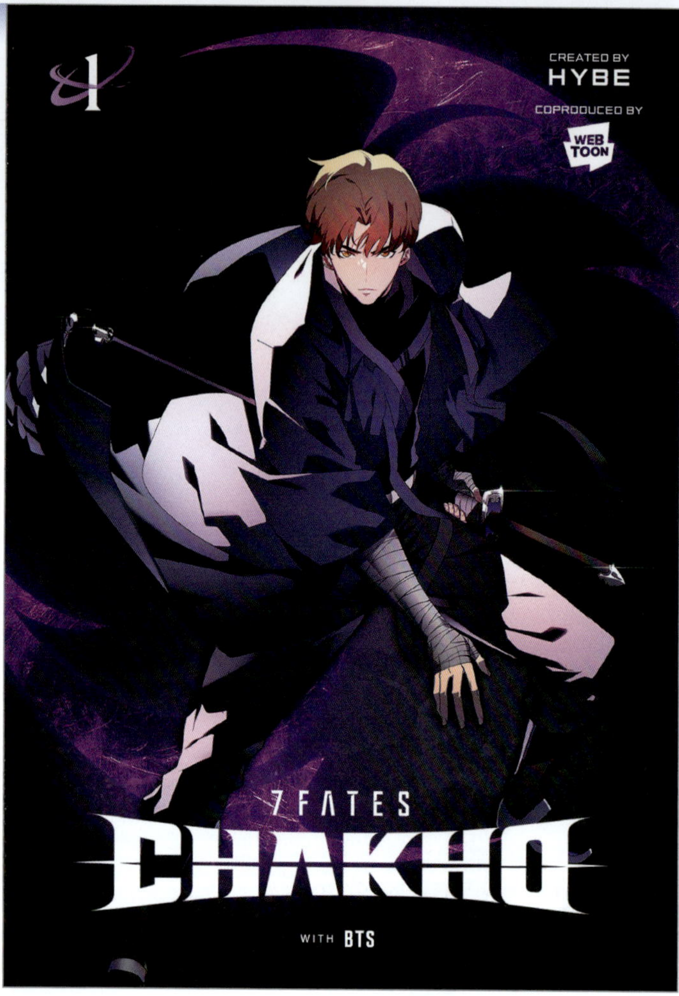

7FATES: CHAKHO mit BTS

HYBE | WEBTOON

Inmitten der futuristischen Metropole SIN-SI kreuzt der Einzelgänger ZEHA zufällig den Weg eines mysteriösen Fremden – und wacht kurz darauf im Krankenhaus auf. An die Zeit nach dieser seltsamen Begegnung kann er sich nicht mehr erinnern. Angetrieben von dem Verlangen, seine Erinnerungslücke zu schließen, begibt ZEHA sich auf die Suche nach Antworten – und stößt auf eine schockierende Enthüllung: In jener verhängnisvollen Nacht sind tigerähnliche Kreaturen namens Beom in SIN-SI eingedrungen und machen nun gnadenlos Jagd auf Menschen. Kreaturen, die ZEHA auf unerklärliche Weise vertraut erscheinen …

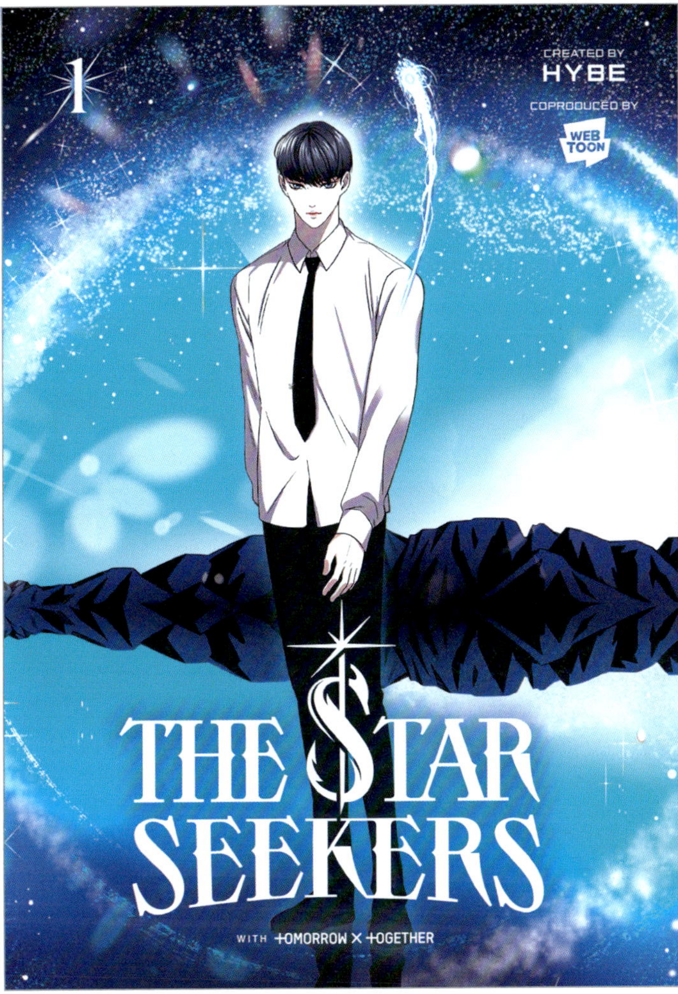

THE STAR SEEKERS mit TOMORROW X TOGETHER

HYBE | WEBTOON

In einer Welt, in der Musik und Magie untrennbar miteinander verwoben sind, kämpft die fünfköpfige K-Pop-Gruppe Star One unermüdlich um einen Platz auf der großen Bühne. Aber ihre Melodien verhallen ungehört – denn als Idols ohne magische Begabung und ohne eine treue Fangemeinde, stehen sie stets im Schatten glanzvoller Acts. Als sie jedoch während eines Auftritts von einer terroristischen Gruppierung angegriffen werden, nimmt ihr Leben eine dramatische Wende. In dem verzweifelten Versuch, seine Gruppenmitglieder vor den skrupellosen Attentätern zu beschützen, entfesselt Leader Soule eine seltene Magie. Und diese könnte das Schicksal der gesamten Menschheit besiegeln ...

DARK MOON

THE BLOOD ALTAR

WITH ENHYPEN

CREATED BY HYBE

1

Übersetzung: WEBTOON Lettering: ELKE EPPLE

Based on the webcomic series DARK MOON: THE BLOOD ALTAR published and edited by WEBTOON
German translation ©2022 HYBE
German translation rights arranged by Wattpad WEBTOON Studios Inc.

Designed by IZE PRESS

1. Auflage, 2024
Deutsche Ausgabe/German Edition
© Cross Cult Entertainment GmbH & Co. Publishing KG
Manhwa Cult, Ludwigsburg 2024
Verlagsleitung: Andreas Mergenthaler & Luciana Bawidamann

Redaktion & Lektorat: Denise Hedrich
Korrektorat: Maximiliane Layer
Grafik/Produktionsleitung: Elke Epple
Druck: Silber Druck GmbH & Co. KG, Lohfelden

Print-ISBN: 978-3-98949-028-4

www.manhwa-cult.de